변화와 창의 탐구

중국의 사람 · 사회 · 문화를 중심으로

이 저서는 2017년 정부(교육부)의 재원으로 한국연구재단의 지원을 받아 수행된 연구임 (NRF-2017S1A6A4A01022380).

변화와 장의 탐구

중국의 사람 · 사회 · 문화를 중심으로

김덕삼 지음

❖ 탐구의 이유

이 책은 다음 한 문장으로 요약된다. "변화를 '주체'와 이를 둘러싼 '장 (場)'으로 탐구하고, 변화에서 인풋(Input)과 아웃풋(Output)을 파악하며, 변화의 패턴을 찾아 활용하고자 했다." 결국 짧은 이 문장을 설명하기 위해 책은 두꺼워졌고, 탐구의 사례를 제시하기 위해 책은 무거워졌다.

변화를 변화로만 보면, 도움 될 게 별로 없다. 변화의 '패턴'을 찾아야 한다. 그래야 대비할 수 있다. '인풋과 아웃풋'도 밝혀야 한다. 그래야 다음의 변화를 능동적으로 이끌 수 있다. '주체와 장'의 관계도 파악해야 한다. 그래야 누구의 탓으로만 돌리는 끝없는 갈등을 막고 조화로운 변화를 기약할 수 있다.

본문에서는 '변화와 장'이란 이름으로 중국의 사람, 사회, 문화를 소재로 탐구하고, 동시에 변화와 패턴, 주체와 장, 인풋과 아웃풋의 특징을 분석했다. 그리고 이것을 우리 삶 속에 투영하며 고찰했다.

삶을 되돌아보면, 세상 만물은 서로 연결되어 변함을 깨닫게 된다. 단선적인 인과관계(因果關係)의 이해만으로는 부족하다. 복잡하게 얽힌 시스템에서의 구조적 이해가 요청된다. 예를 들어 한고조(漢高祖 劉邦, BC 247?~BC 195)부터 7대 무제(武帝 劉徹, BC 156~BC 87)까지, 물자를 제공하며 흉노(匈奴)를 달랜 한(漢)의 북방정책은 우리가 아는 것처럼 굴욕적이지 않다. 당시의 장에서 생각하면, 오랜 동란으로 만신창이가 된 나라 살림에서, 황제 마차의 말 색깔조차 맞추지 못할 궁핍한 상황에서, 당시의 북방정책은 강한 흉노를 상대할 불가피한 선택이었고, 자신의 힘을 키우고 흉노를 무력화할 장기적 전략이었다.

나아가 우리의 장에서 생각한다면, 굴욕적이라는 평가는 더더욱 적절치 못하다. 우리가 한 왕조나 중국을 대변하는 것처럼 비칠 수 있기 때문이다. 자신의 장에서 봐야 한다. 이러한 생각에는 변함이 없다. 과거, 문화의 비교에서 다음처럼 주장한 적이 있다.

"왜, 우리가 가진 소중한 것에 알맞지 않은 그들의 잣대로 스스로 난도질하는가? 기존까지 문화와 문화의 창조를 보는 관점은 주로 대상에 비중을 두었지만, 본서에서는 대상이 아니라 나와 우리라는 주체에 비중을 두어 생각했다. 중요한 것은 문화의 양이 아니라, 수용하고 받아들이는 주체인 '나'와 '우리'다. 우리의 논리를 갖고, 자학적인 자기비하의 역사관에서 탈피해야 한다. 나와 다른 사람의 다름을 밝히려 한 것이 아니라 무조건 남을 따라 하기, 즉 주체성과 정체성을 망각한 남의 문화 따라 하기를 비판하고 싶었다."[1]

예를 들어 임진왜란 이후 명과 청에 대한 우리의 태도도 어떠한 장에서 보느냐에 따라 평가가 달라질 수 있다. 만약 국가와 백성의 안위가 제일 중요하다면, 자존심만 강해 멸하는 것보다 존재하는 것이 가치가 더 클 수도 있다.

더하여 우리의 장이 아닌 그들의 장에서 만들어진 논리를 그대로 수용하면, 침략자의 입장을 대변하고, 나아가 그들의 논리를 확대재생산 하는 또 다른 침략을 저지르게 된다.* 이미 우리는 만주벌판에서 자신과 가족을 희생하며 독립운동을 하던 이들과 일제에 빌붙어 제국의 나팔수가 된 그들의 삶에서 확인했다. 적어도 "황국신민의 무쌍한 영광인 징병제는 드디어 우리에게도 실시되었다."라는 비극적 언사(言辭)가 다시 반복되어서는 안 된다.**

주체와 장의 변화에 따라 죽었던 것이 다시 소환되기도 한다. 모든 것은 변하기 때문이다. 지금 유행하는 전기자동차도 최초의 자동차가 발명된 시점에 있었고, 킥보드도 100여 년 전에 이미 발명되었다. 장의 변화에 따라 한층 업그레이드되어 지금 여기 있다.

---

* 예를 들어, 일본의 침략을 정당화시키는 일, 좀 더 구체적으로 2015년 세계문화유산에 군함도(일본 長岐시 端島)를 등재하며 일본이 약속한 유네스코의 요구사항, 한국과 국제사회와의 약속, 그러나 이와 상반되게 과거의 사실을 덮어버리는 일본의 역사 수정주의를 경계하고, 이에 대한 변호에 동조할 수 없다. 온전한 역사(full history)는 유네스코의 세계유산 등재 원칙이다. 자의적으로 편집한 역사는 과거뿐만 아니라 미래까지 오판하게 할 것이다.

** "일시동인의 황공하옵신 성지에 다시금 감격의 눈물을 흘리지 않을 수 없다. 지금까지의 반도 청년은 쓸쓸하였을 것이다.…… 이 얼마나 기쁜 일이며 수천 년 역사 이래 모처럼 보는 거룩한 감격이다." 1943년 8월 7일 이화여자전문학교장 천성활란의 글(선배의 부탁, 거룩한 '대화혼'을 명심, 적격멸에 일로매진) 일부이다. (김홍식 엮음,『원문으로 보는 친일파 명문장 67선』, 2020, 246~248쪽).

변화에서의 패턴이나 주체와 장의 상관성을 우리가 알지 못하거나 밝히지 못했다고, 부정하는 것은 성급하다. 끊임없는 탐구 속에 밝혀지는 것이 많기 때문이다.

이러한 연유로 겸손도, 성실도, 노력도, 용서도, 화해도, 희망도 가치가 있다. 변하기 때문이다. 삼라만상 변하지 않음이 없고, 역사와 경험을 통해 그 패턴을 알기에, 우리는 오늘 여기 지금을 보다 반듯이 걸을 수 있다.

❖ 목적

우리의 세상은 장과 함께 변한다. 자연스레 가치도 변한다. 가치는 진리가 아니다. 천천히 변하는 가치 속에서 진리를 발견하는 눈이 중요하다.

수렵 채집의 시대에는 기억력보다 힘센 사람이 주목받았다. 정착하여 농사를 지을 때는 사람들을 이끌고 조율할 사람이 필요했다. 여전히 힘이 필요했기에 여자보다는 남자에게 더 많은 기회가 주어졌다. 산업사회가 도래했다. 기계를 작동하고 매뉴얼을 익혀야 했다. 기억력이 좋은 사람에게 기회가 더 주어졌다. 거친 일은 기계가 대신했다.

이제 달라졌다. 힘쓸 일이 줄어들었다. 섬세함이 필요하다. 힘세고 우락부락한 남자보다 섬세하고 똑똑한 남자, 육식남보다 초식남이 주목받고, 여성에게 보다 많은 가능성이 주어진 장이 펼쳐졌다. 앞으로는 어떨까? 우리는 누구나 신통방통한 뇌(腦)인 스마트폰을 갖고 다닌다. 집이나 사무실에서는 전기 뇌[컴퓨터, 중국어로 전뇌(電腦)]를 사용한다. 이제 내 머릿속에, '달달달' 기억하기보다, 사물인터넷(Internet of Things)이나 스마트한 폰과 장치를 이용해

내 기억과 비교할 수 없는 어마어마한 정보를 활용할 수 있다.

활용능력, 이용 능력, 그래서 Know Where가 아니라 Know How가 중요해졌다. 어디에 있는지는 인터넷에 묻거나, 집단 지성에 의존해도 된다. 이젠 흩어진 지식과 정보를 어떻게 엮고, 여기와 지금에 어떻게 활용할 것인가에 집중해야 한다. 자연스레 새로운 장의 이상적 인간형도 달라졌다. 변화 속에 붙잡아야 할 것은 변화의 끝이 아니라 그 본질, 진리의 모습이다.

"진리가 너희를 자유케 하리라." 요한복음 8장 32절에 나오는 널리 알려진 말이다. 진리는 수많은 경험과 데이터가 만든 참의 값이다. 영국의 소설가 조지 오웰(George Orwell, 1903~1950)이 『1984년』에서 언급하여, 널리 알려진 '빅브라더(big brother)'처럼 우리의 눈과 귀를 마비시켜 우리의 의식과 판단을 제어할 수도 있고, 나치 선동가 괴벨스(Paul Joseph Goebbels, 1897~1945)의 말처럼 거짓도 1000번 말하면 진실이 될 수도 있을 것 같지만, 진리는 아니다. 변화 속에 진리는 나타난다.

변화는 '본질적인 것[진리]'의 중요함을 깨우쳐 준다. 중국 선진(先秦)시기 철학, 특히 유가(儒家)는 우환의식(憂患意識)에 기인한 경고에서 시작했다. 우환은 일상에서의 이해타산(利害打算)에 따른 걱정이나 불안과 다르다. 공자가 『중용(中庸)』에서 말한, "도가 행해지지 않고 있다(道其不行矣夫)"라는 걱정처럼, 우환은 세상과 본질의 문제에 주목한다.

서양철학도 다르지 않다. 소크라테스(Socrates, BC 470~BC 399)는 자신을 신이 이 나라에 보낸 일종의 등에라고 말했다. 그 등에의 역할은 세상을 각성시키는 것이다. 그래서 고대 철학자들이 우환의식 속에, 천변만화(千變萬化)의 현상 속에 부여잡은 것은 본질적인 것, 진리였다. 다양한 변화의 탐구 속에 봐야 할 핵심이다.

이러한 맥락에서 인문학적 토대에서 출발하는 '변화와 장의 탐구'는 궁극적인 목적을 '회색 코뿔소(grey rhino)를 대비'하는 데 둔다. 확장하여 '장 밖의 장'을 생각하며, 삶과 사회를 능동적이고 주체적으로 개척한다면 인류는 변화 속에서 조금씩 발전할 것이라는 희망까지 더한다.

변화에 대한 탐구는 아직 초기 단계라 복잡계과학(Complexity System Science)처럼 현상의 설명(explanation)보다는 기술(description)에 집중하고 있다. 그래서 미래 예언적 선언이나 방법의 제시에는 신중할 수밖에 없다. 물론 연구는 지속적으로 개발되고 발전할 것이며, 이는 상상하기 어려운 단계까지 도달할 것이다. 우리는 주어진 장에 영향을 받기에 상상에 제한이 있다. 아직 초보적인 수준에 머물러 있지만, 머지않아 보다 정교한 결과를 도출하게 될 것이다.

이러한 상황에서, 일어날 수 없는 일이 일어나는 블랙 스완(black swan)을 대비하는 연구는 어렵다. 그러나 개연성이 높고 파급력이 크지만 사람들이 간과하는 위험인 회색 코뿔소, 이는 갑자기 발생하지 않는다. 코뿔소는 눈에 잘 띈다. 그런데 코뿔소가 달려오면 대처 방법을 몰라 부인하거나 공포 때문에 아무 행동도 취하지 못한다. 그렇다면 중국의 사람, 사회, 문화의 변화와 장을 인문학적 시각에서 다루는 이 책의 목적은 명확하다. 회색 코뿔소를 대비할 방법의 탐구와 제안이다.

❖ 방법

변화와 장을 연구하는 일은 쉽지 않다. 카오스(Chaos) 이론처럼 복잡하다. 변수가 너무 많기 때문이지만, 미래에는 어떨지 모른다. 적어도 지금보다 발전할 것은 확실하다. 양질의 데이터, 정교한 알고리즘(algorithm), 뛰어난 연산 능력을 갖춘 장비만 있다면 보다 정확하게 파악할 수 있다.

이 가운데 인문학적 변화연구에서는 알고리즘 연구가 상대적으로 부족하다. 수학에서는 알고리즘을 잘 정의되고 명백한 규칙들의 집합 또는 유한 번의 단계 내에서 문제를 풀기 위한 과정으로 본다. 이 책에서 주로 다루는 경험적 지식(heuristic)과는 조금 다르다. 컴퓨터공학에서는 어떤 문제의 해결을 위해 컴퓨터가 사용 가능한 정확한 방법을 알고리즘이라고 말한다. 이를 위해 명확성, 효율성, 입력, 출력, 종결성 등이 요구하는 조건에 부합해야 한다. 크게 보면, 분야를 떠나 잘 만들어진 알고리즘은 우리가 알고 싶은 목적을 효과적이고 정확하게 알려준다.

변화에 대한 기존의 연구는 변화를 미시적이고 독립적으로 다루었다. 변화를 종합적이고 융합적으로 다루기 어려운 것은 학문적 접근이 어렵기 때문이다. 그런데도 조금씩 시도하고 개척해야 한다. 이러한 도정에서 그동안 다음과 같은 방법을 개인적으로 견지했다.

첫째, 시간을 토대로 한 역사적 상상이다. 이 책에서 주로 다루는 역사적 비교는 과거를 고찰하고 미래를 예측하는 데 기여한다. 역사는 과거의 사료로만 존재하지 않는다. 과거의 것이 오늘 여기에 의미 있는 존재로 자리할 때, 그 가치가 부활한다. 물론 역사적 상상만으로는 부족하다. 그래서 필요한 것이 인류학적 상상이다.

둘째, 공간을 토대로 한 인류학적 상상이다. 역사적 상상이 시간의 문제에 집중한다면, 인류학적 상상은 우리의 시각을 공간의 영역으로 확대하여 인식의 폭을 넓혀준다. 특히 이 글에서처럼 중국 사회의 인류학적 탐구를 통해, 여기 지금 우리의 특수성을 보다 객관적으로 고찰할 수 있다.

셋째, 주체의 지식을 토대로 한 비판적 상상이다. 이는 본서에서 주로 시도하는 인식론적, 철학적 문제 제기와 통한다. 편견을 깨고 기존의 시각에서 벗어나 대안적 미래를 제시하는 비판적 상상을 발휘하여 회색 코뿔소를 대비할 방법을 제시해야 한다.

그동안 진행한 연구는 역사학, 인류학, 철학적 방법에 맞춰졌다. 결과적으로 사회학자 기든스(Anthony Giddens, 1938~)의 사회학적 상상을 닮았다. 기실(其實) 역사의 흔적을 보면 인류는 같은 잘못을 자주 반복했다. 본질적인 면에서는 아주 조금씩 천천히 변했다. 이러한 상황에서 역사적, 인류학적, 비판적 상상을 잘 이용한다면 보다 나은 변화, 회색 코뿔소를 대처할 방법을 기대할 수 있을 것이다.

연구방법도 변한다. 연구의 목적에 맞춰, 창의적이면서 구체적인 연구방법을 계속 실험해야 한다. 변화 속 패턴의 발견은 개별적인 현상에서 결론을 도출하는 귀납(歸納, induction)의 범주에서 벗어나지 못했다. 이것은 우리의 일상에서 사실적 지식을 확장해 주지만, 전제가 결론의 필연성을 논리적으로 확립하지 못하는 한계 또한 명확하다.

귀납적 방법에 의한 결론은 언젠가 혹은 어디선가 깨진다. 필연적인 것이 아니라 개연성을 지닌 가설에 불과하기 때문이다. 인문학이 과학과 멀어지는 지점이 바로 여기다. 그러나 그럼에도 불구하고, 실험으로 확인하기 어려운 대상을 탐구하는 인문학에서는 버릴 수 없는 방법이다.

여기서 발전시켜, 관찰과 실험에서 얻은 사례를 전제에 적용하는 귀납적 비약의 귀납적 추리를 제안한다. 우리는 역사에 전해지는 다양한 인물의 흥망성쇠를 기초로, 귀납적 비약을 통해 일정한 패턴을 발견할 수 있다. 이것은 인간과 사회에서의 성공 방정식이나, 처세술로도 활용된다. 그래서 『사기』를 통해 삶의 다양한 변화 속에 인간이 지녀야 할 일반적 가치나 교훈을 발견할 수도 있고, 다른 사례와 연계하여 귀납적 비약을 통한 패턴을 제시할 수도 있다.

물론, 더 많은 사례 연구를 통해 변화 속 패턴을 찾고, 다양한 변수도 확인해야 한다. 특히 역사는 승자의 기록이기에 제아무리 객관적으로 역사를 기록했다는 사마천과 춘추필법(春秋筆法)의 공자도, 자신이 섬기는 신념과 가치, 황제와 조국에게는 후한 점수를 주고, 그렇지 못한 대상에게는 상대적으로 박한 점수를 줄 수밖에 없다. 그게 장의 영향이다. 그러므로 변화와 장의 탐구에서 다룰 논의와 주장은 사례 고찰에서의 귀납적 방법에서 얻은 결과를 대전제로 상정하면서, 연역적 증명을 기본 틀로 잡아 진행할 수 있겠다.

귀납법은 변화 속 패턴의 발견과 흡사하다. 또한 수학에서 몇 개의 값이 주어진 구간에서, 그 값의 패턴을 파악하여 구간 밖이나 안의 값을 추정하는 외삽법(外揷法, extrapolation)이나 내삽법(內揷法, interpolation)과도 통한다. 또한 뒤의 '변화와 장의 심화'에서 다룰 왕국유(王國維)의 '이중증거법(二重證據法)'이나 요종이(饒宗頤)의 '삼중증거법(三重證據法)'과도 비슷하다. 대전제가 참이라고 가정할 때, 연역법에서는 결론이 필연적으로 참이 된다. 차선의 최선이다. 물론 확정적이라고 말할 수 없다. 많은 것이 가변적이고 유동적이다. 그러나 데이터가 조금씩 축적되고, 가정이 정교한 이론적 정당성을 얻으면, 불확실한 부분은 점차 줄어들 것이다.

학술적 논의도 이와 다르지 않다. 논리실증주의자가 경험론에 기초하여 '관찰을 통한 검증'으로 이론을 정당화한 방법과 카를 포퍼(Karl Popper, 1902~1994)가 반증 가능성(Falsifiability)을 제시한 방법처럼 실증적(Positive) 방법과 반증적(Negative) 방법을 이용한다. 동시에 포퍼가 논리학적 체계에 근거를 두고 과학적 명제의 구성 논리나 엄밀성을 중시한 방법과 과학사회학의 구조에 근거를 두고 과학의 사회학적 조건과 역동성을 중시한 쿤(Thomas Kuhn, 1922~1996)의 방법을 고려한다.

물론 기본적으로 선행연구를 계승하여 확장하고, 미시적 방법과 거시적 방법을 조화시키고, 문헌 연구와 조사 관찰을 적용한다. 그러면서 시공간적 비교를 진행하고, 윤리학에서 가상의 상황을 만들어 윤리적 직관을 실험하는 일종의 사고실험(Thought Experiment)을 이용하여 비판적 상상과 주장을 전개한다.

인문학적 변화연구는 실험적이고 창의적이며 도전적인 방법에 의해 진행되어야 한다. 유의미한 결과를 얻기 위해서는 시간과 노력이 더 필요하겠지만, 오랜 인류의 자취 속에 질 좋은 데이터를 축적하고, 나름의 알고리즘도 구축하며, 이를 이용할 과학기술의 발전을 기대한다면, 희망적이다.

❖ 출발

변화를 심각하게 생각하지 않는 것은 우리가 이를 알아차릴 만큼 오래 살수 없기 때문이다. 이 책의 인문학적 시도는 새로운 무엇을 발견하고 가르치기보다, 마음에 원래 있던 '참 나[진아(眞我)]'를 찾게 하고, 우리 마음에 자리잡은 불순함을 떠내버리는 데 도움을 준다. 나의 외모를 살피는 거울처럼, 스스로 성찰할 기회를 제공한다. 답은 나와 있고, 수많은 사례가 널려 있음에도 우리는 애써 외면한다. 그래서 인문학이 뒷방 늙은이로 전락한 현실에서 역설적이게도 거시적인 연구와 인문학적 외침이 호출된다.

중국은 연구하기 좋은 대상이다. 선진(先秦)시기 이전부터 현재까지 비교할 수 있는 시간적 데이터가 많고, 넓은 국토의 다양한 사례에서 검토할 공간적 데이터가 풍부하다. 이러한 상황에서 중국의 사람, 사회, 문화에서 탐구한 변화의 특징과 패턴이 없을까 하는 의문은 너무나 당연하다.

물론 탐구 대상이 중국에 집중되지만, 이를 연구하고 쓰고 읽는 '많은 나'를 항상 염두에 둔다. 사람이 모여 사회가 되고 문화를 만든다. 서로 관계를 맺는다. 변화와 장을 중국의 사람, 사회, 문화 속의 다양한 사례와 결부시켜 논하면서, 나와 여기와 지금의 삶에 끝없이 되물으며 탐구한다.

궁극적으로 각자의 삶에서 변화(와 패턴)와 (주체와) 장을 어떻게 이용하고 적용할지, 궁리(窮理)하고 실천하며 방법을 모색해야 한다. 물론 그 과정에서 정답을 논하고 싶지만, 사실 언제나 어디서나 누구에게나 만족할 정답을 기대하지 않는다. 그 이유는 변화에 있다. 모든 것은 변하기 때문이다.

나의 변화와 장, 너의 변화와 장, 심지어 나를 낳고 키워주신 어머니의 변화와 장이 제각기 다르다. 어느 사람은 나무장작 아궁이에 밥을 지어 먹었고, 누구는 연탄불에, 또 누구는 석유풍로에, 누구는 가스레인지에 그리고 누구는 인덕션에……. 한국 사람 누구나 먹는 밥이지만, 불과 얼마 되지 않은 시간 속에 밥 지어 먹는 도구와 방법이 달랐고, 그 사람들이 지금 여기 함께 공존하고 있다. 각자의 답이 다름을 자연스레 인정할 수밖에 없다.

어떤 답을 기대하거나, 지금 당장의 문제를 시원하게 해결하기를 바라는 기대는 아쉽지만 뒤로 미루자. 해결은 우리를 유혹하는 가짜 정답의 성급한 결론에 있지 않다. 정답에 대한 환상을 버리고, 주체와 장에 맞는 좋은 답을 찾는 결단, 그리고 내 삶에 대한 성의가 필요하다.

좋은 답은 하늘에서 그냥 뚝 떨어지지 않는다. 나·여기·지금에 맞는 답을 변화 속에서 지속적으로 찾아야 한다. 그게 정답이다. 모든 이의 정답이 같을 수 없고, 당연히 같은 나에게도 어제의 답과 오늘의 답이 다를 수 있다. 그러므로 "깨어 기도하시오."란 말은 인공위성이 쏴주는 신호를 이용해 위치 정보를 계속 확인하는 GPS처럼, 시시각각 변하는 나·여기·지금에서 계속 정답을 찾아야 함을 일깨우고 있다.

책에서는 기존의 실증적이고 구체적인 연구를 아우르며, 보편적인 것을 추구하는 거시적 차원의 접근을 지향했다. 그래서 극과 극으로서의 예시 즉, 미래 예언적 선언이나 구체적 방법의 제시보다 인문학의 가르침을 복기하는 계기를 전달하려 했다.

그동안 나의 연구는 종교적 경험과 철학적 문제의식에서 출발하여, 인류학을 통한 현상과 사례의 검증, 여기에 사회학의 이론과 방법, 교육학과 역사학을 통한 검토로 확장됐다. 물론 여기에 서지학, 중국학, 문화학 등의 연구를 더하면서, 연구의 폭을 넓히려 안간힘을 썼다. 운 좋게도 10년 정도 중국에서 공부할 수 있었고, 90년대 이후 지금까지 중국과 관련된 연구와 강의를 진행할 수 있었다.

물론 갈 길이 멀다. 벌여놓은 연구를 추스르며 깊이를 더해야 하고, 집중하며 의미 있는 결과로 갈무리해야 한다. 이러한 연구는 사람(인식의 전환), 사회(조작 사회), 문화(동양과 서양)를 넘어, 인류(인간과 우주), 시간(과거, 현재, 미래), 장의 중첩(장 밖의 장)까지 확대하여 진행된다. 자연스레 중국의 특수성을 넘어선 보편성의 획득까지 향하고 있다. 부족하고 모자란 오류투성이지만, 부디 손가락을 보지 마시고, 손이 가리키는 달을 봐 달라고, 어눌하고 서툴게 말한다.

씨실과 날실의 끊임없는 교차 속에 하나의 직물(織物)이 완성되는 것처럼, 다양한 종류의 씨실과 날실을 사용하여 중국의 사람, 사회, 문화의 변화와 장이라는 커다란 직물을 만들고 싶었다. 책 전체를 걸쳐 인물과 사상으로는 공자, 맹자, 노자, 사마천, 한대 초기의 인물과 유가, 도가, 황로학 등을 주로 다루었다. 시대적으로는 춘추전국 시기, 진(秦)과 한대를 비롯하여 당(唐)대와 근대를 조금씩 거론하였다.

학문적으로는 사상, 문학예술, 역사, 교육, 정치, 민족, 사회 등에 기대었다. 지역적으로는 중원지역을 비롯하여 북경과 운남, 민족으로는 한족과 이족, 회족 등을 다루었다. 이미 그 직물에는 무수한 사람[인(人)]이 그린 무늬[문(文)]가 가득 담겨 있다. 이 인문의 천은 이를 보고, 입고, 사용하는 사람에게

재단되어, 각자의 나와 여기와 지금에서 다양하게 활용될 것이다.

본문을 5개의 장으로 구성했다.

Ⅰ장에서는 변화와 장이 무엇이고, 어떠한 담론들이 있었으며, 어떻게 생각할지를 '변화와 장으로의 초대'란 이름으로 다루었다.

Ⅱ장에서는 '사람에서의 변화와 장'을 다루었다. 다룰 인물은 많았지만 분량의 제한으로 선별해야 했다. 그래서 대중적으로 인지도가 높으면서 대표성을 갖춘, 물론 흥미를 유발하면서 변화와 장으로 재해석할 수 있는 인물을 택했다. 일단 공자, 맹자, 진시황 등을 중심으로 이들의 생애, 사상, 업적, 평가, 관련 고사 등을 통해 변화와 장을 알아보았다. 연구와 강의를 통해 정리하고 있는 기타 인물은 다음에 다룰 계획이다.

Ⅲ장 '사회에서의 변화와 장'에서는 시간과 공간의 차원에서 접근하며 변화와 장을 논하였다. 먼저 시간상으로는 고대와 현대 사회(전국칠웅과 G7)를 비교하며 시간과 공간의 경계를 넘어 사유하기를 다루었다. 공간적으로는 소수민족 사회를 고찰하며 분석했다. 이를 '사회의 관계와 영향'에서 공간, 시간, 개인에 비추어 조명해 보았다. 특히 본문에서 다루는 소수민족 사회는 계속해서 변화를 추적하며 자료를 축적하고 있다.

Ⅳ장 '문화에서의 변화와 장'에서는 문학예술, 교육문화, 정신문화를 중심으로 변화와 장을 고찰했다. 거시적으로 보려니 투박하고, 거친 면이 있다. 논의를 몰아가려니 어쩔 수 없었다고 말한다면, 구차한 변명이겠다. 염려가 있을 것 같아, 일부러 발표했던 연구를 기초로 이야기를 쉽게 풀었다. 각 학

술지에서 나름 긍정적으로 평해 주었기에 용기를 내어 주장을 펼쳤다.

마지막으로 V장 '변화와 장이론의 여지'에서는 변화와 장의 심화, 적용, 실천을 중심으로 지금까지 다루었던 변화와 장을 정리하고, 이를 통한 실천을 제시하였다.

참 오랜 시간 공을 들였다. 그런데도 부족함이 많다. 관련 논문을 쓴 것까지 포함하면 10년이 넘는다. 2017년에 연구계획을 한국연구재단에 제출하고, 최종 출판 허가를 받은 2021년 봄, 그리고 묵혔다. 숙성의 시간이 필요했고, 그 시간 속에 화학적 변화를 기대했다.

변화를 잡는 것이 쉽지 않고, 잡았다고 생각하지도 못한다. 그저 그 과정에 있을 뿐, 저자로서 변화의 무쌍함을 최대한 단정하게 다듬으려 노력했다. "악마는 디테일에 있다(The devil is in the detail)"라는 말을 인정한다. 물론 아직 완성일 수 없다. 또한 완성이 있을 수도 없다. 진행형이다. 그렇다고 베타버전(Beta Version)도 아니다. 하지만 두 번째 버전의 발전을 기대하는 마음은 오히려 더 강하다.

어쩌면 신화연구로 유명한 캠벨(Joseph Campbell, 1904~1987)의 방법에 가깝다. 그는 영웅에 대한 신화뿐만 아니라 역사적 기록, 학술 조사서 등에서 '무엇이든' 조사하여 신화의 유사성을 고찰했다. 귀납적 방법에서 데이터를 쌓아가듯, 앞으로의 연구를 통해 데이터를 하나하나 더 쌓아갈 뿐이다.

궁극적으로 특수성을 기초로 보편성의 획득까지 추구한다. 부지런히, 성실히 임하면서, 보다 정갈하고 정돈된 언어와 논리로 임할 것을 다짐하며, 그동안 무수한 시간을 고민하고 골몰했던 탐구의 보따리를 푼다.

일러두기

1. 본문의 내용을 보완하는 설명은 각주에, 출처를 밝히는 경우는 미주에 적었다.
2. 중국어 발음은 가급적 한자음으로 표기했다. 이유는 명확하다. 첫째, 주체적이지 못하다. 내가 중국에 가면 김덕삼으로 부르지 않는다. 찐더싼이라고 부른다. 둘째, 한자 문화권에 있기에 오래전부터 내려온 우리 발음이 있다. 셋째, 혼란의 방지다. 최근 한국에서는 섬서(陝西)성이나 산서(山西)성을 모두 산시성으로 표기한다. 혼란 방지를 위해 한자를 적고, 한글 발음도 적는다. 굳이 이렇게까지 할 필요가 있을까 의문이 든다.

변화와
장으로의 초대

변화의 이해

1. 변화의 의미

❖ 변화의 뜻

고대에는 자연의 변화를 간파하는 것이 중요했다. 그래야 농사도 짓고, 수 많은 위협과 위험으로부터 목숨을 부지하며 잘 살 수 있었다. 변화의 탐구는 사람과 사람, 사람과 자연, 사람과 우주까지 조금씩 확장되었다.

변화는 제 모습이 달라지는 것에서 점차 자신의 모습을 잃고 다른 모습 이 되는 식으로 진행된다. 한자 '變化'의 변(變)과 화(化)는 의미가 다르다. 영 어에서 'Change'는 고대 불어 'Changier', 라틴어 'Cambiare'에 기원을 둔다. 끊임없는 변화, 유동을 의미하는 'Flux'도 있다.

일상에서 변화라는 말은 '변'에 무게를 둔다. 엄밀하게 구분한다면, '변'은 제 모습이 달라지는 것이고, '화'는 제 모습을 잃고 다른 모습이 되는 것이다.

'變'은 어지럽다는 의미의 련(䜌)과 치다는 의미의 복(攵) 자로 이루어졌다. 그래서 쳐서 다스려 새롭게 바꾼다거나, 어지러운 움직임이기에 바꾼다는 의미를 지닌다.

반면에 '化'를 갑골문에서 보면, 서 있는 사람(亻)과 머리를 아래로 향하며 땅속으로 들어가는 사람(匕)의 조합으로 되어있다. 이것은 생(生)에서 사(死)로의 변화다. 상반되는 두 개의 人자, 한 사람의 생과 사, 혹은 아이를 낳는 상황에서 어머니와 자식 두 사람의 서로 다른 존재 방식을 나타낸다.

세상 만물의 변화가 무상하고, 피차(彼此)가 번갈아 돌아가지 않음이 없다. 주변을 보라. 변하지 않는 것이 있는가? 계절, 나이, 사람, 사회, 역사……. 정책도 변하고, 변한 정책이 서로 대립할 때도 있다.

변화는 곳곳에서 일어난다. 문학 작품에도, 나의 일에도, 사람의 삶에도, 음악에도 변화가 작용한다. 권불십년(權不十年)이고, 화무백일홍(花無百日紅)이다. 10년 이상 가는 권세 없고, 백 일 이상 붉은 꽃 못 보았다. 차면 기울게 되어있다.

사람의 마음도 변한다. 전국시기 위(衛)나라의 미자하(彌子瑕, ?~?)는 자기가 먹던 복숭아를 왕에게 먹으라고 주었다. 왕의 사랑을 받기에, 그때는 그냥 지나갔지만, 총애가 사라지자 이 일로 참수를 당했다. 『한비자』 세난편(說難篇)에 나오는 여도지죄(餘桃之罪) 이야기다.

심지어 "미덕도 너무 오랫동안 정체되면 악덕이 된다."라고 한다. 변하기 때문이다. 주체도 변하고 주체를 둘러싼 장도 변한다. 그리고 주체와 장의 관계 속에 서로 변하면서, 상호영향을 미친다. 고대 로마인들에게 끔찍한 형벌로 각인되었던 십자가형도 중세에는 연민과 공포의 대상이 되었다. 출산정책도 교육정책도 장에 따라 변한다. 심지어 1950년대엔 의사가 좋다고 홍보까지

한 담배, 지금은 나쁜 것으로 180도 신세가 뒤바뀌었다. 주체도 장도 변했다.

온갖 변화에 불변으로 맞선다는 "이불변응만변(以不變應萬變)", 그렇다면 변하지 않는 불변은 무엇일까? 그것은 중국 사상가들이 말한 도(道)와 통한다. 그래서 순자(荀子, BC 298~BC 238)는 "천 개를 들어 만 개를 변화시켜도 그 도는 하나(千擧萬變 其道一也)"라고 했다. 도는 매우 뻔한 것이다. 알지 못하는 것이 아니라 욕심과 욕망 때문에 모른 척하는 것이다. 인간의 욕심은 끝이 없다. 그래서 알면서도 똑같은 실수를 반복한다.

그러므로 변화 탐구에서 알고 싶은 것은 변화 그 자체가 아니라 오랜 경험과 축적된 지식을 통해 발견되는 변화의 패턴, 그리고 이를 통한 예측과 대비에 있고, 이는 다시 인문학적으로 승화하여 만고의 진리를 알고 인정하고 실천함에 방점을 찍는다.

❖ 변화와 생활화

사람들 속에 회자된다. "만남이 있으면 이별이 있고, 이별이 있으면 만남이 있다. 회자정리(會者定離) 거자필반(去者必返)", "(사물이 극에 이르러서) 되돌아감은 도의 움직임이다. 반자도지동(反者道之動)", "궁하면 변하고, 변하면 통하고, 통하면 오래간다. 궁즉변(窮則變), 변즉통(變則通), 통즉구(通則久)", "한 번 음하고 한 번 양함을 일러 도라고 한다. 일음일양지위도(一陰一陽之謂道)", "좋은 일에는 마가 많이 낀다. 호사다마(好事多魔)", "다 지나간다.", "흙탕물 속에서도 연꽃이 피어난다.", 서구 종교에서도 "서로 사랑하며 채소를 먹고 사는 것이, 서로 미워하며 기름진 쇠고기를 먹고 사는 것보다 낫다." 등등.

변화가 핵심이다. 오랜 경험의 축적 속에 체득한 말이기에 진리에 가깝고,

그래서 많은 성현의 생각과 행동에서 드러났다. 변화를 간파한 나름의 생활화였다.

　너도 나도 그도, 10년 전이나 지금이나, 1000년 전이나 2000년 전이나, 인간은 크게 다르지 않다. 변화는 다양하지만 여기에는 인간의 고유한 패턴이 있다. 인간임을 벗어날 수 없다. 인간이 만든 조직, 사회, 국가도 결국 인간의 연장선에 있기에 대동소이(大同小異)하다. 변하지만 그 속에 비슷한 면이 있다. 그래서 우리는 변화를 통해 패턴을 유추하고, 이를 통해 오늘과 내일의 문제를 되물을 수 있다.
　사람과 사회의 변화 분석과 패턴의 파악은 자연과 우주의 변화를 분석하고 예측하는 것보다 수월할 수 있다. 이미 우리는 태어나면서부터 죽을 때까지 대부분이 데이터로 기록된다. 데이터 분석을 통해 정량적인 것뿐만 아니라 정성적인 측면도 예상할 수 있다. 예를 들어 지금 내 주머니 속 스마트폰이 이러한 것을 실현하고 있다. 내가 통화하는 사람과 언제 어느 시간에 통화했는지를 분석하여, 인간관계나 사람과의 친밀도를 추적할 수도 있다. 나아가 무엇을 사고, 어디를 다니고, 얼마나 수면을 취하는지 등, 매우 많은 정보를 스마트폰은 담고 있다.
　기술의 발전은 더 가속화되고, 이를 통해 인간 개체와 군체 속 패턴은 어렵지 않게 파악될 것이다. 이를 가능하게 하는 알고리즘, 연산능력, 데이터 관련 기술이 비약적으로 발전하고 있다.
　물론 이는 과거에도 존재했다. 비록 그 방법이나 기술이 상대적으로 빈약했지만, 특정한 개인에게는 탁월한 능력이 있었다. 주변을 둘러보면, 사람이나 일에 대한 분석과 판단이 정확한 사람도 있고, 면접을 하는 데 면접생의 특징과 성향을 명확하게 파악하는 사람도 있다. 그뿐인가 사람을 넘어 사업에서 누구보다 시장의 흐름과 고객의 요구를 잘 파악하거나, 정치에서 정치 공학적인 계산이 빠른 사람, 전쟁에서 뛰어난 전략을 구사한 사람 등 오랜 인류의 역사를 들춰보면 이러한 예는 제법 많다. 이들은 타고난 유전적 능력에 더하여 개인의 축적된 경험과 지식, 이를 활용하는 기술 등을 통해 직감과 통찰력을 발휘했다.

이제는 기계와 기술을 이용하여 직관적이고 주관적인 한계를 넘어 객관적인 통찰을 도출할 수 있다. 과거처럼 천부적 능력에 기대기보다, 이젠 기술과 정보를 활용하면 된다. 세상은 복잡하지만 의외로 간단한 면이 있다. 이미 우리는 생활 속에 마주하고 있다.

❖ 변화연구

변화를 이성적으로 조망하려는 시도는 완전성을 떠나 각 분야에서 다양하게 시도되었다. 특히 근대 이후에는 과학과 만나 체계적으로 진행되었다.

물질세계에서 운동의 변화는 뉴턴(Isaac Newton, 1642~1727)의 관성, 가속도, 작용과 반작용의 법칙처럼 운동법칙으로 시도되었다. 역사에서의 변화는 헤겔(Hegel, Georg Wilhelm Friedrich, 1770~1831)의 말처럼 변증법적 발전론으로 일부 설명될 수 있다. 과학사에서는 토마스 쿤의 연구처럼 패러다임의 전환이 제시되었다. 허버트 스펜서(Herbert Spencer, 1820~1903)는 별들의 탄생에서 인간과 사회의 도덕적 전개까지, 이 모든 변화를 진화의 원리에 근거하여 설명했다.*

---

* 발전이나 진화라는 표현은 가치를 담는다. 가치는 어느 장에서 보느냐에 따라 달라진다. 그러므로 이를 변화라는 표현으로 바꾸면 우열의 구분과 차별을 뒤로 미루고, 다름을 인정하며 존중할 수 있다. 주체를 둘러싼 장은 정적(靜的)인 것이 아니다. 변한다. 지구상의 생물도 마찬가지이다. 환경이 변하기에 그 속에서의 진화는 복잡성이나 완성을 향하는 것이 될 수 없다. 주체와 장의 관계에 맞춰 변화하는 것이다.

한의학이나 동양사상에서는 우주와 우리의 신체가 닮았다며, 우리의 신체를 소우주로 보기도 한다. 뉴턴의 법칙도 천체의 법칙과 지구의 법칙을 하나로 묶어 설명했다. 지구와 태양계에서의 메커니즘과 현상이 은하계와 우주로 확장하는 것과 같다.

프랑스 수학자 만델브로트(Benoit Mandelbrot, 1924~2010)가 영국 해안의 길이를 연구하다 발견한 프랙탈 이론(Fractal theory), 여기에서는 부분과 전체가 똑같은 모양을 하고 있다는 변화 속 패턴을 확인할 수 있다. 자기 유사성과 순환성(계속 같음)이 개입한다. 커다란 것과 작은 것이 같다. 리아스식 해안선에는 움푹 들어간 해안선 안에 굴곡진 해안선이 계속된다. 동일 모양의 반복 구조였다.

물론 아직 우리 현실은 카오스(chaos)적인 부분이 더 많다. 일정 기간은 방정식 같은 결정적 규칙을 따르지만, 이후의 운동은 무작위성을 나타낸다. 다양한 요인이 상호 작용하고 이것이 다시 또 작용하는 현실을 단순계처럼 정리하는 것, 어쩌면 무모해 보일 수 있지만, 아직 끝이 아니다.

더디지만 이러한 도전은 과학 분야에서 조금씩 진보하고 있다. 기상학자 로렌츠(Edward Norton Lorenz, 1917~2008)는 기후 탐구에서 혼돈 현상을 발견했다. 생물학에서는 메이(Robert May, 1936~2020), 천문학에서는 에농(Michel Henon, 1931~2013), 물리학자 뤼엘(David Ruelle, 1935~)과 수학자 타겐스(Floris Takens, 1940~2010) 등이 혼돈 현상을 찾았다. 이들은 희귀 먹이를 다투는 개체군 리모델링 과정에서나, 은하수 중심 주위를 도는 별들의 궤도를 다루는 방정식에서, 혹은 소용돌이치는 유체의 흐름에서 혼돈 현상을 찾았다.

이러한 도전은 진행형이다. 완벽한 금융시장을 만들려는 수리금융공학의 탄생도 마찬가지다. 사실 이들보다 앞서 노이만(John von Neumann, 1903~1957)은 날씨를 예측하고자 혼돈 현상을 발견하였다. 물론 그의 꿈은 아직 이루지 못했다.

노벨 물리학상을 받은 앤더슨(Carl David Anderson, 1905~1991)이 1972년 논문에서 언급하여 복잡계 물리학을 대변한 "많으면 다르다(More is different)."라는 말이 있다.* 하위 계층을 이해하는 법칙이 밝혀졌어도, 이것이 반드시 상위 계층을 이해하는 법칙으로 이어지지 않는다. 당연하다. 각각의 특수성이 존재함을 인정한다. 그럼에도 불구하고 조금 더 본질적인 측면에서 조망하면, 주변에서 일어나는 변화를 '열'과 '힘·운동·일'의 관계서 찾는 열역학 법칙(thermodynamic laws)처럼 조금씩 변화의 법칙을 세울 수 있을 것이다.

이론적으로 볼 때, 기후와 관련된 완벽한 정보를 장악한다면 기후는 예측 가능하다. 나아가 사람이 반복적으로 하는 일도 어느 정도 예측 가능하다. 이러한 것을 로봇 소프트웨어를 이용하여 자동화하는 RPA(Robotic Process Automation) 기술도 발전하고 있다. 사무적인 일이라도 반복적이고 단순하면 자동화가 가능하고, 이는 기술의 발전으로 대상을 확대할 수 있다. 이를 통해 시간과 비용 절감은 물론이고, 일에 대한 선택과 집중으로 보다 가치 있는 일을 추구할 수 있다.

많은 분야에서 변화에 대한 연구는 확대될 것이다. 사람의 지능으로는 한계가 있지만, 발전된 과학기술의 산물과 인공지능은 이전과 다른 장을 펼칠 것이다. 컴퓨터에서도 기존과 다른 방식의 접근이 일어나고 있다. 슈퍼컴퓨터가 풀지 못하는 복잡하고 방대한 정보 처리에 계속 도전하다 보면, 언젠가

---

* 물론 데이터를 분석하는 경우 "많을수록 더 좋다."라고 많은 사람이 믿지만, 우리는 데이터의 바다에서 익사하고 있다. 데이터를 이해할 어떤 이론적 틀을 갈망하고 있다. 역사는 "최소가 최선이다."라고 말해준다. 어쩌면 과학도 데이터도 민주적이지 않다. 과학은 능력주의적이고 데이터는 평등하지 않다(제프리 웨스트 저, 이한음 역,『스케일』, 2019, 611~616쪽).

비약적인 발전을 할 것이다. 이러한 예로 현재 가장 가능성이 높은 것은 양자(퀀텀, quantum)컴퓨터 개발이다. 현재 컴퓨터가 10억 년 걸려서 풀 문제를 양자컴퓨터는 단 100초 만에 끝낸다고 하니, 또 다른 장이 펼쳐질 것이다.

양자컴퓨터는 물질의 양자적 성질을 활용한다. 기존의 디지털 컴퓨터는 0과 1이라는 2가지 상태로 정보를 구분하는 비트(bit) 단위로 연산을 하였다. 반면 양자컴퓨터는 0과 1이 동시에 존재하는 양자 상태(중첩)도 정보로 처리한다. 인공지능, 반도체, 디스플레이 분야에서 양자컴퓨터를 이용하여 할 일을 계속 연구하고 있다. 그럼 컴퓨터의 발전이 여기서 그칠 것인가? 그렇지 않다. 왜냐하면 지나온 변화의 역사를 알기에, 지금의 장에서 생각하기 힘든 비약적인 발전과 변화가 일어날 것이다.

알고리즘의 발전도 기대할 수 있다. 공학적, 수학적 관점에서 만들어진 알고리즘으로 움직이는 AI는 몇천 명이 하던 고객 응대를 '챗봇(Chatbot)' 하나로 대체할 수 있고, 골드만삭스(Goldman Sachs)의 '워런(Warren)'은 15명의 애널리스트가 4주 동안 처리할 업무를 5분 만에 끝냈다. 이는 다양한 변화에 대비하여 만들어진 알고리즘으로 가능하다.

물론 문제도 있다. AI와 AI가 경쟁하거나, 인간의 이익을 위해 서로 다른 편의 AI와 AI가 싸우는 경우에서, 상대의 전략을 역이용하거나 인간의 능력을 넘는 시스템 자체의 파괴를 불러올 수 있다. 인터넷 아마존에서 일어난 책값 260억 사건이나, 2017년 순식간에 발생한 암호 화폐 이더리움(Ethereum)의 폭락 등이 그 예이다. 이러한 문제는 포기가 아닌 극복의 문제다. 그러므로 변화에 대한 인문학적 탐구를 통해, AI와 알고리즘을 인류의 보편적 목적에 맞게 어떻게 디자인할지 적극적으로 고민하며 극복해야 한다.

2. 변화의 담론

❖ 변화 담론

기원전 6세기 말 그리스 철학자 헤라클레이토스(Heraclitus, 약 BC 540~약 BC 480)는 "새로운 삶은 하루아침에 시작되지 않는다. 영원한 것은 오로지 변화뿐"이라고 했다. 그는 "만물은 영원히 흐르는 상태로 존재한다."고 하면서 우리는 같은 강물에 두 번 들어갈 수 없다고 했다. 이유는 두 번째로 들어간 강물이 처음 들어간 강물과 같지 않기 때문이다. 강물은 이미 흘러갔다. 청출어람(靑出於藍)인가? 헤라클레이토스의 제자가 되물었다. 스승님은 한 번도 강물에 들어갈 수 없다고, 왜? 강물만 변하는 게 아니라, 스승님도 변했기 때문에 동일한 강물에 단 한 번도 들어갈 수 없다는 것이다. 변화가 남녀노소, 빈부귀천 가리지 않고 온 누리에 미친다.

시간이 현대로 향할수록 변화에 대한 다양한 발언이 쏟아져 나왔다. 대표적인 몇 가지를 살펴보자. 인류를 신에서 분리한 찰스 다윈(Charles Robert Darwin, 1809~1882)은 "살아남는 것은 가장 강한 종이나 가장 똑똑한 종들이 아니라, 변화에 가장 잘 적응하는 종들"이라고 말했다. 다윈은 신 중심의 세계를 발칵 뒤집었다. 반면 동물 세계의 약육강식은 인간세계로 넘어와 식민지 지배의 근거로 악용되기도 했다. 다윈의 말은 일상에도 통한다. 만화와 드라마로 알려진 '미생(2014년)'을 보더라도, 변화에 잘 적응하는 사람이 결국 살아남는다거나, 강한 것보다, 똑똑한 것보다, 변화에 적응하는 게 중요하다는 사실을 알 수 있다. 그래서 우리가 진정 배워야 할 것은 변화에 대처하는 능력, 한판 승부가 아닌 패자부활전이 가능하다는 것을 알고 포기하지 않고 도전하는, 실패에도 다시 일어서는 '회복 능력'이다.

레오 톨스토이(Leo Tolstoy, 1828~1910)는 "모든 사람이 세상을 변화시키는 것을 생각한다. 하지만 누구도 그 자신을 변화시키는 것은 생각하지 않는다."라고 말했다. 유가(儒家)에서는 이렇게 얘기한다. 수신제가(修身齊家), 치국평천하(治國平天下). 나를 잘 다스리고, 가정을 잘 다스리며, 나라를 다스리고 나아가 세상을 잘 다스린다. 물론 각 단계에 순서가 있는 경우도 있지만, 그렇지 않은 경우도 있고, 동시적으로 일어나기도 한다. 자기 다스림을 완성하고, 집안과 나라와 세상을 평안하게 잘 다스릴 수 있는 것도 아니다. 여기서 중요한 것은 그 중심이 자기 자신에게 있다는 점이다. 자신을 잘 다스려야 한다. 세상과 나라와 가정에 앞서 자기 자신을 스스로 변화시킬 필요가 있다.

아인슈타인(Albert Einstein, 1879~1955)도 한마디 거들었다. "우리가 만든 세상은 우리 생각의 과정이다. 우리의 생각을 바꾸지 않고는 세상은 바뀌지 않는다." 원하는 게 있다면 생각을 바꿔야 한다. 지금 자신의 미래가 궁금하다면 자신의 선배를 보면 된다. 선배의 모습에 미래가 있다. 만약 선배의 모습, 즉 나의 미래가 맘에 들지 않는다면, 변해야 한다. 변하려면 어떻게 해야 하는가? 어제와 똑같은 오늘을 살면서, 오늘과 다른 내일을 바라는 것은 도둑놈 심보다. 오늘과 다른 내일을 원한다면, 어제와 다른 오늘을 살아야 한다. 즉, 선배와 다른 모습을 원한다면, 선배가 걸어간 길과 다른 길을 걸어야 한다. 나의 미래를 만들기 위하여. 나의 생각을 바꾸지 않고는 세상도 나의 미래도 바뀌지 않는다.

남아프리카공화국 최초의 흑인 대통령이자 인권운동가인 넬슨 만델라(Nelson Mandela, 1918~2013)는 변화에 대해 보다 구체적이고 현실적인 방법을 제시했다. "교육은 세상을 바꾸기 위해 당신이 사용할 수 있는 가장 강력한 무기이다." 배워야 한다. 가진 게 없을수록 더 공부해야 한다. 가지지 못한 사람이 할 수 있는 가장 좋은 방법은 만델라의 말처럼 아무리 생각해도 교육만

한 게 없다. 대학원 과정 중 IMF를 겪으며 경제적으로 힘들었다. 유학을 접어야 했다. 그때 신문사 기자였던 선배가 충고했다. 빚을 내서라도 완수하라. 교육에 대한 투자를 계속해라. 이보다 더 좋은 투자는 없다고. 운도 좋았지만 결과적으로 그 말이 맞았다. 되돌아봐도, 교육에 대한 투자만큼 가치 있고, 성공률도 높으면서, 기분 좋은 것도 많지 않다.

제너럴일렉트릭(GE)의 최연소 최고경영자이자 경영의 달인으로 불렸던 잭 웰치(Jack Welch, 1935~2020)는 "당신이 변화해야 하기 전에 변하라."라고 경고했다. 변화해야만 하는 상황이 되기 전에 능동적으로 변해야 한다는 말이다. 더하여 "그때 시작했더라면 좋았을 텐데……"라고 아쉬워 말자. 변하기를 원한다면 지금 당장, 여기서 실행하자. 구소련의 페레스트로이카(perestroika) 즉 개혁을 추진한 미하일 고르바초프(Mikhail Gorbachev, 1931~2022)는 "위험은 변하지 않은 이에게만 찾아온다."고 했다. 그에게서 촉발한 변화는 개인뿐만 아니라 구소련과 동유럽 및 세계 질서에 커다란 변화를 불러일으켰다. 냉전 시대를 종식한 것도 그에게서 시작됐다.

❖ 변화와 『주역』

철학은 변화에 대한 인식에서 출발했다. 고대나 지금이나, 현인이나 범인이나 우리는 변화에 푹 빠져 살고 있다. 여기서 더 나아가 인류는 오래전부터 축적된 경험에 깊은 사유의 힘을 더해 변화의 패턴을 찾고 전수했다. 물론 부처도 예외일 수 없다. 그래서 열반 직전에 "모든 것은 변한다. 끊임없이 정진하라."라는 말을 제자들에게 남겼다.

고대 중국문화도 신과 인간이 소통하는 시대를 지나, 천명관(天命觀)과 변역관(變易觀)의 은(殷)과 주(周), 공자와 제자백가(諸子百家)가 지혜의 문을 열고,

가치의 표준을 정한 춘추전국시대로 이어졌다.[1] 주나라의 역인 『주역(周易)』은 바로 변역관을 대표한다. 이성과 도덕의 시대를 개막하는 그 언저리에 위치한다.

공자와 제자백가가 사회적인 문제를 확인하고, 이에 대한 해결방안을 이성과 심성에서 찾은 것과 달리, 『주역』은 자연의 변화와 그 속의 관계성에 초점을 맞췄다. '관계'이기에 음이 양으로, 양이 음으로 될 수 있다. 그 속에 변화가 있고, 변화가 있기에 발전이 생긴다.

'역'은 바로 변한다는 의미를 지닌다. '易'이라는 글자를 90도 앞으로 숙이면, 그 모양이 자신의 피부색을 상황에 따라 변화시키는 카멜레온 형상이 된다. 그래서 『설문해자』에서는 상형자로 보았다. 반면에 상수학자들은 '易'을 회의자로 보면서, '일(日)'과 '월(月)'을 합한 글자라고 말한다. 하나 더하면 물을 붓는 형태에서 기원한다. 갑골문 역은 두 손으로 물그릇을 잡고 다른 그릇에 옮기는 형상을 담았다. 그러나저러나 중심에는 변화가 있다. 그래서 『주역』의 영문 이름도 『The Book of Change』이다.

세상의 모든 것은 변한다. 변하지 않는 것은 없다. 『주역』에는 이러한 변화의 원리를 담았다. 계절도, 우주도, 시간도, 사람도 모두 변한다[변역(變易)]. 우주 만물 변하지 않는 것이 없지만, 변화한다는 사실, 변화의 규율은 변하지 않는다. 그래서 그 변화에는 변하지 않는 원칙이 있다[불역(不易)]. 그리고 이러한 변화는 단순하며 평이하다[이간(易簡)], 간략하고 평이한 진리이다. 이상의 변역(變易)·불역(不易)·이간(易簡)을 『주역』이 담고 있는 요체(要諦)라고 한다.

『주역』은 팔괘(八卦)와 육십사괘(六十四卦), 괘사(卦辭)·효사(爻辭)·십익(十翼)으로 구성되어 있다. 64개의 괘마다 6개의 효가 있고, 이를 풀이한 384개의 효사가 있다. 물론 경(經)에 쓰인 말은 매우 간결하면서 동시에 상징적인 언어적 특징을 갖는다. 어떤 면에서 이러한 이유로 점서로서 다양한 해석이 가능하다. 이를 쉽게 풀이한 것이 전(傳)이다.

경과 전 사이에는 수백 년의 시간이 있다. 전은 공자가 썼다고 하지만 가능성은 적다. 그보다 전국시대 중기부터 한나라 초기에 완성되었다고 보는 게 적합하다. 전은 십익(十翼)이라고도 한다. 여기에는 단(彖) 상하권, 상(象) 상하권, 문언(文言), 계사(繫辭) 상하권, 설괘(說卦), 서괘(序卦), 잡괘(雜卦)가 있다. 단순하게 정리한다면 경은 점술서, 전은 경을 풀이한 철학서라고 말할 수 있겠다.

『주역』 계사전에서는 태극(太極)이 있고, 이것이 양의(兩儀)인 음효(陰爻)와 양효(陽爻)를 낳고, 양의는 사상(四象)을 낳으며, 사상은 팔괘(八卦)를 낳았다. 팔괘는 길흉(吉凶)을 결정하고, 길흉은 대업을 낳는다. 팔괘는 건(乾) · 태(兌) · 이(離) · 진(震) · 손(巽) · 감(坎) · 간(艮) · 곤(坤) 괘로 각각의 처지를 대변하고, 이것이 서로 작용하여 변화를 만든다.* 주역은 팔괘가 중첩된 육십사괘로 완성되고, 여기에 6개의 효를 풀이한 384(64×6)개의 효사가 있다.

건은 하늘 · 아버지 · 건강, 태는 연못 · 소녀(小女) · 기쁨, 이는 불 · 중녀(中女) · 아름다움, 진은 우레 · 장남 · 움직임, 손은 바람 · 장녀, 감은 물 · 중남(中男) · 함정, 간은 산 · 소남(少男) · 그침, 곤은 땅 · 어머니 · 순(順)을 뜻한다. 길흉

---

* 팔괘를 기억하기 어렵다면, 주희의 '팔괘취상가(八卦取象歌)'에 기대어 보자.
건삼련(乾三連), 곤육단(坤六斷) 건괘(☰)는 3개의 효가 연결되어 있고, 곤괘(☷)는 6개로 끊어져 있다.
진앙우(震仰盂), 간복완(艮覆碗) 진괘(☳)는 사발을 위로 놓고, 간괘(☶)는 주발을 덮어 놓은 것 같다.
이중허(離中虛), 감중만(坎中滿) 이괘(☲)는 가운데가 비었고, 감괘(☵)는 가운데가 차 있다.
태상결(兌上缺), 손하단(巽下斷) 태괘(☱)는 위에 틈이 있고, 손괘(☴)는 아래가 끊어져 있다.

화복(吉凶禍福)은 주체에만 한정되어 일어나는 변화의 문제가 아니다. 장을 포함한 처지와 입장, 대상과의 관계 속에 일어난다.

『주역』에서는 "끊임없이 낳고 또 낳는 것을 역"이라고 했다. 변화를 생명의 창조 과정으로 보았다. 『주역』 계사전의 궁즉변(窮則變), 변즉통(變則通), 통즉구(通則久)나 일음일양지위도(一陰一陽之謂道) 같은 말들과 통한다. 궁하면 변하고, 변하면 통하고, 통하면 오래간다. 영원하다는 말은 하지 않는다. 이도 얼마 지나지 않아 또 궁하게 될 것이기 때문이다. 한 번 음하고 한 번 양한 것을 일러 도라고 한다. 생각해 보면 도가 그리 멀리 있지 않다. 그러므로 변함을 알기에 겸손도 하고 절제도 하며, 역지사지(易地思之)처럼 입장 바꿔 생각도 해봐야 한다.

사람들은 『주역』이 방대하고 난해하다고 말한다. 『주역』이라는 이름을 붙잡고 견강부회(牽强附會)하는 그 끝은 그렇다. 그러나 이를 거둬내고, 그 밑의 본질적 외침에 귀 기울여 보자. 오랜 인류의 역사, 많은 경험의 축적 속에 응축된 통찰, 지금 여기 우리에게 여전히 의미심장한 메시지를 전한다.

나아가 방법론적으로 『주역』의 모델을 현실화하여, 충분한 데이터, 이를 처리할 연산능력을 가진 슈퍼컴퓨터나 양자컴퓨터, 잘 짜인 알고리즘 등을 이용한다면, 변화를 예측한다는 것이 귀신처럼 신기한 일만은 아닐 것이다. 패턴이 있기 때문이다. 콩 심은 데 콩 나고, 팥 심은 데 팥 나는 원칙이 있기 때문이다. 뛰어봐야 부처님 손바닥 안이듯 인간으로서의 한계가 있기 때문이다.

사람들의 다양한 변화 양상을 정리하고 풀이하는 일은 그리 어렵지 않다. 우리 주변에는 사람을 분류하여 그 특징을 정리한 것들이 의외로 많다. 4가지 선호지표를 조합하여 16가지 성격유형을 만든 MBTI, 인간의 성격을 9가지로 분류하여 이해하는 에니어그램(Enneagram), 사람의 체질적 특징을 4가지로 구분한 사상의학(四象醫學), 혈액형으로 구분하거나, 외모로 구분하거나, 태어난 연월일시로 구분한 사주팔자(四柱八字) 등이 있다.

『주역』 역시 확률과 통계의 문제에 가깝다. 확률과 통계를 통한 패턴의 확인은 이미 마케팅에서도 산업 현장에서도 두루 사용되고 있다. 심지어 우리가 빵집에서 빵을 고를 때도, 날씨에 따라 단팥빵을 먹을지 곰보빵을 먹을지, 빵집 주인은 이미 준비하고 있다. 요즘 많이 볼 수 있는 편의점도 이러한 준비에 게으를 수 없다. 보다 구체적이고 치밀하다. 더운 여름에 시원한 것을 찾는 것은 인지상정, 하지만 덥고 건조할 때는 아이스크림보다 하드, 습도가 높은 장마철에는 끈적거리는 아이스크림보다 청량한 음료, 불쾌지수가 높아지면 편의점 도시락의 매출이 높아진다.

사람들의 구매 데이터를 보면 변화 속에 고유한 패턴이 있음을 발견하게 된다. 『주역』 역시 경험의 축적에서 만들어낸 세상과 사람을 보는 틀이자 여기서 끌어낸 법칙과 사상, 그 이상도 이하도 아니다. 그 본질의 외침에 귀 기울이자.

3. 변화의 변화

❖ 변화의 사용

성묘 다니던 도로변에 즐비하게 서 있던 경기도 분당의 야트막한 산들이 감쪽같이 사라진 변화를 봤다. 장도 주체도 변하기에, 어린 시절엔 상상하지도 못한 일을 경험했다. 우공이산(愚公移山)! 어리석은 늙은이가 변화의 장 속에 현자(賢者)가 되는 세상이다.

변화는 이제 엄청난 속도로 진행하며, 지켜보는 이들에게 현기증을 불러 일으키고 있다. 어쩌면 이미 속도를 체감할 단계를 넘어섰기에, 속도에 무감 각해졌는지 모른다. 정체가 퇴보가 되는 시점이다. 구글 엔그램 뷰어(Google Ngram Viewer)를 이용해서 중국어와 영어로 작성된 문헌에 나타난 '變', '變化', 'Change'를 살펴보면 다음과 같다.*

〈표 1〉 문헌에 나타난 '變'의 사용 변화

위의 표에서 알 수 있듯이 1920년에 사용이 늘고, 1940년대에 최하점을 찍고 이후 빠른 속도로 '變'이란 글자가 사용되었다. 더 나아가 아래 〈표 2〉 에서도 비슷한 양상을 보인다.

---

* 구글이 2004년부터 9년 동안 전 세계 책들 3천만 권을 디지털화하였다. 그 가운데 800만 권을 선 별한 뒤 500년간 이들 책에서 사용한 단어의 빈도를 그래프로 알려주는 구글 엔그램 뷰어를 개발하 였다. 프로그램은 번체자를 간체자로 대체하여 간체자로 검색한 결과를 일러준다. 위의 표는 엔그램 뷰어의 결과를 그대로 인용한 것이다. https://books.google.com/ngrams

〈표 2〉 문헌에 나타난 '變化'의 사용 변화

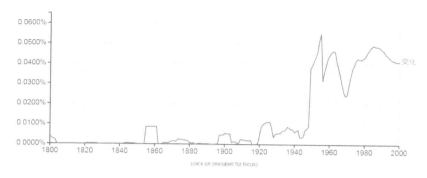

한자로 작성된 문헌에서는 1920년대와 40년대 사이의 전반부에서 '變'과 '變化'가 많이 발견된다. 이후 몇 번의 변화를 거치면서 커다란 굴곡이 생기는 것은 중국의 정치적 문제와 관련된다고 생각한다. 예를 들어 중화인민공화국의 건국(1949년)과 중국 내부에 커다란 내홍을 불러일으킨 문화대혁명(1966~1977년) 등을 언급할 수 있겠다. 영어의 'Change'는 30년대와 40년대에 많이 사용된 점을 발견할 수 있다.

1929년은 서양에서 촉발된 경제 대공황이 시작된 해이다. 미국의 제31대 대통령 허버트 후버(Herbert Clark Hoover, 1874~1964)도 경제위기를 초래한 주범

〈표 3〉 문헌에 나타난 'Change'의 사용 변화

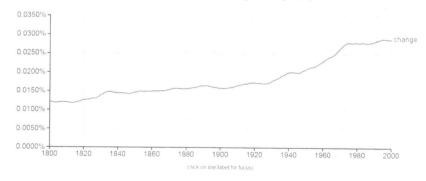

으로 비판받다가 대통령의 자리에서 물러났다. 서양에서는 1930년에서 40년까지 'Change'의 사용 빈도가 높아지고, 50년대 이후부터 70년대까지 급격히 증가했다. 어쨌거나 변화에 대한 사용 빈도는 점점 가파르게 상승하고 있다.

변화의 속도는 다르지만, 변하고 있다. 사람에 따라 다르고 그에 대한 평가도 달라질 수 있지만, 변하고 있다. 『주역』 혁괘(革卦)에 거론된 "대인은 범처럼 바꾸고, 군자는 표범처럼 바꾸고, 소인은 얼굴만 바꾼다. 大人虎變, 君子豹變, 小人革面"라는 말에서, 변화의 스케일, 가치의 경중, 속도 등을 엿볼 수 있지만, 모두 변하고 있다.

물론 갑자기 변하는 것도 있고, 천천히 변하는 것도 있다. 잘못된 정보로 알려진 끓는 물속의 개구리(boiling frog) 이야기, 사실 여부를 떠나 변화를 자각하지 못한 치명적 결과에 대한 경종(警鐘)으로 여전히 회자(膾炙)된다.

도시의 변화도 어떤 관점에서 보느냐에 따라 달라진다. 서울의 경우 청계천을 사이에 두고 북촌과 남촌으로, 다시 한강을 사이에 두고 강북과 강남으로, 그런데 과거 영등포 쪽 강남이 다시 강남구가 자리 잡은 쪽으로 이동해 새로운 강남(이전까지 영동이었다. 그래서 영동대교, 영동***란 칭호가 지금의 강남구에 남아있다)이 탄생했다.

지금의 강남도 영원할 수 없다. 지방의 붕괴와 수도권으로의 집중, 이런 것들이 불과 40년도 안 되는 사이에 일어났다. 앞으로도 포화상태에 이른 기존 도심 개발의 한계, 이에 대응한 새로운 공간의 발견, 교통과 기술의 발달 등이 동인으로 작용할 것이다. 그래서 다른 곳이 주목받는 변화가 일어날 것이다. 뉴턴과 헤겔과 쿤이 지적한 변화 속 패턴과 다를 바 없다. 물론 정확한 예측은 쉽지 않다. 그러나 다양한 변수에 의해 또 다른 변화를 맞이할 것은 확실하다. 천천히 변해도 변하는 것은 변하는 것이고, 속도는 상대적이다.

❖ 변화 속도

호모사피엔스가 1만 년 전부터 행한 농경기술은 커다란 변화 없이 조선 시대까지 이어졌다. 인류가 사용한 석기도 거의 80만 년 동안 큰 변화 없이 사용되었다. 하기야 우주나 지구의 나이 말고, 인류의 나이를 12시간에 맞춰 놓았을 때, 11시간 59분 17초가 선사시대, 나머지 43.2초가 역사 시대다. 그 속에 무수한 변화가 있었고, 그 변화는 현재에 이를수록 더 빠르다.

현대에는 '속도'가 중요하다. 특정 분야에서 진행된 변화의 질이나 양은, 지금의 1년이 과거 10년, 혹은 100년과 맞먹을 정도다. 1970·80년대에는 교수님들이 10년 전 강의 노트를 그대로 사용해도 문제 되지 않았다. 심지어 박사학위를 받고 10년 정도 지나도 여전히 통했다. 그러나 현재는 지식의 양이 2배 늘어나는 데, 73일도 안 걸린다.

1960·70년대에는 지식이 2배 늘어나려면 10년 정도 걸렸다. 그리고 중세 르네상스 시기에는 500년 정도가 걸렸다. 하지만 지금은 지식이 2배 늘어나는 데 73일 정도도 안 걸린다. 지식의 양으로만 보았을 때 중세 르네상스 시대의 500년과 지금의 73일이 같다. 지식의 양이 넘쳐나기 때문에 어디에 있는지를 아는 'know where'보다 어떻게 하는지를 아는 'know how'가 중요한 세상이 되었다.

변화가 빠르게 일어나는 사회에서 아노미 현상(anomie phenomenon)이나 문화지체현상(文化遲滯現像, cultural lag)이 발견된다. 세상은 변하는데 생각은 그대로다. 각주구검(刻舟求劍)이다. 각주구검은 춘추전국시대 초(楚)나라 젊은이가 배를 타고 가다가 칼을 빠뜨렸고, 다시 찾으려 뱃전에 급히 표시를 했다는 『여씨춘추(呂氏春秋)』에 나오는 이야기이다. 시대착오를 비판한다. 하지만 변화가 빠르기에 시대착오적인 일이 빈번해졌다.

미스매치(mismatch)다. 빨리 변하기 때문이다. 사람의 인식, 판단, 가치, 문화 같은 정신문명은 더디게 변하지만 물질문명은 빠르게 변한다. 지금은 19세기 전체에 걸쳐 찍은 사진보다 더 많은 사진이 2분보다 짧은 시간에 찍힌다. 파생되는 것도 많다. 범죄를 저지른 범인도 사진을 이용해 찾는다. 글로 소회를 남기기보다 사진으로 여행지의 추억을 남기고, 수업시간에도 말로 설명하는 것보다 사진과 영상을 이용하여 설명하면 더 효과적이다. 물론 학생들은 교수보다 더 민첩하다. 교수가 강의실에서 판서하고 설명하면 학생들은 스마트폰으로 찍거나 촬영하며 정리한다. 이것도 어느덧 옛날이야기가 되었지만.

이러한 변화가 2차, 3차로 퍼지며 만드는 파생적 변화는 나비효과(Butterfly effect)처럼 상상을 초월할 정도이다. 사진의 양이나 지식의 양이 이렇게 빨리 증가하는데, 우리의 의식은 거의 그대로다. 그래서 세대 간의 차이가 더 벌어진다. 문제는 변화에 있다. 그렇기에 생각을 유연하게 갖는 게 필요하다. 혹자는 이러한 변화의 속도를 체스 판에 비교하여 설명했다.

> "체스 판의 첫 번째 칸에는 쌀 한 알을 놓고, 두 번째 칸에는 두 알을, 세 번째 칸에는 네 알을 놓는 식으로, 다음 칸으로 갈수록 쌀알의 수를 앞 칸보다 두 배씩 늘리는 겁니다."

중세 인도의 승려가 체스를 만들었다. 국왕은 이를 어여삐 여겨 선물을 주겠다고 했다. 승려는 사양하다가 쌀 한 톨을 요구했다. 단, 체스 판 첫 칸에

쌀 한 톨을 놓고, 한 칸 갈 때마다 두 배씩 늘어나는 조건을 달았다. 이렇게 했을 때 마지막 칸에서는 63번의 제곱, 2의 (64-1)승으로 변한다. 현실적으로 수용할 범위를 넘어선다.

여기서 우리가 눈여겨볼 것은 변화 속도와 변화에 대한 체감이다. 일정 수준을 넘어서면 변화 속도를 더 이상 느끼지 못한다. 그래서 체스 판의 절반을 넘어서면 변화의 속도가 너무 빨라 무감각해지는 상황에 직면한다. 이러한 이야기를 담은 『제2의 기계 시대』에서는 우리 사회가 무감각해지는 때를, 즉 체스 판의 절반을 넘어선 때를 2006년으로 잡았다.[2] 정보의 양이 급격하게 많아진 시기이다.

반도체의 변화도 그 예로 들 수 있다. 마이크로칩의 밀도가 24개월마다 2배로 늘어난다는 무어의 법칙(Moore's Law)과 달리, 사람들은 제한된 물리적 공간 때문에 법칙에 한계가 있다고 생각했다. 그러나 공학과 경영학적인 요소가 가미되어 한계를 극복했다. 반도체를 겹겹이 쌓거나, 다른 분야와의 연계로 또 다른 변화가 기하급수적으로 일어났다. 물론 영원할 수 없다.

지금의 변화는 과거의 변화와 다르게 불친절하다. 과거에는 변화 속 경험이 다가올 미래에 대하여 신뢰할 만한 안내를 해주었다. 지금은 차원이 다른 미지의 세계를 향한다. 게다가 변화가 과거의 오류를 제거하면서 올바른 지식만으로 일어나는 것은 아니다. 이에 대한 폐해도 크다. 지식의 수명, 변화의 패턴 등에 영향을 미친다.[3] 변화가 빠르고 전면적이며 낯설다.

과거 100년에 걸쳐 일어났던 변화가 10년, 아니 단 1년도 안 되는 짧은 기간에 일어나는 시대로 바뀌었다. 그 속도가 엄청날 뿐만 아니라 규모 또한 거대하다. '변화'라는 단어가 시대를 점령했다.

장의 이해

1. 장의 의미

❖ 입장과 상황

이른 봄 개나리꽃이 사방에 피어나며, 온 세상을 노랗게 물들였다. 여름
되자 뙤약볕이 내리쬐며 녹음이 우거지고, 천하가 녹색 물감으로 덧칠해졌
다. 여름에 제아무리 개나리꽃을 보고 싶어도, 혹은 이른 봄에 짙푸른 녹음을
보려 해도, 어렵다. 그것은 개나리꽃이 필 환경이 갖추어지지 않았기 때문이
다. 물론 환경이 갖추어지고 개나리에 문제가 없다면, 개나리는 꽃을 피운다.
이러한 상황을 포괄적으로 '장(場, field)'으로 표현한다.

쉽지 않겠지만 장을 조작할 수도 있다. 봄의 환경을 만들면 개나리가 필
것이고, 가을의 환경을 만들면 단풍이 들 것이다. 나를 바꾸는 것도 중요하지
만, 나를 둘러싼 장을 파악해 나에게 적합한 장을 만들거나, 아니면 내게 맞

는 장을 찾아 떠나야 한다.

장은 다소 제한적이지만 시간, 공간, 상황, 정황, 환경 등의 의미를 담는다. 시간, 공간, 질량은 우주의 3요소이다. 좀 어려운 얘기지만, 질량은 3요소 가운데 원생요소(原生要素)이다. 질량 없이 공간이 존재할 수 없고, 공간 없이 시간은 존재할 수 없다. 공간은 시간과 분리하여 생각할 수 없다. 시간과 공간은 포괄적이면서 철학의 기본적인 범주이다. 모든 경험은 시간과 공간에서 생겨난다. 그래서 시간과 공간은 장을 이루는 기본 요소이다. 장은 다양한 각도에서 연구되고 있는데, 내가 주로 관심을 갖고 연구하는 장은 다음과 같다. 이를 통해 장의 의미를 확장하고 있다.

첫째, 입장의 의미를 포함하는 장이다. 전국(戰國)시기 『장자』에는 다음과 같은 말이 있다.

> "서로 다른 (인식의) 입장으로 본다면 (한 몸에 있는) 간과 쓸개도 초나라와 월나라만큼 멀고, 같은 (인식의) 입장에서 본다면 만물은 모두 하나이다."[4]

사람이 무언가를 인식한다는 데에는 완전함보다 불완전함이 더 많이 작용한다. 그러므로 인간의 인식이나 지식에는 편협함이 있을 수밖에 없다. 이를 제어할 수 있는 방법 가운데 하나가 무언가를 바라다보는 각도, 바로 '입장'에 대한 고려다.

위의 인용문을 의역하면 다음과 같다. 다르다는 입장에서 보면 같은 것도 다르고, 같다는 입장에서 보면 다른 것도 같다. 어느 입장으로 보느냐에 따라 대상은 이렇게도 저렇게도 달라 보일 수 있다. 우리 속담 가운데 "고운 사람 미운 데 없고, 미운 사람 고운 데 없다."라는 말도 이러한 맥락에서 설명이 가능하겠다. 앞서 언급한 여도지죄(餘桃之罪)처럼 좋게 보면 다 좋게 보이고, 밉게 보면 다 밉게 보이는 것, 입장에 따라 평가가 달라졌다.

우리는 어떠한 입장에 있을 때, 다른 입장을 인식하기 힘들다. 이러한 것이 바뀌고 새로운 것에 들어갔을 때 비로소 이전의 것이 어떠했는지 알 수 있다. 이는 내가 사는 곳을 떠나 다른 곳에서 생활해 볼 때, 내가 살던 곳을 잘 이해할 수 있는 것과 비슷하다.

장의 인식은 이러한 경계에서 진가가 발휘된다. 송나라의 소식(蘇軾, 1037~1101)은 「제서림벽(題西林壁)」에서 "여산의 진면목을 알지 못함은 단지 이 몸이 산속에 있기 때문이리라(不識廬山真面目 只緣身在此山中)."라고 읊었다. 여산 안에서는 여산의 참모습을 알 수 없다. 나의 입장에서 나를 온전히 객관적으로 보기 어려울뿐더러 너의 입장을 파악한다는 것은 난망(難望)하다. 나의 입장에서 벗어나 나를 객관적으로 바라봐야 하는데 쉽지 않다. 바로 자신의 장에 갇혀있기 때문이다.

지금 나는 밤하늘의 별들을 동시에 보고 있지만, 그 별빛 하나하나는 서로 다른 시간에 지금 내게 전해진 것이다. 그 가운데 어떤 것은 지금 사라졌거나 사라지는 중이다. 이뿐만이 아니다. 밤하늘의 별자리는 까만 도화지 위에 신화와 전설의 그림이 아기자기하게 그려진 것이지만, 별들은 입체 공간에 있다. 2차원이 아닌 3차원의 공간, 도화지가 아닌 입체구조, 그 속에서 별들의 좌우 길이뿐만 아니라 앞뒤의 길이도 제각각이다. 지구를 떠나 다른 각도에서 보면, 지구에서 그린 별자리가 그려지지 않는다. 북두칠성은 평면이 아닌 입체의 공간에서 국자 모양이 나올 수 없다. 좌우는 물론이고 앞뒤로도 꽤 멀리 떨어져 있다. 우리는 각자 자신의 장에서 생각하고 판단하고 행동한다. 이러한 입장의 의미가 조금 넓고 다양하게 사용되는 지점에 상황이 있다.

둘째, 상황의 의미를 포함하는 장이다. 우리는 장에 영향을 받는다. 전라도나 경상도라는 특정 지역에 따라, 혹은 한국과 중국이라는 공간적 차이에 따라 다름을 발견할 수 있지만, 세대 간의 시간적 차이에 따른 다름도 발견할 수 있다.

코호트(Cohort) 연구에서 언급한 것처럼 자신들만의 공통된 경험은 같은 장에서 만들어진다. 공간과 시간이 서로 교차하면서 각자의 사고와 행동을 결정하는 장이 형성되고, 이러한 장의 차이가 서로의 다름을 결정한다. 이것은 융(Jung, Carl Gustav, 1875~1961)이 말한 "자아와 의식은 태어나서 자라고 교육받는 문화적 세계에 의해 형성된다."에서 주체에게 영향을 주는 문화적 세계와 통한다. 또한 야마모토 시치헤이(山本七平)가 『공기의 연구(空気の研究)』에서 말한 '공기'와도 통한다.[5] 책에서는 공기를 "눈에 보이지 않지만 많은 사람을 구속하는 정체불명의 강압적 힘"으로 보았다.

토머스 길로비치(Thomas Gilovich, 1954~)가 명명한 뜨거운 손 현상(Hot Hand Phenomenon)이나, 확증 편향도 장과 연관하여 생각해 볼 수 있다. 어떤 면에서 우리가 생각하는 진리는 객관적이거나 보편적인 것이 아니라 '심리적인 게으름'의 결과일 수 있다. 왜냐하면 자신이 믿고 싶은 것만 믿고, 그렇지 않은 것은 믿으려 하지 않고, 더 나아가 자신의 믿음을 공고히 하려고 유리한 정보를 의도적으로 구해서 확고하게 만들고, 그렇지 않은 경우는 배제하거나 무시하는 행동이 우리 안에서 발견되기 때문이다.

사람들은 대개 자신의 확신에 영향을 준 '장'을 의심하지 못한다. 그러므로 장에는 데카르트의 '나'라는 것을 포괄하여, 사회철학적이고 역사철학적인 접근 자세가 필요하다.

공자는 『논어』 태백(泰伯) 편에서 "천하에 도가 있으면 나아가 능력을 발휘하고, 천하에 도가 없으면 물러나 수신에 힘쓴다(天下有道則見, 無道則隱)."라고 말했다. 상황을 살핀 것이다. 겨울에 며칠 따뜻하다고 서둘러 꽃망울을 터트리거나, 동면하던 동물이 잠을 깨고 일어나면 제 목숨 부지하기 힘들다. 사람도 마찬가지다. 그래서 공자는 세상에 도가 있으면 자신을 드러내지만, 세상에 도가 없으면 물러나 수신에 힘쓴다고 말했는지 모른다. 이는 오늘날 민주주의 사회의 선거에도 적용된다. 인물의 능력이나 도덕성과 상관없이, 당시 상황이 어떠했느냐에 따라 성패가 갈리는 선거를 자주 목격한다. 그래서 주사위를 던지기 전에, 장을 먼저 파악해야 한다.

동일한 장 안에서는 다른 곳에 통하지 않는 그곳만의 규칙이 존재한다. 이는 마치, 야콥 폰 웩스퀼(Jakob von Uexküll, 1864~1944)이 환경세계이론(Umweltlehre)에서 말한 것처럼 개가 보는 세계는 진드기가 보는 세계와 원칙적으로 다르다는 말과 통한다. 개에게는 개의 독자적인 세계가 있고, 진드기에는 진드기의 독자적인 세계가 존재한다. 그래서 『안자춘추(晏子春秋)』에 나오는 귤화위지(橘化爲枳)처럼 강남에 심은 귤을 강북에 심으면 탱자가 된다. 회수(淮水)의 북쪽과 남쪽은 귤과 탱자를 만드는 각각의 독자적인 장을 형성하고 있기 때문이다. 『장자』 추수(秋水) 편에 나오는 이야기다.

"우물 안의 개구리에게 바다를 말할 수 없는 것은 우물에 구속되어 있기 때문이다. 여름 벌레에게 얼음을 말할 수 없는 것은 자기가 사는 여름만 알기 때문이다. 마음이 굽은 선비에게 도를 말할 수 없는 것은 가르침에 속박되어 있기 때문이다."[6]

개구리는 공간의 제약, 벌레는 시간의 제약, 선비는 생각의 제약을 갖고 있다. 우리는 모두 이러한 제약을 갖는다. 시간, 공간은 장을 이루는 요소들이다. 우리는 이러한 것들로 만들어진 장 속에 갇혀 있고, 장의 제약을 받고 있다. 그래서 이것은 다시 첫 번째에 말한 입장의 의미와 연결되어 확장된다. 즉, 개구리, 벌레, 선비의 서로 다른 상황은 개구리, 벌레, 선비의 서로 다른 입장에 결정적 영향을 미친다.

어떤 동물이든 자신의 상황에 의미를 부여함으로써 각각의 고유한 세계를 형성하고, 그 속에서 독자적인 생명 활동을 영위하고 있다. 그리고 철학적 인간학을 주장한 셸러(Max Scheler, 1874~1928)나 아르놀트 겔렌(Arnold Gehlen, 1904~1976) 등이 비판하기는 했지만, 야콥 폰 웩스퀼의 주장처럼 환경 세계의 구조는 인간의 세계에도 적용될 수 있다. 그래서 동물이나 인간은 그들이 주체적으로 살아가는 각각의 세계에서 이해되어야 한다.

역으로 생각한다면 각 종은 각자의 특유한 환경을 갖는다. 그래서 세상을 파악하는 데 초음파를 이용하는 박쥐와 가시광선을 이용하는 인간, 모두 실재를 그대로 파악할 수 없고, 박쥐와 인간은 각각의 영역에서 각자의 환경을 갖고 살아간다. 이러한 면에서 장은 환경 세계의 구조와 동일한 맥락에 자리한다고 말할 수 있겠다. 이처럼 장은 상황, 환경을 비롯하여 정황, 분위기, 나아가 패러다임, 집단사고 등의 의미와 깊은 관련을 맺는다.

❖ 중첩과 장소

장이 주체에게 미치는 영향은 그 크기가 다르다. 전류가 흐르는 도선 주위에는 자기장이 형성되지만, 자기장의 힘은 거리에 반비례하여 작용한다. 주체에게 미치는 장의 영향도 이와 같다.

전자기 현상에서 서로 다른 자기장이 서로 영향을 주고, 패러데이가 발명한 외부의 전기나 자기장이 안으로 진입하지 못하게 차단하는 패러데이 새

장(Faraday cage)처럼, 때론 하나의 장이 또 다른 장을 차단하는 경우도 있다. 장의 중첩 속 영향이다. 그렇기 때문에 장 중첩을 고려한 입체적 사유가 필요하다.

주체를 둘러싼 장은 좌우로 상하로 중첩되어 서로 영향을 미친다. 마치 자기장이 중복되어 영향을 주는 것과 같다. 『장자』 산목(山木)에 나오는 이야기를 풀어 정리하면서 생각을 더해 보겠다.

> "장자가 조릉을 거닐고 있을 때, 이상하게 생긴 새 한 마리가 장자의 이마를 스치고 숲속으로 들어가는 것을 보고, 새를 쫓아 숲속으로 들어갔다. 그런데 그 새는 사마귀 한 마리를 노리고 있었고, 사마귀는 매미 한 마리를 노리고 있었다. 매미는 한가롭게 노래를 부르고 있었다. 매미는 노래를 부르고, 사마귀는 매미를 노리고, 기이한 새는 사마귀를 노리고, 장자는 기이한 새를 노리고 있다. 순간 장자는 깜짝 놀라 도망쳐 나왔다. 아니나 다를까. 저 멀리서 밤나무 숲 주인이 '도둑 잡아라.' 하며 뛰어오고 있었다."[7]

이 우화는 장의 중첩, 관계, 구조의 측면에서 생각해 볼 가치가 많다. 각자 자신들의 장에 위치해 있다. 숲 주인, 장자, 새, 사마귀, 매미 등, 그 범위와 대상은 매미보다 더 하위 단계로 좁아질 수도 있고, 숲 주인보다 더 상위 단계로 확대될 수도 있다. 그 범위와 대상이 확대되거나 축소되어도 각자는 자신들의 장에 존재한다. 그리고 자기가 속한 장, 그 너머를 인식하기 어렵다. 마치 어항 속 물고기가 어항 속 세상이 전부인 양 착각하는 것처럼, 물론 그 어항을 보고 있는 나도 그 공간이 전부인 양 착각하는 것처럼.

『장자』 추수(秋水)에 나오는 영어지락(泳漁之樂)도 같은 선상에서 설명이 가능하다. 여기서 장자와 혜자는 각자의 장을 확인한다. 장자의 장, 연못 속 물고기의 장, 혜자의 장, 그리고 장자와 혜자를 둘러싼 인간이라는 장, 물고기와 장자 혜자를 둘러싼 자연이라는 장 등, 그 장은 계속 나뉘고, 확장되고, 중첩된다.

우리 관계가 그렇다. 그 속에서 각자의 사실을 보고, 각자의 사실에 입각하여 가치를 따진다. 각자가 믿는 사실이기에 자신의 주장을 펼치는 위치, 수준, 입장, 상황에서 그 목소리는 더 크게 울린다. 사실 각자의 제한된 장에서 인지한 부분일 뿐이다. 마치 책을 앞에서, 뒤에서, 옆에서 본 각각의 학생들이 각자 자신의 위치, 수준, 입장, 상황에서만 보고, 목청 높여 자기가 본 것이 전부이고 진리라고 외치는 것과 같다. 의견이 한 곳으로 모아지기 어렵다. 장의 중첩에 대한 이해가 필요하다.

다음으로 생각할 수 있는 것은 장소 개념과 연계한 장의 의미이다. 장소는 공간과 구분하여, 공간에 시간(경험, 주관적 가치, 심지어 사랑까지도)이 더하여진 것으로 보았다. 그렇다면 이는 앞의 시간과 공간을 포함한 상황과 동일한 맥락에 있다.

장의 중첩에서도 장과 장소는 통하는 면이 있다. 그래서 "내가 자신을 발견하는 장소에 관해 얼마나 폭넓게 생각하는지에 따라 현재 위치에서 다양한 위치들의 상관된 성격을 파악할 수 있는"[8] 생각도 나올 수 있다.

장이 중첩한 것처럼, 하나의 공간 위에 각각의 장소는 중첩된다. 장소들은 다른 장소들과 함께 좀 더 큰 공간적 구조나 행동의 틀 안에 영소[營巢, nesting]함으로써 다른 일단의 장소들에 열려 있다. 그러므로 단일한 장소에 친숙해지면서 한 사람은 장소들의 더 큰 연결망을 잘 알게 된다.[9]

좀 더 알아보자. 이푸 투안(Yi-Fu Tuan, 段義孚, 1930~) 같은 인본주의 지리학자의 관점을 발전시키면 공간은 그대로지만, 장소는 상황에 따라 바뀐다.[10] 케빈 린치(Lynch, Kevin, 1918~1984)가 쓴 『What time is this place?』(MIT Press, 1976년)도 공간에 더하여진 시간성을 말했다.

우리는 누구나 장소에 산다. 심지어 메를로 퐁티(Maurice Merleau Ponty, 1908~1961)는 몸도 장소로 보았다. 장소는 구체적인 공간에 주관적인 요소, 사건, 상황, 관계 등을 내포한 포괄적 개념으로 확장된다. 그렇다면 장소는 인간이 관여하는 모든 곳이라 할 수 있다. 우리는 이러한 장소에 영향을 받고 산다. 하나의 '공간'에 각자의 '장소'가 겹쳐지게 되어 다툼과 분쟁이 일어난다.[11]

본문에서 다룰 중국의 소수민족 거주지인 석림(石林) 이족(彝族) 자치구나 북경의 우가(牛街)도 마찬가지이고, '변화와 장의 적용' 가운데 중국의 문제에서 거론할 문제도, 하나의 '공간'에 각자의 '장소'가 겹쳐져 나타나는 맥락에 있다.

역사는 인간인 주체와 환경인 장과의 관계였다. 중국 소수민족 사회를 연구하며 개인이나 사회를 둘러싼 그 무엇, 혹은 그들이 위치한 그곳을 명명할 단어가 필요했고, 나는 이것을 어렵지 않게 '장(場)'으로 결정했다.

사용의 시작은 박사학위 논문과 중국에서 출간한 책에서 언급한 '입장론(立場論)'과 연관된다. 그리고 이를 계승하여 소수민족 사회에 사용한 장의 의미는 협소했지만 실체와 대상은 명확했다. 조금만 벗어나 생각하면, 장은 쓰임이 다양하고 활용도가 높다.

장소는 장 개념과 통하는 면이 많다. 이 생각은 공간과 장소의 의미에 집중하면서 깊어졌다. 얼마 전에 읽은 『토포스: 장소의 철학』(나카무라 유지로 저, 박철은 역, 그린비, 2021)은 일본에서 1988년에 출간되었지만 그동안 고민한 나의 생각과 일치하는 면이 많아서 놀랐다. 물론 내가 출발한 중국 도가의 사유와 중국의 사람, 사회, 문화를 기초로 한 관찰과는 출발과 방향이 다르다.

시간적으로 장소가 실존하는 현재에 비중을 둔다면, 장은 주체와의 관계 속에 고려된다. 장소에 주체가 있는 것처럼, 장도 장과 관계를 맺는 주체가 있다. 공간적 측면의 장인 장소도 있지만, 비공간적 측면의 장인 장소도 언급할 수 있겠다. 그래서 장소를 넓게 보면 하나의 장에 포함된다. 앞으로의 연구를 통해 공간, 장소, 장의 관계와 의미를 보다 체계화할 것이다.

마지막으로 생각해 볼 것은 주체와 장의 상대성이다. 이는 입장론의 장에서 언급한 내용과 통한다. 각자의 장에서 세상을 보고, 판단하며 살아간다. 『장자』의 호접지몽(胡蝶之夢)도 이러한 맥락에서 해석이 가능하다.

> "한번은 장주가 나비가 된 꿈을 꾸었다. 훨훨 나는 나비가 된 채 즐겁게 날아다녔다. 자기가 장주라는 것을 알지 못했다. 문득 깨어 보니, 자기는 분명 장주였다. 도대체 장주가 꿈속에서 나비가 된 것일까? 아니면 나비가 꿈에 장주가 된 것일까? 장주와 나비에는 반드시 구별이 있다. 이를 물화라고 말한다."[12]

기존의 해석과 다르게, 장이라는 측면에서 생각해 보자. 나비의 꿈도 있지만, 각자의 장에서 스스로이게끔 하는 것, 장주가 장주이게 하고, 나비가 나비이게 하는 것, 이것은 장주의 꿈과 나비의 꿈이라는 각 장에서 가능하다. 물론 여기에 이것을 바라보는 화자의 입장도 생각할 수 있다. 이러한 맥락에서 본다면, "장은 장에 머무는 존재의 일부이기도 하다." 그러므로 존재는 그 존재가 있는 장에서 이해 가능하다.

『장자』의 시작 부분에 등장하는 붕정만리(鵬程萬里)를 대부분의 사람들은 대붕의 위대함과 매미와 비둘기의 보잘것없음으로 접근한다. 이는 세상의 가치에 근거한 해석이다. 『장자』의 관점에서 본다면, 이를 대립적 구도와 좋고 나쁨의 시각에서 판단할 것이 아니다. 이러한 예는 『장자』 곳곳에서 볼 수 있다.* 『장자』 천하 편(天下篇)에서 말한 '불견시비(不譴是非)'는 이처럼 시(是)와 비(非)를 꾸짖지 않겠다는 말이다. 『노자(老子)』 2장의 '상반상성(相反相成), 즉 (세상의 관점에서) 서로 반대되고 대립되는 것이 서로 뭔가를 이룬다는 말과도 통한다.[13] '장주'나 '나비'가 있는 각각의 장, 그리고 이를 인식하는 화자인 '나'의 장, 각각의 장에서는 바라보는 입장과 해석 및 가치의 부여와 아웃풋이 다르다.

물론 노자도 공자도 장자도 각각의 입장을 설정한다. 각자의 입장이 있다. 자연스레 각자의 입장에는 각자를 변호하는 주장이 있고, 이는 분쟁과 대립의 소지가 될 수 있다. 그러나 이를 넓혀 도의 입장에서 보면, 하나로 연결된다. 바로 이 지점에서 장자의 상대주의는 극단적 상대주의나, 불가지론으로 빠지지 않는다. 우주와 우리 세계를 아우르는 원칙인 '도(道)'를 상정하면서 제자리를 잡는다.

"저것이 아니면 내가 있을 수 없고, 내가 아니면 취할 바가 없다."[14]

"사물은 저것 아닌 것 없고, 사물은 이것 아닌 것 없다. 스스로 자기를 저것이라 하면 알 수 없지만, 스스로 자기를 이것이라 하면 알 수 있다.

---

* 예를 들어 「제물론(齊物論)」의 이야기도 이러한 맥락에 있다. "사람이 습한 데서 자면 허리 병이 생겨 반신불수가 되어 죽는다. 미꾸라지도 그럴까? 사람이 나무 위에 있으면 무섭고 두려워 벌벌 떤다. 원숭이도 그러할까? 셋 중에 누가 올바른 거처를 알고 있나?(民濕寢則腰疾偏死 鰌然乎哉 木處則惴慄恂懼 猿猴然乎哉 三者孰知正處)."

그러므로 저것은 이것에서 나오고, 이것은 저것에서 비롯된다고 말할 수 있다."[15]

장에도 그대로 적용된다. 각자의 장에서 보면 차이와 대립이 생기지만, 각자의 장을 아우르는 각자의 장을 포괄한 장에서는 각자가 하나로 연결된다. 내부의 갈등이 외부와의 갈등 속에 잠시 사라지는 것과 같다. 너와 나를 아우르는 공동의 장 속에서 너와 나의 갈등은 줄어든다. 이를 『장자』의 관점에서 말한다면 '도'라고 할 수 있다. 도의 입장에서 보면, 하나로 연결된다. 각자의 장에서 보면 다름과 차이가 있는 것 같지만, 결국 하나로 귀결된다.[16]

2. 담론과 사용

❖ 장 담론

형태심리학자 레빈(Lewin, K. 1890~1947)은 장이론에서 개인의 현재 상황인 장과 관련하여 인간의 행동을 전문적으로 다루었다.[17] 즉, 인간의 행동을 장이라고 부르는 개인의 상황과 관련지어 설명했다. 이러한 레빈의 장이론을 교육학적 관점에서 논하기도 했다. 그 연구에서는 레빈의 장이론을 명확히 밝히기 쉽지 않다고 했지만,[18] 그런데도 '이론체계'와 '일반 이론', '거시적 장이론', '메타이론'의 구분 및 '장이론과 교육'에 대하여 논하였다.

국어학에서는 장이론과 관련하여 크게 두 가지가 거론된다. 하나는 낱말밭이론으로 낱말이 한 무리를 이룬다고 하는 데 초점을 두어 말한다. 나머지 하나는 의미장이론으로 의미로 묶어진다는 것에 초점을 두어 말한다. 의

미장이론은 내적 관계는 개념장, 외적 관계는 어휘장으로 구분된다. 현재의 의미 연구에 바탕을 마련해준 장이론의 기원은 훔볼트(Humboldt, Karl Wilhelm Von, 1767~1835)를 모태로 한 신훔볼트 학파와 소쉬르(Saussure, Ferdinand De, 1857~1913)를 중심으로 한 서불학파에 기원을 두고 있다.

교육학적 관점에서 말한 레빈의 장이론과 별도로, 교육학에서도 '장'을 언급한다. 교육의 기본구조를 논하면서, 인간교육은 사회 안의 각 장에서 실천·전개된다고 본다. 교육학의 장은 공간적 요소가 강조되어, 장과 장이 단절되고 분리된 것으로 생각한다. 교육행위가 이루어지는 공간적 의미가 강하다. 나는 여기서 더 나아가 공간적 요소는 물론이고 시간적 요소를 포괄하면서, 서로 (장과 장, 장과 주체) 연계되어 있는 각도에서 장의 범위를 확장하여 적용하고 있다.

'사회'에서 장이론을 생각한다면 파슨스(Talcott Parsons, 1902~1979)의 AGIL 도식과 에드워드 실스(Edward Shils, 1910~1995)의 중심과 주변(Centre and Periphery) 이론이나, 루만(Niklas Luhmann, 1927~1998)이 말한 "모든 현재화된 사건들은 사건으로서의 자기 자신과의 관계를 실현한다."처럼 자신과의 관계를 실현하는 특정한 구조,[19] 칠레 출신의 신경생리학자 마투라나(Humberto Maturana, 1928~2021)와 바렐라(Francisco Varela, 1946~2001)에 의해 1973년에 정식화한 '오토포이에시스(autopoiesis)'를 루만이 생명 시스템에서 사회시스템에 활용한 것, 혹은 쿤이 과학철학에서 말하는 패러다임,[20] 부르디외(Pierre Bourdieu, 1930~2002)의 '아비투스(Habitus)'와도 연계할 수 있다.[21] 물론 부르디외는 과학사회학에 맞춰 과학장론에 하버마스의 공론장 개념을 수용하였다.* 부르디

---

* 부르디외의 장은 미국인들에게 레빈의 '장이론'을 떠오르게 한다. 그의 장은 본문에서 언급하는 장과도 유사한 면이 있다(피에르 부르디외·로익 바캉, 이상길 역, 『성찰적 사회학으로의 초대 (부르디외 사유의 지평)』, 그린비, 2015, 171~199쪽).

외는 사회가 계급투쟁이 치러지는 어느 정도 자율적인 사회적 장들의 집합으로 보았다. 그러면서 장들은 엄격히 정해진 경계를 가진 공간이 아니며, 완전히 독립적이지도 않고, 장들끼리 유기적으로 구성되어 있다고 보았다.[22]

이들 가운데 특히 파슨스는 영국의 경제학자 힉스(John Richard Hicks, 1904~1989)의 『The Social Framework』(1942)나 사회를 하나의 시스템으로 보려 했던 빌프레도 파레토(Pareto Vilfredo, 1848~1923)와 유사하게 인간 행위를 방향 짓는 몇 가지 패턴이 있다고 보았고 이를 통해 장을 분석했다.[23] 그는 패턴을 구별하는 선택지(패턴변환)를 몇 가지 추출하고 그 조합에 의해 사회에서 '구조'가 생겨난다고 보았는데 이를 적응, 목표달성, 통합, 잠재적 가치유지로 규정했다. 바로 AGIL 도식으로서 파슨스는 네 가지 차원으로 구별된 구조가 전체의 질서형성에 일정한 기능을 맡는다고 생각했다.*

장의 변화는 단층적이지만, 장을 변화시키는 동인(動因)은 다층적이다. 이를 중심과 주변으로 파악하면, 중심과 주변은 사회의 역동적인 구조를 파악하기 위한 개념으로, 사회학자 실스는 사회에는 중심이 있고, 정치적 종교적인 의미에서 중심은 사회를 움직인다는 기능적 의미뿐만 아니라 사회를 관통하는 상징적인 가치를 갖는다고 보았다. 이러한 실스의 이론은 야마구치 마사오(山口昌男, 1931~2013)에게 영향을 주었다. 야마구치 마사오는 『문화와 양의성』에서 현실은 늘 다층적으로 구성된 상징성을 띠고 있으며, 중심과 주

---

* 이를 좀 더 자세히 보면, A(adaptation)는 '적응' 기능으로 시스템이 외부 환경에 적응하기 위해 자원을 동원하고 도구화하여 다른 부분 시스템의 기능 달성을 효율화한다. 주로 '경제'가 이에 해당한다. G(goal attainment)는 '목표 달성' 기능으로 사회에 공통목표를 설정하고 자원을 동원하는데, 주로 '정치'가 담당한다. I(integration)는 '통합' 기능으로 가치를 사람들에게 내면화시키고, 사람들의 활동을 통합하는데 학교 등의 사회공동체가 담당한다. L(latency)은 '잠재적 자치유지'의 기능으로 고유한 문화적 가치를 제도화하고 유지하는 것으로 문화 혹은 관습이 이에 해당한다. 여기서 A와 L은 도구적이고, G와 I는 표출적이다. 반면 L과 I는 잠재적이고 내적이며, A와 G는 현재적이고 외적인 성향을 갖는다.

변은 역전되기도 한다면서, 중심과 주변의 역학 관계 분석을 요청했다.[24]

❖ 확장과 한계

장 개념과 이론은 어떤 면에서 패러다임, 틀, 관점, 에피스테메 그리고 실스와 파슨스의 이론까지, 장에 대한 담론의 제기에서 장이론으로의 확장까지, 연구하고 적용하는 분야가 조금씩 다를 뿐, 궁극적으로는 각각의 분야에서 세상을 인식하고 분석하는 방법이다.

물론 실생활에 장이론은 확장된다. 그래서 사회역학(Social Epidemiology)에서는 발병원인을 개인으로만 국한하지 않고, 주체와 장의 관계를 함께 고려한다.

또한 2013년 노벨 경제학상 수상자인 로버트 쉴러(Robert Shiller, 1946~)의 방식과도 연계된다. 그는 대중 내러티브가 바이럴(viral) 되어 경제적 결과를 낳으면 경제 내러티브가 된다고 보았고, 이러한 관련성을 모형화해 경제 사건을 예측하고 대비하는 능력을 키워야 한다고 주장했다.[25] 내러티브가 바이럴 되는 과정이나 이것이 경제 내러티브가 되는 것은 장의 변화와 같다.

이는 포모(FOMO, Fear of Missing Out) 증후군과도 연결된다. 대부분의 장에서 임계질량(critical mass)이 형성되면, '대세'가 만들어진다. 그리고 이것이 주체와 장에 다시 영향을 주며 변한다. 소수민족, 중국, 인류에서도 마찬가지이다. 바로 이러한 점에서 장과 장이론에 기초하여 사례를 연구하고, 이론을 공고히 할 필요가 있다.

이미 앞의 글에서 일부 설명했지만, 개인적으로 장 연구를 위해 『장자』에서의 논의를 소환시켰다.[26] 선진(先秦)시기 장자는 사유를 통해 논의를 진행했기에 구체성이 떨어진다. 반면에 후세의 학자는 자신의 분야에서 구체적이고 명확하게 장의 문제를 깨닫고 적용해야 했기에 장자처럼 외연을 다양하게 확장하지 못한다.

『장자』에서는 입장론(立場論)의 장, 끝없이 이어지는 중첩의 장, 주체와 장의 상대성, 그리고 이러한 상대성을 아우르는 우주 자연법칙의 주장 등을 다양한 우화를 통해 전하고 있다.[27] 그리고 이는 『노자』 2장에서 강조한 상반상성(相反相成)처럼 우주의 원리와 법칙에 기초하여 현대의 장 연구와 더불어 새로운 장이론을 제시하고 개발할 수 있다.[28] 앞으로 고대 동서양 사상에서 논의된 장과 장이론, 그리고 이에 대한 사상적 변천은 지속적으로 연구할 과제이다.

현대에 들어 장은 패러데이(Faraday, Michael, 1791~1867)와 맥스웰(Maxwell, Clerk, 1831~1879)에 의해 새롭게 부각되었다. 이들은 "지금 우리는 눈에 보이지 않지만 우리를 둘러싸고 있는 전기장과 자기장이 있다는 것을 인정한다. 감각적으로 인지할 수 없는데 우리는 그 존재를 인정하고 있다."라고 말했다. 1850년대에는 이러한 사실을 믿기 어려웠다. 많은 물리학자들은 '거리에 의한 운동'을 따랐다. 반면에 패러데이나 맥스웰은 두 전하나 자석 사이의 힘은 이들이 놓인 장에 영향을 받는다고 생각했다.

눈에 아무것도 보이지 않는다고 빈 공간이라 말할 수 없다. 장은 눈에 보이지 않지만 전기와 자기의 위치 에너지로 구성되어 있다. 이들의 이론은 양전하의 존재가 공간상에 어떤 상태를 형성하고, 여기에 음전하가 들어오면 끌어 당겨지는 힘을 만든다고 보았다. 전기장이나 자기장은 같은 장에 의해서 만들어진다고 생각했다. 그리고 장 방정식(field equation)처럼 자연에 있는 모든 힘을 장으로 표현했다.

어느 연구나 이론이 그러하듯 장의 연구에도 한계는 있다. 나아가 해결하기 어려운 철학적이고 윤리적인 문제도 존재한다. 예를 들어 궁극원인[窮極原因, ultimate cause] 논의, 중첩 장의 파악, 변화 동인 규명, 윤리적 판단, 모형화와 단순화의 한계 등이다. 특히 윤리적 문제는 중첩의 끝을 알 수 없고, 판단도 절대적일 수 없기에 간단하지 않다. 물론 학자들도 고민하며 연구하고 있다. 완벽하지 않지만 조금씩 발전하고 있다.

그동안 변화와 장의 탐구를 진행하면서, 기존 장 담론과 장이론의 한계를 크게 3가지 측면에서 보았다. 이것은 바로 '변화'를 고려하지 않은 것, 주체와 장의 '관계'를 고려하지 않은 것, 장의 상대성과 입체성으로서 장의 '중첩'을 고려하지 않은 것이다. 이와 관련하여 장에 대한 논의의 확장성은 크다. 앞의 '장의 의미'에서 세 가지 측면의 연구를 언급했는데, 이를 '변화'의 토대 위에, '주체와 장의 상관성', '상대성과 입체성의 장 중첩'으로 집약하여 확장할 수 있겠다.

궁극적으로는 이러한 방법을 통해 변화연구의 한계를 조금이나마 극복할 수 있을 것이다. 또한 각각의 장에서 각 주체들이 변화에 맞춰 생각하고, 결정에 앞서 장이론을 통해 장의 중첩을 고려하여 문제에 접근한다면 상대적으로 조금 나은 결정을 할 수 있을 것이다.

3. 변화와 동인

❖ 다양한 변화

장의 변화는 도처에서 일어난다. 『장자』라는 책의 첫 장은 소요유 편으로 대붕(大鵬)의 이야기로 시작한다. 대붕은 한 번 날면 구만리나 올라가 여섯 달을 쉬지 않고 날 수 있는 커다란 새다(搏扶搖而上者九萬里, 去以六月息者也).『장자』라는 책이 만들어진 이후부터 얼마 전까지 우리는 이처럼 황당한 언설과 여기서 나오는 어마어마한 상상의 자유에 감탄했다.

하지만 이제 이런 이야기를 어린 학생들에게 하면, 과거와 같은 반응을 구할 수 없다. 이미 지금 여기에는 대붕보다 더 과장된 일이 실제 벌어지고 있기 때문이다. 수백 명을 태우고 시속 1000km의 속도로 엄청난 거리를 날아가는 A380이 아니어도, 지금 우리는 매일 아침 기상과 동시에 스마트폰을 통해 상상이 현실이 된 일들에 놀라고 있다. 새로운 장의 탄생이다.

지금 내가 사는 장은 과거와 많이 다르다. 예를 들어 사람을 부르는 호칭도 달라졌다. 성(姓)이 씨(氏)보다 먼저다. 장의 변화에 따랐다. 성(姓)에는 여(女)가 들어간다. 혈통을 중시하고, 자신을 낳은 어미가 중심이 된다. 인류가 정착 생활하기 이전의 상황이다. 이후 정착 생활을 하면서 농사를 짓고 한 곳에서 어울려 살면서 가족을 이루었다. 씨족이다. 경주 김씨, 전주 이씨처럼, 정착한 지역이 중심이 되고, 정착하면서 농경 생활을 하니, 밭[田]에서 힘[力]을 쓸 수 있는 남(男)을 중심으로 가족과 사회가 형성되었다. 자연스레 혈연(血緣) 사회에서 지연(地緣) 사회로 확장되고, 정착하다 보니 학교 교육이 발전하고 학연(學緣)이 싹트면서 전에 없던 학연 사회가 탄생했다. 지금은 취미, 관심, 정체성이 중심이 되었다. 장에 따라 그 안의 양상이 다르게 변하고, 새로운 것과 낡은 것의 생사소멸이 일어난다.

이름도 마찬가지이다. 이름을 함부로 부르지 않기에 호를 만들어 불렀다. 특히 왕이나 제후의 이름은 피휘(避諱)하였다. 휘는 죽은 사람이 생전에 쓰던 이름을 가리키는데, 나중에는 살아있는 사람의 이름까지 확대되어, 휘를 함부로 사용하지 못하게 했다. 이름 가지고 장난하거나, 이름을 이용해 비방하는 것은 신성한 권위에의 모독이자 도전이기에 왕이나 제후의 휘를 피하게 하였다. 지금 주변을 둘러보면 직급을 나타내는 호칭을 없애거나 칭호를 달리 부르는 등, 장의 요구에 맞춰 변하는 것을 발견할 수 있다. 계속 변할 것이다.

우리가 배우는 지식도 장의 요구에 따라 변한다. "개구리 올챙이 적 생각 못 한다."라는 속담이 있다. 물론 그때를 잊지는 말아야 한다. 하지만 개구리가 올챙이 적 생각하며 물속에서만 생활하며 숨 쉬면? 죽는다! 새로운 장에서는 새로운 방식이 요구된다.

지금의 장에서는 그 어디에서도 수렵과 채집을 중요하게 교육하지 않는다. 또한 지금의 장에서는 과거처럼 그 어느 누구도 여성과 남성의 교육 차별을 행할 수 없다. 각 장에는 거기에 맞는 지식이 있었고, 학생들은 그것을 배우고 익혔다. 지식의 유용성은 학생이 속한 장이 결정했다.

지금 한국처럼 주입식 교육이 지속된다면, 학생 각자는 내가 왜 배워야 하고, 정말 이것이 내가 배우고 싶은 것인지 생각하기 어렵다. 자칫 배움의 본질을 잃을 수도 있다. 오로지 빨리 많이 익혀 경쟁에 이기는 것밖에 남지 않게 된다. 지금의 교육은 읽을 수는 있지만 어떤 것이 읽을 가치가 있는지 모르는 사람들을 양산하고 있다. 하지만 이러한 장도 변할 것이다.

에릭 홉스봄(Eric Hobsbawm, 1917~2012)의 『만들어진 전통』에서는 오랫동안 당연하게 믿어온 우리의 장에 의심을 던졌다. 예를 들어 영국 왕실의례나 스코틀랜드의 남자 스커트인 킬트(kilt)가 오랜 전통에 의한 것이 아니라는 지적이 그렇다.[29] 만들어진 전통에는 역사와 동떨어진 정치적 의도가 깔려있다.

일상에도 이러한 예는 많다. 우리는 천일염이 전통 제조방법으로 만든 소금이라고 알고 있다. 하지만 이는 일제 강점기에 수용한 대만의 방식이다. 과거 우리는 주로 자염(煮鹽), 장작으로 바닷물을 끓여 소금을 얻었다. 계속되는 변화 속에서, 지금의 장을 회의하고, 보다 나은 장을 설계하는 장 밖의 장을 보는 사고가 필요하다.

이반 일리치(Ivan Illich, 1926~2002)는 길들어 익숙해진 장에서 다른 가치를 제시했다. 그래서 보수주의자에게는 사상의 저격수, 진보주의자에게는 시대를 앞선 사상의 불편한 대상이 되었다. 어항 속 물고기가 어항 밖의 세상을 생각했다. 우리를 감싸고 있는 불편한 진실은 우리를 다른 무언가에 미혹되게 한다. 그래서 내가 속한 장을 살피고 의심하며 탐구할 필요와 가치는 충분하다.

❖ 변화 동인

장을 구성하고 변화시키는 동인은 다양하다. 작게는 기술, 가치, 사회관계, 경제, 언어 등이 있다. 나아가 시간적 변화로서 시간이 가져온 주체와 장의 변화, 관계적 변화로서 주체와 장의 상호 작용에 의한 변화, 인풋과 아웃풋(아웃풋도 다시 인풋될 수 있고, 이는 또 다른 아웃풋을 만든다)의 직접적 동인 등 다양하다. 장을 변화시키는 동인 가운데 영향력이 큰 기술과 가치를 중심으로 더 알아보면 다음과 같다.

먼저, 기술의 변화가 일으킨 장의 변화를 알아보자. '사회의 관계와 영향에서'에서 언급할 '전국칠웅과 G7의 변화'에서도 가장 커다란 변화 동인은 교통과 통신의 발달을 기초로 한 기술의 발전이다. 이는 현대 도시의 확장과 변화에도 연계된다. 45분 규칙처럼 신체의 두 다리로 시작하여, 말이나 짐승을 이용하고, 이어서 버스나 지하철, 고속열차 등을 이용한 이동 속도의 변화에 따라 도시는 확장되었다. 인간이 가지는 시간과 공간의 한계는 명확하다. 이를 바꿔주고 확장해 주는 매체를 통해 인간은 자신의 공간과 시간을 변화시키고, 그 변화된 장은 다시 인간을 변화시켰다.

전기의 발명과 이를 이용한 기술의 발전도 좋은 예이다. 이탈리아의 물리학자인 알렉산드로 볼타(Alessandro Volta, 1745~1827)는 1800년에 전기를 발견했다. 1882년 9월 4일 에디슨(Thomas Alva Edison, 1847~1931)의 전력 시스템을 기반으로 한 전기가 뉴욕 맨해튼 남부에 있는 59채의 저택에 공급되었다. 처음으로 백열등으로 생활하는 시대가 개막되었다. 물론 그 이후 전기의 영역은 확대되었다.

결과의 결과는 이전에 생각하지 못한 새로운 장을 만들었다. 전기를 사용한 냉장고의 발명은 식재료의 구입과 보관에 보다 넓은 선택지를 제공했다. 전보다 오랫동안 음식을 보관할 수 있었다. 이는 식료품점에 의존하던 거주지의 위치를 넓게 확장하였다. 보다 멀리 떨어져 살 수 있게 만들었다. 결과의 결과는 사람들의 일상생활에 공간과 시간의 변화를 가져왔다. 물론 세탁기, 텔레비전 등의 발명도 마찬가지이다. 가사 노동을 줄이고 새로운 정보를 전하고, 나아가 여성의 지위 변화와 사회 발전에 결과의 결과로 작용했다.

이러한 영향은 확장하여, 전기는 전기 · 전자 혁명을 비롯하여 정보화를 유도하는 근간이 되었다. 인류 역사상 기존에 볼 수 없었던 새로운 장이 조성됐다. 물론 앞으로도 변화는 복합적으로 작용하여 상상할 수 없는 새로운 장을 만들 것이다.

인류의 장을 변화시킨 기술의 변화는 놀랍다. 우리는 기술의 변화에 의해 우리를 변화시키고 있다. 과학기술이 기하급수적으로 발전하고 있는 오늘, 아날로그의 세계가 디지털의 세계로 이동하면서 변화는 더 커졌다. "디지털

기술의 발전은 아주 오랜 세월 느리게 진행되다가 어느 순간 급격히 가속된다. 우리는 인공지능에서 자율 주행 자동차와 로봇공학에 이르기까지, 다양한 분야에서 그런 사례들을 목격했다."[30]

기술의 발전은 기하급수적(exponential) 성장, 디지털화, 조합적(combinational) 혁신이라는 특징을 갖는다. 컴퓨터, 인터넷, 스마트폰으로 이어지는 변화는 우리의 업무환경, 일처리 방식 등에서 전과 다른 장을 만들었다. 가상공간도 덤으로 준 새로운 장이다.

기술에 의한 장의 변화는 문샷 싱킹(Moonshot thinking)을 가능하게 했다. 기술의 점프를 실현하면, 기존의 기술에서 아웅다웅 다투며 고민하던 것이 한꺼번에 해결된다. 기술을 통한 장의 전환이고, 장의 전환을 통한 발상의 전환이다. 케네디(John Fitzgerald Kennedy, 1917~1963)는 달을 알려면 천체 망원경 성능을 개선하기보다 달 탐사선을 보내는 게 낫다고 주장하고 실천했다. 10%의 개선보다 10배의 혁신에 도전하는 자세는 더 큰 기술로 작은 기술을 제압하는 접근 방식이다.

원수를 갚기 위해 산에 들어가 10년 동안 십보필살(十步必殺 10걸음 안에 있으면 능히 제어할 수 있는 검법)을 죽어라 하고 배웠다. 마침내 세월이 지나 원수 앞에서 칼을 빼어 든 순간, 원수는 총을 들고 나왔다. 걷는 놈 위에 뛰는 놈, 뛰는 놈 위에 나는 놈.

이뿐만이 아니다. 기술의 발전은 과거처럼 진시황의 문자 통일 작업이나 구약성경에서처럼 바벨탑을 쌓을 필요를 없게 만들 수 있다. 그냥 그대로 자국어를 사용하면 된다. 기술의 발전이 선사한 통역기는 세상의 모든 언어를 바로 즉시 나의 언어로 바꿔 줄 것이다. 심지어 동물과 소통하는 날도 꿈꿀 수 있겠다.

대개 그 세계에서는 그 세계밖에 못 본다. 장의 한계를 넘어, 생각하고 실행하는 혜안(慧眼)이 필요하다. 기술의 발전이 가져온 장의 변화는 수두룩하다. 기술의 발전을 위해 매진하는 것도 중요하지만, 인문학에서는 이러한 발전이 가져올 장의 변화에 대한 예측과 준비에 좀 더 많은 관심을 기울여야 할 것이다. 인문학이 위치할 지점이다.

둘째, 가치의 변화가 일으킨 장의 변화다. 공자의 사상이 변했나? 아니다. 그의 사상을 바라보고 그의 사상을 평가하는 가치 기준이 변했다. 뒤에서 거론하겠지만, 맹자도 마찬가지이고, 황로학(黃老學)도 마찬가지이다. 주체는 그대로지만, 주체를 평가하고 수용하는 장, 장의 가치가 변하면 주체는 다르게 평가받는다. 가치의 변화에 따라 장의 변화도 일어나고, 장의 변화에 따라 가치도 변한다.

지금 우리를 둘러싼 고도성장과 경제적 부유함이 만든 장은 얼마나 지속할까? 사실 이러한 형태의 장도 그리 오래되지 못했다. 인류 역사를 500만 년으로 보고, 이를 하루 24시간으로 나누어 계산하면 자본주의가 출현한 시간은 밤 11시 59분 56초이다. 약 250년, 그 사이 우리는 고도성장이나 경제적 부유함만이 인간을 행복하게 만들어 줄 것이라는 이상한 확신을 갖게 됐다.

이윤 추구가 목적인 자본주의는 자본이 지배하는 경제체제를 만들었다. 다양한 가치와 판단 기준을 하나로 묶어, 많은 문제를 단순하고 간편하게 결정하도록 만들었다. 국가 수준 측정에 가장 많이 사용하는 GDP가 대표적이다. 빵뿐만이 아니라 다른 것들도 하나둘씩 자신의 잣대 아래 포함시켰다. 바로 자본의 양을 기준으로 한 평가이다.

하나의 기준에만 전념하면 되기에 인류의 다양한 행위는 자본주의의 기준에 맞추려 노력했고, 다양한 가치는 이 기준 밑에 헤쳐 모였다. 실보다는 득이 많은 형태로 인류 사회를 빠르게 변화시켰다. 하지만 일상의 소소한 기뿜이나 개인적 행복을 가볍게 여기고, 다수의 타인과 자신을 끊임없이 비교하게 만들었다. 그 속에서 서열을 다투는 경쟁 심리는 개인과 사회를 더욱 불안하게 만들었다.

『만들어진 성장』에서는 가난한 나라가 부유한 나라로 성장하는 과정에서 GDP는 안녕을 측정할 수 있는 괜찮은 대리지표라고 말한다.[31] 하지만 한 나라가 일정 수준 이상의 경제 성장을 하면, 그다음에는 경제 성장과 안녕의 연결고리는 붕괴한다. 새로운 방식의 성장과 지표가 요구된다. 왜? 장이 바뀌었기 때문이다. 경제 성장이 만사형통으로 효력을 발휘할 수 있다는 믿음은 착각이다. 경제적 풍요만을 최고 가치로 여기고, 치열하게 경쟁하는 지금 여기의 장도 변할 것이다. 과거에도 그랬던 것처럼 말이다.

우리는 지금 변화의 지점에 와 있다. GDP를 비롯하여 수많은 경제 지표가 좋아지고 국가 경제가 나아져도, 나의 삶은 여전히 아니 오히려 더 피곤하다고 느껴지기 때문이다. 차라리 "그냥 좀 편히 살게 내버려 둬"라고 부탁하고 싶은 오늘이다. 그래서 문제는 경제가 아닌 다른 것에 있지는 않은지, 그것이 무엇일지, 어떻게 새로운 장을 만들고 준비해야 할지, 진지하게 되돌아봐야 할 때이다.

문샷 싱킹을 말한 케네디의 동생 로버트 케네디(Robert Francis Kennedy, 1925~1968)의 지적처럼 "GDP에는 우리 시의 아름다움이나 대중 논쟁에서 드러나는 지성이 포함되어 있지 않다. 우리의 재치나 용기도, 지혜나 학습도, 연민이나 헌신도 측정하지 않는다. 한마디로, 삶을 가치 있게 만드는 것들을 모두 제외한 나머지 것들을 측정할 뿐이다."를 상기할 필요가 있다. 사람은 빵만으로 사는 것이 아니기 때문이다.

우리 주변에는 아직 봉사와 희생이 존재하고, 재미와 행복을 위해 자본을 아낌없이 희생하는 경우도 많다. 인터넷의 여러 블로거(Blogger)나 위키피디아(Wikipedia)의 자발적 참여를 보면 자본의 공식과는 별개로 행동한다. 그런데도 과거와 달리 물질과 자본을 중시하는 성향이 강해졌음을 부정할 수 없다. 물질과 자본이 지금 여기 우리가 사는 장의 주요 특징임은 거부할 수 없는 사실이다. 그러나 영원할 수 없다. 가치도 변하고 장도 변한다.

◆ ◆

03

변화의 확장

1. 변화와 생각

❖ 합리적 생각

뒤에서 다룰 진시황은 지금 여기 우리에게 많은 교훈을 준다. 예상치 못한 죽음. 결국 인간은 죽고 모든 것은 한계가 있음을, 이를 알고 그것에 맞게 처신해야 함을 일깨워준다. 이게 어디 진시황뿐인가? 넓고 오랜 인류의 발자취 속에 이러한 예는 차고 넘친다.

사마천도 마찬가지이다. 『사기』 보임소경서(報任少卿書)에 다음의 이야기가 나온다. "사람에겐 반드시 죽음이 있다. 그 가운데 어떤 죽음은 태산보다 무겁고, 어떤 죽음은 기러기 깃털보다 가볍다(人固有一死 或重於泰山 或輕於鴻毛)." 사마천이 친구 임안(任安)에게 보낸 편지 내용이다. 다른 식으로 설명될 수 있겠지만, 사람은 누구나 죽는다는 절대 불변의 명제, 이러한 명제를 인정하고 이에 맞춰 삶을 준비하고 살아가야 함을 깨달을 수 있다. 어쩌면 변화에서 확인할 가장 중요한 부분이다.

사마천은 이러한 불변의 사실에 자신의 가치관을 더해 발전시킨다. 즉 태산보다 무거운 가치 있는 죽음을 맞을 것이냐, 기러기 깃털보다 가벼운 하찮은 죽음을 맞이할 것이냐. 이러한 기로에서 사마천은 굴욕적이고 치욕적인 생식기 제거라는 궁형(宮刑)을 택하여, 훗날 위대한 죽음을 준비했다. 역사를 다루는 태사공(太史公)으로서, 황제(黃帝)부터 한대 7대조 무제까지 수많은 사람의 변화를 탐구하고 집필할 저자로서 그는 죽음을 미뤘다. 비록 누군가에게 수치스럽게 평가받을 수 있어도.

어려서부터 사관(史官)으로서의 능력을 키우기 위해 각지를 다니며 확인하고, 뛰어난 스승에게 배움을 청하고, 황실의 서적을 읽고 탐구하며 인간의 변화와 패턴을 파악한 사마천에게 죽음은 깃털처럼 가벼울 수 없었다.

그때나 지금이나 자신의 한계를 알고 그것에 맞게 생활할 필요가 있음을 우리는 변화와 패턴 속에서 파악할 수 있다. 천년만년 살 것 같은 착각에 빠져 하루하루를 낭비하거나, 살아가는 것이 아닌 살아주는 삶에 변화를 주어야 한다. 진시황이나 사마천의 경우에서 알 수 있듯이 내 삶의 변화와 패턴을 인지하고, 장에 영향 받는 자신을 파악하여 그것에 맞게 인생을 설계해야 한다.

앞으로 다룰 사람, 사회, 문화에서 계속 확인할 것이다. 합리적 생각은 진 제국의 멸망과 진시황의 죽음에 대한 객관적 시각을 위해서도 필요하고, 전국시대와 현대 사회를 비교하는 것에서도 그 필요성을 확인하게 될 것이다. 합리적 사고를 기초로 시대적 공간적 사례에서 변하지 않는 패턴을 발견하고, 이를 오늘의 삶에 실천해야 한다. 지금 여기의 것이 영원할 수도, 절대적일 수도 없다. 우리는 끝없이 변해왔고, 그 변화의 장 속에서 장을 지배하는 논리로 세상을 보고 평가했다. 그러므로 지금 여기 나의 장을 변화 속에 합리적으로 생각해야 한다.

❖ 변화를 생각함

공자는 지식을 전파하고 학습을 확산시켜 사회 발전에 기여했다. 과거제도의 경우는 선발제도의 혁명이었다. 여기서 파생된 교육 내용과 교육 목표의 변화는 사회와 교육에 커다란 변화를 일으켰다. 더불어 과거시험에 선택된 유가 경전과 사상은 유교 문화의 확산과 공고화에 기여했다. 서양 학문의 도입은 중국에서 1300여 년 동안 지속된 과거제도와 교육 내용을 뒤로하고 새로운 방향으로 변하여 지금의 오늘을 만들었다. 교육의 장은 계속 변해왔고 또 계속 변할 것이다.

지금 여기도 마찬가지이다. 일제 강점기에는 강압적인 통제에 의해 일본 천황에 충성해야 함을 가르쳤고, 학생은 그대로 배웠다. 7·80년대에는 초등학교가 지역사회의 구심적 역할을 병행했고, 이때 3차 교육과정(1973~1981년)이 시행되어 반공교육이 강조됐다. 이승복 어린이와 이순신 장군 동상이 곳곳에 세워진 것도 이때다. 그러나 지금은 찾아보기 힘들다. 장이 바뀌었다. 국가의 판단도 변한다. 1975년 4월 8일 도예종을 비롯한 8명이 사형 판결을 받고, 18시간 만에 형이 집행된 인혁당 사건도 32년 만에 무죄로 판결되었다. 지난 일을 지금 여기서 보면, 억울하고, 분통이 터지고, 바보 같다. 그런데 더 중요한 것은 지금 일을 미래 저기서 볼 수 있다는 것이다. 미래에 보았을 때 분통이 터지고, 억울하고 바보 같은 일이 지금 여기의 장에서도 여전히 벌어지고 있다. 명심해야 한다.

모든 것은 유한하다는 대전제를 인정하고, 지금의 장도 유한하고, 세상도 유한하고, 유행도 유한하고, 나의 삶도, 그리고 내가 내 나이에 할 수 있는 일도 유한함을 알고, 지금 여기에서 실천하자. 모든 것은 변하고, 나는 유한하다. 지금도 곧 지난 일이 된다. 변하기 때문이다.

　변화에의 대응은 변화를 다스리는 것이다. 변화를 다스림, 즉 치변(治變)에서는 변화를 제대로 간파하고 본질에서 판단하여 대응하는 것이 상수(上手)다. 『손자병법』 군쟁(軍爭) 편에는 "정연하게 대형을 갖춘 적을 요격하지 마라. 빈틈없이 당당한 적진을 공격하지 마라. 이것이 변을 다스림(無邀正正之旗 勿擊堂堂之陳 此治變者也)."이라고 말한다. 전쟁에서의 치변은 다름 아닌 오랜 경험에서 오는 패턴을 파악하여, 이에 맞게 행한 것이다. 전쟁터에서도 이러하거늘 하물며 일상의 전쟁터는 어떠하겠는가?

　『손자병법』 모공(謀攻) 편은 보다 명쾌한 신의 한 수를 전한다. "적을 알고 나를 알면 백 번 싸워도 위태롭지 않다(知彼知己百戰不殆)."이렸을 때, 유방(劉邦, BC 247~BC 195)이 장량(張良, ?~BC 186)을 평하며 말했던 "천막 안에서 산가지를 가지고, 천 리 밖의 승리를 이룬다(運籌帷幄之中 決勝千里之外)."가 가능하고, 『손자병법』 시계(始計) 편에서 말한 "무릇 싸우지 않고 묘산으로 승리하는 자는 산을 얻는 게 많다(夫未戰而廟算勝者 得算多也)."라는 것이 가능하다. 묘산이란 장량이 천막 안에서 산가지를 가지고 하는 것처럼, 실전에 앞서 권력 중앙에서의 조사, 연구 등을 통해 나온 판단을 말한다.

　그러면서 손자는 모공 편에서 "백 번 싸워 백 번 이김은 최고가 아니다. 싸움을 하지 않고 적을 굴복시키는 것이 최고의 선이다(百戰百勝 非善之善者也 不戰而屈人之兵 善之善者也)."를 강조했다. 전쟁에서 추구할 최고의 완벽함이다.

　나를 알고 대상을 안다는 것, 주체와 장을 잘 파악한다는 것, 바로 변화를 제대로 아는 것이고, 이것이 변화를 다스리는 치변이며, 완벽함으로 가는 정도다. 구체적이고 자잘한 것은 각각의 상황에 맞게 운영되고 결정된다.

2. 변화와 본질

❖ 바탕은 본질

『장자』에 서시빈목(西施嚬目)이란 얘기가 나온다. 서시(중국의 4대 미인 중 하나)가 예뻐서, 이웃 나라 추녀는 일종의 벤치마킹을 하러 서시가 사는 마을을 찾아갔다. 그때 서시는 속이 불편해서 얼굴을 찡그리고 있었지만, 그래도 그녀는 사람들로부터 여전히 사랑을 받았다. 추녀는 그런 연유를 모르고, 겉만 보았다. 자신의 거처로 돌아와 서시처럼 손을 배에 넣고, 빈목(嚬目) 즉 미간을 찡그렸다. 사람들은 추녀의 그런 모습에 문을 걸어 잠그고 한동안 외출을 삼갔다. 추녀는 겉만 보았지 속을 보지 못했다. 본질을 놓쳤다.

비슷한 예로 견지망월(見指忘月)도 있다. 손가락으로 달을 보라고 가리켰으면 달을 봐야지, 손가락만 본다는 말이다.

본질을 되묻는다. 도대체 정치의 본질이 무엇이고, 국가의 본질이 무엇이며, 교육의 본질은 무엇인지, 더 나아가 내가 사는, 내가 학교에 다니는, 내가 수업을 듣는……, 파생되어 왜 우리는 자국어를 사용해야 하는가? 왜 국가를 유지해야 하는가?

좋은 답을 찾기 위해 역사에서는 어떻게 변했고, 그 과정과 결과는 어떠했는지, 우리는 변화의 축적된 데이터 속에서 본질에 대한 훈수에 귀 기울여야 한다. 겉만 봐서는 제대로 파악할 수 없다. 본질이 무엇인지 변하는 장 속에 묻고 또 물으며, 각자의 장에 최선의 방안을 찾아야 한다. 본질을 놓치면 세상이 문 걸어 잠근다.

인구 감소의 문제도 본질적 측면에서 생각하면 얘기가 달라진다. 인구 감소, 왜 걱정일까? 장을 바꿔 생각한다면, 인간이 지구에 많아지면서 지구는 몸살을 앓고 있다. 넘쳐나는 쓰레기, 인간까지 위협하는 환경오염, 빨라지는 생태계 파괴 등. 그런데 인구 감소가 문제라? 단순히 자신들의 노후를 책임질 젊은 세대가 없어서 등등, 대부분의 이유가 자신만 혹은 인류만 생각하는 너무 이기적인 것 아닌가? 그동안 인구는 꾸준히 증가했고, 젊은 세대는 세금 내는 기계가 아닌데 말이다.[32]

대학도 얼마 전까지 교수 1인이 담당할 학생 수가 너무 많다고, 교수를 더 많이 뽑아야 한다고 문제를 제기했다. 그런데 학령인구 감소로 학생은 줄고 교수는 늘어, 자연스레 교수가 담당할 학생 수가 줄어드는데, 학령인구가 감소한다고 엄살이다. 본시 마음이 딴 데 있었던 게다. 본질에서 벗어나도 한참 더 벗어난 곳에 있었다.

문제는 결국 인간의 욕심, 끝없는 탐욕에 있다. 여기에만 초점을 맞추면 개인, 사회, 인류, 심지어 전 우주적으로도 파멸을 불러올 수밖에 없다. 출산율을 늘려야 할 것이 아니라, 사상 최고의 자살률을 낮춰야 한다. 살아있는 사람도 지키지 못하고, 살아있는 사람이 살고 싶지도 않은 장에서는 새로운 생명이 나올 수도 나와서도 안 된다. 본질에서 생각하고 본질에서 실천하면 그리 어려운 일이 아니다.*

건축가 후지모리 테루노부(藤森照信, 1946~)가 영국에 설치한 Tea Room을

---

* 소수가 다수를 부양하는 '구조적 불안'을 인구 증가로 메꾸려는 발상은 너무 안이하다. 청년과 노년 인구의 역할 분담과 활용, 로봇의 활용이나 과학기술에 기댄 생산성 향상 등으로 소수가 다수를 부양할 상황을 적극적으로 준비해야 한다. 단기적으로는 인구 부양비(dependency ratio)의 부조화에서 발생하는 문제 해결이 핵심이다. 지금의 인구는 한국이나 지구촌이나 충분히 많다. 오히려 많은 인구 때문에 문제가 발생하고, 이것이 출산율을 억제하고 있다. 출산율의 감소는 어쩌면 자기방어처럼 자연스러운 모습인지 모른다. 살기 좋은 환경이 갖춰지면 자연스레 출산율도 회복될 것이다. 본질에서 생각하자.

본다면, 건축에 대한 그의 견해가 상식과 다르다는 점을 발견할 수 있다. 그는 다음과 같이 말한다.

"재해석이란 단순히 전통 건축과 현대 건축을 외양적으로 합치는 게 아니에요. 그렇게 하면 100% 실패합니다. 경북 안동의 병산서원을 예로 들면, 그 공간 공간의 연속적인 연결, 비례감 있는 기둥 같은 내재적인 특성을 바라봐야 합니다. 바로 이런 것을 어떻게 현대에 해석해 내느냐가 관건이 아닐까요."

그가 말한 '내재적인 특성'은 '본질'과 맞닿아 있다. 붙잡아야 할 것은 본질이지, 겉모습만 흉내 내는 것이 아니다. 영국 보수당이 300년 정도 존속할 수 있었던 이유도 여기서 크게 벗어나지 않는다. 이들은 역사와 전통을 존중하면서도 변화를 거부하지 않고, 장에 따라 변화를 먼저 이끌었다. 같은 맥락에서 백담사의 만해마을을 보면, 전통양식을 적용한 것인데, 한옥이 아닌 현대적 건물이다. 하지만 들어가면 한옥에서 느낄 수 있는 분위기가 있다. 변화 속에서 본질을 놓치지 않고, 전통을 재해석하려 했다.

전통의 재해석, 대상은 다르지만 같은 맥락으로 작용한다. 그래서 육구연(陸九淵)은 호기롭게 다음처럼 소리쳤다. "배울 때 진실로 근본을 알아야 한다. 육경은 모두 나를 위한 주석일 뿐이다(學苟知本, 六經皆我注脚)."[33] 배움의 본질은 근본이고, 본질은 육경[六經, 『시경(詩經)』·『서경(書經)』·『예기(禮記)』·『악기(樂記)』·『역경(易經)』·『춘추(春秋)』]이 아닌 나 자신이다. 경전도 나보다 우선할 수 없다. 변화 속 본질도 이런 맥락에서 얘기할 수 있지 않을까.

❖ 본질을 생각함

『사기』「맹상군열전」의 "맹상군이 손님을 좋아하고 스스로 즐겼다고 세상에 전하니, 그 명성이 헛된 것이 아니었다(世之傳孟嘗君好客自喜 名不虛矣)."에서 유래한 명불허전(名不虛傳)은 바로 전국 말기 제나라 사람 맹상군(孟嘗君, ?~BC 279?)을 두고 한 말이다. 맹상군과 관련되어 본질이란 것을 생각할 수 있는 일화가 있다.

맹상군은 어려울 때 자신을 떠난 식객을 다시 불러 모으길 꺼렸다. 그러자 풍환(馮驩, ?~?)은 "시장이 아침에 붐비고 저녁에 한가한 이유는 사람들이 아침에 시장을 좋아하고 저녁에 시장을 미워해서가 아닙니다. 단지 저녁 시장에는 원하는 물건과 이익이 없기 때문입니다. 그러니 그들을 미워하실 필요가 없습니다. 그들을 미워하는 것은 오히려 빈객들이 공자에게 오는 길을 막는 결과를 초래할 뿐입니다."라고 답한다.

일에 가치나 감정이 개입하면 본질을 놓치게 된다. 문제의 본질을 객관적으로 보고 판단해야 한다. 이 이야기를 조금 더 음미해 보자. 바로 만물에는 필연적 결과가 있으며 일에는 당연히 그렇게 되는 도리가 있다는 것이다. 예를 들면 사람이 언젠가 죽는 일, 저녁 시장에 사람이 없는 일 등이 그렇다. 이는 인간 세상의 자연스러운 패턴이자 매사에 눈여겨봐야 할 본질적 요소이다.

이러한 맥락에서 지금의 교육에서 본질적인 문제, 교육이 위치할 장은 어디일까? 학교, 학원, 사회 등 여럿 있다. 말하기 조심스럽지만 본질에 비중을 더 둔다면 혹시 가정이 아닐까? 하지만 우리의 현실은 너무 멀리 떨어져 있다. 가정의 책임을 매달 납부하는 학원비로 학원에 전가하고, 부모는 오늘도 열심히 학원비를 벌고 있다. 교육을 학교에 떠넘기고 국가와 교육부의 잘못을 비판하고, 정치인은 이를 교묘히 이용한다. 가정은 이미 폐허가 되었다.

아이가 뭐가 그리 부족한지 부모는 끝없는 보습학원의 학비를 대기 위해, 새벽부터 늦은 밤까지 벌어야 한다.

　교육이 놓인 장의 문제이고, 이를 이끄는 주체의 문제이다. 바꾸지 않으면, 모두 궤멸할 수밖에 없다. 이 얽히고설킨 먹이사슬을 끊을 용기와 지혜가 아무에게도 없다. 그냥 그대로 살아간다. 본질적 측면에서 '가정에서의 교육'은 지금의 장에서 요구하는 지식의 습득, 우수한 성적의 획득과 거리가 있을지 모른다. 그러나 한 아이가 살아가는데 필요한, 학교와 학원 너머의 것들을 배우고 느끼고 체험하는 본질에는 가정에서의 교육이 위치한다.

　교육에 있어서, 오늘 여기 우리의 미래가 가정의 교육에 있다고 말한다면 지나칠까? 본질에서 생각해야 할 것이다. "뭣이 중헌디!" 단순히 영화 속 대사로만 끝나지 않고, 많은 사람에게 회자된 이유는 본질에 대한 필요를 절감했기 때문이다.

　득어망전(得魚忘筌)이라는 사자성어가 있다. 역시『장자』에 나온 말이다. 물고기를 잡으려고 통발을 친 다음에, 물고기를 잡았으면 통발을 잊어야 하는데, 여전히 통발에 마음을 두고 있음을 지적했다. 주(主)와 객(客), 목적과 방법이 전도되는 경우가 왕왕 우리 주변에서, 나의 삶에서 발견된다. 한번 생각해 보자. 목적, 본질, 중요한 것을 빼먹지는 않았는지. 주변에 중심을 희생시키지는 않았는지. 살아가야 하는데 '살아주는' 게 아니었는지. 소모적인 만남에 나와 나의 시간을 지치게 한 게 아닌지. 돌아볼 일이다.

　현대 사회 속에서 우리의 삶은 살아가는 것이 아닌, 살아주는 삶이 되었다. 기계 속 하나의 부품처럼, 가정에서도 직장에서도 사회에서도 우리는 고장 나면 언제든지 새로운 것으로 교체될 수 있고, 언제든지 폐기처분이 가능한 존재로 전락했다. 자연스레 생명을 경시하는 사회 풍조가 조성되었고, 이는 끊이지 않는 안전사고와 최고의 자살률이라는 불명예스러운 기록을 경신하고 있다.[34] 앞에서도 언급했지만 진정, 본질에서 생각한다면 출산율을 높이려고 안간힘을 쓰기보다 자살률을 낮추기 위해 사력(死力)을 다해야 한다. 살아있는 사람이 행복하고 즐거운 장이라야, 미래의 생명도 늘어날 것이다.

　우리를 둘러싼 변화에서 가장 본질적이고 실천적인 것으로 '나'와 '여기'와 '지금'을 언급할 수 있다. 그중에서도 가장 중요한 것은 단연코 '나'다. 나는 나의 일상에서 무척 많은 변화를 경험한다. 나이가 들면 들수록 더 많은 변화를 경험한다. 때론 그 변화에 무덤덤하게 대응하기도 한다. 아마도 삶에 죽음이라는 마침표가 있다는 생각에서, 스스로의 한계를 자각했기 때문인지 모른다.

　부자 나라에서 서민으로 사는 것보다 가난한 나라에서 중상층으로 사는 게 만족스러울 수도 있다. 내게 영향을 주는 것은 멀리 있는 그 무엇이 아니라, 매일 아침 눈을 뜨고 만나서 하루 종일 부대끼며 몸과 맘으로 깨닫는 여기 지금이다. 그렇다고 여기 지금만 볼 수 없다. 변하기 때문이다.

　변화는 누구나 생각할 수 있다. 우리 각자는 자신의 삶에서 몸소 겪고 체험하며 깨닫는다. 때론 변화가 혼란을 주기도 하지만, 또 다른 측면에서 새로운 가능성, 희망 같은 긍정적인 것을 선사하기도 한다. 그러므로 빛의 속도로 변하는 지금의 장에서, 변화 속에 변하지 않는 것, 변하더라도 부여잡아야 할 것, 바로 본질을 생각하고 본질에 충실해야 한다.

3. 변화와 예측

❖ 변화 예측

변화를 일으키는 동인, 패턴, 변화의 다음이 무엇인지 알고 싶은 욕구는 상존한다. 마크 뷰캐넌(Mark Buchanan, 1961~)이 『우발과 패턴』에서 인용한 1935년에 피셔(H.A.L. Fisher, 1865~1940)의 말을 보면 다음과 같다.

> "나보다 훨씬 더 현명하고 많이 배운 사람들이 역사에서 어떤 계획과 리듬과 미리 결정된 패턴을 찾아냈다. 하지만 나는 이런 조화를 찾아낼 길이 없었다. 나에게는 단순히 어떤 사건이 다른 사건 뒤에 일어나는 것으로 보일 뿐이었고…… 역사가에게 안전한 규칙은 이것뿐이라고 생각되었다. 역사가는 인간 운명의 전개에서 예측 불가능하고 우발적인 것을 볼 뿐이다.…… 한 세대가 얻은 바탕은 다음 세대에서 없어져 버린다."[35]

변화에서 어떠한 규칙을 찾는다는 것이나 다음에 벌어질 일을 예측한다는 것은 쉽지 않다. 과학적으로 밝히기도 어렵고, 그렇다고 무턱대고 확신하기도 곤란하다. 그리고 대부분의 경우 피셔가 말한 것처럼 다음 세대에는 적용하기 힘든 것으로 전락한다.

이는 도킨스(Clinton Richard Dawkins, 1941~)의 지적처럼, 인간이 공을 하늘 높이 던졌다 잡으면서 공의 궤적을 예측하기 위해 일련의 방정식을 푼 것처럼 행동하지만, 인간은 그 방정식 하나하나가 무엇인지 알지도 못한다. 심지어 그것들에 대해 신경조차 쓰지 않는다.[36] 인간이 이런 것에 신경을 쓰지 않은 이유는 공을 잡는 행동에 대한 풀이가 공을 잡는 현실적인 일에 아무런 영향을 주지 못한다고 판단하기 때문이다.

계획이나 예측은 빗나가기 일쑤다. "신을 웃기고 싶은가? 그럼 신에게 당신의 계획을 말해보라." 코미디언이자 영화감독으로 유명한 우디 앨런(Woody Allen, 1935~)의 말이다. 예측이 그만큼 쉽지 않다는 우회적 표현이리라.

그러나 동서고금을 막론하고 변화 속 패턴을 통해, 다음을 예측하려는 시도는 끊임없이 계속되었다.* 이러한 시도가 완벽하거나 완전하지는 못해도 과거와 현실에 대한 이해와 미래에 대한 준비를 가능하게 해 주었다. 더디지만 조금씩 발전해 왔다. 『논어』 위령공(衛靈公) 편에서 말한 "사람이 멀리 생각하지 않으면 반드시 가까운 데 우환이 있다(人無遠慮 必有近憂)."도 이러한 맥락에서 생각할 수 있다. 『대학』에도 다음과 같은 말이 있다.

> "일이 준비되어 있으면 이루고, 준비되어 있지 않으면 이루지 못한다. 말할 것이 미리 정해져 있으면 착오가 없고, 일이 미리 정해져 있으면 곤란하지 않으며, 행동이 미리 정해져 있으면 탈이 없고, 방법이 미리 정해지면 궁하지 않다."[37]

미래의 변화를 대비하는 것은 현자뿐만 아니라 보통사람도 실천해야 할 중요한 행동지침이다. 일반적으로 눈으로 쉽게 구별할 수 있는 것을 언어를 통해 규정하려면 어렵다. 차이는 뭘까? 결국 정보량이 아닐까? 언어보다 시각이 전해주는 정보의 양, 그 속에서 보다 정확한 확인이 가능하다. 변화에 대한 예측도 마찬가지이다. 과거와 달리 많은 정보, 좋은 알고리즘, 뛰어난 연산능력의 도구를 통해 신이 웃지 못할 예측들이 조금씩 등장하고 있다.

예측하고 준비하는 유비무환(有備無患)은 준비하지 않는 것보다 이롭다. 이

---

* 서구에서의 예측에 대한 역사를 다룬 책이 있다. 전개가 다소 산만하고 이해하는 데 어려움이 있지만, 이는 개인의 성향 탓일 것이다. 마틴 반 크레벨드 저, 김하현 역, 『예측의 역사』, 현암사, 2021.

런 것이 있다. 일명 파스칼의 내기(Pascal's Wager), 신을 믿을지 안 믿을지를 합리적으로 판단해본 것이다. 경우의 수는 4가지다. 첫째, 생전에 신이 있다고 믿었다. 그런데 죽어서 신이 있다면, 천국으로 보상 받을 것이다. 둘째, 생전에 신이 있다고 믿고 행동했다. 죽었다. 그런데 신이 없다. 생전에 약간의 수고가 손해라면 손해일 것이다. 셋째, 생전에 안 믿었고, 사후 신이 있음을 알았다. 생전의 행동을 후회하게 될 것이다. 마지막, 생전에 신을 믿지 않았다. 죽었더니 신이 없다. 손해 볼 일은 없다. 무엇을 택할 것인가? 아무도 경험하지 못한 이 일에, 다른 반박도 있겠지만, 파스칼은 믿는 것이 더 이롭다고 결론 내렸다. 변화에 대한 예측도 차선의 최선을 찾는 자세로, 보다 합리적으로 접근해야 한다.

그렇다면, 예측을 기준으로 변화를 구분하는 것도 좋겠다. 그래서 다음처럼 세 가지 구분을 제안한다. '대부분의 사람이 알 수 있는 변화', '잘 모르지만 예측이 가능한 변화', '예측하기 힘든 변화'이다.

나중에 알게 된 사실이지만, 미국의 정치인 도널드 럼즈펠드(Donald Rumsfeld, 1932~)의 말에서 이와 비슷한 것을 발견할 수 있었다. 그는 변화를 '우리가 이미 알고 있는 변화(known knowns)', '언제 어디서 어떻게 일어나는지는 모르지만 예측할 수 있는 변화(known unknowns)', '전혀 예기치 못한 미지의 변화(unknown unknowns)'로 구분했다. 이 책에서는 첫 번째와 두 번째 것에 무게 중심을 두었다. 세 번째, 전혀 예기치 못한 미지의 변화는 말 그대로, 미지(未知), 아직 알지 못할 뿐이다. 언젠가는 알게 될 것이다.

대개 이러한 변화는 (결과적으로) 데이터가 쌓여서 앎의 영역으로 편입되는 과정을 거쳤다. 과거 역사 속에서 어렵지 않게 확인할 수 있다. 그러면서도 현재 우리는 전혀 예기치 못한 미지의 변화가 인류사에 발생해, 드라마틱한 반전을 유도하며 인류의 흥미를 유발했다고 생각한다. 그중에는 나쁜 일도 있었지만, 좋은 일도 있었다. 어쩌면 알 수 없음으로 인하여, 인생과 인류는 긴장과 반전의 재미를 만끽할 수 있었다. 다 안다면 너무 심심하다.

물론 인류는 보다 많은 것을 알고 예측하려고 부단히 노력했다. 기실 인류가 아는 것이라야 너른 바다의 조각배만도 못하지만, 우리는 유전적, 문화적 요인을 비롯하여, 직간접적 학습, 경험, 분석과 탐구, 비교와 유추, 연역과 귀납, 패턴적 사고 등을 통해 아는 것보다 더 많은 것을 예측하고 대비해왔다.

❖ 예측의 발전

커다란 변화는 천천히 그러나 쉬지 않고, 낙숫물이 바위를 뚫는 것처럼 온다. 닭 한 마리가 소리쳐 운다고 오는 것이 아니라, 칠흑 같은 어둠을 살라 먹고, 밤새도록 어둠을 살라 먹고, 장이 충분히 만들어진 연후에야 온다. 메가트랜드(megatrends)도 그렇다. 21세기의 메가트랜드는 정보화, 세계화, 민주화라고 한다. 갑자기 우리의 일상을 변화시킨 것이 아니다. 천천히 부지불식중에 다가와 우리의 삶을 송두리째 바꿔 놓는다.

과거 100년에서 1000년에 걸친 변화가 지금은 1년, 10년 정도의 짧은 시간에 일어난다. 그래서 속도와 규모가 엄청나고, 방향도 종잡을 수 없는 변화를 정리하고 설명하기가 쉽지 않다. AI가 딥 러닝(Deep Learning)을 통해 배워 나가는 모습을 보면, 비가시적인 물리의 세계를 기호로 가시화시킨 수학처럼, 혹은 잡히지 않는 소리를 음표로 가시화시킨 음악처럼, 지금은 비록 어렵고 더디지만 천천히 완성에 가깝게 다가서게 될 것이다.

변화는 우리에게 나름의 메시지를 전하고 있다. 하인리히 법칙(Heinrich's Law)은 보험회사 직원이었던 허버트 윌리엄 하인리히(Herbert William Heinrich,

1886~1962)가 만들었다. 보험회사는 사건을 예측하고, 보험료를 얼마 정도 받으면 이익을 낼 수 있는지 계산해야 하기에, 변화 예측이 중요하다. 하인리히 법칙은 중상자가 1명 나오면, 같은 원인으로 경상자가 29명, 잠재적 부상자가 300명이 나온다는 통계를 얻어내어 1:29:300의 법칙이라고도 한다. 물론 하인리히 법칙에 비판과 부정적 시각도 있지만, 이 법칙은 계산적 사실들, 우리가 놓칠 수 있는 사실을 분석하여 찾아낸 패턴이다. 특히 지난 경험에 대한 분석을 통해 가장 강력한 다음의 가능성을 제시하고 있다. 바로 큰일이 발생하기 전에 작은 일들이 먼저 발생하여 그 징후를 예고한다는 것으로, 커다란 사건은 결코 한 번에 툭 하고 터지지 않음을 일깨워준다.

여기서 더 정교하게 다듬은 것은 버드(Frank E. Bird, Jr. 1921~2007)가 만든 버드 법칙이다. 1명이 사망한 사건에는 10명의 경상자가 있고, 30번의 물적 피해, 600번의 사고가 날 뻔한 경우가 있다고 말한다. 다시 말해 사고가 계속 나면 한 번 정도는 큰 사고가 일어난다는 것이고, 600번의 사고가 날 뻔한 경우에서 1명의 사망 사건을 예방해야 한다는 것과도 통한다. 역사와 경험에서 배우는 것, 인문학적 변화 연구가 참고할 부분이다.

국가 예방 차원에도 적용했다. 일본 동경대의 하타무라 요타로(畑村洋太郎, 1941~) 교수는 실패하는 일들에 이것을 접목했다.[38] 성공이든 실패든 많은 변화 속에 일정한 패턴을 찾을 수 있다. 변화에 대한 예측은 과거의 데이터를 기초로 앞으로 발생할 일을 예측하기도 하지만, 가상의 시나리오를 구성하여 미리 대처하기도 한다. 또한 데이터를 통해 조금씩 보완하며, 현실에 부합하는 정확한 예측을 공학적으로 제시할 수도 있다. 예를 들어 사람들이 거리를 걷는 '공간의 속도'도 다음과 같은 공식에 따라 예측했다.[39]

공간의 속도 =

{(차도 면적 × 차의 평균 속도) + (인도 면적 × 보행 속도 평균 속도)

+ (데크 면적 × 1km/h) + (주차장 면적 × 1km/h)} / 전체 면적

물론 다른 변수도 많다. 그러나 하나씩 확인하고 보완하다 보면, 정확도
는 높아질 수밖에 없다. 철근과 콘크리트를 이용하여 교각을 세우거나 건축
물을 세울 때 확인하는 스트레스 테스트도 이러한 경우다. 어느 정도의 하중
에서 얼마나 오래 버틸 수 있을지를 예상해서 건축물을 세운다. 이는 공학,
금융, IT 등에서도 다양하게 적용된다. 일어날 가능성이 있는 다양한 변화를
가정하여 측정하고, 고유한 패턴을 확인한다.

이러한 맥락에서 역사의 경험, 패턴, 귀납적 추측을 무시할 수 없다. 데이
터가 축적될수록 정확도는 높아진다. 필요한 것은 정확하고 풍부한 정보, 다
양한 변화 동인의 선별, 이를 최적의 상태로 짜깁기하는 알고리즘이다.

2008년 러시아의 소설 『트루 러브(True Love)』는 인공지능이 단 사흘 만에
320쪽의 분량으로 쓴 베스트셀러 작품이다. 인공지능의 소설 쓰기 프로그램
에는 창작에 필요한 17가지 데이터가 입력되었다. 인공지능은 알고리즘에
따라 소설을 만들었다.

이런 사례는 기하급수적으로 늘어나고 있다. 바둑에서의 AI의 활약은 이
미 전설이 되었다. 사용자의 목소리를 토대로 성별, 인종, 감정 상태를 분석
해 그에 맞는 음악을 제공할 수도 있다. 창작도 어렵지 않다. 귀에 착 달라붙
는 멜로디로 마음과 귀를 빼앗는 것이 아니라, 마음이 편해지는 멜로디를 중
심으로 구성하여, 사람들이 작업이나 명상을 할 때 듣는다. 바로 앰비언트 뮤
직(ambient music)이다. AI에게 수백 개의 음악을 인풋하고 알고리즘에 맞추면,
사람의 상태에 따라 맞춤형 앰비언트 뮤직이 아웃풋된다. 결과는 역시 놀라

웠고, 사람의 능력을 뛰어넘었다. 워너브러더스 뮤직이 앨범 20개의 판권을 샀고, 엔델(Endel)이란 앱을 통해 수입도 올렸다.

우리 두뇌도 이와 같다. 인간에게서 똑똑한 사람이란 무엇일까? 『삼국지』의 제갈량(諸葛亮, 181~234)은 사안과 관련한 풍부한 지식과 이를 분석하고 정리하는 능력을 갖췄다. 제갈량에 버금가는 한고조 유방의 책사 장량(張良, ?~BC 186)도 마찬가지다. 이들처럼 작전본부에서 계산기 두드려 전쟁터의 승리를 이끄는, 이러한 일이 어디 이뿐인가? 사업에서도 미리미리 주판알 튕겨 가며, 머리 굴려 가며 이리저리 따진 다음에 성공을 예상하는 것 아닌가?

인간도 사회도 마찬가지이다. 소식과 소철의 아버지인 북송시대 소순(蘇洵, 1009~1066)은 「변간론(辨姦論)」에서 "달무리가 지면 바람이 불고, 주춧돌이 축축하면 비가 내린다는 것은 누구나 다 아는 사실이다(月暈而風 礎閏而雨 人人知之)."라고 말했다. 어떤 일이 일어나기 전에 반드시 조짐이 있음을 변화의 패턴을 통해 알고, 경고하고 있다.

"아무것도 변하지 않으려면 모든 것이 변해야 한다."라는 말처럼 변화는 전면적이다. 정밀한 변화 예측이 불가능한 것만은 아니다. 어떤 면에서 방법과 데이터는 공유되고 공개되어 있다. 패턴에 대한 분석도 정밀해지고 있다. 뛰어난 연산능력의 장치도 발전하고 있다. 보다 정밀한 부분의 접근은 오래 전부터 천천히 조금씩 진행되고 있다. 변화 동인을 선별하고, 이에 대한 데이터를 입력한 뒤 알고리즘에 따라 모종의 결과를 얻을 수 있다. 이제, 변화에서 큰 틀의 패턴은 예상할 수 있다. 물론 변화 탐구의 대상이 무궁하기에 인류가 존재하는 날까지 숙제는 계속될 것이다.

❖ 실패와 회복탄력성

좋은 준비는 변화를 예측하고 응대하는 것이다. 예측도 쉽지 않지만, 예측하고도 행하지 못하여 실패하는 경우도 많다. 그럼 그 이유는 뭘까? 소식의 아버지 소순은 다음처럼 말한다. "무릇 얼굴이 더러워지면 잊지 않고 세수하고, 옷이 더러워지면 잊지 않고 세탁하는 이것은 인지상정이다(夫面垢不忘洗 衣垢不忘瀚 此人之至情也)." 이는 누구나 다 아는 사실이지만, 소순은 자연의 변화와 인간의 변화는 측량하기 어려워 알기 어렵고, 현명한 사람도 모르는 것이 있다고 지적하며, 실패의 이유를 좋아하고 싫어함이 마음을 혼란스럽게 하고, 이해를 따지는 것이 방해하기(而賢者有不知, 其故何也, 好惡亂其中, 而利害奪其外也) 때문이라고 하였다.

소순의 얘기대로라면 실패는 좋아하고 싫어함이나 이해를 따지는 마음, 다시 말해 객관적이고 과학적이고 합리적인 판단에 근거한 것이 아닌, 감정과 사심에 얽매인 판단에 의거했기 때문이다. 실패에 앞서 경계할 일이다.

사람의 사심에 의해서건 혹은 부정확한 판단에 의해서건 실패했다면, 어떻게 하겠는가? 지금처럼 변화가 빠르고 거세게 일어나는 상황에서는 지속적인 성공만 기대할 수 없다. 그래서 현대의 변화에서 정말 필요한 것은 한 번의 성공이라기보다, 끊임없이 펼쳐지는 변화 속에 다양한 결과를 극복하며 유지해야 할 것, 바로 '회복탄력성(resilience)'이다.

『사기』 회음후열전(淮陰侯列傳)에서 한마디 빌려오면, "지혜로운 사람이 천 번을 생각해도 한 번의 실수가 반드시 있고, 우둔한 사람이 천 번을 생각해도 한 번의 얻음이 반드시 있다(智者千慮 必有一失 愚者千慮 必有一得)." 한의 대장군 한신(韓信, ?~BC 196)에게 사로잡힌 장수 이좌거(李左車)의 말이다. 천려일득

(千慮一得)이라 말은 그래서 사람을 더욱 조심하고 겸손하게 만든다. 예외는 늘 있다. 어리석은 자는 예외에 주목하지만, 현명한 사람은 본질에 주목한다.

『맹자』 만장(萬章)에 "일부러 하고자 하지 않았는데 그렇게 된 것은 하늘의 뜻이요. 도달하려 하지 않았는데 저절로 이른 것은 운명이다(莫之爲而爲者 天也, 莫之致而至者 命也)."라는 말이 있다. 하늘의 뜻과 운명은 어찌할 수 없다고 생각하고 잠시 옆에 두자. 물론 포기한다는 게 아니다. 우연이나 행운일 수도 있고, 세렌디피티(serendipity)일 수도 있다. 주체와의 관계에서 보면, 본질보다 예외적인 일에 가깝다.

『삼국지』를 보면, 많은 영웅호걸은 하늘의 뜻에 무릎을 꿇었다. 진인사대천명(盡人事待天命)의 자세로 인간이 할 수 있는 바를 다하고, 뜻대로 되지 않는 것은 천명이라 여기며 인정했다. 깨끗한 포기였다. 주체의 적극적 대처였다. 적벽대전에서 대패한 조조도, 무수한 난관을 겪은 유비도, 하나같이 그랬다. 운명이라 생각하며 인정한 깨끗한 포기, 최선을 다한 뒤 천명을 기다리는 자세, 이는 회복탄력성을 이루기 위한 성대한 만찬(晩餐) 직전의 에피타이저(Appetizer) 전채요리(前菜料理)이다.

이제 숱한 실패 속에서도 다시 일어서는 훈련이 필요하다. 왜냐하면 시대가 변했기 때문이다. 과거처럼 한판 승부로 인생 모든 것이 결정 나는 시대가 아니기 때문이다. 변화에서 성공하면 좋지만, 너무 빨리 변하기 때문에 항상 성공할 수는 없다.

과거의 교육제도 속에서는 좋은 학교를 가면 좋은 직장을 얻고, 좋은 직장에 가면, 좋은 배우자를 만나고, 좋은 배우자를 만나면……. 한판 승부로 많은 것이 결정되었다. 변화가 적기 때문이다. 그런데 지금, 그리고 앞으로는 한판 승부가 아니라 패자부활전이 더 많이 일어날 것이다.

변화로 인해 앞날을 예측하기도 힘들지만, 또 다른 도전의 기회도 주어졌다. 변화는 더 빠르고 전면적으로 계속된다.

회복탄력성은 실패해도 다시 일어나는 것이다. 한 번 실패해도 다음엔 잘해야지 하면서 일어나는 것이다. 자꾸 도전하는 것이다. 세상은 빠른 속도로 변하기 때문에, 한 번의 성공으로 그 많은 변화에 대처할 수 없다.

사람들은 실패를 많이 했다. 과거로부터 자유로운 사람은 아무도 없다. 과거를 보면 저마다 아픈 구석이 다 있다. 그러나 우리가 사는 것은 과거가 아니다. 미래를 봐야 하므로 툭툭 털고 일어나야 한다. 변화가 빠르고 폭넓게 일어나기 때문이다.

04

장의 확장

1. 장과 생각

❖ 장의 변화

장도 변한다. 장도 살아있는 유기체처럼 변한다. 장과 교육의 작용을 예로 들어 생각해 보자. 동서고금을 막론하고 사회를 구성하고, 인류의 발전을 이끄는 중요한 요인 가운데 교육이 있다. 고대의 교육은 종족 생존의 문제와 직결되었다. 먼저 태어난 사람이[先生] 자신의 경험을 후대에 물려주는 교육은 인류의 안정적 발전을 도왔다. 시행착오를 줄이기 위해 앞선 세대는 많은 것을 가르치고, 후손은 많은 것을 배워야 했다.

이후 시간이 지남에 따라 지식의 양은 많아지고, 사회가 발달함에 따라 교육은 시스템을 갖추게 되었다. 교육 대상은 상류 특권계층에서 점차 일반 서민까지 확장되었다. 현대의 학교 교육은 국가 이념을 비롯하여 사회, 경제,

문화적 현실을 포함한 시대 상황을 반영한다. 고급정보와 양질의 교육은 특권계층에게 여전히 편중되어 있지만, 장은 변하고 있다.

장의 변화를 이루는 요인은 기술, 가치, 물질 등에 앞서 인간 감각 경험의 기본 조건인 시간과 공간이 주축이 된다. 그리고 여기에 유전인자에 의해 전해진 요인과 선조로부터 전해진 유전(遺傳)적 요인이 작용한다.

인간과 개미는 장이 다르기에 판단 기준과 추구하는 가치가 다를 수밖에 없다. 개미는 세상을 인식하는 데 인간이 인식하는 시각 중심의 광학 대신에 화학을 이용한다. 인간의 세상 인식과 다른 장에 존재한다. 뿐만 아니라 박쥐와 돌고래는 초음파로 세상을 인식하기에 인간이 생각하는 세상의 인식방법으로서의 광학은 극히 제한된 범주 안에 머문다.

인간의 장에서 볼 때, 인간의 장에 포함된 개인의 장은 각기 다르다. 그리고 개인 고유의 장에는 보다 넓은 장이 담겨 있다. 르네 지라르(René Girard, 1923~2015)는 개인의 욕망은 개인 고유의 것이 아닌, 타인이 원하는 것으로 보았다. 개인의 욕망은 욕망을 부채질하는 매개체를 통해 어떤 대상을 욕망하게 된다는 욕망의 삼각형 이론이 그것이다. 인간 안에서는 개인의 다양한 장이 존재하고, 생물 안에서는 인간, 개미를 포함한 다양한 장이 존재한다.

장은 변하고, 각각의 장은 저마다 다양하게 존재한다. 물론 변화한 장에서는 주체도 변하고, 가치 기준도 변한다. 1997년에 문자메시지가 등장하자 사람들은 문자메시지 사용을 꺼리고, 나 자신조차도 전화로 통화하지 않고 문자로 연락하는 것을 예의 없다고 생각했다. 그러나 지금은 전화보다 문자메시지를 선호하는 사람이 많다. 이것은 SNS(Social Network Services/Sites)로 발전하며 엄청난 변화를 가져왔다. 생각해 보니, 통화보다 문자를 이용하는 편이 서로에게 좋을 때가 많았다. 장이 변하고, 주체도 변하고, 그 안의 가치도 변한다.

이와 마찬가지로 인간의 근본적인 문제를 탐구하는 철학에 대한 평가도 장에 따라 달랐다. 예를 들어 길버트 라일(Gilbert Ryle, 1900~1976)은 오스트리아에서 철학은 기생충으로 간주되었고, 영국에서는 의학적 효능을 갖춘 거머리로 간주되었다고 지적했다. 장의 공간적 차이에 따라 의미는 제각각이다.

물론 장의 시간적 차이에 따른 평가도 마찬가지다. 고대의 희랍 철학이나 중세 철학이 변했던 것처럼, 비트겐슈타인(Ludwig Wittgenstein, 1889~1951)에 이르러 철학은 철학적 명제가 무의미하다는 것을 드러내는 '해체'행위 정도로 위축되었다. 그래서 철학은 학설이라기보다 '활동'이 되고, 자연과학에 속하지 않는 것으로서 철학의 목적은 사고를 논리적으로 명료하게 하는 것으로 국한되었다. 앞으로 또 변할 것이다. 그래서 우리는 '장'과 연계하여 생각해야 한다.

❖ 장 탓

개인적으로 체감하는 변화의 속도는 빠르다. 대중가요의 변화, 길거리 패션의 변화, 주요 관심의 변화, 하루하루가 현기증을 느낄 정도로 빠르게 변한다. 오늘의 변화는 과거 어느 때보다 빠르다. 어느 시대나 '현재'는 과거보다 빨랐다. 그런데도, 오늘의 '현재'가 과거의 '현재'보다 더 절박하게 다가오는 이유는 크게 두 가지다.

첫째, 야스퍼스(Karl Jaspers, 1883~1969)가 지적한 기축 시대(Axial Age)의 변화가 2500여 년 전에 일어났는데, 그동안 변하지 않았던 사고 형태에 커다란 변화가 오고 있다는 면에서다. 둘째, 현재 행하는 많은 교육과 사회적 틀이

산업혁명 이후의 변화에 머물러 있는데, 지금 진행되는 변화는 산업혁명의 장과 다른 형태의 장에서 진행되기 때문이다. 이제 새로운 장의 변화가 도래했다고 해도 과언이 아니다.

주체도 변하고 장도 변한다. 변화하는 것이 큰 뉴스와 큰 아이디어라면, 그 가운데 큰 뉴스는 빠르게 움직이지만 큰 아이디어는 그렇지 않다.[40] 큰 아이디어에 가까운 장은 천천히 움직인다. 여기서 더 빠르게 움직이는 뉴스들이 그 동력이다. 누구에게는 이러한 변화가 기회지만, 누구에게는 위협이다. 그 속에서 자연스레 기쁘고 슬픈 일이 발생한다. "참 열심히 사셨어요. 그런데 남은 것은 빚밖에 없네요." 이런 일이 벌어질 때, 세상은 당신이 무능해서, 네가 게을러서라고 비판한다. 그런데 과연 그럴까? 문제를 너무 '나' 혹은 '주체'에만 맞춰 생각한 것은 아닐까?

그랬다. 지금까지 우리는 "내 탓이오. 내 탓이오."라고만 생각했다. 그러나 앞서 언급한 문제는 단순히 나만의 탓이 아니다. 혹시 나를 둘러싼 장에는 문제가 없을까? 장을 중심으로 생각하면, 한국의 대기업이 중국에서 철수한 것은 2016년 사드[THAAD · 고고도미사일방어체계] 배치에서 촉발된 중국 정부의 제재가 결정적 원인이지만 다른 원인도 있다. 중국 산업의 특수성과 새로운 변화, 유통의 전환이 오프라인에서 인터넷으로 바뀌는 그래서 알리바바[阿里巴巴, Alibaba] 같은 회사가 등장하는 장의 변화 탓도 있다. 장님 나라에 가면 지금 이 책을 읽고 있는 당신이 비정상이다. 장 탓이다.

나름 똑똑해 보이는 우리는 모두 속고 속이는 관계 속에서 헛똑똑이처럼 사는지 모른다. 힘을 가진 자는 자기에게 유리한 장을 만들어 사람들을 자기 편으로 만든다. 장의 영향으로 사람들의 마음이 변한다. 사람들은 모르지만 그 장은 이미 의도적으로 기획된 것이었다. 그 예를 하나 들어보면 다음과 같다.

"어두운 저녁 무렵, 조명이 켜지지 않은 경기장에 수십만 명의 군중을 집합시켜 몇 시간을 방치한다. 모두가 그 침묵과 어둠의 공포에 질릴 즈음 무대 위에 한 줄기 조명이 비치면서 그 아래 히틀러가 극적으로 등장하고, 가운데의 연단에 오르면 경기장 둘레에 설치된 130개의 서치라이트가 밤하늘에 강력한 빛을 분출하듯 쏘아댄다. 순식간에 환각에 사로잡힌 군중은 일제히 손을 뻗으며 '하일 히틀러'를 외쳤다. 더러는 눈물까지 흘리게 한 감격적 풍경, 이른바 '빛의 궁전'이라는 프로젝트였다."[41]

세계대전이 자행된 독일에서만 그랬을까? 고대 황실에서도, 현대 도시에서도, 지금 북녘 땅 어디에서도, 혹 그럴 리 없다며 부정할지 모르지만 지금 여기에서도, 장은 의도적으로 만들어지고, 우리는 그 장 속에서 그 기획에 맞춰 착실하게 행동하고 있다. 내 탓이 아닌 장 탓이지만, 책임은 내게 주어진다.

2. 장의 영향

❖ 장의 지배

우리는 나의 욕망만큼은 나 자신의 의지에 의한 것으로 생각하지만, 이는 순진한 착각에 불과하다. 앞에서 언급한 르네 지라르도 개인의 욕망은 개인 고유의 것이 아닌, 타인이 원하는 것이라고 보았다. 같은 맥락에서 율라 비스(Eula Biss, 1977~)는 『면역에 관하여』에서 우리는 늘 서로의 환경이라고 말했다.

어쩌면 나치 전범 아이히만(1906~1962)을 '극단적인 악의 대리자'로 만든 것, 홀로코스트(Holocaust)의 비극에 희생된 유대인의 선별 과정에 일부 유대인 지도자가 관여한 것, 그래서 '악의 평범성'이나 '사유 불능'을 말한 한나

아렌트(Hanna Arendt, 1906~1975)의 비판도 장의 영향과 무관하지 않다.[42] 이러한 예는 기존의 연구에서 많이 발견할 수 있고, 변화와 장의 조작 가능성, 주체와 장의 상관성, 장의 영향을 입증한다.

왜, 제2차 세계대전 당시 지성과 교양을 갖춘 나치 정권의 장교들은 히틀러의 비이성적이고 잔인한 명령에 절대복종했을까? 어떻게, 일본 731부대의 끔찍한 만행이 자행될 수 있었을까? 왜 비인간적인 명령을 맹목적으로 따르고, 정의롭지 못한 권력자의 명령을 거부하지 못했을까? 대부분의 평범한 사람들이 왜 권력자의 명령에 끔찍한 대량학살을 저지르게 될까? 정말, 스탠리 밀그램(Stanley Milgram, 1933~1984)의 말처럼 민주주의 사회에서 만들어진 인성이 아무리 정의로운 것이라 할지라도 그 시민들이 만약 옳지 않은 권위의 지배를 받게 된다면, 그들 역시 인간의 야만성과 비인간적인 태도에서 자유로울 수 없는 것일까?[43] 장의 지배에서 벗어날 수 없을까?

1963년에 스탠리 밀그램은 공개적으로 '징벌에 의한 학습효과' 실험에 참가할 사람을 모집했다. 실험 참가의 대가로 4달러를 지급했다. 실험은 지원자를 선생 역할과 학생 역할 두 그룹으로 나누어 진행했다. 학생 역할을 맡은 참가자에게는 암기할 단어, 선생 역할을 맡은 참가자에게는 테스트할 문제를 주었다. 실험에는 다음과 같은 조건이 있다. 선생은 문제를 틀린 학생에게 15볼트의 전기충격을 가하고, 오답이 나오면 15볼트씩 전압을 높여야 했다. 학생과 선생은 서로 볼 수 없지만 소리는 들을 수 있다. 실험이 시작되었다. 학생이 있는 쪽에서는 비명, 욕설, 심지어 '불길한 침묵'이 있음에도 실험은 계속되었다. 실험을 관리하는 사람은 선생 역할의 참가자들에게 약속대로 이행할 것을 요구했다. 사실 실험은 사기였다. 학생 역할은 실험 팀의 팀원이 연기를 한 것이다. 실험의 원래 의도는 '징벌을 가하는 선생의 윤리적 태도'를 연구하는 데 있었다. "150볼트 이상의 상황에서 대부분의 지원자가 실험을 포기할 것이라고 실험 팀은 예상했지만, 지원자의 65%가 지시를 따랐다."[44]

인간에게는 자신의 행위에 정당성(권위)을 부여하여 행동하는 경향이 있다. 누구나 명분과 이유가 있고, 그 명분과 이유는 장과 연관된다. 그 예는 도처에 많다. 좁게는 음주 이후의 일탈에 대한 사적인 변명, 넓게는 일본의 조선 침략에 대한 명분을 포함하여, 인류 역사에 얼룩진 온갖 만행의 배후에 깊게 깔려있다.

1845년 「데모크라틱 리뷰」의 주필인 존 오 설리번(J. L. O' Sullivan, 1813~1895)은 그의 논설 '명백한 운명(Manifest Destiny)'에서 "전 인류에 신의 원칙들을 명백히 실현할 운명을 부여받은 우리는 신으로부터 남의 땅을 빼앗을 권리를 부여받았다."라고 했다. 이후 이것은 인디언을 학살하고 침략하는 중요한 명분으로 활용되었다.

영국 정부가 테즈메이니아(Tasmania)인의 혈통을 완전히 끊어버리고 종족을 말살시킨 것이나, 역사상 최대의 홀로코스트라고 할 수 있는 500년간 자행된 아메리카 원주민 대학살도 저마다의 이유와 명분으로 자신들의 행위를 정당화할 장을 만들고, 끔찍하고 야만스러운 일을 자행한 범죄였다.

❖ 다른 장, 다른 결과

장자는 왜 비루한 골목에서 가난하게 살고, 소강절(邵康節)은 왜 낙양에 숨어 살고, 노자는 왜 은둔하려 함곡관(函谷關)을 지나고, 공자는 왜 주유천하(周遊天下) 하며 자신의 사상을 펼치려 하였는가? 각자의 장이 달라, 세상을 보는 눈이 달랐기 때문이다. 쉽게 바꿀 수 없다.

대부분의 역사는 승자나 강자의 장에서 보는 역사이기에, 역사가 전하는 많은 이야기도 다른 장에서 보면 다른 결과가 나온다. 뒤에서 다룰 진시황의 평가도 그렇고, 공자의 위상 변화도 마찬가지이다. 한고조 유방(劉邦, BC 247~BC 195)이 초나라 항우(項羽, BC 232~BC 202)를 물리치고 한 제국을 건설한 것도 다른 장에서 본다면, 유방이 항우와의 화의를 어긴 것이 결정적이었다. 여기에 초점을 맞추면 항우와 유방의 평가는 달라질 수밖에 없다.

그런데 이보다 더 심각한 것은 내 생각 없이, 너의 생각으로 나를 보고 판단하고 자기의 참모습을 외면하는 경우다. 예를 들어, 헌팅턴(Samuel Huntington, 1927~2008)이 『문화가 중요하다』에서 비교한 가나와 한국의 경제 성장도 장에 따라 다른 평가가 나올 수 있다.

"1990년대 초 가나와 한국의 1960년대 초반 경제 자료를 검토하게 되었는데, 60년대 당시 두 나라의 경제 상황이 아주 비슷했다. 무엇보다 양국의 1인당 GNP수준이 비슷했으며 1차 제품(농산품), 2차 제품(공산품), 서비스의 경제 점유 분포도 비슷했다. 특히 농산품의 경제 점유율이 별로 없었다. 게다가 양국은 상당한 경제 원조를 받고 있었다. 30년 뒤 한국은 세계 14위의 경제 규모를 가진 산업 강국으로 발전했다. 반면 이런 비약적인 발전은 가나에서 이루어지지 않았다. 가나의 1인당 GNP는 한국의 15분의 1 수준이다. 이런 엄청난 발전의 차이를 어떻게 설명할 수 있을까? 물론 여러 가지 요인이 작용했겠지만, 내가 볼 때 '문화'가 결정적 요인이라고 생각한다. 한국인들은 검약, 투자, 근면, 교육, 조직, 기강, 극기 정신 등을 하나의 가치로 생각한다. 가나 국민들은 다른 가치관을 갖고 있다. 그러니 간단히 말해서 문화가 결정적으로 중요하다고 생각한다."

1960년대 한국과 가나의 경제와 30여 년이 지난 두 나라의 경제는 판이하게 달랐다. 헌팅턴은 그 차이를 문화에서 찾았다. 일리 있고, 긍정적 평가에 감사를 표한다. 그러나 장을 조금 달리해서 생각하면, 한국의 역사에서 60년대는 500년 왕조의 멸망, 이어진 일제 침략과 수탈, 여기에 더해진 동족상잔의 한국전쟁을 겪은 직후, 이 시기는 반만년 역사 이래 최악이었다. 한국의 장에서 생각하면, 헌팅턴의 비교에 무리가 있다. 맥락에 대한 이해 없이 특정 시점만 도려내어 비교하면 왜곡되기 십상이다. 적극적으로 스스로를 미화시키지는 않는다 해도, 우리가 우리 스스로를 비관적으로 볼 이유는 없다.

가을이 오면, 쾌적하고 청명한 일기에 "하늘은 높고 말은 살찐다."라는 천고마비(天高馬肥)를 떠올린다. 그러나 동일한 변화라도 각자가 처한 장에 따라 대응이 달랐다. 우리는 가을에 독서를 떠올리며 책 읽기에 집중했다. 담헌(湛軒) 홍대용(洪大容, 1731~1783)은 책 읽는 요령을 "정신을 한데 모아 책에 쏟아 붓는다. 이렇게 계속하면 의미가 나날이 새롭고, 절로 무궁한 온축(蘊蓄)이 있게 된다."라고 제시했다. 주자(朱子, 1130~1200)가 말한 독서의 세 가지 방법인 독서삼도(讀書三到)인 구도(口到), 안도(眼到), 심도(心到)와 통한다. 이것을 반복하고 숙독하면 그 진의를 깨닫게 된다는 것이다.

책 읽으며 무더운 여름의 고단함을 잊는 우리의 풍경과 달리, 경계와 비상의 준비가 필요한 장도 있다. 장이 달라 변화의 응대가 달랐다. 당대의 시인이자 시성(詩聖)으로 널리 알려진 두보(杜甫), 그의 할아버지 두심언(杜審言, 약 648~708)이 지은 「소미도에게(贈蘇味道)」를 보면, '천고마비'가 다른 의미로 존재함을 알 수 있다.

소미도에게(贈蘇味道)
구름 없는 맑은 하늘, 혜성은 떨어지고(雲淨妖星落)

높은 가을 하늘, 변방의 말 살 올랐다(秋高塞馬肥).

말 위에 앉아 웅검을 움직이고(據鞍雄劍動)

붓 휘두르니 격문이 날아온다(搖筆羽書飛).

   당나라 북쪽에 자리 잡은 흉노족의 후예 돌궐족, 이들을 포함한 유목민족은 가을이 되면 추운 겨울을 나기 위한 월동 준비를 했다. 가을걷이하러 먹거리가 풍부한 남쪽으로 향했다. 농경민이자 정착민에게는 공포 그 자체다. 가을로 접어드는 절기의 변화에서, 장에 따라 서로 다른 대응이 나왔다. 장에 따라 변화에 대응하는 방법도 달랐다. 장에 따라 누구에게는 약탈, 누구에게는 생존을 위한 또 다른 사냥의 시작이었다.

❖ 장의 영향을 넘어

   다윈은 "살아남는 것은 가장 강한 종이나 가장 똑똑한 종들이 아니라, 변화에 가장 잘 적응하는 종들"이라고 말했다. 생물의 진화에서 변화의 적응만큼 중요한 것도 없다. 다윈 덕분에 변화의 가치도 확인했지만, 신 중심의 세계관을 벗어날 수도 있었다. 새로운 장의 제안이었다. 하지만 새로운 장은 낯설다. 자연스레 경로 의존성(path-dependent)에 의해 외면되고 배척되어, 새로운 장으로의 안착은 늦어진다. 익숙한 장을 버리기 힘들기 때문이다. 그래서 영국의 경제학자 케인스(John Maynard Keynes, 1883~1946)는 "변화에서 가장 힘든 것은 새로운 것을 생각해내는 것이 아니라, 이전에 갖고 있던 틀에서 벗어나는 데 있다."라고 지적했다.

   우리는 장에 푹 빠져 살고 있다. 장을 지배하는 정당성은 개인과 많은 개인의 가치관에서 좌우된다. 또한 이전의 장에서 만들어진 국가 이데올로기,

사회적 통념, 관습과 습관 등의 영향을 받는다. 환경을 제공하고 명분을 제공하는 것뿐만 아니라 의도된 목적으로의 행위 유도(조작)도 가능하다. 장에 따라 가치 판단이 달라지고, 이것이 개인과 조직에 다시 작용한다. 스탠리 밀그램의 실험을 다시 복기한다면, 자신들이 책임진다고 미리 인풋시킨 사실을 간과했다. 사람들은 그 실험실, 장의 규칙을 따랐다. 결국 이렇게 만들어진 '장'이 관건이었다.

'사회에서의 변화와 장'에서 다룰 석림 이족자치현은 도심에 가까워 도시화가 많이 진행되었고, 대규모 관광지가 있어 외부와의 소통이 빈번하며, 교통과 통신의 사회적 기반시설이 잘 갖춰져 있어 현대화가 빠르게 진행되고 있다. 이러한 장의 변화 속에 이족 소수민족의 정체성과 전통은 관광지의 상품처럼 점차 박제(剝製)가 될 것이다.

물론, 중국 소수민족 사회에 이족의 경우만 있는 것은 아니다. 신장 위구르족이나 티베트족같이 민족 동화와 융합을 완강히 거부하며 자신의 문화를 고수하는 경우도 있다. 자신들의 정체성과 한족의 정체성이 너무 다르고, 이들도 각자 자신들만의 고유한 역사와 언어와 문화를 구축하고 있기 때문이다. 이들에게도 적절한 인구와 독립된 영토를 지닌 채, 국가를 이루었던 역사와 경험이 있다. 그러나 앞으로의 미래는 다를 수 있다. 다양한 전략과 힘을 수반한 거대한 장에 융합될 가능성이 크다.

중국 중앙의 영향력 확대뿐만 아니라, 현대화, 도시화, 세계화, 과학기술의 발전을 통해 소수민족 사회는 극심한 장의 변화를 겪고 있다. 중국의 개혁개방을 통한 경제 발전, G2로서 국제 사회에서의 위상 상승, 북경 올림픽개최와 유인 우주선 발사 성공 같은 다양한 일련의 사항은 소수민족의 자원(自願)적 민족융합을 촉진시키고 있다. 중국 중앙에 기대는 것이 이들에게 득이 많도록 장이 변하고 있다.

중국만이 아니다. 장의 영향을 넘어 생각할 것은 지금 여기에도 무수하다. 심지어 우리가 맹신하는 민주주의와 선거도 과연 믿을 만한 것인지 현실에서 의심할 필요가 있다. 이상은 좋지만 끝내 실현되지 않고, 우리를 미혹시켜, 지금을 불행하게 만들 수도 있다는 의심을 가져볼 필요가 있다.

'힘'에 의해 조작될 수 있는 장에서, 사회·경제·정치의 복잡한 관계와 변화를 이해하거나 성찰하려는 노력조차 없는 주체에게, 민주와 선거는 백성들에게 스스로가 주인이 될 수 있다고 유혹하는 빛 좋은 개살구일 수도 있다. 인기 투표하듯, 혹은 유행 상품 고르듯 임하는 선거로는 지금 여기의 민주주의를 안심하고 맡길 수 없다. 선거에 나타나는 왜곡된 위험이나, 다수의 이익만 선택하는 문제점도 여전하다.

기원전 401년 민주정치의 혼란한 시대를 살았던 소크라테스, 독재나 중우(衆愚)정치로 빠지기 쉬운 민주정치에 대한 그의 경고는 여전히 유효하다. 경계하는 마음을 놓을 수 없다. 더 좋은 제도와 시스템을 위해, 장의 영향을 넘기 위해 비판적 상상력을 발휘해야 한다. 이러할 때 우리의 삶과 조직의 부조리와 모순은 제거되고, 앞으로의 발전을 기약할 수 있다.

3. 장과 중첩

❖ 원인의 원인

주체는 주체를 둘러싼 장과 상대적 관계 속에 존재한다. 주체는 페르소나

(persona)가 지칭하는 인간 개인, 이성과 의지를 가지고 자유로이 책임지며 행동하는 주체일 수도 있지만, 주체는 단순히 개인과 인간에게만 국한되지 않는다. 태양계 속에 지구는 주체이지만, 은하계에서는 태양계가 주체일 수 있고, 우주에서는 은하계가 주체일 수 있다. 어떤 측면에서 논하고 보느냐에 따라 가변적이다. 그런데도 우리는 많은 문제를 '내 탓'으로 돌렸다.

맞다. 정말 많은 문제는 "내 탓이오, 내 탓이오, 내 큰 탓이로소이다." 그런데 역사 속 세상에서는 힘없는 사람이나 내 탓을 했고, 힘 있는 사람들은 네 탓을 했다. 그러면서 약자는 자기가 그렇게 했는지도 모르고, 이러한 흐름에 쉽게 동화되었다. 문제는 여기서 끝나지 않는다.

정말 내 탓일까? 아니면 네 탓일까? 혹시 네 탓도 내 탓도 아닌, 너와 나를 둘러싼 장에 문제가 있는 것은 아닐까? 이젠 장의 각도로 접근하여, 문제의 현실적 해결을 위해 원인의 원인을 생각해야 한다.

장은 중첩되어 있다. 장은 종적으로 횡적으로 확장이 가능하다. 그 속에서 나비효과처럼 미약한 힘이 커다란 변화를 일으킬 수도 있다. 그래서 지금의 장에서는 지금의 장을 제대로 파악하기 어렵다. 다양한 인과관계에 의해 다른 결과가 나올 수 있기 때문이다. 연구에 따르면, 황하(黃河)에 홍수가 있을 때는 북방민족의 침입이 적고, 반대의 경우에는 침략이 많았다고 한다. 황하 상류에 사는 북방민족은 홍수가 있을 때는 물이 풍부해 생활환경이 좋지만, 그렇지 않을 때는 생존을 위한 침략을 할 수밖에 없었다. 세상만사가 조밀하게 얽히고설킨 인과관계 속에 있음을 보여준다.

장을 벗어나도 또 다른 장이 있고, 다시 또 다른 장이 이어진다. 장과 장이 겹치면서 영향을 주고받는다. 애초부터 벗어날 수 없다. 존재는 어딘가에 기대야 하는 것, 사람과 사람 사이의 인간(人間)도 마찬가지이다. 장은 서로 기대면서 유기적으로 연계된다. 그래서 "브라질에서 나비가 날갯짓을 하면 텍사스에서 토네이도가 일어날까?(Does the flap of a butterfly's wings in Brazil set off a tornado in Texas?)"를 주제로 한 로렌츠의 나비효과(Butterfly effect) 강연이 사람들의 주의를 이끌었다.

미국 매사추세츠(Massachusetts)의 금연을 하지 못하는 노동자, 남아공 시골 지역에서 에이즈로 사망한 여성, 동유럽 국가에서 IMF 이행 이후 결핵에 걸린 어린이가 있다. 이들에게 닥친 문제는 그들 자신에게 일차적 원인이 있다. 하지만 곰곰이 생각하면 그들이 그렇게밖에 될 수 없었던 것에는 '원인의 원인'이 있다.[45]

면밀히 그 문제를 따지고 들어가면, 자신에게 닥친 스트레스를 흡연으로 밖에 풀 수 없는 노동자의 환경, 에이즈를 막고 치료하기 힘든 열악한 의료 환경, IMF로 결핵을 치료하고 예방할 예산조차 삭감된 환경 등이 똬리를 틀고 앉아 있다. 사회라는 장이 갖는 문제이다. 이러한 문제를 해결하는 것이 사회와 국가의 존재 이유다. 누구만의 책임이 아니다. 더더구나 주체만의 문제도 아니다. 원인의 원인을 생각하는 장의 중첩, 미약한 나비의 날갯짓에서부터 토네이도의 강력한 힘까지 모두의 책임이자 모두의 문제이다.

❖ 장 밖의 장

주체에게 문제가 있을 수도 있지만, 장에도 문제가 있을 수 있다. 예로 들 대상은 많다. 현대인들에게 발견되는 '비만'도 그중 하나다. 비만이 급증한 원인은 유전자의 변화에 있지 않다. 생활 습관의 변화가 동인으로 작용했다. 해결의 실마리는 생활 습관의 변화라는 '장'에서 찾아야 한다.

보다 적극적으로, 원인의 원인을 생각하며, 나를 감싸고 우리를 억누르는 장 밖의 장을 생각하자. 그러다 보면 보다 근본적이고 재발이 적은 해결책을 찾을 수 있다. 장 밖의 장에 대한 인식은 크게 3가지 측면에서 논할 수 있겠다.

첫째, 장을 바꿔 지금의 장을 생각하라. 고대 이집트인들은 지구가 평평하다고 생각했기 때문에 계절과 날씨의 변화를 이해할 수 없었다. 남쪽으로 갈수록 왜 따뜻해지는지, 계절풍은 왜 한쪽 방향으로만 부는지 그 이유를 알 수 없었다. 하지만 장을 바꿔 생각하면 문제는 풀린다.

2차원의 평평한 지면에서 벗어나 3차원 우주 공간에서 생각한다. 지구의 자전축이 23.5° 기울어 있고 이에 따라 일조량이 달라져 계절 변화가 나타난다. 남극이나 북극보다 태양의 고도가 높은 적도는 온도가 높다. 북극에서 보면, 지구는 시계 반대 방향으로 돌기에 남하하는 찬 공기는 서쪽으로 휘어져 흐르고, 적도의 더운 공기와 만나며, 지구의 자전으로 항상 같은 방향으로 바람을 일으킨다. 여기서 끝이 아니다. 현대 물리학자들은 "우주에 존재하는 힘(相互 作用)을 체계적으로 설명하기에는 4차원 시공간이 너무 좁다."라고 생각한다.[46] 지금 우리에게도 주어진 장을 넘어 고차원의 시공간, 초공간을 생각하며 장을 바꿔, 지금의 장을 생각하는 자세가 필요하다.

둘째, 지금의 장을 떠나 다른 장으로 가라. 혼란스러웠던 진나라를 떠났다. 장을 바꿨다. 그리고 500년 정도 흘렀다. 이때 어떤 어부 한 사람이 우연히 이곳을 찾았다. 너무도 평화롭고 살기 좋은 이상향의 공간, 집에 돌아온 어부는 이곳으로 다시 돌아가려 했지만 찾지 못했다. 무릉도원(武陵桃源)! 동진(東晉)의 도연명(陶淵明, 약 365~약 427)이 읊은 곳이다. 믿거나 말거나, 하지만

이 이야기를 다시 상기해 볼 필요가 있다. 파랑새는 멀리 있지 않다. 일체유심조(一切唯心造), 모든 것은 마음먹기 나름, 생각을 바꾸면 여기 이곳이 무릉도원이다. 그러나 지금 주어진 이 장에서 아무리 생각하고 궁리해도 해결책이 보이지 않는다면, 게다가 주체만의 문제가 아니라면, 장을 떠나 다른 장으로 가라.

이 장에서의 좋은 행동이 다른 장에서는 그렇지 못한 대접을 받을 때도 있다. 브라질에서 엄지와 검지를 맞대는 OK 사인을 함부로 하면 오해를 받는다거나, 태국에서 다른 사람의 머리를 만지거나 발로 무언가를 가리키면 안 되는 것이 그렇다. 호주에서는 손가락 V(브이)를 할 때 조심해야 한다. 지금 내가 생각하는 당연한 것도 다른 장에서는 미안하지만 당연하지 않다. 로마의 법은 로마에서만 통한다. 다행히 인류학적 연구와 세계화를 통한 경험의 축적으로 장 밖의 장을 알게 되어, 좁은 장에 포위된 협소한 생각을 깨트릴 수 있었다.

장을 인식하라. 나를 둘러싼 장은 무엇인가? 우린 식물이 아닌 동물이다. 주어진 빛과 물과 영양분을 수동적으로 받으며 주어진 자리에 그대로 살아가는 식물이 아니다. 스스로 생각하고 판단해서 장을 옮기고 바꿀 수 있는 생각하는 동물이다. 장 너머 장, 장 밖의 장을 생각하며 장을 키우고, 생각하는 동물(動物)의 판단에 따라 장을 바꿀 수도 있다.

셋째, 너와 나, 각각의 장을 포함하는 더 큰 장을 만들어라. 그래서 너와 나의 문제를 보자. 예를 들어 누구는 원으로, 누구는 직사각형으로 보았다. 이차원의 장에서 이들의 주장은 형식논리상 양립할 수 없다. 둘 중에 하나만 옳다. 그러나 더 큰 장에서 생각하면, 이들이 본 것은 원기둥, 이들의 주장은 다 맞다. 기존에 가지고 있던 각자의 장은 그 커다란 장 속에서 서로 소통하며 교감하게 된다.

아무리 미워하는 사람이어도 그를 진짜 알게 되었을 때, 그의 장에서 생각해 보았을 때, 장 밖의 장을 상정하고 그와 나의 장의 경계를 허물었을 때, 그를 더 이상 그리 쉽게 증오할 수 없다. 그래서 때론 나의 장을 벗어나 장 밖의 장을 생각하며 세상을 이해할 필요가 있다. 이 문제는 다음의 '장의 확장과 공존'에서 조금 더 구체적으로 생각해 보겠다.

❖ 장의 확장과 공존

서로 다투는 각자의 장을 넘어 너와 나를 포함한 장을 생각하면, 경쟁하고 상대방을 이기는 것만이 능사가 아님을 깨닫게 된다. 구체적으로 생각해 보면 다음과 같다.

첫째, 각자의 장에서 고집한 생각이 길고 다양한 변화 속에서 보면 꼭 좋은 것만이 아니었기 때문이다. 예를 들어 몸통 하나에 머리가 둘 달린 새의 이야기나, 김민기의 '작은 연못'에 나온 서로 싸워 한 마리가 죽고, 그것이 썩어 연못을 오염시켜 나머지 한 마리도 결국 죽게 만드는 노래 가사처럼, '많은 나'의 장은 각자의 '나'가 어우러져 존재하기 때문이다. 우리는 중첩되고 연결된 공동체에 살고 있다.

역사를 보면 긍정적 선택이 부정적 결과를 몰고 오거나, 반대로 부정적 요인이 긍정적 결과를 가져다주는 경우도 많았다. 그래서 상대방을 궤멸하고 나만 독차지하는 행동은 썩 좋은 방법이 아니다. 그만큼 변화는 무쌍하고, 우리를 둘러싼 장은 다양하게 중첩되어 있다.

북송의 수도 개봉(開封)은 넓은 벌판에서 활발한 교역이 일어났던 국제도

시였다. 그러나 넓은 벌판은 북방의 침입에 속수무책인 불안하기 짝이 없는 공간이다. 송은 북방의 침입을 대비하기 위해 군사비 지출을 늘렸고, 이를 지탱하기 위해 상거래를 활성화했다. 동전을 발행하며 재정 국가로 발전하고, 새로운 품종을 농사에 이용하여 생산량을 높였다. 이러한 것들은 장의 다양한 중첩 속 인과관계로 엮이며 송의 경제 발전을 이끌었다. 아이러니하게도 송의 경제 발전에 북방 유목민족의 위협이 한몫 거든 꼴이 되었다. 부정적 요인이 긍정적 결과를 가져왔다. 자신이 가진 장을 잘 이용하면 발전하고, 이용하지 못하면 도태(淘汰)되고 쇠망(衰亡)한다. 물론 영원할 수 없다. 1126년에 일어난 정강(靖康)의 변으로 임안[臨安, 지금의 항주(杭州)]으로 수도를 옮기며 북송시대를 종료하고, 새로운 남송 시대를 맞게 되었다.

둘째, 보다 더 큰 다른 장에서 너와 나를 위협하는 일이 벌어지고 있기 때문이다. 앞에서 언급한 『장자』에 나오는 조릉의 새 이야기는 다양한 해석이 가능하지만, 개인이 모여 만든 사회와 그것이 축적된 역사는 다양하고 조밀한 관계 속에 연결되어 있음으로 읽을 수도 있다.

장은 중첩된다. 좁혀 들어가면 변화를 일으키는 궁극원인부터, 확장하면 무한대까지 장은 중첩되어 있다. 장은 종(縱)과 횡(橫), 시간과 공간, 다양한 범주나 관계로 묶여 확대 축소하며 중첩된다. 장 중첩의 입체성이다.

이 지점에서 논하는 윤리적 논의는 중첩의 끝을 알 수 없고, 판단도 절대적일 수 없기에 간단하지 않다. 물론 불가지(不可知)하다는 것이 아니다. 과거 우리는 이러한 강박에 얼마나 섣부르고, 얼마나 선동적인 판단과 끝 모를 반성을 해왔는가.

1차적이고 평면적인 이해를 극복하지 못했다. 장의 중첩을 고려하지 않았기에 일방의 입장에서 가치를 결정하는 조급함을 넘어서지 못했다. 판단하기 전에 가늠할 수 있는 장의 중첩을 고려하여 문제에 접근한다면 조금 나은 결정을 할 수 있다.

각자의 장에서만 주장함이 아니라, 너와 나를 포괄하는 보다 넓은 우리의 장을 상정한다면 좀 더 나은 방안을 구할 수 있다. 마찬가지로 그 장에 보다 많은 주체(의 이해관계)를 담을 수 있다면, 그 장의 가치는 커지고, 서로가 이를 지킬 필요를 확인하며 건강한 장을 만들 수 있다.

구체적인 예는 차고 넘친다. 핵무기가 많아도 사용을 자제하는 것은 보다 많은 주체를 담고, 장의 중첩에서 '보다 넓은 장'을 생각하기 때문이다. 환경보호를 위해 힘을 모으는 것도 이와 같다. 비행기가 처음 발명되고 항공기 사고는 끊이지 않았다. 그러나 각자의 장에서 벗어나 '공동의 장'을 상정하며 문제를 해결했다. 사고를 공유하며 안전성을 강화할 수 있도록 1944년 시카고에서 서로 합의하며, 부속조항 13(Annex 13)도 만들었다. 이후 항공기 사고는 눈에 띄게 감소했다.

장의 중첩에 대한 인식은 소소한 대립을 넘어, 인류 공동의 발전을 모색할 수 있다. 이제 보다 정밀하게 인간을 생각하고, 체계적이면서 구체적으로 주체와 장의 상관성과 중첩의 입체성을 고려해야 한다.

이러한 측면에서 우리에게 벌어지는 많은 문제들, 예를 들어 교육문제, 주택문제, 복지문제 등은 독립변수로 존재하는 것이 아니라 종속변수로 존재한다. 오직 사교육비 절감이나 집값 안정만을 내세우는 정책이 잘 먹히지 않는 이유이다. 장의 확장을 통한 공존을 강구해야 할 필요가 여기에 있다. 이를 위해 실천적 방안 두 가지를 제안한다.

첫째, 주체만의 문제가 아님을 인지하여 원인의 원인을 생각한다. 우리는 여전히 '책임의 개인화, 즉 개인에게 책임을 떠맡기는 시스템의 문제'를 안고 살고 있기에,[47] 변화를 장 혹은 주체의 탓으로만 국한하는 것이 아닌, 장과 주체의 관계 속에서 파악할 필요가 있다. 이렇게 생각하면 문제를 단순히 1 차적 원인을 주체에게만 돌리는 식으로 마무리할 수 없다. 조금만 장을 넓혀 생각하거나 그 원인의 원인을 생각하면, 주체만의 문제가 아님을 알 수 있다.

유명한 사례가 있다. 미국 뉴욕에는 케네디 대통령을 기리는 공항 외에 라과디아(Fiorello Henry La Guardia, 1882~1947) 판사를 기념하는 라과디아 공항이 있다. 라과디아 판사는 상점에서 빵을 훔친 노인에게 벌금형을 내렸다. 그런 데 그 노인의 장을 확장하면, 일자리가 없는 노인 자신과 굶주림에 지친 세 명의 손자가 있다. 라과디아는 노인의 벌금형과 동시에 이 노인을 이렇게 만 든 뉴욕시민 모두에게 책임을 물었다. 그래서 자신은 물론이고 재판정의 방 청객에게도 벌금을 내려, 그 돈을 노인에게 주었다. 원인의 원인과 장 밖의 장을 고려한 눈물이 있는 법과 정의의 판결이었다.

둘째, 역지사지(易地思之)다. 나 혼자가 아니다. 나만을 생각하는 것은 단견 (短見)이다. 우리를 생각하고, 나아가 우리와 우리를 넘어 인간과 만물에까지 확장하여 생각해야 한다. 인류에게 풍요와 편리를 안겨준 물질문명의 발전 은 지구와 자연계에, 인류의 이기주의적 행위를 넓고 빠르게 확장하였다. 이 제 인류와 자연, 인류와 지구가 공존할 수 있는 장을 생각할 때이다. 세상은 유기체처럼 무수한 장이 서로 연결되어 있기 때문이다.

입장 바꿔 생각하면서 공감하고, 이를 통해 너와 나를 아우르는 공동의 커다란 장을 굳건하고 튼실하게 만드는 것이 필요하다. 여기에는 관용(寬容) 이라는 톨레랑스(tolerantia)와 어느 정도의 불편한 희생이 요구된다. 분명 이것 은 쇠퇴나 패망보다 낫고, 나아가 전체의 발전을 이끌고 여기서 얻는 혜택을 함께 나누는 것에 비할 바 아니다.

나와 너의 문제에서, 나와 너의 각각의 장, 나와 너를 포괄하는 우리의 장……. 다투고 싸우는 장을 넘어 시간과 공간을 넓혀 우리를 아우르는 장 밖의 장에서 본다면, 얻을 것이 많다.

사람에서의
변화와 장

사람은 변화에서 가장 중요한 주체다. 너도 나도, 10년 전의 나도 지금의 나도, 1000년 전의 그도, 2000년 전의 그도, 인간으로서 크게 다르지 않다. 다양하게 변하지만 인간으로서 가지는 고유한 패턴이 있고, 결국 인간의 굴레를 벗어날 수 없다. 인간이 만든 조직, 사회, 국가도 결국 인간의 연장선에 있기에 대동소이(大同小異)하고, 같은 이유로 중국 역사에 등장하는 다양한 인물과 그로 인해 파생된 조직도 지금 우리와 크게 다를 바 없다.

명말 청초를 살았던 안원(顔元, 1635~1704)은 공리공담을 일삼는 당시의 학풍을 비판하면서 실천 중심의 사상적 변화를 주장했다. 안원의 변화를 추적하면, 안원의 변화와 당시 장의 변화가 밀접하게 연관되어 있음을 알 수 있다. 그리고 동일한 장에서의 변화 패턴, 주체와의 관계, 인풋과 아웃풋 등의 공통점을 발견할 수 있다. 이러한 것은 청말 민초의 행동 중심의 교육자 도행지(陶行知, 1891~1946)나 5ㆍ4운동의 아버지 채원배(蔡元培, 1868~1940)에서도 발견된다. 물론 공자(孔子, BC 551~BC 479)나 장자(莊子, 약 BC 369~약 BC 286), 진시황(秦始皇, BC 259~BC 210)과 여불위(呂不韋, ?~BC 235) 등에서도 발견된다.

사람이 모인 사회에서는 승리만 기억한다. 승자만 가치를 갖는다. 패자는 사라지고, 사람들은 패배에 가치를 부여하지 않는다. 각 개인이 주관적으로 느끼는 감정의 즐거움이나 고달픔은 서로 모르기에 평가할 수도 없고, 공감되어 사회에 전해지기도 어렵다. 우리는 과장되고, 크고, 화려한 것에 관심의 눈길을 던진다. 싫지만 그게 역사고 우리의 민낯이다.

그러나 길어야 백 년을 사는 나 개인의 삶에서, 이 문제는 좀 다르게 해석된다. 산해진미를 먹나 싸구려 음식으로 한 끼 때우나, 먹고 나면 배부르고, 더 이상 먹을 수 없다. 제한된 위 크기는 위 속에 채워진 음식보다 평등하다. 금으로 만든 침대에서 자나, 찢어진 장판 위에서 새우잠을 자나, 잠들면 꿈나라 가는 길은 공평하다. 물려받은 내 몸뚱이는 나를 감싼 가치의 허울보다 진리에 가깝다.

잔인한 폭군으로 후세에 전해진 진시황, 우리의 선입견과 상관없이 그는 당시 그 누구보다 유쾌한 생을 살았을 것이다. 물론 보이는 것이 다는 아니다. 내가 느끼고 내가 가지는 가치보다, 남에게 보이고 남의 시선에 조종된 가치가 우선할 수 없다. 온갖 번뇌에 잠을 설치기보다, 두 다리 뻗고 편히 잘 수 있는 삶이 더 좋을 수 있다. 그래서 지구에는 진시황도, 진시황을 암살하려는 형가(荊軻, ?~BC 227) 같은 자객도 공존하며, 그 공존 속에 변화가 요동친다. 공자도 예외일 수 없다. 공자를 관찰하면 다양한 장 속에 다양한 변화가 요동치고 있음을 알 수 있다. 이를 공자의 '삶'과 '주장'과 '위상 변화'의 세 가지 측면에서 고찰해 보고자 한다.

공자의 삶과 사상에서

1. 공자의 삶

유교를 세운 공자는 노(魯)나라에서 태어났다. 자는 중니(仲尼), 이름은 구(丘)이다. 춘추시대 자신의 사상을 설파하며 다니다가 말년에 고향으로 돌아가 교육과 저술에 전념했다. 74세에 사망했는데, 육예[六藝: 예(禮)·악(樂)·사(射)·어(御)·서(書)·수(數)]에 뛰어난 72명의 문인(門人)을 포함하여 3,000여 명의 제자를 두었다.[1]

공자의 삶에서는 변화와 장의 예시를 어렵지 않게 발견할 수 있다. 공자는 젊은 시절 자신의 사상을 펼치기 위하여, 여러 나라를 돌아다니는 정치 유람을 했다. 하지만 그리 환영받지 못했다. 현실과 괴리된 그의 주장 때문이다. 결국 고향에 돌아와 집필과 교육에 몰두했다. 이러한 삶의 궤적에서 우리가 변화와 장의 가치를 확인할 수 있는 것이 몇 가지 있다.

첫째, 주유천하(周遊天下) 하던 시기이다. 중국 역사상 춘추전국 시기는 난세 중의 난세였다. 많은 제후국이 패권을 차지하고자 싸웠다. 춘추시대의 오패[伍霸: 제환공(齊桓公), 진문공(晉文公), 초장왕(楚莊王), 오합려(鳴闔閭), 월구천(越勾踐) 등], 전국시대의 칠웅[七雄: 제(齊), 초(楚), 진(秦), 연(燕), 위(魏), 한(韓), 조(趙)]뿐만 아니라, 그 밑에 작은 여러 나라들(춘추시대 독립된 소도시 국가 100여 개)이 패를 나눠 싸웠다. 이러한 장에서는 인(仁)뿐만이 아니라 아무리 선(善)한 사상이라도 외면당한다. 이익을 추구하고 부국강병을 하지 않으면 적에게 죽을 수밖에 없는 상황에서, '인'이나 '의'를 주장하고 혹 '도'나 '겸애'를 주장하는 것은 '나 잡아 잡수' 하는 무장해제와 다를 바 없다. 공자의 주장이 성공하기 힘든 장이 조성되어 있었다.

그럼 지금, 여기, 이곳은 어떨까? 사람들은 도덕(道德)과 희생과 봉사와 사랑을 말하고 있다. 그러나 냉혹한 현실을 보면, 사람들은 우뚝 서지 못한 개인이나 조직에 관심을 주지 않는다. 현실은 여전히 이익과 이로움을 우선시한다. 현실의 장을 무시하고, 이상에 취해 있다가는 망하기 십상이다.

그런데 좀 더 길게 보면, 역사는 아이러니의 연속이다. 결과적으로 자신의 주장을 실현하는 데 실패한 공자는 고향에 돌아와 후학양성과 집필에 몰두하다 생을 마쳤다. 공자는 죽었지만, 그걸로 끝이 아니었다. 그의 주장과 사상은 훗날 그 어떤 말보다 오래 멀리 전해졌다. 비록 아무런 권좌도 얻지 못한 삶이었지만, 그 어떤 황제보다 오래도록 만민에게 칭송받으며 황제 그 이상의 자리에서 올랐다.

공자가 옳았다. 근시안적으로 자신의 이익만 추구할 일이 아니다. 인간의 도리와 본분을 지키고, 스스로 마음을 편히 갖는다면, 장이 맞지 않아 실패를 겪을 수도 있겠지만, 장이 바뀌면 더 큰 희열과 만족을 얻을 것이다. 바로 장의 변화가 주체에게 새로운 가능성을 주기 때문이다. 끝났다고 끝난 게 아니다. 그래서 말할 수 있겠다. "인류의 보편적 가치는 여전히 빛나고 있다."

둘째, 제자 양성의 효과이다. 기존의 연구에서 그리 많은 관심을 받지 못했던 부분이기에 다양한 후속 연구를 기대한다. 공자는 당시 다른 누구보다도 많은 수의 제자를 거느렸다. 이는 공자에게 가공할 힘이 되었다. 이와 대비되는 도가를 보면 제자 양성의 효과를 더 선명하게 확인할 수 있다. 도가는 유가처럼 사생(師生) 관계로 맺어진 집단이 아니다. 공자, 맹자(孟子, 약 BC 372~약 BC 289), 순자(荀子, BC 298~BC 238)는 사생 관계로 맺어졌지만, 도가의 노자와 장자에게는 이런 관계가 없다. 사상적 유사성만 있다. 이들이 이렇게 묶인 것은 『장자』 천하 편에서의 학파 구분, 유향(劉向, BC 77?~BC 6)과 그의 아들 유흠(劉歆, BC 53?~25)에 의해 작성된 『칠략(七略)』을 참고하여 반고(班固, 32~92)가 『한서』 예문지에서 분류한 구류십가(九流十家)의 제자백가 분류의 영향 때문이다. 노자와 장자의 관계는 공자와 맹자만큼 명확하지 않다. 그래서 장자를 유가 계열로 본 사람도 있다.

기원전 5세기 공자와 그의 제자에게는 지적 변화를 일으켜 새로운 장을 만들 힘이 내재해 있었다. 공자의 주장이나 사상이 『논어』로 정리된 동인도 제자들의 공로였지만, 공자의 사상이 널리 알려지고 역사 속에 자리 잡을 수 있던 것도 제자들의 공로였다. 제자 중 덕행에 뛰어난 안연(顔淵), 민자건(閔子騫), 염백우(冉伯牛), 중궁(仲弓), 정사에 뛰어난 염유(冉孺), 자로(子路), 언어에 뛰어난 재아(宰我), 자공(子貢), 문학에 뛰어난 자유(子有), 자하(子夏) 등이 각자의 방면에서 공자의 아바타(avatar)가 되었다.

이들은 '백가쟁명'의 중심축으로 공자의 사상을 발전시켰다. "배우지 않으면 학파가 없고, 학파가 없으면 배움이 없다."라는 인식 확산에도 기여했다. 생각해 보시라. 3000여 명의 제자가 세상에 나가 평균적으로 10명씩의 제자를 만들었다면 3만여 명, 게다가 제자가 아니라 이들의 가르침과 배움에 귀동냥이라도 한 사람을 상상하고, 당시의 상황을 고려한다면, 참고로 『제왕세기(帝王世紀)』에 근거하면 하우(夏禹)에는 1350여만 명, 주(周)에는 1370여만 명, 전국시대에는 1000여만 명 정도 살았다고 한다. 그렇다면 공자의 후학들을 통해 만들어진 새로운 장을 상상해 볼 수도 있겠다.

공자는 자신이 처한 장을 잘 파악하고, 이에 맞는 주체의 노력을 더하여 새로운 장을 만들었다. 그래서 앞에서도 언급했지만 『논어』 태백 편의 "세상에 도가 있으면 자신을 드러내지만, 세상에 도가 없으면 숨는다(天下有道則見, 無道則隱)."라는 말도 나올 수 있었는지 모른다.

공자는 자신의 사상이 인정받지 못한다고 포기하지 않고, 후학을 양성하고 자료를 정리하고 집필 활동을 하면서 새로운 장의 변화를 만들고, 새로운 장의 도래를 대비했다. 특히 공자가 세운 사학(私學)은 이러한 면에서 영향력이 컸다. 물론 동력은 배움과 깨달음을 일체화한 그의 사상에 있다. 교육이 목적이자 수단이 되었고, 이는 그와 후세에 커다란 변화를 불러일으켰다.

공자는 언젠가 장이 변한다면, 진리를 말하는 자기 생각과 주장이 제대로 빛나게 될 것이라 예상했는지 모른다. 진리는 그리 쉽게 변하지 않기 때문이다.

다른 사람이 알아주지 않는다 하여 성내지 아니한다면 군자라 할 만하다는 것은 다른 사람뿐만 아니라, 공자 스스로의 다짐이기도 했다. 자신을 알아주지 않는 시대에 성내지 않고, 기다리며 준비할 정신을 소유한 공자, 그는 본질에 서서 진리에 기초해서 세상에 외쳤다. 역경에도 불구하고 자신이 할 수 있는 것에 최선의 노력을 다했다. 비록 혼란기에는 환영받지 못했지만, 본질과 진리를 설파한 그의 주장은 수천 년 동안 이어졌다.

2. 공자의 주장

야스퍼스가 지적한 기축 시대 이후, 공자의 사상은 인류 지성사에서 하나의 커다란 전환 즉 장의 전환을 만들었다. 누구나 공감하듯 공자의 위대한 점이나 유학의 성공 요인은 광범위한 지식을 이용하고, 많은 백성의 생각을 수용하여 옛 학문을 발전시키며, 배움에 구별을 두지 않는다는 유교무류(有教無類)의 정신과 이를 실현한 사학(私學) 활동에 있다.

공자에 의한 변화는 지금과 같은 시간 단위에서 생각할 수 없고, 공간적인 측면에서도 공자가 활동했던 산동(山東)지역 혹은 중원(中原)지역 정도로 국한하여 생각할 수도 없다. 즉, 변화의 속도와 확장 영역을 배제하고서 현재와 동일한 잣대로 파악할 수 없다는 말이다.

또한 공자나 대부분의 제자백가들은 평범한 범인을 대상으로 자기 생각을 설파하기보다, 영향력이 큰 위정자를 대상으로 주장을 펼쳤다. 범인의 행동이 미칠 파장은 얼마 되지 않지만, 위정자가 미칠 파장은 천하에 미치기 때문이다. 하지만 장이 바뀌었다. 누가 선출되어 우리의 대표가 될지 장담하기 어렵다. 그러므로 백성이 주인이 되는 민주(民主) 사회에서, 이들의 주장은 여전히 유효하다.

공자의 말 속에서 본질을 놓치지 말아야 한다. 곁가지를 붙잡고 늘어지면 왜곡되기 쉽다. 견지망월의 훈수가 여기에도 통한다. 보다 구체적으로 공자가 말한 '나이에 맞게 요구되는 행동'은 지금 여기 우리의 상황에서 계시하는 바가 크다. 공자는 인간 삶의 변화, 특히 나이의 변화에 맞춰 그 특징을 간파했는데, 변화와 장의 관점에서 조금 자세히 들여다보도록 하겠다.

첫째, 열다섯에 배움에 뜻을 둔다(吾十有伍而志于學). 열다섯이 중요한 것이 아니다. 그즈음의 나이이다. 어떠했는가? 그때 어떻게 보내셨는가? 학문, 이 것도 넓게 생각하여 배움이라고 생각하자. 세상에 태어나서 부모에게 의존하여 살고, 세 돌 정도 지나면 혼자 생명을 유지할 정도가 겨우 되고 코흘리개 어린 시절을 보내면서 부모에게 신체적 정신적으로 의존한다(그래서 부모가 돌아가시면 3년 상을 지내는 것도, 부모가 나에게 생명을 주었고, 인간으로서 생명을 유지하는 데 최소 3년 정도 보살펴 주셨기에, 최소한의 보답으로 3년 상을 지낸다). 이때 세상에서 최고 존재는 어머니, 아버지였다. 사나운 폭풍우가 몰아치고 비바람이 제아무리 거세도, 어미 품에 폭 안겨 있는 새끼는 두려울 게 없다.

그런데 열다섯 즈음에 이르면 사춘기가 오고, 정신적 신체적 변화를 겪고, 이성을 알게 되며 부모에게도 의존을 덜하게 된다. 중2병도 이때 생긴다. 부모에게 의존하여 살았던 방식에서 벗어나 독립적 인간이 되기 위하여, 세상의 모든 것을 스스로 배우기 시작한다. 그러면서 부모와 나와의 관계도 생각하고, 내가 어디서 어떻게 태어났는지도 깨닫고, 나도 그들처럼 그렇게 변하여 간다는 고민도 하면서, 다시 배우고 고뇌하며 성장한다.

영유아 시절이 육체적으로나 정신적으로 부모에게 의존적이었다면, 열다섯 즈음은 한 명의 인간으로서 독립하여 존재할 수 있는 전환의 시기이다. 독립된 인간으로 자신을 만들기 위해 많은 것을 '인풋'한다. 물론 그것이 공자의 의도처럼 보다 고상하고 고차원적인 것으로서의 배움이면 좋겠지만 모든 인간이 다 그럴 수는 없다. 그렇지 못하다고 무시하는 것도 옳지 못하다. 가치의 좋고 나쁨을 떠나 이즈음에는 다양한 인풋을 통해 정신과 몸을 재탄생 시킨다. 그리고 그 배움의 인풋에 따라 인간(人間)으로서의 완성과 나중에 쏟아낼 아웃풋이 좌우된다. 배움은 바로 이러한 인풋의 행위와 맞닿아 있다.

둘째, 서른이 되어 자신을 세운다(三十而立). 열다섯 이후 15년 정도 인풋의 공부를 했다. 나름의 가치관과 세계관이 확립된다. 그래서 나이 서른 정도가 되면, 자신을 세우게 된다. 자신을 세움이란 무슨 말일까? 사회에 세상에 서게 되는 것이다. 예(禮)에 자신을 세우는 것이다. 예는 혼자일 때보다 남과 있을 때, 즉 사회의 구성원으로서 관계 속에서 필요하다. 이때 많은 선남선녀(善男善女)가 직장을 찾아 스스로 밥벌이를 하고, 짝을 찾아 결혼을 하여 가정을 이루고, 자식을 낳아 책임을 지는 장이 펼쳐진다. 그즈음이 바로 자신을 세우는 시기, 서른이다.

김광석은 '서른 즈음에'라는 노래를 불렀다. "또 하루 멀어져 간다."라거나 "점점 더 멀어져 간다." 그리고 "머물러 있는 청춘인 줄 알았는데" 등 부모님의 품에서 벗어나 한참 자기 자신을 키워오던 도정(道程)에서 세상과 사회와 남들을 보니, 희망보다 절망이 엄습해 온다. 만만치 않다. 자기 자신을 홀로 세울 이 나이는 충분히 두려움에 가득 찰 수 있다. 자신을 둘러싼 장이 너무 어색하게 보인다.

결혼도 미루고, 직장도 잡지 못하고 캥거루족이 되어 부모에게 의존하는 상황이 낯설지 않은 요즘이지만, 얼마 전까지만 해도 서른은 직장 잡고 결혼해서 자식 낳고 가정을 꾸리며, 나름의 책임을 갖는 나이였다. 한 세대라는 말도 이러한 정황을 담아 30년 정도로 생각했다.

이제 독립해서 스스로 살아가야 하는, 자신을 세워야 하는, 옛것과 이별하니 슬프고 새로운 출발 선상에서 두려움도 밀려오지만, 곧 적응하고 새로운 세상에서 희망과 기쁨을 찾게 될, 나이 서른이다. 용돈을 받아 쓰는 것이 아니라 스스로 벌어 통장에 쌓인 잔고를 확인하고, 사랑하는 사람을 만나고 그 사람과 새로운 가정을 만들며, 그 속에서 분신인 아이를 낳고 키우는 독립의 시점이다. 스스로를 사회에 세울 수 있는 나이 서른이다.

셋째, 나이 마흔, 혹되지 않는다(四十而不惑). 경험에 근거해 생각하면, 마흔 나이에 혹될 것이 없다는 이 말은 온당치 않다. 어찌 혹될 것이 없을 수 있나? 생활이 빠듯해서 금전에 혹될 수도 있고, 아직 젊기에 주색(酒色)에 혹될 수도 있다. 여전히 혹될 것이 넘쳐나는데, 어찌 혹되지 않을 수 있나. 이것은 성인(聖人)의 경지이다. 어찌 나이 마흔에 범인(凡人)이 성인이 될 수 있을까?

그렇다면 보다 적극적으로 해석해 볼 필요가 있겠다. 마흔이 되면 어디에 혹되려야 혹될 수 없다. 이 또한 경험에 근거한 해석이다. 나이 마흔이 되어 직업을 바꾸는 것, 쉽지 않다. 더 나아가 마흔이 되어 자식을 바꾸고 배우자를 바꾸고 자기가 만든 자신의 장을 바꾸는 것은 쉬운 일이 아니다. 예외가 없다는 말이 아니다. 예외도 있고, 지금은 과거보다 변화가 더 심하다. 개가 사람을 물면 화제가 되지 않지만, 사람이 개를 물면 화제가 된다. 예외적인 일에 사람들의 관심이 쏠리지만, 예외는 부자연스럽다. 얼마 지나지 않아 세상은 평범한 일상의 진리에 집중한다.

태어나서 마흔 정도가 되었을 때, 대부분의 사람들은 자신의 장을 만들어 그 속에서 살아간다. 그 장이 공고하거나 공고하지 않거나 상관없이 많은 것이 인풋되었고, 초기 투자가 마무리되어 갖추어질 것은 거의 다 갖춰졌다. 이제는 하향길을 걷거나 혹은 자신이 만든 장을 가지고 살아야 한다. 다른 것에 혹되려야 혹될 수 없다.

선배 한 분이 아메리카 대륙을 여행하다가 방목해서 키우는 소들을 보았다며, 그 경험을 이야기했다. 헬리콥터로 건초 더미를 던져주고, 소들은 넓은 들판에서 자유롭게 맘껏 뛰놀며, 건강하게 성장하고 있었다. 그런 어느 날 헬기가 소들을 한쪽으로 몰기 시작했다. 소들은 넓은 들판에서 헬기의 몰이에 따라 움직였다. 달리던 소들 앞에 울타리가 보였고, 넓은 울타리 안으로 소들은 들어갔다. 그런데 그 울타리는 깔때기 모양의 울타리로 앞은 넓지만, 들어

갈수록 점점 좁아지는 형태였다. 생각해 보면, 사십 대가 바로 그 지점에 서 있는 상황이다. 불혹의 상황이다. 혹될 수 없다. 앞으로 계속 달릴 수밖에 없다. 점점 좁아진다. 마침내 한 마리씩 들어가는 통로가 이어지고, 그 긴 통로 끝에 명을 달리하여 부위별로 정리된 소. 고. 기.

장은 이미 만들어졌다. 이 장을 바꾸기 위해서는 지금까지 걸어온 것과 반대 방향으로 뛰거나, 앞에 보였던 울타리를 뛰어넘어 옆으로 더 열심히 뛰어야 한다[사회에서는 미쳤다고 한다. 불광불급(不狂不及)! 미치지 않으면 미치지 못한다]. 한데 그런다고 피할 수 있을까? 피해 봐야 결국 인간이 가진 태생적 한계를 벗어날 수 없다. 뛰어봐야 부처님 손바닥이다. 결국 그 장 속에서 살다 간다. 마흔이면 중반을 넘어, 인풋의 투자 시간을 넘어 자신이 만든 철옹성의 장 속에 순응하며 살아갈 수밖에 없다. 현재와 미래는 몰고 갈 운(運)의 운명(運命)이다. 내 의지에 의해 바꿀 수 있다. 그러나 현재도 미래도 지나고 나면 과거가 된다. 돌아보면 과거는 머물 숙(宿), 숙명(宿命)이었다. 아니라고 부정하고 싶지만, 고대로부터 지금까지 동서를 막론하고 '대부분' 그래왔다. 확률적으로 99.999%에 가깝다. 수많은 변화 속에 쉽게 확인할 수 있는 패턴이다.

넷째, 오십은 하늘의 명을 아는 때이다(伍十而知天命). 나이 쉰이 될 무렵, 지쳐 있었다. 무언가를 갈망하고 뭔가에 도전하며 살아왔는데 이러한 삶이 덧없게 느껴졌다. 일은 다람쥐 쳇바퀴 돌 듯, 해도 해도 끝이 없고, 스스로의 한계를 상상할 수 있는, 그러다 보니 그냥 편하게 살고 싶다는 생각이 들었다. 이때 삶에 보이지 않는 어떤 한계가 있음을 인정하게 되었다. 한계를 직감하게 됐다.

어찌 왕후장상의 씨가 따로 있겠느냐(王侯將相, 寧有種乎)며 반기를 들 수도 있다. 그런데 이러한 반기는 목숨을 내걸 정도로 절박하고 절실해야 한다. 원래 이 말을 한 진승(陳勝, ?~BC 208)의 상황이 그랬다. 그는 진시황이 죽고 혼란스러운 상황에서, 병력 소집의 명을 받들고 출동했지만, 갑자기 내린 비 때문에 기한 내 집결지에 도착할 수 없었다. 진의 법에 따라 그를 기다리는 것은 죽음의 형벌밖에 없었다. 법을 지키지 못해 죽나, 반란을 일으키다 죽나, 죽는 것은 마찬가지지만 결과는 다를 수 있기에 진승은 후자를 택한다. 절박한 상황에서 호기롭게 외친 캐치프레이즈(catchphrase)에는 자기 합리화의 명분이 짙게 깔려있다. 시작은 장대했지만 6개월도 버티지 못하고 끝났다.

우리도 자신의 삶에 명분을 붙인다. 자기 합리화를 한다. 그 일환으로 자신의 지금 일, 지금 이 길이 천명(天命), 하늘이 정해준 길이라 생각하며 그 길에 안주, 만족하며, 인정하고 자신의 인생을 받아들인다. 많은 사람이 40의 불혹에서 몸부림치며 살다가 10년이 지난 50이 되어 자신의 길을 인정한다. 그것을 스스로 하늘이 명하신 천명이라 부른다. 무수한 인간 군상의 변화 속에 발견되는 패턴이다.

플라톤은 『국가론(Politeia)』에서 스승 소크라테스 입을 빌려 스무 살쯤이면 두서없이 배웠던 학문들을 나름대로 체계화하여 종합적인 사고를 하는데 무리가 없을 거라 말하고, 서른 살에는 명예를 주고 시험하여 누가 감각에 휩쓸리지 않고 진리의 반석에 오를지 시험하고, 50세가 되면 맡은 임무를 마치고 다방면에 달통하여 영혼의 눈을 떠서 선을 보고, 이를 근거로 세상과 자신을 통치할 수 있을 것으로 설파했다. 물론 소크라테스가 말한 대상은 철인정치를 시행할 통치자로 명확하게 제한되지만, 연령에 맞는 특징에서 보면, 동과 서가 따로 없다.

다섯째, 예순, 귀에 거슬림이 없다(六十耳順). 살다 보면 다양한 사람을 만나고, 그 다양한 사람의 면면을 보면 각자의 천명 속에 자신의 장을 견고하게 만들어, 그 속에서 생각하고 판단하고 행동함을 발견하게 된다. 당연히 서로 다르다. 그런데 여기서 자기의 것만 고집하면 충돌이 일어난다. 그래서 귀가 순해지는 이순(耳順)이 되어야 한다.

어릴 적 폭풍 흡입하였던 인풋이 어느덧 자신을 공고하게 만들었고, 그 장에는 다른 것의 인풋이 쉬이 용납되지 않았다(안타깝게도 육체도 그렇다. 몸에 맞지 않는, 몸이 거부하는 음식이 점점 많아진다). 인풋을 스스로가 통제할 수밖에 없다. 알아도 모른 척, 봤어도 못 본 척, 들어도 못 들은 척.

이처럼 예순의 이순은 심리적인 원인에 따른 것이지만, 신체적인 변화도 한몫 거든다. 예순이 넘으면 귀가 잘 들리지 않는다. 그래서 누가 뭐라고 하면, "응?" 하면서 손을 귀에 가져다 대고 더 자세히 들으려 한다. 그런데도 명확하게 들리지 않는 경우가 잦아진다. 청각 기능이 나빠지기 시작했다. "응? 응?" 하며 되묻기가 상대방에게 미안하다. 자연스레 "으~응? (그리고 바로) 좋아~" 하며 디테일한 내용을 덮은 채, 수긍하는 긍정의 태도를 보인다. 잘 들리지 않는 귀, 마음에 거슬릴 것이 없다. 귀가 순해진 이순이다.

여섯째, 마음이 하고자 하는 바를 따라도 넘어섬이 없는(七十而從心所欲不踰矩) 칠십이다. 마음도 천명을 알고, 주어진 삶에 순종했다. 그런 지도 어언 20년, 이제 숙명적으로 자신의 장을 수용한다. 이제 몸도 머릿속 기억과 달리 힘이 빠지고 제 기능을 다하지 못한다.

게다가 주변에 명을 달리한 사람이 하나둘씩(과거에는 훨씬 더 많았기에 고희古稀였지만) 늘어난다. 남은 시간 감사하는 마음으로 살아야 한다. 이미 자신의 테두리를 구축했기에 그 철옹성을 벗어날 일이 없다. 자연스레 마음이 하고자 하는 대로 따라도 넘어섬이 없다.

고령화 시대, 일흔은 아직 젊다. 그래도 인간으로서 한계는 명확하다. 그 한계를 뛰어넘기 힘들다. 넘는다 해도 '내용'이 없으면 소용없다. 식물인간이나 다름없다. 서글프지만 인정하고, 나와 여기와 지금에 충실하며 삶을 살아주지 말고 살아가야 한다. 결국 나와 여기와 지금의 문제에 대한 성찰에서 출발해야 함을 변화와 장의 탐구를 통해 확인할 수 있겠다.

공자의 주장과 생각을 곱씹고 있노라면 많은 인간이 결국은 비슷한 장 속에서 살아가고 있음을 깨닫게 된다. 그러므로 새로운 전환은 나 · 여기 · 지금의 문제에 대한 성찰(Reflection)에서 출발한다는 평범한 진리를 깨닫게 된다.

하나 더하여 귀담아들어야 할 것은 바로 군자삼계(君子三戒)다. 이것은 『논어』 계씨 편(季氏篇)에서 언급한 것으로 청년기의 색욕, 장년기의 다툼, 노년기의 탐욕을 경계해야 함을 일깨운다. 역시 변화 속에 갖는 인간으로서의 공통된 장에 대한 성찰이다. 조금 자세히 들여다보자.

> "군자는 세 가지 경계할 것이 있다. 어려서는 혈기가 안정되지 않았기에, 경계할 것이 여색에 있다. 장성해서는 혈기가 왕성하기에, 경계할 것이 다툼에 있다. 늙어서는 혈기가 쇠잔하기에, 경계할 것이 차지함에 있다."[2]

앞에서도 말했지만, 공자가 자신의 주장을 설파한 대상은 평범한 일반인이 아니다. 나라를 다스리거나 다스릴 혹은 집단을 이끌고, 조직을 관리할 사람이다. 그러기에 자기 자신에게 보다 엄격해야 하고, 지식적으로나 인격적으로 훌륭해야 한다. 이들이 군자다.

지금은 시대가 변했다. 백성이 주인인 시대다. 누구나 대표가 될 수 있고,

이러한 사람들의 생각이 모여 국가와 사회가 유지된다. 시민사회를 성숙하게 하고, 민주주의를 발전시키기 위해, 누구나 군자의 소양을 염두에 두어야 한다.

이러한 맥락에서 공자의 뜻을 풀이한 범조우(范祖禹, 1041~1098)의 생각을 빌리면, 그는 성인과 일반 사람들의 혈기는 별 차이가 없고, 차이는 바로 지기(志氣)에 있다고 보았다. 세대에 따라 안정되지 않고, 왕성하고, 쇠잔해지는 것은 누구나 겪는 일반적인 변화 패턴이다. 그러나 혈기에 따라 움직이지 않고, 여색과 다툼과 차지함을 경계하는 것은 군자만이 지기를 길러 행할 수 있는 자세이다.

세상이 변했다. 변한 가운데에도 여전히 우리에게 요구되는 것이 있다. 가끔 언론을 통해 전도유망한 정치인이나 유명 연예인이 여색이나 다툼이나 탐욕에 휘말려 쇠락의 길을 걷는 것을 확인한다. 변화 속에 본질을 보고, 올바른 방향을 취해야 할 이유이다. 우연히 읽게 된 『100 인생 그림책』에서는 0세부터 100세까지의 인생을 간결하게 담았다.[3] 시대가 다르고, 공간이 다르지만 공감하는 부분이 많다. 무수한 사람이 무수한 경우의 수를 살아가지만, 그 속에 공통된 패턴이 있기 때문이다. 공자의 생각도 인간의 공통된 패턴 그 위에 있다.

3. 공자의 위상

공자와 그의 사상은 변하는 장에 따라 다르게 평가받았다. 공자는 생전에 위정자들에게 환영받지 못했다. 사후 전국시기에는 후학들의 활동이 있었지만, 그들에게는 사회를 바꿀 힘이 없었다. 진대에는 시황제에 의해 분서갱유

(焚書坑儒)의 변을 겪었다. 공자의 사상을 따르는 무리가 생매장을 당하기도 했다. 물론 그와 관련된 저작도 불에 태워졌다.

영원한 것은 없다. 모든 것은 변한다. 한나라 7대조 한무제 때, 반전이 일어났다. 장이 변했다. 공자 당시의 혼란의 장이 아닌 문경지치(文景之治)를 거친 안정되고 평화로운 장이 전개됐다. 동중서(董仲舒, 약 BC 170~약 BC 120)의 건의와 한무제의 채택으로 공자와 유가의 사상은 다른 제자백가의 사상을 제거하고, 유가만 받들게 됐다. 바로, 파출백가(罷黜百家) 독존유술(獨尊儒術)의 전폭적 지지를 받았다.

한고조 유방(劉邦, 약 BC 247~BC 195)에게 조언한 육가(陸賈, ?~?)의 말처럼 말 위에서 천하를 차지할 수는 있지만, 말 위에서 천하를 계속 다스릴 수는 없는 것, 장이 바뀌었기 때문이다. 새로운 장에서 공자의 사상은 채택된다. 인의예지(仁義禮智)를 비롯한 공자의 주장은 국가의 발전과 유지에 적합했다.

수대(隋代)에 시작되어 당·송대를 거치며 본격적으로 실시한 과거제도를 통해 공자의 사상은 수양뿐만 아니라 출세와 입신을 위해 열심히 공부해야 하는 확고부동한 위치에 놓인다. 한대에는 정치사상으로 국가적 사회적 차원에 한정되었다면, 수대 이후에는 과거제도의 주요 과목으로 채택되어 개인적 차원에까지 공자의 사상이 영향을 미쳤다.

송대에는 공자의 선진 유가가 신유학으로 새롭게 각색되어 탄생한다. 공자의 오리지널 사상만으로 버티기에는 한계가 있었다. 공자는 사후세계나 형이상학적 대상에 대해서는 언급하지 않았다. 주로 현실과 그 속에서의 인간과 사회를 언급했다.

하지만 공자 사후에 장이 변했다. 인도에서 전해진 불가(佛家)가 사후세계뿐만 아니라 사후세계와 현세의 관계를 논리적이고 치밀하게 언급했다. 게

다가 도가에서도 형이상학적 세계를 말했고, 이는 도교로 발전하여 이성적으로 해결할 수 없는 문제를 감성과 신앙에 기대어 사람들을 유도했다.

선진 유가로는 도저히 감당할 수 없는 장이 펼쳐졌다. 장이 바뀌면, 이제는 주체가 그에 맞게 변해주어야 한다. 궁하면 변해야 하고, 변하면 통하고, 통하면 (영원한 것이 아닌) 오래간다는 주역의 이치가 여기서도 통했다. 주돈이(周敦頤, 1017~1073)와 정호(程顥, 1032~1085), 정이(程頤, 1033~1107) 형제를 이어 주희(朱熹, 1130~1200)는 공자에게서 부족한 혹은 덜 강조된 것을 장의 요구에 맞춰 세상에 내놓는다. 새로운 유학, 신유학(新儒學)의 탄생이다. 때론 도학(道學), 이학(理學), 성리학(性理學)으로 불리며 변화된 세상의 장에 맞춰 공자의 사상을 온고지신(溫故知新), 법고창신(法古創新)했다.

조금 더 다른 각도에서 생각해 보자. 원대(元代)와 청대(清代), 북방민족이 중국을 침략해서 제국을 세웠다. 이민족으로서 중원의 사상을 이용하여 이들을 달래지 않으면 저항과 반발이 클 것이라고 이민족 통치자는 생각했다. 이민족의 적극적 채택은 공자를 중국 땅에서 중요한 사상가로 자리 잡게 하였다. 특히 청대의 황제들은 유교 사상 공부에 적극적이었다. 그러나 이도 영원할 수 없다. 청대 말기에는 새로운 모습이 전개된다. 청말의 불안과 서구세력의 전파는 기존의 전통적 장을 흔들었다. 자연스레 공자에 대한 평가도 달라졌다. 청대 말기부터 현대까지 공자 위상의 변화를 조금 자세히 살펴보면 다음과 같다.

청대 말기로 향하면서, 장의 변화에 따라 유교를 강하게 비판한 사람이 많아졌다. 공자진(龔自珍, 1792~1841)은 유교가 권력의 힘을 얻어 지위를 차지했다며, 유교를 제자백가 가운데 평범한 하나로 평가했다. 위원(魏源, 1794~1857)도 성리학을 비판하며 서양의 과학과 기술을 배우자고 주장했다.

이후 사람들은 아편전쟁의 패배와 중국 몰락의 원인을 유교와 전통문화에서 찾았다.

물론 공자와 유교에 우호적인 인물도 여전히 존재했다. 예를 들어 강유위(康有爲, 1858~1927), 장지동(張之洞, 1837~1909), 담사동(譚嗣同, 1866~1898), 원세개(袁世凱, 1859~1916) 등이 있다. 담사동은 유교와 공자를 구분하여, 공자의 가르침을 원래대로 회복하자고 주장했다. 원세개는 1913년 6월에 공자에 대한 존중을 명하고, 1914년 9월에는 공자에 대한 제사를 거행했다. 또한 남경 정부시기에는 공자 사상을 이용하여 체제를 유지하려 했다. 반면에 장병린(章炳麟, 1869~1936)의 경우는 공자의 업적을 인정하면서도 비판할 것은 비판했다. 그래서 순자와 맹자가 공자보다 더 뛰어나다고 하였다.

1919년 5·4운동부터 양상이 바뀐다. 유교에 집중되었던 비판이 공자에게로 쏟아졌다. 5·4운동 때에는 타도공가점(打倒孔家店)의 기치 아래 공자 타도를 외쳤다. 진독수(陳獨秀, 1879~1942), 노신(魯迅, 1881~1936), 이대교(李大釗, 1889~1927) 등도 공자 비판에 가세하였다.

1949년 건국 이후, 마르크스와 레닌주의의 역사유물주의 세계관과 방법론으로 무장한 중화인민공화국은 사상개조작업을 통해 유교 사상을 제거하려 하였다. 모택동(毛澤東, 1893~1976)은 1954년에 열린 제1차 전국인민대표대회(全國人民代表大會) 개막식에서 마르크스와 레닌주의만이 중국 공산당의 이론적 기초라고 선포하였다. 오랜 기간 유지해온 공자와 유교의 전통적 지위가 중국 정치에서 제거되는 순간이다.

학술적 탐구는 계속되었다. 1950년에 출간된 곽말약(郭沫若, 1892~1978)의 『십비판서(十批判書)』, 1954년에 출간된 양영국(楊榮國, 1907~1978)의 『중국고대사상사』, 1955년과 56년에 출간된 웅십력(熊十力, 1885~1968)의 『원유(原儒)』 상권과 하권, 1962년에는 곡부(曲阜)에서 2차 공자학술토론회(孔子學術討論會)와 이에 따른 출판물이 간행되었다.

비판의 정점은 1966년에서 1977년의 문화대혁명 때였다. "복례(復禮) 하려는 공자와 복벽(復辟) 하려는 임표(林彪, 1907~1971)가 같다."라며 비림비공(批林批孔)으로 공자와 정치인 임표를 싸잡아 비판했다. 1973년에는 양영국이 『반동계급의 성인-공자(反動階級的聖人-孔子)』로 비판했고, 나사정(羅思鼎), 당효문(唐曉文)의 필명으로 쓴 글도 이러한 비판에 동참했다.

영원할 수 없다. 물극필반(物極必反), 극에 다다르면 되돌아오고, 돌아옴은 도의 움직임이라는 것은 변화의 오랜 철칙이다. 문화대혁명이 모택동의 사망과 4인방의 체포로 마무리되고, 이어진 등소평(鄧小平, 1904~1997)의 개혁개방으로 새로운 장이 펼쳐졌다. 등소평은 명분과 실리, 전통과 현대의 대립을 조화로 전환하며, 자본주의 시장경제의 효율성을 수용한 실용주의노선을 천명했다. 자연스레 공자와 유교를 향한 극단적 비판은 누그러졌다.

21세기 들어 공자는 성인의 위치로 복권되었다. 고향 곡부(曲阜)에서 열린 공자 탄생 기념식은 2004년 이후 위상이 높아졌고, 공자학원은 세계 곳곳에 세워졌다. 2000년 강택민(江澤民, 1926~)이 중공 15기 5중전회에서 "전면적으로 소강사회(小康社會)를 건설하자."라는 목표와 호금도(胡錦濤, 1942~)의 조화사회건설(調和社會建設) 목표에서 드러난 '소강사회'나 '조화사회'는 모두 유교에 빗댄 정치적 이상이다. 그리고 2008년 하계 북경 올림픽과 함께 중국을 대표하는 인물로서 공자는 전면에 배치되었다. 미국과 패권을 다투는 시점에 하드 파워(Hard power, 硬性權力)를 넘어 소프트 파워(Soft power, 軟性權力)에서의 열세를 만회하기 위한 전략도 한몫 거들었다.

공자는 정치적으로 청렴결백의 이상이다. 중국이 발전을 통해 이루고자 하는 중국의 꿈, 국가 부강, 민족진흥, 인민 행복이 골자인 중국몽(中國夢)에도 공자의 힘이 필요하다. 중국의 발전과 공자 위상의 변화는 중국 내적으로 하나의 문제에 모인다. 즉, 중국의 발전에 따른 부작용의 해소다. 이를 위해, 지난 과거에 시행된 공자의 부활이 표피적인 것에 머물렀다면, 이제는 정신과 사상을 이용하여 내적 문제를 해결하는 단계로 발전하고 있다. 중국이 활용할 공자에 대한 카드는 크게 두 가지 측면에서 생각해 볼 수 있다.

첫째, 중국 국내의 결속은 물론이고 주변 국가와의 결속에도 사용된다. 주변 국가란 홍콩과 마카오를 포함하여 대만 등의 중화권 국가와 한국, 북한, 일본, 베트남 등의 국가 등 전통적으로 한자와 유교문화권의 테두리에 공존했던 국가들이다. 중국의 지속 발전과 미국과의 패권 경쟁 속에 유교문화권의 국가들을 결속할 명분으로 공자가 자리할 가능성이 있다.

둘째, 미국과의 경쟁이다. 이는 중국이 주변국을 넘어 국제 사회에서의 입지와 역량을 강화하는 것과 관련 있다. 지금은 탈냉전의 시대를 지나 핫피스(Hot Peace) 시대가 되었다. 미국과 소련이 다투던 시대도, 미국 혼자 세계를 주름잡던 시대도 지나가고 이제 그야말로 전국시기의 합종연횡(合從連衡)의 외교 전술이 펼쳐지는 시대다. 이제 군사력이나 경제력 같은 하드 파워를 넘어, 소프트 파워인 연성(軟性) 권력의 개발과 발전에도 힘을 모아야 한다. 이미 미국은 이러한 힘에서 중국을 압도하고 있다. 이러한 측면에 중국이 앞으로 가공할 무기 가운데 하나가 공자와 유가 사상이다.

공자와 유교에 대한 평가는 계속 변했다. 공자는 죽었지만, 죽은 공자의 사상은 적어도 2500여 년 동안 살아서 중국을 지배했다. 공자는 다양한 부침을 겪었지만, 장 밖의 장에서 생각하면 그는 여전히 그대로다. 그가 존경받고 아니고는 각각의 장에서 판단되었고, 그에 따라 평가는 변했다.

근대 서양문명의 전파 이후 공자를 중심으로 움직이던 동양의 세계가 충격 속에 흔들리고 있지만, 언제 다시 어떠한 방법을 동원하여 화려하게 부활할지 아무도 모른다. 다시 본질로 돌아가 지금까지의 변화를 보면, 변화한 장의 요구에 맞는 모습으로 응해야 함을 알 수 있다. 그때 비로소 공자와 그 문화의 유의미한 부활이 가능할 것이다.

맹자의 고사와 평가에서

맹자(孟子, 약 BC 372~약 BC 289)는 전국시기를 살았던 사상가로서 춘추 시기 공자를 계승했다. 성은 '맹(孟)'이고 이름은 '가(軻)'이다. 맹자는 추(鄒)나라에서 태어나 어려서 아버지를 잃고 어머니와 살았다. 노나라로 유학을 간 맹자는 공자의 손자인 자사의 문인에게서 학문을 연마했다. 맹자는 당대를 풍미(風靡)하던 묵적(墨翟)이나 양주(楊朱)와 자웅을 겨루며 유가의 기틀을 완성하였다.

맹자 역시 공자처럼 자신의 사상을 세상에 실현하기 위해, 주유천하하며 위정자들에게 자신의 사상을 설파하였다. 특히 왕도정치를 통해 자신의 정치철학을 혼란한 전국시대에 실현하려 애썼다. 그러나 환영받기 어려웠다. 결국 맹자는 50세가 넘어 시작한 여정을 마치고, 기원전 305년에 귀향하여 『시경(詩經)』과 『서경(書經)』을 비롯하여 공자의 사상에 대해 제자들과 토론하며 교육과 저술에 매진하다 삶을 마감했다.

맹자의 사상과 관련하여 『맹자(孟子)』 7편이 전하고, 그의 행적과 관련하여 『열녀전(列女傳)』, 『한서(漢書)』, 『사기(史記)』 등의 기록을 참고할 수 있다. 맹자에게서의 변화와 장의 탐구도 크게 보면 공자와 마찬가지로 세 가지 측면에서 탐구할 수 있다. 맹자의 삶, 맹자와 관련된 일화, 사상 평가에서의 변화와 장이다.

맹자의 삶에서의 변화와 장은 공자에서 다룬 것과 비슷하게 전개된다. 그래서 여기에서는 맹자의 삶과 사상 평가를 함께 묶어 다루고, 사람들에게 널리 알려진 맹자 관련된 일화를 중심으로 변화와 장을 살펴보겠다.

1. 맹모삼천지교

맹자와 관련하여 대중적으로 널리 알려져 있고, '장'과 관련하여 논의하기 좋은 것이 바로 맹모삼천지교(孟母三遷之敎)이다. 맹모삼천지교는 '맹자의 어머니가 자식을 위해 세 번이나 이사를 했다'라는 의미로 사람이 자라고 성장하는 데, 장이 중요함을 일깨우고 있다.

맹모삼천지교의 진위는 파악하기 어렵다. 이 이야기는 『열녀전(烈女傳)』 모의전(母儀傳)에 기록되어 세상에 알려졌다. 『열녀전』은 전한 시기를 살았던 유향(劉向, 약 BC 79~약 BC 8)이 지은 책인데, 유향은 황후 조비연(趙飛燕, BC 45~BC 1)의 부도덕함을 경고 혹은 훈계하려는 의도를 책에 담았다.

유향은 한고조 유방의 배다른 동생인 유교(劉交, ?~약 BC 179)의 4세손이다. 유향의 아들은 『칠략(七略)』을 짓고, 『한서(漢書)』 예문지(藝文志)에 영향을 준 유흠(劉歆, 약 BC 53~25)이다. 유향은 『설원(說苑)』, 『신서(新序)』, 『전국책(戰國策)』, 『별록(別錄)』 등을 편찬하였다.

유향은 『열녀전』을 통해 중국 역사에 내려오는 여인 104명(후에 추가하여 124명이 됨)의 모범적인 행동을 언급하며 칭송했다. 『열녀전』에는 맹자 어머니와 관련하여 맹모삼천지교, 단기지교(斷機之敎), 부부의 예, 삼종지도(三從之道) 등에 대한 이야기가 실려 있다. 이를 통해 맹자를 가르친 어머니의 교육과 철학을 소개하려 하였다.

이야기의 진위를 놓고 학자마다 의견이 분분하다. 그러나 맹자의 교육사상을 이해하는 데 적합하다는 것에는 대체로 동의한다. 여기서는 진위를 떠나 맹자와 관련하여 가장 잘 알려진 일화인 맹모삼천지교를 장의 문제와 연관하여 논해보려 한다. 먼저 유향이 전한 맹모삼천지교의 원문을 보면 아래와 같다.

> "추나라에 맹가의 어머니가 있는데 맹모라고 부른다. 집 가까운 곳에 묘지가 있다. 맹자는 어렸다. 그는 묘지에서의 일을 즐기며 놀았는데, 발을 구르거나 매장하는 것이다. 맹모는 말했다. '여기는 우리 아이가 있을 곳이 못 된다.'라고 생각하고 이내 시장 근처로 이사했다. 거기에서 맹자는 물건을 파는 상인을 흉내 내며 놀았다. 맹모는 또 '여기는 우리 아이가 있을 곳이 못 된다.'라고 말했다. 학당 근처로 집을 옮겼다. 여기서 맹자는 제기를 배열하고 손을 모아 나아가고 물러나는 의식을 따라 하며 놀았다. 맹모는 '진정, 여기가 우리 아이가 있을 곳이다.'라고 말했다. 맹자는 성장하며 육예를 배우고, 대유의 명예를 얻었다. 군자가 말하길 '맹모는 점진적으로 가르쳐 변화시키는 것을 잘한다. 『시경』에 말한 저 예쁜 사람, 무엇을 주어야 하나? 는 이를 두고 하는 말이다.'"[4]

원래의 내용을 당시 상황에 맞춰 조금 각색해보면 다음처럼 말할 수 있겠다.

맹자와 그의 어머니는 묘지 근처에 살았다. 여기서 맹자가 삶과 죽음의 인생을 배우고, 장례를 통해 예를 익힐 수 있을 것이라 맹모는 생각했다. 그런데 어머니의 기대와 달리, 맹자는 매일 장사 지내는 놀이를 하거나 곡소리를 내며 놀았다. 생각한 대로 되지 않자 맹자의 어머니는 사람들이 활발하게 활동하며 살아가는 모습을 배울 수 있는 곳으로 이사를 결심한다. 바로 시장이었다. 하지만 시장으로 이사하여 인간과 사회에 대해 알기를 바란 어머니의 바람과 달리, 맹자는 물건을 사고파는 상인을 따라 하기만 했다. 맹자 어머니가 바라던 것과는 거리가 멀었다. 그래서 아이가 차분히 앉아 공부하고 학문을 수양해 자신의 발전을 도모했으면 하는 바람으로 학교 근처로 이사를 했다. 그러자 맹자는 학교에서 하는 것처럼 책 읽고 공부하며 학문을 연마하기 시작했다.

물론 관점에 따라 위의 각색을 지나치다고 볼 수도 있겠다. 맹모삼천에 대한 이견이 존재하는 상황에서 주관적 견해까지 들어갔기 때문이다. 하지만 이 글의 목적이 미해결의 문제에 대한 고증 탐구가 아니고, 변화와 장의 영향과 그 가치를 언급하는 것이기에 이러한 각도로 해석해도 큰 문제는 없다고 생각한다.

지금까지 거론된 맹모삼천지교에 대한 논의에서는 어린아이의 모방능력과 이를 활용한 교육의 필요성, 장이 교육에 미치는 영향, 어머니의 노력과 지도의 중요성 등이 강조되었다. 여기에서는 맹모삼천지교의 고사를 토대로 기존과 다른 관점에서, 장과 관련하여 두 가지 측면을 생각해보자.

첫째, 장의 본질적 측면에서 본 교육의 역할이다. 사실 교육이 중요하다고 하면서 지금 우리 사회는 교육을 학교에만 맡기고, (조금 더 확장하면) 사교육 기관에 맡기는 것으로 끝낸다. 교육은 학교와 사교육 기관이 전담하고, 부모는 그 비용만 마련해 주는 식으로 분업화되었다. 자본이 잠식한 우리의 장에서 이것은 매우 효율적으로 비친다. 그러나 이것은 교육이 아니다. 교육으로 위장된 산업이고 사업일 뿐이다. 학부모는 바쁜 일상에 지쳐 애써 모른 채 사는지 모른다. 이러한 한국 특유의 장 속에 진정한 교육은 왜곡되고 있다. 한국의 교육열이 높다고 말하지만, 엄밀하게 말하면 이것은 교육이 아니다. 교육이라는 이름으로 위장된 학벌열, 간판열의 모습일 뿐이고, 이것을 자본과 정치가 교묘하게 이용하고 있다.

이러한 측면에서 본다면 교육에서 중요한 근간은 바로 가정에 있다.[5] 지(知)·지(知)·지(知)만 중시되는 지금의 장에서 지(智)·덕(德)·체(體)의 균형을 잡아줄 것도 가정이다. 이성과 감성의 조화, 지식이 아닌 지혜를 가르치고 알려줄 선생으로 가장 좋은 이가 부모이고, 그 장소가 가정이다.

가정교육의 중요함은 시대가 변한 지금도 여전하다. 현대 한국 사회에서 아이를 키우는 것은 물론이거니와 아이를 낳는 것도, 결혼을 하는 것도 버겁고 힘들다. 아등바등 살아도 모자란 지금의 장에서 덤으로 아이 교육에 대한 책임을 전적으로 부모에게 돌리는 것은 너무 가혹하다. 그러나 아무리 그 상황이 힘들고 어렵다고 하여도 교육의 중심이자 교육의 근간이 부모이고 가정임을 부정할 수 없다.

문제는 이러한 구조적인 문제가 해결되지 않는 작금의 현실에 있다. "저녁이 있는 삶을 만들자."라는 구호도 물질, 능률, 효율 위주로 살았던 과거에는 배부른 소리였지만, 지금은 아니다. 최소한 오순도순 가족이 함께 얘기하며 식사할 수 있는 저녁이 있는 삶은 가정을 지키고, 아이들의 교육을 구조적인 측면에서 올바르게 만드는 기본 전제이다.

일차적 책임은 가정에 있다. 하지만 원인의 원인을 생각해 보자. 이런 것 몰라서 못 하고 있나. 똑똑하고 뛰어난 능력이 있는 대한민국의 학부모는 다 안다. 그래서 젊은이는 아예 결혼 혹은 자식 낳기를 포기하고 있다. 모두가 피해자다. 허우룩한 모습을 감추려고 애써 태연한 척한다.

주요 원인은 우리를 둘러싼 장에 있다. 현실적으로 저녁이 있는 삶을 만들고, 가정을 만드는 것은 '둥근 사각형'처럼 형용모순(形容矛盾)이다. 저녁이 있는 가정이 실현되면, 한국 대도시의 주요 주거형태인 아파트는 (지금 상태라면) 너무나 살기 힘든 곳으로 전락하게 될 것이다. 저녁부터 온 가족이 집에서 식사하고 대화하고 간혹 게임이나 오락을 즐긴다면, 혹은 단지 내 산책로를 걷거나 가벼운 운동이라도 한다면, 층간소음, 비좁은 휴식 공간……

우리는 우리가 사는 공간을 장소로 만들고, 그 장소는 다시 우리를 만든다. 닭장처럼 지어져, 그 속에서 빼곡하게 살아가는 나와 이웃은 기능, 효율, 능률 등으로 점철된 장의 가치 속에 푹 빠져있다. 그것이 반영된 대도시, 그 속에 충실하게 자리 잡은 아파트, 그 안에 내가 있다. 매력적인 구호나 언사에 의한 착시를 벗어나, 보이는 것과 경험의 분석에 기대는 것이 유한한 나의 삶에 그나마 현실적 방안을 제시할 수 있다.

장을 바꿔야 한다. 장을 바꾸는 것은 개인이나 가정의 힘만으로는 부족하다. 국가와 사회와 우리 공동체가 힘을 모아야 한다. 변화의 본질에서 생각하며, 새로운 장을 만드는 변화를 추인하여, 보다 좋은 세상을 만들어야 한다.

더하여 공자가 말한 군군신신(君君臣臣), 부부자자(父父子子)의 정명론(正名論)처럼 교육에서도 학교는 학교의 역할이 있고, 가정에는 가정의 역할이 있고, 사회는 사회로서의 역할, 국가는 국가의 역할이 있다. 각 장에서 자기의 역할에 충실하면서 관심을 가져야 할 것이 교육이다.

둘째, 장의 중첩에서 생각하는 교육의 목적이다. 교육이 우리 사회에 제시해야 하는 것은 무엇일까? 좋은 직장을 갖거나, 명예나 재물을 얻는 것일까? 혹은 다른 사람과 경쟁해서 제한된 결과물을 성취하는 것일까? 교육이 이처럼 기능적이고 현실적인 것에만 몰두한다면, 사회 더 나아가 인류는 커다란 곤경에 직면할 것이다.

교육은 개인 한 사람, 한 사람의 타고난 능력을 발휘하도록 이끌고, 이를 통해 스스로 행복해질 수 있도록 조력하는 역할에 목적을 두어야 할 것이다. 이러한 측면에서 맹모삼천지교의 고사를 기존의 관점과 달리 생각해 보자. 다양한 장의 중첩에서 교육의 목적과 인간의 삶을 종합하여 재해석할 필요가 있다.

사람은 살아가면서 다양한 장을 만나고, 다양한 장에서 성공과 실패를 경험한다. 맹모삼천지교의 이야기는 교육에 있어 장의 중요함을 일깨우고 있다. 사람들에게 널리 인식된 것처럼 맹모삼천지교는 학교에서의 교육이 좋은 선택이고 앞서 공동묘지나 시장의 선택은 잘못된 선택이라는 편협한 시각을 제시하지 않는다. 삶에 있어 많은 것들은 서로 다양하게 조화하며 작용하기 때문이다. 이러한 측면에서 맹모삼천지교를 다시 생각할 필요가 있다.

'장의 바꿈'을 통해 얻은 배움은 맹자에게 많은 영향을 미쳤다. 일반적으로 학교 근처로 이사를 갔기 때문에 학자로서 성공했다고 생각하지만, 사람에게 미치는 장의 스펙트럼을 생각해 보면 맹자라는 인물의 성공에는 공동묘지에서의 경험, 시장에서의 경험도 영향을 미쳤다.

누구에게나 모든 일은 다 유의미하게 존재하고, 유의미하게 작용하기 때문에 특정한 어느 하나만 선택하여 논하는 것은 적절치 못하다. 이러한 각도에서 맹자를 되돌아보면, 여느 학자보다 당대에 많은 영향을 주고 나아가 후세에 길이 남는 인물이 될 수 있었던 이유, 나아가 역성혁명을 상정한 그의 담대함과 송명이학의 기초가 된 그의 깊은 사상, 그 토대에는 바로 그의 다양한 교육 경험이 놓여있다. 다양한 교육의 장에서 일이관지(一以貫之)하는 마음, 즉 교육에 대한 열의가 이것들을 묶었고, 덕분에 맹자라는 이름이 가치있게 추대될 수 있었다.

맹자가 성공했기 때문에 그의 어머니가 현모양처고, 맹자가 학문의 길을 걸었기에 학교 근처로의 이사가 최고의 선택이라는 것은 인간의 삶을 너무 단순하게 혹은 지나치게 결과적으로만 속단한 것이다. 속은 안 보고 겉만 보고 판단하는 것에 지나지 않는다.

그렇다면, 공동묘지에서 일하는 사람, 시장에서 물건을 매매하며 살아야 하는 사람은 실패한 인생인가? 성공한 맹자의 삶에 학교에서의 배움만 유의미했을까? 그의 성공에는 묘지, 시장, 학교에서의 교육과 경험이 직간접적으로 중첩되어 작용했다. 바로 이것이 그의 정신적 스승 공자가 말한 화이부동(和而不同)의 또 다른 모습일 것이다. 조화롭되 서로 다른 것은 사회에만 해당하는 것이 아니었다. 한 개인의 삶에서도 이처럼 유효할 수 있다. 이러한 측면에서 맹자의 교육 경험은 주체와 장의 관계와 그 변화에서 재해석될 여지가 충분하다.

2. 맹자의 평가

지식도 변한다. 반감기가 있다.[6] 과학도 마찬가지이다. 쿤이 주장한 것처럼 패러다임의 변화에 따라 달라진다. 정치는 말할 것도 없다. 심지어 사회사상도 마찬가지이다. 조선 시대 한반도를 덮었던 열녀문(烈女門)이 지금의 장에서는 참으로 괴이한 행동으로밖에 보이지 않는다. 남편의 죽음을 따라 아내가 자결하면 그 집안에 부역과 세금을 면제하며 열녀문을 내렸다. 조선 후기로 갈수록 더 심해졌다. 1617년 광해군 9년에 지어진『동국신속삼강행실도(東國新續三綱行實圖)』의 열녀 553명 가운데 441명은 임진왜란 때 여성이다. 임진왜란 때 무너진 유교적 질서를 열녀, 효자, 충신으로 만회하려는 당시의 장에서 조선의 여성은 희생되었다.

과거 역사를 판단함에 있어, 많은 것들이 지금의 장에서는 좋게 이해되지 않는다. 지금은 맞고 그때는 틀리다? 아니면 그때는 맞고 지금은 틀리다? 이러한 문제는 결국 주체와 장을 고정하여 생각했기 때문에 발생한다. 다시 말해 주체도 변하지만 장도 변하고, 주체가 변하지 않을 경우에도 장은 변할 수 있고, 주체가 변해도 장은 변하지 않을 수 있기 때문이다.

이 가운데 주체는 변하지 않았는데 장이 변한 경우를 맹자 사상의 시대적 반응에 의거해 좀 더 생각해 보라. 맹자의 사상, 즉 주체는 그대로인데 장이 변함에 따라 맹자 사상의 사회적 관심과 호응이 달라졌다. 첫째, 맹자가 자신의 사상을 펼쳤던 전국시기. 둘째, 유가가 채택되어 유가 독존의 길을 걷게 되었던 한무제 이후. 셋째, 도교와 불교의 대내외적 변화 속에 현실주의적인 선진 유가가 형이상학적이고 우주론적인 철학을 보강한 송대를 중심으로 알아보겠다. 이는 공자 사상에 대한 시대적 평가의 변화와 구도가 비슷하다.

첫째, 맹자가 동분서주하며 자신의 사상을 주장하고 다녔던 전국시대이다. 여기서 전국시대라는 말은 유향이 편찬한『전국책(戰國策)』이라는 책 이름에서 따왔지만, 전국시대는 말 그대로 전쟁하는 나라들이 가득한 시대였다. 한가하게 관념적인 것을 얘기하기에는 눈앞의 칼과 화살이 너무나 위협적인 시기였다.

주나라는 주(周) 평왕(平王)이 동천(東遷)을 실행하여, 앞선 서주(西周)와 구

치철학으로 삼았던 한나라 7대 황제 무제(武帝) 때에는 장이 변했다. 맹자란 주체는 변한 것이 없다. 그러나 장의 입장에서 보면 춘추전국의 시기와 한대의 시기는 달라도 많이 달랐다. 춘추와 전국의 혼란과 진나라의 폭정으로 이어진 오랜 기간의 동란 속에서 민심은 절대적인 휴식과 안정을 원했다. 그래서 한대 초기에 적용한 황로학(黃老學)은 신의 한 수로서, 지친 이들에게 절대적으로 필요했던 조치였다. 황로학을 통한 휴식기를 거치고, 문제와 경제의 통치를 통해 국력을 회복하고, 무제 때 이르러서는 사회 질서의 확립, 체계적인 시스템의 구축, 지속 가능한 발전을 고민해야 했다.

맹자가 살았던 장과 한무제가 살았던 장은 달랐다. 수백 년의 혼란기가 종식되고 새로운 장이 펼쳐졌다. 서로 적대시하며 이익을 추구하는 난세가 아닌, 힘을 모아 체계적으로 다스리고 운영될 수 있는 장이 펼쳐졌다. 통일된 국가를 안정적으로 다스릴 수 있는 시스템이 요청되었다. 자연스레 안정기를 유지할 수 있는 사상으로 유가가 채택되었다.

수대의 과거제도를 통해 유가의 사상이 생활 속에 뿌리내리게 되지만, 맹자의 사상이 사람들의 입에 오르내리며 아성(亞聖)의 위치를 차지하게 된 것은 한참 뒤였다. 한대에도 맹자는 제자백가 중의 한 인물 정도로 여겨졌다. 당대 중기 한유(韓愈, 768~824)를 비롯한 당시 주류 지식인들에 이르러 맹자를 높이 보기 시작했고, 마침내 송대에 와서 맹자의 지위와 평판이 높아졌다.

송대에 일어난 맹자와 『맹자』에 대한 변화는 다음의 세 가지 방면에서 나타났다. 첫째, 『맹자』를 연구하는 저작이 현저하게 많아졌다. 둘째, 연구의 범위가 넓어졌다. 셋째, 『맹자』와 맹자의 지위가 높아지고, 이에 따른 질적인 변화가 수반되었다.[8] 특히, 주자(朱子)가 『맹자』를 사서(四書)에 포함시키면서 맹자의 지위는 공자 다음으로 높아지며 주목받게 되었다. 결국 맹자가 주목받을 수 있었던 것은 중국 유학발전사(儒學發展史)에서 맹자를 필요로 하는 장으로 변했기 때문이다.

셋째, 도교와 불교의 영향 속에서, 현실주의적인 선진 유가에 형이상학적 우주론적 이론을 보강한 송대 이후이다. 그럼 어떤 장의 변화가 있었을까? 선진유학에서 공자는 현실의 문제에 집중했다. 공자는 (지금 현실의 문제도 해결하기 어려운데) 어찌 죽어서의 문제나 귀신의 문제까지 신경 쓸 수 있겠는가 되물었다. 이것은 당시의 사람들에게 충분히 호소력 있게 전달되었다. 하지만 시간이 지나면서 우주와 현실 너머의 세상을 얘기하는 도가와 도교가 사람들의 인식 지평을 확장시켰고, 게다가 인도에서 들어온 불교가 사후세계와 전생을 연(緣)과 업(業)으로 설명하면서 사람들의 정신세계를 성숙시켰다.

현실에만 집중하던 유가에게 위기감이 다가왔다. 이에 대한 반작용으로 주돈이(周敦頤), 정호(程顥), 정이(程頤)를 거치며 주자에 의해 유가의 부족한 면과 도교와 불교에 대항할 수 있는 사상 체계를 갖추게 된다. 바로 성리학(性理學)이다. 이학(理學), 도학(道學), 신유학(新儒學)이라는 명칭 그 속에는 원시 도가의 부족한 면을 보강해서 새롭게 탄생한 면이 강조되어 있다.

성리학에서는 유가의 도덕윤리학설이 핵심이 되면서, 도가의 우주만물생성이론과 불교의 사변철학이 수용되었다. 바로 이때 맹자의 사상이 소환됐다. 예를 들어 성리학 연구의 핵심 문제인 '성(性)'과 '천도(天道)'에서 성은 인성(人性)이고, 천도는 천리(天理)인데, 성과 리에서 맹자와 성리학의 관계를 논할 수 있다. 그 가운데 대표적인 학설이 맹자의 성선론(性善論)이다. 또한 '리(理)'를 가장 먼저 언급한 유가 철학의 문헌이 바로 『맹자』다. 『맹자』에는 "마음이 같은 것은 무엇인가? 이것이 리이고, 의이다"라고ʾ 하였다. 성리학에서 맹자를

---

* 『맹자』고자상(告子上): 心之所同然者何也? 謂理也, 義也. 물론 이러한 것이 『순자』에서도 발견되나

주목한 것은 맹자의 사상 체계와 성리학의 사상 체계가 일맥상통했고, 성리학에서 강조하는 도통론(道統論)과 밀접한 관계를 맺고 있기 때문이다.[9]

주체는 변함이 없었다. 맹자의 사상은 맹자가 주유천하를 할 때나, 맹자가 죽고 후학들이 그의 사상을 논할 때나, 그리고 현재에도 그대로다. 그의 사상은 변하지 않았다. 그가 전하고자 한 주장은 맹자라는 주체와 더불어 그대로 존재한다. 하지만 시간이 변하고 공간이 바뀌면서 장에 변화가 생겼다. 사자가 물에 빠지면 붕어 밥이 되고, 상어가 뭍에 올라오면 쥐에게 물어뜯기는 것에서 사자는 뭍으로 상어는 물로 돌아간 것처럼 장이 변했다. 그 사상을 받아들이고 수용할 상황 즉 장이 달라졌다. 주체도 중요하지만, 우리가 간과하고 있던 장도 주체만큼 중요함을 알 수 있다.

장에 따라 주체에 대한 평가는 변한다. 그렇다면 삶에 일희일비하는 긴장감은 잠시 내려놓아도 될 것이다. 대부분의 필부(匹夫)는 공자나 맹자에 못 미친다. 적극적으로 자신의 장을 변화시키기 힘들다. 진인사대천명(盡人事待天命)의 자세로 임하는 편이, 자신의 길을 묵묵히 가며 장의 변화를 기다림이 상책(上策)일 수 있다. 혹여 기대했던 장이 생전에 나타나지 않는다 해도, 자신의 길을 주체적으로 즐기며 행복했다면 그것만으로도 성공이다. 더구나 기다리던 장이 생전에 펼쳐진다면, 말할 필요 없겠다. 어느 길을 걸을지, 물론 선택은 각자의 몫이다.

도가적 성격의 「해폐(解蔽)」 편의 문장에서 발견된다. '리(理)'를 많이 사용한 것은 도가류의 서적인 『장자』에서이다.

3. 주체와 장을 통한 성찰

❖ 변화와 회복 능력

변화가 다양하고 빠르게 일어나는 오늘날 '회복 능력'이 재조명되었다. 한 고조 유방이 초왕 항우를 이기고 천하를 제패한 배경에는 패배를 패배로 여기지 않고, 자신의 출신이나 지위에 구애 받지 않으며, 포기하지 않고 넘어지고 쓰러져도 다시 일어섰던 회복 능력이 있다. 포기하지 않는 도전 속에 자신에 맞는 장을 만날 수 있었다.

맹자는 자기 생각을 여기저기 설파하고 다녔지만, 어느 곳에서도 받아들여지지 않았다. 당시의 장과 동떨어진 이상적인 주장이었기 때문이다. 하지만 안정기에는 달랐다. 그의 사상은 필요했고, 올바른 소리였다. 게다가 형이상학적 이론에 기초가 되었다.

맹자의 부침은 주체와 장의 다양한 변화 속에 호불호를 달리하며 평가됐다. 소동파(蘇東坡)는 "사람에게 비애와 기쁨과 헤어짐과 만남이 있고, 달에 어둡고 밝고 둥글고 모자람이 있다(人有悲歡離合, 月有陰晴圓缺)."라며 사람과 자연의 변함을 노래했다. 맹자도 그랬지만, 세상만사 모든 것이 변화 속에 있다.

변화 그 속에서, 맹자는 주체에 집중했다. 유가도 이러한 맥락에서 크게 벗어나지 않았다. 현실주의적 사상으로 현실에 충실하게 사는 것을 권고하면서, 그 사회를 잘 다스릴 예와 도덕을 강조하였다.

맹자의 주체는 장을 바꾸고 개선할 의지가 강한 주체였고, 장의 변화에 개의치 않는 주체이기도 했다. 그래서 인간이 할 도리를 다하고 하늘의 명을 기다리는 것처럼 인간이 할 수 있는 도리와 본질에 집중했다. 맹자는 말한다. "하려고 하지 않았는데 저절로 되는 것은 하늘의 뜻이고, 하려고 하지 않았는데 저절로 닥쳐오는 것은 운명이다(莫之爲而爲者 天也 莫之致而至者 命也)." 변화의 결과를 단정하기 곤란했다.

인생은 새옹지마(塞翁之馬)라는 말도 우리의 짧은 삶에 다양한 스펙트럼이 있음을 언급한다. 일희일비하지 말라는 교훈을 전하며 동시에 자신만의 길을 가라고 재촉한다. 이는 지금 우리가 사는 사회에서 아주 구체적으로 진행되고 있다. 과거 한판 승부로 끝나는 장이 변하면서 지속적으로 평가하고 시험하는 장이 펼쳐졌기 때문이다.

❖ 변화와 교육

공자와 옛 성현은 다양한 소리들이 각자 소리 내어 잡음을 만들기보다, 조화를 이루어 아름다운 소리를 만들도록 다름 속 조화를 강조했다. 사회 구성원의 생각이 모두 같을 수도 없고 같은 목소리를 내지도 않기에, 화이부동(和而不同)을 설파했다. 서로 다른 소리를 조화롭게 만드는 연주자의 마음은 세상과 사회를 조화롭게 다스리는 통치자의 마음과 통하는 면이 많기에, 성현들은 음악 교육을 통해 이를 대비하고 연습했다.

교육은 변화를 배우는 것이다. 가르침은 지금의 사람에 충실해야 하지만, 교육에는 장의 변화와 요구를 담아야 한다. 주체에 집중하되 장을 통해 인식의 폭을 넓혀야 한다. 그래서 주체에 집중된 교육에서도 장의 교훈과 경고를 포함하여 다양한 시각과 가능성을 제시해야 한다. 주체로서 교육을 충분히 이행하고, 주체를 넘어선 장의 변화도 충분히 염두에 두어야 한다.

애석하게도 현실은 그렇지 못하다. 치열한 경쟁에서 남을 누르고 승리를 쟁취하라고 재촉하는 교육 현장, 지식전달을 우선으로 하는 교육 내용, 교육의 역할을 학교에 넘긴 채 책임을 회피하는 장에 포위되어 있다.

조금 더 들어가 생각하면 교육의 장이 가진 구조적인 문제가 눈에 띈다. 이반 일리치는 『학교 없는 사회』를 통해 학교가 평등하지도 않고, 개천에서 용 나는 것이 어려운 상황이라고 말하면서, 결국 승리는 환경이 좋은 학생에게 돌아간다고 주장했다.[10] 게다가 학교와 사회는 학생의 실패나 신분 상승이 어려운 이유를 개인의 능력 부족으로 전가한다고 지적했다. 그리고 다시, 그 장에 길든 우리는 삶이 빈곤한 이유를 공부를 잘하지 못한 것에 떠넘긴다.

주체가 아무리 노력해도 장이 맞지 않으면 주체의 노력이 수포가 되는 경우가 허다하다. 기울어진 운동장에서의 시합, 금수저와 흙수저의 출발은 다를 수밖에 없다.

물론 지금의 장에는 불평등하고 지나친 면이 있다. 하지만 사람들은 근본적으로 결과에 대한 대접이 다르기 때문에 성공을 추구한다. 성공의 과실이 별 볼 일 없다면 누가 성공하기 위해 불철주야(不撤晝夜) 노력하며 참고 인내할까? 성공한 자의 열매까지 부정하고, 그것을 균등하게 나눠 향유하는 것은 공산주의(共産主義) 이상에서나 가능하다.

조금 넓은 장에서 생각한다면 불평등은 그 자체로 비난 받을 것이 아니고, 경제적 평등도 반드시 실현해야 할 도덕적 이상이 아니다. 맹자가 살았던 춘추전국 시기의 혼란기에도, 그의 사상이 부각된 송대의 안정기에도 그리고 유가 사상 전체가 위기에 빠진 현대에도 현실은 그렇지 못했기 때문이다. 그렇지 못한 상황에서 이상만 얘기하는 것은 무책임하다. 그러므로 이러한 문제는 구조적으로 장의 측면에서 접근하며 균형을 잡아야 한다.

❖ 교육의 책임

미담(美談)이 있는 사회는 아름다운 사회가 아니다. 미담이라고 신문이나 언론에 소개된 이야기는 가난한 사람의 아들이 공부하여 고시에 합격하거나, 사람들이 꺼리는 직업을 가진 사람의 자식이 노력하여 유명한 대학에 수석 합격하거나 성공한 이야기로, 우리를 감동시켰다.

그런데 고시에 합격하거나 대학에 들어가는 데 부모의 직업, 가정의 경제 상황이 무슨 상관일까? 이반 일리치의 지적처럼 이것은 장의 문제다. 공부하는 데 부모나 가정의 경제력과 상관없이 공부할 수 있는 이러한 장이 마땅히 구비되었어야 한다. 사회가 병들어 있기에 이러한 장이 구비되지 못했다. 결국 사회의 병을 개인의 문제로 전가하였다. 이러한 미담은 그 사회가 그만큼 닫혀있고, 장에 문제가 있다는 방증이다.

이제 보다 적극적으로 장의 구조를 개선하며 균형을 잡아야 한다. 주체와 장의 문제에서 주체는 끊임없이 내성(內聖)과 외왕(外王)을 위해 노력해야 하지만, 구조적으로도 공정한 경쟁이 이루어지도록 장애물을 제거해야 한다. 이러한 과정에서 보다 좋은 교육과 사회로 다가설 수 있다.

그러므로 교육은 변화에 대한 처신을 배우는 것과 교육의 장이 가진 구조적인 문제를 해결하는 것까지 책임져야 한다. 결국 교육 주체만의 문제가 아니라 장을 만들고 장을 가꾸는 국가와 정부, 사회와 가정이 함께 노력해야 하는 공동체 모두의 문제이다. 이를 위해 다양한 장을 만들고, 그에 맞는 교육을 실현해야 한다. 그래서 각자의 장에서의 성공과 행복을 제시해주는, 서로 다르지만 다른 것들이 조화되어 아름다운 사회가 될 수 있는 화이부동(和而不同)의 세계를 실현해야 한다.

진시황의 통일과 업적에서

진시황은 변화와 장의 측면에서 파악하기 좋은 대상이다. 통일을 이뤘지만 폭군의 이미지로 점철된 그를 과연 그 시대와 위치에서, 또 같은 인간으로서 어느 정도까지 이해 가능할까? 합리적 의심 속에 진행하는 진시황에 대한 탐구, 특히 그가 이룬 중국의 통일과 업적에서는 변화와 장의 또 다른 활용과 가치를 보여줄 것이다.

1. 통일의 이면

조(趙)나라에 볼모로 잡혀간 자초(子楚)의 아들 영정(嬴政), 그가 바로 중국 역사에 큰 족적을 남긴 진시황(秦始皇, BC 259~BC 210)이다. 진시황의 어머니는 자초의 아내지만 그전에는 여불위(呂不韋, ?~BC 235)의 첩 무희(舞姬)였다. 자초와 부부의 연을 맺고 얼마 지나지 않아 아이를 낳았는데 그가 바로 영정이다.

진시황의 아버지 자초가 진의 왕이 될 가능성은 많지 않았다. 여기에 여불위의 조력이 한몫했다. 조나라의 수도 한단(邯鄲), 볼모 신세의 자초, 대상인이었던 여불위는 자초의 투자 가치를 한눈에 알아봤다. 기화가거(奇貨可居), 진기한 물건이나 사람은 당장 쓸 곳이 없다 해도 다음을 위해 간직할 필요가 있다는 말은 여기서 나왔다.

하지만 일이 그렇게 쉽게, 생각대로 되는 경우는 적다. 첩첩산중이다. 먼저 진의 안국군(安國君)은 둘째여서 태자는 맏이가 차지했다. 그런데 소왕 40년에 태자가 죽고, 차남인 안국군이 태자가 되었다. 게다가 왕이 마음에 두었던 화양부인(華陽夫人)은 아들이 없고, 마음에 두지 않았던 하희(夏姬)에겐 자초가 있었다. 이 지점에서 대상인 여불위는 자초를 화양부인의 양자로 만들었다. 진으로 돌아간 자초는 장양왕(莊襄王, BC 281~BC 247)이 되고, 여불위를 불러 승상(丞相)의 자리를 권했다.

장양왕은 오래지 않아 사망하고, 13살 영정이 왕위에 올랐다. 영정은 권력을 바로잡을 수 없었다. 어쩔 수 없이 여불위를 포함해 주위의 도움을 받았다. 그리고 기원전 238년 상국으로 있던 여불위를 물리치고, 환관 노애(嫪毐, ?~BC 238)를 제거하며 자신의 정치를 펼쳤다. 그 과정에서 여불위는 자살로 생을 마감했지만, 여불위가 진나라에 미친 공적은 컸다. 예를 들어 자초를 왕으로 만든 것이나, 고위 지도자로서 진의 발전을 위해 애쓴 점, 그리고 그가 편찬한 『여씨춘추(呂氏春秋)』 등을 통해 진나라의 발전을 기원한 점 등이 그렇다.

진시황이 활동한 전국시대 말기는 중국 역사상 가장 혼란스러운 시기였다. 철기의 보급으로 생활과 형편이 더 좋아졌을 텐데, 사람들은 이를 좋게만 활용하지 않았다. 이에 앞서 씨족 공동체 질서가 해체되자 사람들은 농사를 지어 자립했다.* 이는 사회체제의 변화로 이어졌고, 제후국은 세력이 강한 일곱 나라로 재편되었다. 전국칠웅이다. 끊임없이 싸웠다. 전국(戰國), 말 그대로 다 싸우는 나라들이다. 백성들은 잦은 전쟁과 이를 위한 동원과 부역으로 심신이 지칠 대로 지쳐 있었다. 누군가 이러한 혼란을 종식해 주길 내심 기원했다.

이러한 장에 진시황이 등장했다. 서북쪽의 진나라는 천하 통일의 대업을 진시황 이전부터 조금씩 준비했다. 진효공은 상앙(商鞅, ?~BC 338)의 변법을 실시하고, 실용주의적 정책을 실시했다. 진시황은 기원전 230년부터 221년 동안 전국 7웅의 한(BC 230), 조(BC 228), 위(BC 225), 초(BC 223), 연(BC 222), 제(BC 221)를 차례로 멸망시키며 중국을 통일했다. 10년 정도밖에 안 되는 시간에 전국시대를 호령하며 수백 년을 할거(割據)해 온 여섯 나라를 멸망시켰다.

재위 26년에 천하를 통일하여 36개의 군을 설치하고, 39세에 자신을 '황제'라고 칭했다. 진시황은 태황에서 태(泰)를 떼어내고 '황(皇)'을 취하고, 삼황오제(三皇伍帝)의 오제(伍帝)에서 '제(帝)'를 취하여 '황제'라는 명칭을 만들었다.** 중국 역사상 최초의 통일된 전제주의 중앙집권제 국가의 탄생이다.

진시황은 사분오열(四分伍裂)된 나라들과 그 사이의 대립과 전쟁, 이에 희생된 무고한 백성의 삶에 전쟁의 종식과 함께 안정과 평화라는 희망을 심었다. 그러나 37년 동안 왕위에 있으면서 천하를 통일하고 불로장생(不老長生)을 꿈꾸던 진시황은 5차 순시를 하던 기원전 210년 7월 사구(沙丘)인 지금의 하북성(河北省)에서 51세의 나이로 사망한다. 진시황의 갑작스러운 죽음과 통

---

* 앞의 '맹자의 평가'에서 전국시기 설명 참고.
** 혹은 삼황오제의 삼황과 오제에서 각각 한 글자씩 취하여 '황제'라고 칭하였다는 설도 있다.

일 국가의 빠른 패망은 당연히 그동안 억제되었던 부정적 시각을 증폭시켰다. 이는 진시황에 대한 비난과 섞이어 그의 업적도 폐기처분시켰다. 그러나 변화와 장의 측면에서 보면, 진의 통일과 진시황의 정책에서 반면교사 삼을 일이 적지 않다.

진나라는 춘추와 전국을 거치며 오랫동안 존재했지만, 통일제국 진은 기원전 221년에서 기원전 207년까지 짧은 시간 존재했다. 진은 중국 역사상 처음으로 중앙집권제와 군현제를 시행하였다. 나아가 분봉제 폐지, 문자 통일, 도량형 통일, 법령의 통일은 이후 중국의 발전에 크게 기여하였다.

하드웨어적인 통일이 영토의 통일이었다면, 소프트웨어적인 통일은 당시 사회에 다양하게 존재하던 관습과 제도 등을 정리하는 일이었다. 영토의 통일보다 더 어려운 것이 소프트웨어의 통일이다. 일반 백성을 포함하여 전방위적으로 발생한 저항, 여기에는 정치적 저항과 달리 문화적이고 일상적인 낯섦에 기초한 반발이 있을 수밖에 없다. 소프트웨어적 통일과 관련한 몇 가지 생각을 이야기해 보겠다.

첫째, 사상의 통일이다. 진시황은 여불위가 숭상한 도가와 황로 사상을 배척하고 법가사상을 수용하며 사상을 통일했다. 기원전 231년 진시황 34년에 순자(荀子, BC 298~BC 238)의 제자였던 이사(李斯, ?~BC 208)의 제안에 근거하여 유가를 탄압하고 유생(儒生)을 생매장하며, 시중에 유통되던 『시경』, 『서경』을 비롯하여 일반 제자백가의 서적을 불태워 제거한 분서갱유(焚書坑儒)를 단행하였다. 진시황을 평가할 때 많은 사람들은 이러한 분서갱유의 결과에 천착하며 그를 비난한다. 하지만 이사의 제안은 다음과 같다. 장을 바꿔 통치자의 입장에서 조금 자세히 생각해 보자.

"신이 청하옵건데 모든 문학과 『시경』, 『서경』 제자백가의 책을 가지고 있는 자는 이것을 없애도록 하고, 이 금지령을 내린 지 30일이 지나도 없애지 않는 자는 경형(黥刑)을 내리어 성단형(城旦刑)에 처하십시오. 의약, 점복, 종수(種樹)에 관한 책은 없애지 않아도 됩니다. 배우고자 하는 자가 있다면 관리를 스승으로 삼게 하옵소서."[11]

기존의 관점과 다른 점이 있다. 진시황이 예악을 제정하고 박사를 중시하여, 박사가 소지한 책과 의약, 점복, 종수와 관계된 서적을 불태우지 않은 것은 진시황이 법가만을 숭상했다고 보기 어려운 근거다. 또한 갱유(坑儒)를 당한 사람도 방사(方士)와 술사(術士)였고 학식 있는 선비는 추방하여 학술 전문 관리로 삼아 정책을 논의케 하고, 당시의 혼란한 학술사상을 정리하게 했다는 임시선(任時先)의 견해처럼[12] 갱유로 유가만을 탄압했다고 보기 어렵다.

게다가 분서는 진나라에서 진시황만 행한 것이 아니다. 적국을 물리친 후 통치에 불리하다고 생각될 경우 분서를 시행했다. 예를 들면 『맹자』만장 하에 "제후들은 자신을 해칠 것으로 보아 이를 싫어하여 전적을 모두 없앴다."라고[13] 하였다. 또한 선진 이후 한(漢)의 무제(武帝)가 실행한 '백가를 축출하고 유가만을 숭상하는(龍黜百家, 獨存儒術)' 정책이나, 명(明)의 주원장(朱元璋, 1328~1398)이 맹자의 신위를 문묘에서 들어내고, 특히 맹자의 가르침이 담긴 서적을 분서하거나 재편집한 것처럼, 진시황만 유별나게 행한 것이 아니다.

물론 결과적으로 분서갱유는 긍정적 영향보다 부정적 영향이 많았다. 사상과 학술을 정리한 진시황은 사학을 금지하였고, 이로 인해 고대 문헌과 학술 전수에 큰 손실을 초래했다. 하지만 장을 달리해서 생각하면 다른 이유가 있다. 분서에 대한 변을 조금 더 들어보면 다음과 같다.

"옛날에 천하가 어지럽고 혼란스러워도 이를 통일할 수 없었습니다. 그래서 제후들이 속속 일어났고, 말마다 옛것을 끌어들여 지금의 것을 해치고, 없는 말을 꾸며 실제를 어지럽혔습니다. 사람들은 사적으로 배운 바를 옳다 하고, 조정에서 세운 법제를 비난했습니다. 지금 폐하께서는 천하를 통일하고 흑백을 가려, 하나만 존중하도록 했습니다. 그러나 사사로이 배운 이들은 법과 제도를 부정합니다. 명령이 내려졌음을 듣고서도 사사로이 배운 것을 옳다 여기고, 조정에 들어와서는 마음속으로는 틀리다고 하고, 나가서는 거리에서 떠들며, 군주에 대한 비판을 명예로 삼고, 다른 것을 고상하게 여겨 무리를 거느리고 비방을 일삼습니다. 이를 금하지 않으면 위로는 군주의 권세가 떨어지고, 아래로는 당파가 만들어지니 금하는 것이 편안합니다."[14]

재상 이사는 정치적 혼란의 폐단을 분석했다. 그는 사학의 봉기와 백가쟁명을 천하분열과 제후 분쟁의 산물로 생각했다. 사사로이 배운 것을 가지고 법과 교화를 서로 비난하고 있다고 판단했다.[15] 이에 진시황은 이사의 건의를 수용하여, 자기 뜻에 부합하는 방향으로 사학을 금지하고 학문을 정리했다. 진시황은 "법으로 가르치고, 관리를 스승으로 삼을 것(以法爲敎, 以吏爲師)"을 수용하여, 법가사상을 통치 사상으로 삼고, 법률 인재 배양에 힘썼다. 만약 당신이 이러한 장에 있는 진시황이라면 어떤 선택을 할 것인가?

이와 비교되어 역사에는 한나라 유방이 등장한다. 유방은 가혹한 법령으로 백성들의 고통이 컸음을 알고 세 가지 법령만 남겼다. "살인자는 사형에 처하고, 사람을 다치게 한 자나 물건을 훔친 자는 그 죄에 따라 판결하며, 나머지 진나라 법은 모두 없앤다."[16]

하늘 아래 새로운 것 없듯이, 진을 이은 새로운 한(漢) 왕조도 기존의 세력을 등에 지고, 나름의 '명분'을 기치로 세력을 확장했다. '명분'은 자신의 존재와 도발적 행위에 대한 정당성 확보의 일환으로 중요했다. 이웃 나라를 침범하는 데도, 누군가의 목숨을 앗아가는 데도, 항상 명분이 있었다. 명분은 승자에 의해 미화(美化)되며 정당성을 인정받았다.

결국 유방은 진을 물리치고 한을 건국했다. 자신들의 정당성을 강조해야했다. 진과 진시황의 부도덕함과 패망되어야 할 이유를 발굴하여 계속 주장해야 했다. 이러한 장에 기초한 선택, 역사는 승자의 기록이다.

둘째, 문자의 통일이다. 전국시대에는 나라별로 다양한 글자가 존립했다. 더군다나 당시에는 한 국가에서 사용하는 문자도 복잡하여 문자를 통한 교류는 생각만큼 쉽지 않았다. 예를 들어 비교적 간단한 글자인 '마(馬)'의 경우도 글자가 6가지 형태였고, '안(安)'은 8가지 정도로 달랐다. 진시황은 통일후 진나라에 통용되던 소전체(小篆體)를 표준으로 정하여, '서동문(書同文)' 즉 문자를 하나로 통일했다.

문자의 통일은 학문과 교육의 발전에 기여하였다. 당시에는 소전체를 중심으로 한 몽학(蒙學) 교재도 나왔다. 예를 들면 이사의 『창힐편(蒼頡篇)』, 조고(趙高)의 『애역편(愛歷篇)』, 호무경(胡毋敬)의 『박학편(博學篇)』 등이다. 후에 소전체의 불편함을 보완하여 예서체(隷書體)로 개선했는데, 예서체는 왕차중(王次仲)이 창제한 것을 영정의 명으로 정막(程邈)이 보완하여 만들었다고 전한다. 구부러진 글자는 곧고 간단하게 수정되며, 널리 사용되었다.

문자의 통일은 정령(政令)을 통일하는 데도 유리하였고, 하급관리와 백성들이 이해하여 일을 행하는 데도 편리했다. 물론 법으로 나라를 다스리고 중앙집권제도를 공고히 하는 데도 중요했다.

이처럼 문자의 통일은 그 파급 효과가 크고 넓다. 지식의 축적과 전파에 기여하는 바가 크다. 시간적으로는 과거의 지식을 수용하고, 미래의 유산을 창조하기 수월하다. 공간적으로는 흩어진 지역과 국가의 문화적 정서적 통일을 돕고, 소통의 불편함과 교류의 비효율적 낭비를 해소하여 지식의 확장과 발전에 기여한다. 물론 그 효과는 단명한 진 왕조에서는 발휘되지 못했다. 그러나 이어지는 왕조를 통해 그 진가를 여지없이 발휘했다.

셋째, 통일의 다른 영향이다. 당연히 강압적으로 이루어진 통일 작업은 저항과 항거의 반작용을 수반한다. 그러나 이를 통해 교역이 활발하게 일어나고, 지역 경제가 발전했다. 예를 들어 진이 통일한 영토는 군현제(郡縣制)로 관리되었다. 전국을 36개의 행정 단위인 군(郡)으로 구분했고, 이 군들은 7500킬로미터가 넘는 도로망인 '치도(馳道)'를 통해 수도와 연결됐다. 또한 각 지역의 서로 다른 도로와 바퀴의 폭을 통일한 '동궤(同軌)'를 통해 수레를 바꿔탈 필요 없이 한 대의 수레로 전국을 이동할 수 있게 되었다.

이러한 통일 작업이 만든 교류의 편리성은 지식의 유통과 발전을 촉진했다. 이러한 영향과 효과는 인터넷과 스마트폰으로 촉발된 21세기 정보화 사회에서도 발견된다. 우주선을 개발하면서 나사못의 각도를 어떻게 할지 고민하는 것은 낭비이다. 부품의 통일과 표준화 작업은 사회에 벌어지는 불필요한 일을 제거하고, 본질적 문제에 집중하여 생산의 능률뿐만 아니라 혁신의 속도를 높인다. 이를 통해 지식의 교류와 축적 및 새로운 창조가 용이해진다. 제도와 장치의 정비 없이 혼란과 혼용만 범람한다면, 사회는 그 본연의 임무와 목적에서 벗어나 불필요하고 소모적인 일에만 몰두하다 점차 쇠퇴하며 끝내 몰락할 것이다.

영토의 통일은 외형적이지만, 이를 더욱 견고하게 만든 것은 바로 내적인 소프트웨어의 통일로서 문자, 도량형, 도로와 바퀴 폭 등의 통일이다. 이를 통해 내적인 결속력과 문화적 일체감을 이뤄 외형적 통일이 완성된다. 진시황이 죽고 진나라가 멸망함으로써 진시황의 이러한 내적 통일은 자칫 물거품이 될 수 있었지만, 이러한 경험은 이후 중국에 계승되어 오늘에 이르고 있다. 비록 강압적으로 외적 통일과 내적 통일을 진행했지만, 통일이 중국 사회에 미친 긍정적 영향과 효과는 컸다.

2. 합리적 의심

우리는 알게 모르게 우리에게 인풋된 것을 철석같이 믿고 따른다. 의심은 불경스럽다. 하지만 세상이 그렇지 않음을 어렵지 않게 알 수 있다. 그러므로 끝없는 성찰과 '왜'라는 질문 속에 본질을 놓치지 말아야 한다.

『장자』의 경우도 예외는 아니다. 『장자』는 장자에 의해 집필되어 전해진 책이 아니다. 장자와 후학에 의해 글이 가감되면서 완성된 책이고, 그동안 다양한 편집을 거치면서 33편 본, 52편 본 등의 책이 존재했다. 현재 우리가 보는 것은 장자가 살았던 기원전 약 369~286년보다 한참 뒤인 서기 252~312년에 살았던 곽상(郭象)이 편찬하고 주를 달았던 33편 본이다. 북경대학교 유소감(劉笑敢, 1947~) 교수의 박사학위 논문에서는『장자』에서 내편은 장자 본인이 쓰고 외편, 잡편은 후학이 쓴 거라 추측했지만 이도 단정할 수 없다.

우리는『장자』와 장자에 대한 사상과 영향을 언급할 때, 혹은 더 나아가 고대의 많은 책과 인물의 사상을 논할 때 이처럼 세세한 것을 따지지 않는다. 사실 진위를 판단하기 어려운 것이 너무 많음에도 그냥 믿어 버린다. 구체적이고 미시적인 부분으로 들어가서 얘기하자면, 왜곡된 것이 많다.

이러한 문제는 다양한 곳에서 발견된다. 『만들어진 전통』이나 『만들어진 신』에서는 우리 주변의 잘못되고 왜곡된 믿음을 많은 예를 통해 지적하고 있다. 텍스트뿐만 아니라 더 나아가 대상의 변화 속에 스스로 믿고 싶은 것만 믿는 '본능적' 습관이 우리에겐 있다.

지금도 여전하다. 니콜라스 카(Nicholas Carr, 1959~)의 『생각하지 않는 사람들』에서는 스마트폰과 인터넷이 우리의 뇌와 사고를 변화시켰다고 본다. 즉, 사색 등을 어렵게 하는 패턴에 뇌가 길든다고 지적하고 있다.[17] 몸무게의 2% 정도밖에 안 되는 뇌는 전체 에너지의 25%나 사용한다. 막대한 에너지를 사용하는 뇌를 잘 활용하여야 할 이유가 하나 더 생겼다.

합리적 의심은 역사에도 요청된다. 역사는 있는 그대로 존재하는 것이 아니다. 다양하게 얽힌 사건 중의 하나가 선택되고, 여기에 각자의 프레임을 근거로 다시 보기가 이루어져 새롭게 탄생한다. 그러므로 시대와 상황에 맞게 역사를 재구성하는 작업이 늘 요청된다.

인물에 대한 평가도 예외일 수 없다. 한 인물에 대한 평가도 시대와 상황, 즉 당시의 장에 의해 좌우된다. 많은 사람들은 진시황에게 부정적인 평가를 한다. 잔인하고 냉혹한 폭군의 이미지가 투영된다. 물론 진시황을 변호할 생각은 추호도 없다. 개인적으로 무력, 강압, 전쟁은 반대한다. 하지만 본질을 생각하며, 성찰과 '왜'라는 질문 속에 바라본 진시황에 대한 세간의 평가에는 석연치 않은 의문이 든다. 기존과 달리 객관적이고 합리적인 의심이 요구된다. 몇 가지 떠오르는 의문을 정리하면 다음과 같다.

첫째, 진시황에 대한 비판이 과연 어느 정도까지 사실이고 객관적일까?

진시황에 대한 평가에서 그에게 지배당하거나 피해를 본 국가와 지역 사람들의 영향을 배제할 수 없기 때문이다.

둘째, 진시황에 대한 비판에서 비판의 목적을 명확하게 구분할 필요가 있다. 춘추와 전국의 혼란기를 거쳐, 혼란을 종식하고 천하를 통일하려는 난세에 어떠한 행동이 올바른지, 장의 상황과 더불어 현실적으로 생각해 볼 필요가 있다.

셋째, 처음으로 천하를 통일한 황제로서 진시황의 행동을 어느 정도까지 용납할 수 있을지, 지금의 장이 아닌 당시의 장에서, 평민이 아닌 최초의 통일 황제의 장에서 생각해 볼 필요가 있다.

이러한 관점에서 본다면, 기존의 입장에서 논한 가치적이고 주관적인 감정을 배제하고, 진시황에 대한 역사적 행위와 업적을 재조명해 볼 근거가 생긴다.

물론 새로 발견된 문헌을 참고할 필요가 있다. 진나라의 역사와 관련하여 『수호지진간(睡虎地秦簡)』, 『이야진간(里耶秦簡)』, 『악록진간(嶽麓秦簡)』 등이 발견되고, 『북경대학장서한죽서(北京大學藏西漢竹書)』 「조정서(趙正書)」에는 『사기』에서 전하는 내용과 다른 점이 많이 발견되었다.[18]

새로 발견된 문헌에 대한 연구도 고증학적 연구가 완료되지 않았기에, 이를 토대로 한 사변적 연구를 잠시 미루고 있다. 사변적 연구는 명확한 자료를 기초로 진행되어야 하는데, 기초 자료에 대한 검증이 완료되지 않았기 때문이다. 또한 자료에 대한 진위와 가치, 기존자료와 비교해 어느 것이 옳은가? 등의 과제는 지금도 진행형이다.

현전하는 『노자』 왕필본, 마왕퇴(馬王堆) 백서(帛書)본, 곽점(郭店) 죽간(竹簡)본의 다른 점을 어떻게 설명하고, 이를 노자 사상에 어떻게 접목하는지의 문제는 아직도 명쾌한 해답을 제시하지 못하고 있다. 한대의 금고문경학(今古文經學) 논쟁처럼 간단한 문제가 아니다. 물론 그렇다고 기존의 자료를 그대로 믿고 따르는 것도 옳지 않다. 특히 앞서 언급한 이유처럼 진시황의 경우에는 더 그렇다. 그렇다면 이제 합리적 의심을 발휘해서 조금 더 구체적으로 논해 보자.

짧은 시간에 여러 제후국을 물리치고, 통일하는 것은 쉽지 않다. 자연스레 진시황에 대한 부정적 평가가 곳곳에서 생길 수밖에 없다.『사기』의 기록을 보면, 노생(盧生)과 후생(侯生)은 진시황을 포악하고 고집이 센 인물로 평가했다. 사마천 역시 진시황을 탐욕스럽고 속임수와 군력만을 내세우는 군주로 평가했다.

> "진시황은 천성이 포악하고 고집스러우며 자기주장만 내세우는 사람이다. 제후 출신으로 천하를 병합한 뒤에, 득의양양하여 마음대로 하며 예로부터 자기만 한 자가 아무도 없다고 한다."[19]

> "진시황은 탐욕과 인색한 마음을 품고, 자기 생각만을 행하며, 공신을 믿지 않고, 선비를 가까이하지 않으며 왕도를 폐기하고 자신의 권위만을 세웠다. 도서를 금지하고 잔혹한 형법을 집행하였으며, 속임수와 힘을 앞세우고 인의를 뒷전에 방치한 채, 포악함을 천하를 다스리는 시작으로 삼았다."[20]

이뿐만이 아니다. 진시황에게 6국의 통일 전략을 제시한 위료(尉繚)는 진시황을 다음과 같이 평가하였다.

"진왕(秦王)이란 사람은 높은 코, 가늘고 긴 눈, 사나운 짐승 같은 가슴, 승냥이 같은 목소리, 인정이 적고 호랑이나 이리 같은 마음을 갖고 있다. 어려움에 처해서는 아랫사람에게 몸을 굽히고, 뜻을 이루면 가볍게 그 사람을 해치운다. 나는 평범한 백성임에도 진왕은 나를 대할 때 항상 몸을 낮췄다. 진왕이 천하를 얻으면 천하는 모두 진왕의 노예가 될 것이다. 진왕은 오래 사귈 사람이 아니다."[21]

그런데 이러한 평가에 의심을 가져보자. 이러한 평가는 대부분 (진나라를 물리치고 건국한) 한나라 사람 사마천이 쓴 『사기』의 기록을 전제(前提)로 한다. 그 평가의 근거를 더 넓게 잡아서 보아도, 우리가 진시황을 평가하는 근거는 도대체 누가 어떤 식으로 기록한 것인가? 혹시 편향되어 있지 않을까?

장을 바꾸어 생각해 보자. 진시황이 통솔자로서 이웃 나라를 침략하여 통일제국을 건설하는 과정에서 벌어진 피해자의 입장에서 기술된 것도 있고, 진나라를 물리치고 들어선 한 왕조에서 이루어진 것도 많다. 진과 진시황에 은혜를 입은 사람보다, 피해를 보거나 부정함으로써 자신을 상대적으로 좋게 보일 수 있는 위치의 사람들이 훨씬 많을 것이다. 게다가 부정적 요인이 과장되거나 감정적 요소가 가미되어 전해지면서, 확대 해석된 면도 무시할 수 없다.

물론 기존에도 진시황에 대한 긍정적인 평가는 존재했다. 예를 들어 그의 카리스마나 뛰어난 지도력을 평가하는 것 등이다.

"28년에 황제께서 즉위하고, 법도를 바로잡아 만물의 기준으로 삼고, 인사를 밝히니, 아버지와 아들이 화목하고, 성인의 지혜와 인의, 도리가 분명히 드러났다.…… 하루 종일 게으름 없이, 의혹을 제거하고 법령을 제정하니, 모두가 법으로 정한 바를 알게 되었다. 지방 관리의 직무가 나뉘어 일이 쉬워지고, 조치가 타당하여 바르지 않은 것이 없었다."[22]

진시황은 중국을 최초로 통일한 황제다. 황제의 위치에서 그의 행동을 보자. 다시 말해 평가에 있어 균형감과 객관성을 유지하며 그와 같은 부류의 인물과 비교하며 생각해 보자.

동시에 제한된 사료에 기초해서는 진시황 개인에 대한 평가는 통일 과업을 완수한 이전과 이후로 구분해서 보는 것이 보다 정확할 것이다. 통일 이전의 진시황은 실용적이고 합리적인 사고를 하였다. 그는 통일을 위해, 매일 120근 정도의 공문서를 처리할 정도로 자기 일에 철저하였다. 또한 명분이나 체면에 얽매이지도 않고, 인재를 중시했다. 여세호(呂世浩, 1971~) 교수는 이런 것을 강조하여 다음처럼 평가했다.

"진시황은 어떻게 해서 성공했는가? 천하 통일이라는 평생의 꿈을 이루기 전까지 단 한 순간도 흔들림 없이 묵묵히 자신의 목표를 향해 꾸준히 나아갔기 때문이다. 그러기 위해서 진시황은 감정보다는 이성을 우선시했고, 그 결과 천하를 자신의 발아래 두는 데 성공했다."[23]

결국 진시황의 장점은 그의 리더십에서 발휘되는데, 리더십의 기초는 인재를 적재적소에 기용하고, 국가를 운영하는 올바른 정책을 수립하여 시행한 것에 있다.

인재 등용에 있어서 진시황은 진목공(秦穆公, BC 682~BC 621) 때부터 실시한 '4불문' 정책을 계승했다. 바로 국적, 신분, 민족, 연령에 제한을 두지 않는 것이다. 이러한 전통으로 등용한 인재로는 몽오(蒙驁), 환기(桓齮), 양단화(楊端和),

왕전(王翦)과 왕분(王賁) 부자(父子), 여불위, 이사, 몽무(蒙武)와 몽염(蒙恬) 부자 등이 있고, 그 가운데 백리해(百里奚), 상앙(商鞅), 장의(張儀), 범저(范雎), 여불위 등은 모두 진나라 사람이 아니었어도 진의 승상을 지냈다.

차별 없는 인재의 등용은 예나 지금이나 중요하다. 물론 중간에 어려움도 있었다. 이사가 진의 재상이 되었을 때, 조정에서는 다른 나라 출신이 너무 많다는 반발과 염려가 있었다. 이에 이사는 상소문을 올려 난관을 타파하고, 천하 통일의 중요한 밑거름을 만든다. 그때 한 말이 바로 "태산은 조그마한 흙도 사양하지 않고, 황하는 작은 물줄기도 거부하지 않는다(泰山不辭土壤, 河海 不擇細流)."，『사기』이사열전에 전하는 말이다.

진시황은 자신의 목적을 위해 국적, 신분 등에 차별을 두지 않았고, 겸손한 자세로 사람들을 대했다. 예를 들어, "진시황은 그의 계책을 받아들였다. 위료를 보면 예의를 갖췄고, 옷과 음식도 위료와 대등하게 했다."[24] 그래서 위료는 "나는 평범한 백성임에도 진왕은 나를 대할 때 항상 몸을 낮췄다."라고[25] 하였다.

이러한 노력과 정성은 그가 통일제국을 이루고 난 뒤 변한다. 변화요인도 있다. 통일 황제가 되었고, 그에 대한 대우를 바라는 것도 있지만, 하드웨어적 통일을 소프트웨어적 통일로 완성하지 못했기에 보다 큰 힘이 필요했다. 이에 따른 진시황의 무리함, 기존세력의 반발과 암살 등의 위험 등이 상존했다.

결정적으로 예상치 못한 그의 죽음과 이를 악용한 무리와 불안한 사회 구조는 진시황의 업적을 부정적으로 바꿔 놓았다. 통일 이전만큼 올바른 리더십을 지속하지도 못했고, 통일을 유지할 시스템을 갖춰놓지도 못했다. 페이스북 최고 운영 책임자였던 셰릴 샌드버그(Sheryl Sandberg, 1969~)는 "리더십이란 당신의 존재로 하여금 다른 사람이 나아지도록 하는 것이며, 당신이 없는 상황에서도 그 영향이 지속되도록 하는 것"이라고 했다. 진시황은 신이 아니다. 인간이다. 하지만 결과적으로 봤을 때, 아쉬움이 남는다. 그의 초창기 리더십이 후기까지 지속되고, 그가 없는 상황에서도 운영될 수 있는 시스템을 구축했다면 중국의 역사는 달라졌을 것이다. 하지만 이 역시 욕심이란 것을 역사는 말해 주고 있다.

3. 비판적 상상

변화와 장에 따라 진시황에 대한 평가는 달라질 수 있다. 당 현종도 마찬가지다. 개원성세(開元盛世)를 연 명군(明君)이란 긍정적 평가, 안녹산(安祿山, 703?~757)의 난 등이 점철된 혼군(昏君)이란 평가가 당 현종에게 모두 존재한다.

조금 적극적으로 진시황의 장에서 생각해 본다면, 그는 통일 뒤에 오는 저항, 잔존세력의 전복 위협, 목표 완성 후의 안일함, 수차례 벌어진 암살에 대한 공포[26] 등으로 통일 전과 다른 모습을 보였다. 이러한 장에서 진시황은 자연스레 많은 사람을 의심하고, 아부와 아첨에 귀를 기울이며 점차 독단에 빠지게 되었다.

앞서 제기한 것처럼 그를 평가함에 사람으로서의 한계와 통치자로서의 한계도 고려할 필요가 있다. 나아가 진시황이 죽은 뒤, 그에게 피해를 본 백성과 민족과 국가의 입장에서 쓰인 자료는 편향되어 있을 수 있다는 생각도 가져볼 수 있다. 지금 우리가 접하는 대부분의 자료는 이런 상황에서 만들어졌다. 부정적 시각이 계속 증폭될 수밖에 없는 이유이다.

적을 물리치고, 반대 세력을 제거하면서 진의 통일이 진행되었다는 점을 생각하며, 당시의 장을 고려하여 진시황에 대한 행동을 생각한다면, 또 다른 모습의 진시황을 상상해 볼 수 있겠다. 진시황의 권력과 통일제국의 성취에서 지금 우리가 평가하는 것과 눈높이가 다를 수 있다. 같은 인간으로서 인간 대 인간으로 진시황을 평가해 보거나 혹은 동일한 역량을 지닌 다른 황제와 비교하여 평가할 필요도 있다.

통일의 대업은 그의 힘으로 이루었지만, 자신의 생멸(生滅)은 천하의 진시황도 제어할 수 없었다. 그것도 뜻한 바와 다르게 비명(非命) 객사(客死)했다. 이후, 숨죽이고 있던 일들이 벌 떼처럼 일어났다. 그동안 시행한 통일 작업이 흔들렸다. 법으로 억누르고 통제하던 일이 슬금슬금 원래 자리로 돌아가려 했다. 당연히 전국칠웅의 여섯 개 권력 집단의 천하 제패 야욕도 다시 불붙었다. 많은 일이 뒤엎어졌다. 중국 역사상 최초의 농민반란도 일어나고, 여기저기서 저항세력이 동요(動搖)하며 통일제국 진은 혼란의 도가니 속에 빠졌다.

후세 사가들이나 말하기 좋아하는 사람들은 진의 패망을 진시황과 그의 폭정으로 돌리지만, 번지수를 잘못 짚었다. 너무 성급하게 생각했다. 역사책을 꼼꼼히 살피어 고증을 하지 않아도, 합리적 의심을 갖고 변화와 장을 기초로 접근한다면, 생각이 달라진다. 발단은 바로 '그의 예기치 못한 죽음'에 있다.

기원전 210년 7월, 5차 순시에서 진시황과 함께 한 환관 조고(趙高, ?~BC 207), 승상 이사, 진시황의 작은 아들 호해(胡亥, BC 230~BC 207)는 유서를 조작했다. 호해가 2세 황제가 되고, 방해가 되는 큰아들 부소(扶蘇, ?~BC 210)는 물론이고, 충신 몽염(蒙恬, ?~BC 210), 몽의(蒙毅, ?~?) 형제를 제거했다.

교활한 조고, 권력과 출세에 눈이 먼 이사, 황제만 되면 모든 것을 다 이룰 수 있을 것이라 착각한 호해, 이들은 진시황의 뜻을 저버리는 것은 물론이거니와 진시황의 업적을 물거품으로 만들었다.

2세 황제 3년, 제후들이 잇달아 진 왕조에 반기를 들고 일어났다.[27] 결국 조고가 2세를 죽이고 자영(子嬰, ?~BC 206)을 황제 자리에 앉혔으나 즉위 1개월 만에 제후들이 그를 죽이며 진은 멸망했다. 이것은 『사기』 진본기(秦本紀)에 기록된 내용이다.

반면 「조정서(趙正書)」를 보면 내용상 다른 점이 발견된다. 가장 큰 차이점은 기존의 내용처럼 2세 호해 황제의 즉위는 장자에게 내린 조서의 위조와 그에 따른 부소의 죽음에 의한 것이 아니다라는 점이다. 5차 순행에 동행한 이사와 풍거질(馮去疾)의 진언에 의한 것이다. 다시 말해, 2세 호해의 계위(繼位)는 진시황이 죽기 전에 인가를 받았다는 것이다.[28] 중요한 문제이다.

『사기』는 진시황 사후 100여 년이 지난 뒤, 진의 역사와 관련된 여러 판본의 저작 가운데 일부를 참고하여 작성되었다. 앞서 언급했지만 「조정서」와 『사기』의 기록 가운데 어느 것이 맞을지 현재로서 판단하기 쉽지 않다. 또한 죽기 전에 인가를 받았다고 했지만 장자를 두고 작은아들에게 계위하는 것에 다른 음모는 없었는지도 알 수 없고, 사마천은 이러한 것을 참고해서 작성하지 않았을까 하는 생각도 지울 수 없다.

진시황이 비난받은 많은 일들, 그 원인은 바로 갑작스러운 그의 죽음에 있다. 물론 죽음을 조작한 이들과 진시황의 예기치 못한 죽음 사이의 상관성까지 상상할 수도 있겠지만.

장이 바뀌었다. 진시황을 새롭게 조명하는 작업이 나왔다. 장예모(張藝謨, 1950~) 감독이 만든 영화 '영웅(英雄)'도 그 가운데 하나다. 혼란을 극복하고 천하 통일을 염원하는 인물, 전쟁의 고통과 피해를 종식하려는 인물, 그러나 그 뜻을 아무도 몰라준다. 오히려 진시황을 암살하러 온 무명씨가 진시황을 이해하게 되는, 영화에서 진시황은 천하를 염려하는 고독한 인물로 묘사되었다. 물론 영화가 만들어진 당시 중국의 상황, 특히 호금도(胡錦濤, 1942~) 정권이 자리를 제대로 잡지 못하고, 국내외 문제로 분열의 조짐이 내비친 상황과 결부시켜 생각한다면 "대를 위해 소를 희생한다."든지 "주변부의 일방적 희생"을 요구하는 영화 속 행간의 의미는 진시황을 과거와 다른 모습으로 그려낸 의도까지 상상할 수 있겠다.

또한 대만대학(臺灣大學) 사학과 여세호 교수가 쓴『진시황』은 진시황에 대해 균형적인 시각을 견지한다.[29] 진시황을 폭군으로만 평가하지 않고, 진시황의 장점과 단점을 고르게 살폈다.

현실에서는 여전히 진시황에 대한 부정적 시각이 팽배하고, 폭군 이미지가 쉽게 지워지지 않는다. 진시황을 의도적으로 좋게 보아도 그를 평가한 부정적 자료가 절대적이고, 후세의 사람들이 그 기록의 영향에서 자유롭지 못하기 때문이다.

춘추전국의 혼란과 백가(百家)의 쟁명(爭鳴)으로 보았을 때, 통일을 이룬 통치자로서의 진시황을 단면적으로 평가하기에는 부족함이 많다. 지금까지 우리는 진 제국의 급속한 패망을 진시황의 폭정 때문이라고 알아왔다. 그러면서 예로 든 만리장성의 축성, 아방궁과 진시황릉 등의 건축물 축조 등은 백성들의 반발을 사기에 충분했다고. 그러나 이유는 지금까지 언급한 것처럼 다른 곳에 있음을 그리 어렵지 않게 생각할 수 있다.

정리하자면 첫째, 진시황의 예기치 못한 죽음, 둘째, 갑작스러운 죽음을 자신의 이익에 이용한 환관 조고와 승상 이사의 농단, 셋째, 조고에 의해 왕위에 오른 호해의 무능과 폭정, 넷째, 통일을 이루고 난 뒤 상대적으로 피해를 본 다른 제후국과 그 나라의 기득권 세력이 만든 저항, 다섯째, 통일 과업에서 오는 피로감의 축적과 이에 대한 반작용 등이다. 결국 이러한 이유들은 많은 힘을 요구하는 (하드웨어와 소프트웨어의) 통일에서 오는 반작용을 이길 시스텝 미비와 통일 주체의 부재를 초래했다.

물론 이는 진시황과 중국 역사에만 해당하지 않는다. 인류의 역사를 보면 이러한 일이 적지 않다. 그리스 시인 카바퓌(Constantine P. Cavafy, 1863~1933)는 「만족(蠻族)을 기다리며」라는 시에서 만족의 침입을 기다리는 로마를 그렸다.

> "왜 이렇게 갑자기 소란을 피우며 갈팡질팡할까? / (그들의 얼굴은 그토록 어두워 보인다) / 왜 갑자기 길과 광장은 텅 비고 / 사람들은 제각기 수심에 잠겨 집으로 돌아갈까? / 밤은 왔건만 만족이 아직 오지 않았기 때문이다. / 국경에서 도착한 사람들 말에 따르면 / 이제 만족은 없다고 한다. / 그러면 만족이 없으면 우리는 어떻게 되나? / 그들은 우리에겐 일종의 해결책이었던 것이다."

황제부터 원로원 의원들, 집정관들 그리고 장관들까지 만족을 영접하기 위해 모였다. 만족이 오면 변하게 될 것이어서 도시의 삶은 중단되었다. 불쾌할지 모르지만, 해결되지 않은 딜레마가 오히려 해결책일 수 있었다.[30] 역사에서 국가의 흥망성쇠와 관련된 변화는 외부의 침략에 의해서 일어나기도 했지만, 내부의 문제에 의해서 일어나기도 했다. 진시황의 경우도 장을 달리해서 볼 필요가 있다.

진이 통일했을 때와 지금은 장이 다르고 변화도 심하다. 평가에 있어서는 지금의 장이 아닌 그때의 장에서 생각해 볼 필요가 있다. 진시황의 다양한 통일 과업은 그동안 분열되어 있던 중국을 하나의 공동체로 묶어주는 실질적인 역할을 하였다. 이질적인 문화를 하나로 묶어 통일 정부를 세울 수 있다는 믿음을 각 민족과 백성에게 확인시켜 주었다. 더불어 그가 행한 업적은 다음에 이어질 한대의 찬란한 문화를 꽃피우는 남상(濫觴)으로도 작용했다.

변화와 장을 통한 합리적 의심과 비판적 상상의 날개는 우리를 조금씩 본질과 근본으로 인도한다.

사회에서의
변화와 장

사람이 모인 사회도 변화와 장의 틀로 다양한 해석이 가능하다. 사람 개체의 일이 집체로 확산되어 사회의 움직임으로 나타난다. 사람이 모인 사회는 서로서로 비슷한 움직임을 보인다. 장의 변화에 따른 구성원들의 비슷한 변화 패턴이 감지된다. 예를 들어 국민소득이 1만 달러가 되면 등산, 2만 달러가 되면 골프, 3만 달러가 되면 요트와 승마를 즐기는 패턴을 발견하기도 한다. 때론 1만 달러에는 차를 바꾸고, 2만 달러에는 집을 확장하며, 3만 달러에는 가구를 바꾼다는 속설도, 국민소득이 1만 5천 달러가 되면 민주화 운동이 일어난다는 주장도, 비슷한 인간이 모여 만든 사회의 축적된 경험에서 얻은 패턴이다.

1950년대 중반 대약진운동이 진행될 때 모택동은 "인구가 많아야 국력이 강해진다(人多力量大)."라고 했다. 1964년부터 1973년까지 인구가 9억 명이 되어, 2억 명이나 늘었다. 당시에는 인구와 국력의 비례를 당연시했다.

북경대 총장을 역임한 마인초(馬寅初, 1882~1982)는 1960년 '신인구론(新人口論)'을 주장했다. 여기에는 "지금 같은 인구 성장세를 억제하지 않으면 식량 공급과 공업화 추진 등에서 심각한 문제를 야기할 것이다."라는 논리가 깔려 있다. 물론 모택동에 반하는 것이어서 정치적 시련을 겪었다. 하지만 이 시련도 등소평이 개혁개방을 실시하면서 종지부를 찍고, 그의 이론은 산아제한

정책으로 채택되었다. 덕분에 급격히 증가하던 인구는 감소하였고, 적게 낳아 훌륭하게 키운다는 소생우생(少生優生)이 대두되었다. 당시의 장에서 다산은 야만적 행위로 인식되었다.

장은 또 변했다. 2012년에는 중국 국무원발전연구중심(DRC) 사회발전연구부에서 "한 자녀 정책을 수정해 둘째 아이 출산을 허용해야 한다."라는 주장이 제기되었다. 2015년 두 자녀 출산이 허용되어 2016년에 시행되었고, 2021년에는 세 자녀까지 허용되었다. 노동인구의 감소로 복지비용 등이 증가해 경제 발전에 제동을 건다는 이유 때문이다. 이제 과거의 제한이 풀렸다. 장이 또 바뀌었고, 사람들은 다산을 그 사람의 능력과 비례하여 생각하게 되었다.

인구정책이 시대적 상황에 따라 변한 것은 한국도 마찬가지이다. 지금 여기서 말하는 변화는 주로 사람을 중심으로 논하기에, 인구의 변동은 장의 변화를 초래할 가능성이 크다. 인구 변동은 저출산과 고령화를 비롯하여, 결혼 여부, 결혼 연령, 거주지, 가구원 수, 평균 수명 등을 포함한다.

우리는 인구 변동에 맞춰 알게 모르게 움직여 왔다. 한국의 경우 젊은이들이 수도권으로 모이는 것, 서울 주변의 신도시가 급속도로 확장하는 것도 인구 변동과 관련된다. 그러나 앞으로도 이렇게 지속되리라 단언하기 어렵다. 이러한 변화를 분석하고 예측하는 인구학은 우리 인간의 변화와 장의 관계를 면밀히 따질 수밖에 없다.

돌이켜보면 우리는 인구정책이 바뀔 때마다 새로운 정책에 참 잘 순응했다. 1960년대에는 3살 터울로 3명의 자녀를 35세 이전에 낳자는 '3·3·35 운동'을 당시 국민은 충실히 따랐다. 1970년대에는 '아들딸 구별 말고 둘만 낳아 잘 기르자'를 군소리 않고 실천했고, 급기야 한 명으로 줄더니 이제는 자식이 많은 것이 애국이란다. 그래서 3자녀 이상 가정에는 다양한 혜택을 제공하지만, 1986년에는 3자녀부터 주민세와 의료보험을 추가 부담하여 억제했다.

비단 정책만이 아니다. 우리의 일상생활도 유행을 타고 비슷한 형태를 보인다. 예를 들어, 나름의 판단에 따른 똑똑한 소비조차 이런저런 방식으로 만들어진 장에 의한 결정일 수 있다.

판단과 선택은 순수하지 못했다. 소비의 주체인 내가, 나의 욕구에 의한 주체적이고 자율적인 결정이라고 나의 선택을 생각하기 쉽지만, 사실 그렇지 못하다. 우리 사회를 둘러싼 거대한 공급 시스템에 의해 조작된 행위일 가능성도 크다. 구매 행위의 80%는 무의식 상태에서 이루어진단다. 그리고 그 속에서 길들어, 현명하다고 생각하는 소비자조차 파블로프(Pavlov, Ivan Petrovich, 1849~1936)의 개처럼 변하고 있다. 물론 이러한 선택도 뒤에서 언급할 게이트키퍼(gatekeeper)와 같은 장이 갖는 구조에 의해 조정되지만.

사회를 지배하는 가치관도 예외는 아니다. 사상사를 보면 사회를 지배하는 중심적 가치관도 가족계획처럼 시대와 상황에 따라 달라졌음을 발견할 수 있다. 개인 혹은 사회의 인식 변화는 결국 외부의 인풋에 의해 변한다. 단순화시키면 아래와 같다.

인풋(Input) → 개인 주체 혹은 사회의 장(場) → 아웃풋(Output)

장의 또 다른 측면이다. 물론 장을 어떻게 규정하느냐에 따라 좀 더 복잡한 아웃풋이 나온다. 예를 들어, 내부의 변화에 의한 것, 장의 중첩에 의한 영향 등이 있다. 또한 아웃풋된 것이 그대로 인풋되어 장에 영향을 줄 수도 있다. 더 들어가 인풋과 장, 장과 아웃풋의 관계를 명확하게 구분하자면 조금 복잡해진다. 장의 중첩 등이 입체적으로 작용한다. 명확하게 구분해야 할 문제이지만, 이것은 각각의 사안에서 논하는 것이 효과적이다.

세부적인 차이는 있지만, 그런데도 소수민족 사회의 변화와 장의 탐구에서는 '장의 변화'에 따라 '같은 인풋'에서 '다른 아웃풋'이 나온다는 것에 초점을 맞췄다. 접근하는 각도가 가족계획의 변화와 다르다. 인풋의 변화에 따라 아웃풋이 달라지고, 어느 시점에 가서 이러한 것이 장에 변화를 일으킴을 확인할 수 있다. 아이를 한 명 낳는다는 인식에 초점을 맞춰 생각해 보면, 아이를 한 명 낳는다는 인풋에 대해, 모택동 시절에는 부정적 아웃풋이 나왔고, 등소평 시절에는 긍정적, 그리고 현재는 비관적 시각이 팽배하다. '인풋은 동일'하지만, '아웃풋이 달랐다.' 이것은 바로 가족계획에 대한 '장이 달랐기 때문'이다.

장은 장에 속한 사람들이 인식하는 기본적 틀을 만들지만, 무엇을 어떤 장을 기준으로 보느냐에 따라 다른 결과가 나온다. 아이를 낳는다는 인풋은 동일할지 모르지만, 이것이 장의 변화에 따라 어떤 때는 다산(多産)이 미덕이고, 어떤 때는 소산(小産)이 미덕인 결과를 아웃풋하였다. 우리가 많이 다투는 시비(是非)의 다툼은 이러한 연유로 합의를 보기 쉽지 않다. 그러므로 '각각의 장을 아우르는 보다 넓은 장'에서 시비의 문제를 생각하는 지혜가 요구된다.

01

고대와 현대 사회에서

1. 시간의 단축, 공간의 축소

우주(宇宙)의 한자는 각각 공간과 시간을 뜻한다. 우주도 변한다. 우주는 더 커지고 더 넓어진다. 태양계의 행성도 태양계가 속한 은하도 빠른 속도로 움직인다. 그 큰 변화를 우리는 느끼지 못한다.

우주의 탄생은 시간과 공간의 탄생이다. 스티븐 호킹(Stephen William Hawking, 1942~2018)에 의하면 우주가 갓 탄생해서 소립자보다 작았을 때, 시간이라는 개념은 의미를 갖지 않았다. 공간이 두 사물 사이의 관계를 나타낸다면, 시간은 두 사건 사이의 관계를 나타낸다. 그래서 시간이 먼저 존재한 것보다, 두 사물과 그 사이의 관계가 먼저 존재한 것으로 생각할 수 있다.

뉴턴(Isaac Newton, 1642~1727)의 시간이나 공간은 우주에 하나뿐이며, 이것은 그 안에서 여러 가지 현상이 일어나는 '무대'였다. 반면 아인슈타인(Albert

Einstein, 1879~1955)의 특수 상대성 이론은 시간과 공간이라는 무대가 하나가 아니라 관측자마다 있음을 밝혔다. 일반 상대성 이론은 무대인 시간과 공간이 무대 안에 등장하는 물질에 의해 변한다는 사실을 보여주었다.

물리학에서뿐만 아니라 우리의 현재와 과거를 비교하는 데 있어서도, 시간과 공간은 절대적이지 않다. 상대적이다. 불가에서 말하는 찰나(刹那)와 겁(劫)은 극과 극의 시간 개념이지만, 상대적 개념으로밖에 생각되지 않는다. 순간을 뜻하는 산스크리트어 크샤나(kṣaṇa)를 음역한 찰나가 75분의 1초라는 제아무리 짧은 시간이어도, 칼파(kalpa)를 음역한 겁이 잠자리 날개보다 얇은 천으로 3년에 한 번씩 둘레 40리의 바위를 스치며 사라지게 하는 데 걸리는 끔찍하게 긴 시간이어도 말이다. 인지의 범위를 넘어섰다.

현실에서 생각해 보면, 객관적 시공간은 과거나 지금이나 그대로이지만, 교통과 통신의 발달로 체감하는 시공간은 변하였고, 그것은 과거보다 단축되었다.

시간의 경우를 보자. 석기시대부터 1800년까지 연평균 성장률은 0.00002%였다. 1870년의 생활환경은 지금보다 중세와 더 비슷했는데, 4명 가운데 1명은 유아기에 사망하고, 50살까지 사는 사람은 많지 않았다. 양초와 고래기름으로 불을 밝히며 지냈다.

1870년 이후 발명된 전기, 내연기관, 자동차, 합성 직물, 냉장고, 전화기, 의약품 등은 1940년까지 인류의 삶을 혁신적으로 변화시켰다. 1940년 이후 극적으로 생활을 바꾼 것은 에어컨, TV, 인터넷 정도이다. 1940~70년은 이러한 변화가 성숙하는 시간이었다. 어쩌면 지금 말하는 4차 산업혁명이라는 것은 제2차 산업혁명기인 1870~1970의 변화에 비하면 그리 대단한 것이 아닐 수 있다.[1] 이처럼 시간은 상대적으로 작용했다.

공간도 예외는 아니다. 우리가 사는 도시라는 공간을 놓고 볼 때, 도시도 인간이 이동하는 데 걸리는 시간에 비례해 상대적으로 변하였다. 인간이 도보로 이동하던 때, 버스로 이동하던 때, 지하철, 고속열차……, 교통수단의 발달에 따라 서울도 런던도 모두 확장되었다.

이동수단의 발달에 따라 '인간의 영향권 안에 들어가는 공간'이 압축되어, 도시는 확장되고, 반대로 도시의 확장은 이동수단의 발달을 촉진하면서 서로의 변화를 촉진했다. 예를 들어 45분 규칙은 바그다드에서 뉴욕에 이르기까지 모든 도시에서 발견된다. 1800년대 런던의 반경은 5km로, 이는 당시 주요 이동수단인 걷기에 기인한다. 반경 5km 정도는 걸어서 45분 정도의 활동 면에 들어가기 때문이다. 10배 이상 넓어진 오늘날의 도시는 주요 이동수단인 자동차로 45분 정도 걸린다.* 결국 이동수단이라는 기술의 변화에 따라 도시 공간의 면적은 확대되고, 덩달아 체감하는 면적도 늘어났다.

우리가 사는 이곳도 그렇다. 수도권은 점점 커진다. 그리고 그곳으로 사람들이 몰린다. 우리만 그런가? 지금만 그런가? 앞으로는 어떻게 변할까? 지금 우리를 둘러싼 장을 벗어나 생각하고 탐구할 이유이다.

물론 통신수단의 발달도 인간이 감지하는 공간의 압축을 불러일으켰다. 1880년에서 1918년 사이의 변화를 관찰한 스티븐 컨(Stephen Kern, 1943~)의 『시간과 공간의 문화사 1880~1918』의 글을 잠시 인용해 보겠다.[2]

"'거리의 소멸'은 더 이상 공상과학소설의 공상이나 물리학자들의 이론적 비약만은 아니었다. 사람들은 돈을 벌고, 밀을 팔고, 연설을 하고, 폭

---

* 트래필은 중심에서 변두리까지 가는 데 한 시간 정도 걸릴 때까지만 도시가 커 나간다는 것을 발견했다. 사람들은 일하러 가거나 장 보러 가는 데 45분 이상 걸리는 거리면 가지 않는 경향이 있다고 한다. 김덕삼, 『문수창, 문화의 수용과 창조』, 북코리아, 2013, 79쪽.

풍을 경보하고, 교통 정체를 예방하고, 화재 소식을 알리고, 채소를 사고, 혹은 점점 더 멀리까지 통신할 수 있게 해주는 문명의 이기에 신속하게 익숙해지면서 실제로 거리의 소멸을 경험하고 있었다."

위의 인용문에서는 당시 발명된 전화가 사회에 미친 영향을 묘사했다. "전화는 뇌의 구조를 변화시킨다."라는 것처럼 당시 전화는 '거리의 소멸'과 '인간의 인식'에 변화를 가져왔다. 책에서는 전화기 외에 자전거, 자동차 등을 예로 들었다. 자동차는 평생 동안 집에서 몇백 킬로미터 이상 가본 적이 없는 사람에게, 전화는 메시지를 전하는 데 며칠에서 몇 달 이상 걸리던 사회에 혁명적 변화를 일으켰다. 이러한 기술의 변화는 주체와 장의 변화를 촉발했다.

지난 2000년 동안의 인류사를 살펴볼 때, 세계 경제는 현대에 가까울수록 빠른 속도로 발전하였다. 기원 1년부터 1000년 동안 세계의 인구는 16.2%(연 0.015%) 증가한 반면, 서기 1000년부터 2000년 동안에는 세계의 인구가 2,200%(연 0.31%) 증가하였다. 1인당 소득도 전기에는 약간 감소하였지만, 후기에는 1,300%(연 0.26%) 증가하였다.

산업혁명을 전후하여 지식의 양이 두 배로 늘어난 데 걸린 시간은 1750~1900년까지 150년, 1900~1950년까지 50년, 1950~1960년까지 10년이었고, 2020년에는 73일을 주기로 두 배씩 늘어난다고 전망하곤 했다. 산업혁명이 본격적으로 시작된 1820년을 중심으로 1000년부터 1820년까지를 전기로 보고, 1820년부터 1998년까지를 후기로 보면, 전기에는 세계 인구가 약 390%(연 0.17%), 1인당 소득이 약 53%(연 0.052%) 증가했다. 반면, 후기에는 세계 인구가 약 560%(연 0.97%), 1인당 소득이 약 850%(연 1.21%) 증가했다.[3] 시간이 지날수록 변화의 속도가 빨라지고 있다. 시간의 압축이다.

변화가 기하급수적으로 일어나고 있다. 작은 것이 큰 것의 축소인, 큰 것이 작은 것의 확장인 프랙탈 이론을 적용해서 생각해 본다면, 공간뿐만 아니라 역사의 시간에서도 프랙탈 이론과 같은 패턴을 찾을 수 있다. 역사의 반복이란 말도 어떤 면에서는 이와 통한다.

물론 우리는 모든 것에 이러한 개연성을 두지 않는다. 관련이 있는 것도 있지만, 그렇지 않은 것도 있음을 인정한다. 그러나 그 속에서 관련성이 크고 시사적 의미가 있는 것을 골라 제시하고, 그 속에서 생각을 확장하는 것은 가치 있는 일이다. 가장 큰 장점은 과거를 보는 것처럼 오늘을 보는 것, 이것은 오늘을 객관적으로 볼 수 있는 것에 가깝다.

앞서 맹자와 진시황을 언급하며 전국시대는 중국 역사상 가장 혼란스러웠던 시기라고 말했다. 노예제 사회에서 봉건제 사회로 변하고, 철기가 보급된 시기였다. 철기의 보급은 생산력의 발달을 가져왔고, 많은 노예가 농사를 지으며 자립했다. 사회체제의 변화를 불러일으켰다.

전국시대와 현대의 사이에는 공간과 시간의 변화가 있다. 공간의 축소에서 영향력이 가장 큰 것은 이동수단(교통)과 연락수단(통신)이다. 춘추전국시대에 교통과 통신에 중요한 역할은 '말'이 담당했다.* 말은 당시 교통수단 가운데 가장 신속했고, 통신수단으로 가장 정확하고 빨랐다.

통신수단의 측면에서 보자. 중앙집권적 통치를 위해서도 빠른 속도로 명령이나 문서를 전달할 필요가 컸다. 그래서 역전(驛傳) 혹은 거(遽)를 설치하여, 말을 바꿔 타며 빠르게 소식을 전달하였고,[4] 속도가 점점 중요하게 되자 지금 기준으로 약 35리마다 역참을 설치했다.[5]

---

* 춘추시대에 좋은 말을 키우려고 노력한 흔적이 보이는데, 그 이유는 크게 두 가지로 볼 수 있다. 즉, 통신의 수요와 전쟁의 수요에 의해서다. 楊寬, 『戰國史』, 上海人民出版社, 1998, 337쪽.

춘추전국 시기에 사용된 말은 체구가 작은 몽골 종자였다.[6] 현재 일반적인 말의 최고시속은 $48km$, 속보(速步)로 움직일 때는 평균 시속 $20km$ 정도다. 달릴 수 있는 거리는 제한적이다. 명마인 천리마도 $400km$, 물론 대부분의 말은 이 정도도 못 달리므로, 빨리 멀리 달리기 위해 중간에서 말을 바꿔 타야만 했다. "정(鄭)에서 양(梁)으로 가는데 100리 길이고, 진(陳)에서 양으로 가는데 200리 길이지만 말로 달리면 두 역참 사이의 거리 정도"라는[7] 기록에 근거, 200리 정도 즉 $80km$ 정도는 말 한 마리로 주파할 수 있는 거리였다.

반면 『한비자(韓非子)』 난세편(難勢篇)에서는 좋은 말과 수레로 달려도 50리마다 갈아타고 달려야 목적지에 이를 수 있고, 하루에 천 리에 이를 수 있다고 했다.[8] 말을 바꿔 타며 소식을 전한 전국시대와 실시간으로 곳곳에 대량의 소식을 전하는 오늘을 비교하면, 그 차이가 크다.

말의 속도를 최대치로 잡아 현대의 상황과 비교하면 다음과 같다. 현재 일반적으로 비행기의 평균 속도는 시속 $900km$, 물론 음속 비행기도 있고, 지구가 아닌 외계를 향하는 우주선도 있다. 대강 비교해서 말을 시속 $50km$, 비행기를 시속 $900km$라고 하면 약 20배 정도 차이가 난다. 사실 속도뿐만 아니라 얼마나 오랫동안 이동할 수 있는지를 따지는 '지속성'과 이동할 수 있는 '사람 수나 물량'을 생각한다면, 그 차이는 크다.

현재 중국의 전체 면적은 $9.597 \times 10^6 km^2$로 세계 4번째이다.[9] 그러나 전국시대와 지금의 중국은 차지하는 면적이 다르므로, 전국시대 면적을 대강 계산하면 현재의 5분의 1에서 4분의 1 정도에 불과하다.* 반면 지구의 표면적

---

* 전국시대 영토에 대한 정확한 계산을 하여야 하는데, 대강만 계산해서 생각해도 될 것이라 여겨 그 대강만으로 계산하였다. 정확한 계산을 위해서는 繆文遠의 글을 기초로 생각해 볼 수 있을 것이다 (繆文遠, 『戰國制度通考』, 巴蜀書社, 1998, 81~240쪽).

은 $5.1 \times 10^8 km^2$이므로 전국시기 면적을 지구와 비교해서 당시 면적이 현재 중국의 5분의 1 정도라고 보면, 지구는 전국시기 면적의 2500배이고, 4분의 1로 계산하면 2000배 정도가 된다.

중원지역에도 사람의 발길이 미치지 않는 산과 강이 포함되지만, 지구에도 북극과 남극을 포함한 오지와 넓은 바다가 포함되어 있다. 그러므로 이를 고려하여 인간이 활동하는 주요 면적만을 놓고 비교한다면 전국시기 활동 면적과 지구에서 인류의 활동 면적 간의 차이는 지금의 계산보다 훨씬 줄어든다. 물론 말은 달리면 달릴수록 현대의 교통수단에 비해 속도·지속성·물동량 등에서 차이가 더 크게 벌어진다.

전국칠웅에서 가장 북쪽에 있는 연(燕)나라의 수도 북경에서 초(楚)나라의 회계(會稽)인 지금의 강소성(江蘇省) 소주(蘇州)의 거리는 소주보다 남쪽에 있는 상해까지 비행기로는 2시간 정도, 현재 가장 빠른 고속철로는 4시간 48분 정도 걸린다.

중국철도총공사가 2016년 7월 발표한 통계에 따르면 중국에서는 2008년 북경에서 천진(天津) 간 고속철도가 처음 개통된 이후, 하루 4200여 편의 G급(시속 300km 이상) 고속열차가 운영되고 있다. 중국 철도에서 운행되는 전체 여객열차 중에서 고속열차가 차지하는 비중은 63%에 달한다.[10] 비록 최신 자료는 아니지만, 전국시대와 현대의 차이를 비교하기에 충분하다고 생각한다. 두 시대 사이에서 이동 속도도 차이가 나지만, 이동하는 물량과 사람 수를 비롯하여 이동할 수 있는 거리에서 더 큰 차이가 남을 가늠할 수 있다.

반면 고대 중국의 인구는 서진(西晉) 시기 황보밀(皇甫謐, 215~282)의 『제왕세기(帝王世紀)』에 근거하여 하우(夏禹)시기에는 1350여만 명, 주나라 성왕(成王) 때에는 1370여만 명, 전국시대에는 잦은 전쟁으로 인하여 1000여만 명 정도로 추정된다.[11] 신빙성이 있거나 정밀하지 못하지만, 2021년 기준 중국의 14억 5천만의 인구와 비교하면, 그 차이를 어느 정도 가늠할 수 있다.

교통수단의 속도 면에서뿐만 아니라 이동하는 인구에서도 많은 변화가 있다. 특히 현대에는 교통의 발달뿐만 아니라 정보통신의 발달로 더 많은 소통과 왕래가 가능하다. 그래서 전국시대에 활동했던 장자와 맹자는 같은 시대를 살았고 활동 지역도 멀지 않았음에도, 『맹자』나 『장자』의 글에서 서로에 대한 언급을 찾아볼 수 없다. 이로 미루어 지금 보기에 지척의 거리여도 당시에는 소통이 쉽지 않았음을 생각할 수 있다.

2. 전국칠웅과 G7

이상의 논의를 좀 더 진전시켜 비판적 상상을 가미하여 논의를 전개해 보겠다. 먼저 전국칠웅의 사전적 설명과 이를 현대의 G7으로 변형시켜 비교하면 다음과 같다. 전국칠웅에 대한 사전적 설명이다.

전국칠웅은 전국시대에 중국의 패권을 놓고 다퉜던 7개 강국을 일컫는 말로 동방의 제(齊), 남방의 초(楚), 서방의 진(秦), 북방의 연(燕), 그리고 중앙의 위(魏) · 한(韓) · 조(趙) 나라 등이 이에 속한다. 춘추시대에는 독립된 소도시 국가 100여 개가 산재하고 있었으나 중기 이후 농업생산력의 향상과 상업경제의 발달에 따라 강대한 영역 국가가 형성되었다. 7웅이란 이러한 강대국가를 일컫는 말로 각국은 더욱 부강한 국가로 발전하려고 내정의 충실과 군비의 확장에 진력하였다. 이 중 진나라는 상앙(商鞅)의 변법(變法) 이후 국력이 신장하여 기원전 221년 천하를 통일하는 데 성공하였다.

이를 G7에 맞춰보면 다음과 같다.

G7은 21세기를 전후하여 지구의 패권을 놓고 다툰 7대 강국을 일컫는 말로 동방의 미국과 캐나다, 서방의 프랑스 · 영국 · 독일 · 이탈리아,* 그 밖에 북방의 러시아, 중앙의 한국과 중국, 일본, 남방의 오스트레일리아 등이다.** 당시 독립된 국가가 200여 개나 산재하고 있었으나 중기 이후 정보통신과 교통의 향상과 세계 경제의 발달에 따라 강대한 영역 국가가 형성되었다. G7이란 이러한 강대국가를 일컫는 말로 각국은 더욱 부강한 국가로 발전하려고 내정의 충실과 군비의 확장에 몰두하였다. G7에 들어가 있지 않았던 중국은 등소평의 개혁개방 이후 국력이 신장하여 G2가 되는 데 성공하였다.

전국칠웅은 대립하는 국가들이고, G7은 우호적 관계의 나라여서 서로 다르다고 말할 수도 있다. 전국시대와 춘추시대를 가르는 기준은 진(晉) 나라가 한(韓) · 위(魏) · 조(趙)로 분열된 역사적 사건과 관련된다. 서주(西周)로부터 제후로 책봉된 제후국 진이 세 나라로, 그것도 내부의 하극상에 의해 분열되었다는 것은 서주적 봉건질서가 끝났다는 것을 의미한다.

이후 서주의 봉건질서 대신에 약육강식과 힘의 논리 속에 국력을 겨루는 전국시대가 전개되었다. 춘추시대의 전쟁이 패권을 차지하는 것이 주요 목적이었다면, 전국시대의 전쟁은 토지 겸병이 주요 목적이었다. 이에 따라 백성의

---

* 그 외에 EU(유럽연합)의 의장국이 참가한다.

** 한국, 중국, 오스트레일리아와 러시아는 포함되지 않는다. 러시아가 1997년에 참가하면서 G8이 되었다. 1999년에 열린 IMF(국제통화기금) 총회에서 한국 · 중국 · 러시아 · 오스트레일리아가 포함되고, 아르헨티나 · 브라질 · 인도 · 인도네시아 · 멕시코 · 사우디아라비아 · 남아프리카공화국 · 터키 등이 포함되면서 G20이 되었다. G20은 세계 인구의 3분의 2, 국내총생산(GDP)은 세계의 90%, 교역량은 80%를 차지한다.

피해는 커졌고, 시간이 지날수록 많은 사람들이 통일을 갈망하게 되었다.

철제 농기구의 보편적 사용이나 수리 관개시설의 발전, 황무지의 개척, 생산기술의 발전, 이모작의 진행 등에 힘입어 전국시기의 농업 생산량은 증가했다. 이는 과학기술의 발전에 힘입어 현대 사회의 재화가 풍부해진 것처럼, 전국시기와 현대에는 닮은 면이 있다. 게다가 남북으로 약 5,500km, 동서로 약 5,200km인 현대의 중국이 산이나 고원이 많아 지리적으로 자연스러운 통합체를 추구하기보다 문화적으로 통일을 이루려는 것과도 비교하여 논할 수 있다.

제나라의 소금과 수산물, 연나라의 대추와 밤, 초나라의 비단과 칠기처럼 전국시대에는 각 지역마다 특산품이 있었다. 전국시대 각 지역의 특산품과 이를 토대로 한 지역 간의 상호 의존 관계를 중심으로 통일에 미친 영향을 분석할 수도 있다.

진시황은 사망할 때까지 10년 동안 다섯 차례에 걸쳐 전국을 순행하였다. 순행을 위해 소나무로 가로수를 심고 널찍한 폭의 3차선 도로인 치도(馳道)라고 불리는 황제 전용 도로를 건설했다. 무리한 순행은 구설수에도 올랐지만, 나중에 이 길은 교역과 교류의 중요한 통로가 되어 지역사회의 발전을 추인했다.

나아가 전국시대와 진의 통일 속에서 각 제후국의 경제적 관계는 현대의 G7의 상황과 크게 다르지 않다. 이러한 측면에서 전백찬(剪伯贊. 1898~1968)은 "전국시대의 역사는 겉으로 보기엔 '칠웅병립(七雄竝立)'처럼 보이지만 사실 그 내면은 바로 각 지역의 경제 발전이 평형 상태를 이루고 있다는 정치적 표현"이라고 말했다.[12]

물론 이러한 비교의 목적은 전국칠웅과 G7 자체에 있지 않다. 나아가 유럽의 통일이나 EU와의 비교도 가능하고, 비스마르크(Otto Eduard Leopold von Bismarck, 1815~1898)의 프로이센(Preussen)이 베스트팔렌 조약 이후 수백 년 동안 갈라져 있던 300여 개의 국가를 병합시킨 것과도 비교해 볼 수 있다. 중요한 것은 이러한 비교와 비교의 대상에서 찾는 본질적 특징이다. 예를 들자면 분열에서 통일로 변하는 과정에서 얻는 이로움, 역사의 시간적 간극 속에 지금 여기를 객관적으로 보며 얻는 교훈 등이다.

진나라가 통일할 수 있었던 이유를 잠시 생각해 보면, 첫째, 겸병 전쟁의 승부가 백성들의 마음을 결정하는 데 중요한 작용을 했다. 그래서 정치적으로 비교적 앞서 있는 진나라가 통일 임무를 완수할 수 있었다. 둘째, 진나라는 겸병 전쟁 중에 많은 국가의 영토를 차지하였고, 그러면서도 현지인들의 생각과 요구에 부합하는 정책을 펼쳤다. 셋째, 사회경제의 발전은 하나의 통일된 국가를 염원하는데 이러한 시대적 분위기와 부합하였다. 넷째, 춘추전국의 혼란기를 지내온 많은 백성들의 절실하고 절박한 통일에 대한 바람이 있었다.[13]

하드웨어적인 영토의 통일은 빠르게 완성했지만, 제후국들의 문화와 전통을 통일하는 소프트웨어적 통일은 더 많은 시간과 노력이 요구되었다. 기존의 권력은 세력을 만들어 호시탐탐 전복의 기회를 엿보고, 백성은 반발하였다. 결국 피로감의 누적에 따른 제후국의 저항과 진 제국의 무기력함과 진시황의 예기치 못한 죽음은 여물지 못한 진의 통일을 급속히 와해시켰다.

문자의 통일과 도량형의 통일 등으로 표준과 규격을 만들어 쓸데없는 소모를 줄이고, 오랜 전쟁과 다툼에 지쳐 있던 백성들의 불안함을 종식시키며 심리적 안정을 마련할 수 있었다. 일반 백성에게는 국가 · 전통 · 이념보다 현실의 고난과 생명의 위협을 제거하는 것이 더 중요했다. 결국 진은 자신의 업적을 누리지 못하고 단명했다. 그러나 그 업적은 한 왕조로 이어져 한의 문화가 발전하고 꽃피우는 밑거름이 되었다.

과거를 혹은 미래를 어떻게 생각하는가? 과거는 차갑고 날카로운 이성의 잣대로 보는 반면, 우리가 사는 지금 이 순간은 익숙하다는 이유로 너무 편안하고 친근한 감정의 잣대로 보는 게 아닌가? 물론 이러한 논의에 경계할 점은 많다. 그 가운데 하나가 과거의 몇 가지 문제에 미래를 종속시키는 초점주의다.

전국칠웅과 G7의 시간상 간극은 최소 2200여 년 정도다. 그사이 인류 역사에 실로 많은 일이 발생했다. 그러면서 우리는 아주 쉽게 20여 세기 이전의 시대를 미개했다고 판단한다. 그것은 과거보다 나름 발전한 오늘에 길든 인식습관 때문이기도 하지만, 과거와 현재라는 시간의 거리 두기를 통해 과거의 상황을 객관적으로 볼 수 있는 관점이 확보되었기 때문이기도 하다. 그럼, 지금을 미래의 시점에서 바라보며 지금 상황을 객관적으로 판단할 수 없을까? 그래서 인류 발전에 저해되고, 비효율적인 것을 거둬내며 인간 개개인의 발전과 행복을 앞당길 수 없을까?

공간과 시간을 확장해서 생각한다면, 달나라에서 방아 찧던 낭만적 토끼는 이제 달나라에서 사라졌다. 1972년 12월 14일 유진 서넌(Eugene Cernan, 1934~2017)이 달에 갔다 온 것을 마지막으로 미국의 우주비행사 26명이 달에 다녀왔고, 그중 12명이 달에 내려 총 80시간 동안 6군데를 탐사했다. 인류는 달의 신화 속 낭만을 잃어버렸지만, 또 다른 낭만을 과학과 기술의 발달에 근거해 상상하고 있다.

게다가 다른 각도에서 생각해 보면, 138억 년 전에 태어난 우주에는 태양처럼 스스로 빛을 내는 1,000억 개 정도의 항성이 있는 은하가 1,000억 개

정도 존재한다. 지적 외계생명체가 존재할 가능성이 크다. 영국 더타임스가 2010년 4월 25일 보도한 자료에 따르면, 스티븐 호킹은 외계생명체가 존재하고, 그 가운데 지적 외계생명체가 지구를 공격할 가능성이 크기 때문에 가급적이면 접촉을 피해야 한다고 주장했다. 그리고 그는 외계생명체와 인류와의 접촉을 콜럼버스가 원주민을 잔인하게 학살하였던 것에 비유했다.[14]

앞서 언급한 것처럼 역사에도 프랙탈 이론을 활용할 수 있고, 역사적 사건이 반복되어 되풀이되는 경우도 많다. 역사는 오늘 여기 우리에게 어떻게 사는 것이 바람직한지 이미 알려주었다. 다양한 변화 같지만 패턴은 일정했다. 하지만 이런저런 이유로 애써 외면하며 살고 있다. 이 또한 반복이다.

갑과 을의 관계가 뒤바뀔 수 있다. 그래서 입장 바꿔 생각도 하고, 공감도 해봐야 한다. 사실 이러한 문제는 인간과 인간, 인간과 생물과의 관계에서도 생각해 볼 수 있다. 조선 시대 인물성동이론(人物性同異論)도 같은 맥락에서 생각할 수 있겠다. 또한 이러한 것들을 통해 우리는 서구가 근대 이후 자행한 제국주의 침략과 만행을 반성하고, 다시는 이러한 일이 되풀이되지 않도록 각성해야 함도 깨닫게 된다.

전국칠웅과 G7의 비교는 현재 우리에게 객관적이고 보편적인 사고를 견지하도록 요청한다. 그렇다면 이런저런 단상을 묶어 지금까지의 비교가 우리에게 던지는 과제는 무엇일까?

첫째, 백성이 국가 간의 전쟁으로 고통 받는 것은 예나 지금이나 여전하다. 전국칠웅이 하나의 나라로 통일된 뒤, 각자의 제후국을 위해 그동안 목숨 걸고 치른 무수한 전쟁이 무모해진 것처럼, 지금의 세계가 하나로 통일된다면 지금 벌어지는 전쟁과 분쟁이 얼마나 무모해 보일지!

현대의 과학기술은 인류와 지구를 모두 멸망시킬 파괴력이 있고, 특정 국가에 대한 반감은 불특정 다수에게 테러의 위협을 가하고 있다. 그렇다면 자국만 위하다가 인류가 희생되기 쉬운 지금의 구도는 극복되어야 한다. 지구상에 자행되는 각국의 경쟁 · 약탈 · 침략 · 전쟁의 행진에서 인류의 공동 번영을 위한 출구를 찾아야 한다.

이 책에서 가장 많이 언급된 변화의 특징은 전쟁과 관련되고, 과거의 변화 속 패턴을 통해 예방하고 방지할 것도 전쟁인지 모른다. 영화 다빈치코드 (The Da Vinci Code, 2006)에서 "역사를 공부하는 이유는 서로 살육하는 것을 멈추기 위해서"라는 말은 영화 속 대사만으로 끝날 수 없다.

전쟁은 결국 기득권 세력과 몇몇 위정자에 의한 일이었다. 전쟁 속에서 그들은 안전했지만, 전쟁과 직접적 관계가 없는 백성들은 언제나 불안에 떨고, 목숨까지 희생해야 했다. 전국칠웅이 진과 한을 거쳐 통일된 뒤, 각 제후국이 목숨 걸고 서로 싸운다는 것이 우스꽝스러운 일이 된 것처럼, 먼 훗날 오늘 여기를 본다면 어떨까? 공존을 위한 너와 우리, 아군과 적군을 아우르는 장을 상정해야 한다. 각자의 장을 덮을 '더 넓은 장'에서 공존을 모색해야 한다.

둘째, 전국시대의 제후국들은 각자의 문자 · 제도 · 도량형을 가지고 있어 서로 소통하기 불편했다. 하지만 진에 의해 하나로 통일되고 이후 많은 왕조를 거치며 효율을 높이고 소통과 왕래를 빈번히 하는 상황으로 변한 것처럼, 지금 여기 하나의 지구 안에서는 언제쯤 이러한 통일이 가능할까?

거칠게 셈해보면 앞서 전국시대와 현대의 교통수단의 속도 차이 20배와 면적 차이 2000배의 간극이 엇비슷해지는 시기가 도래하면 이러한 것이 가능할지도 모른다. 구체적 시기는 단언할 수 없지만, 명확한 것은 언젠가 이러한 것이 이루어질 수밖에 없다는 점이다. 오랜 인류의 변화 속에 발견되는 패턴이다. 중요한 것은 표피적인 통일과 일치가 아니라 불필요함을 제거하고 본질에 충실하는 것이다.

셋째, 가치의 문제다. 앞서 언급했듯이 시간과 공간의 변화에 따라 가치가 변하였다. 지금 우리에게 최상의 가치 가운데 하나인 민주(民主), 많은 이들은 백성이 주인이 되는 세상을 위해 헌신했다. 그리고 누군가는 그런 세상을 위해, 국가의 발전을 위해 목숨을 던졌다. 그러나 그 나라는 자기가 원해서 선택한 나라도 아니고, 그 언어는 자기가 원해서 배운 언어도 아니었다. 언어의 선택 문제는 대체로 호불호의 문제가 아닌, 신구(新舊)의 다소(多少)의 문제이자 세(勢)의 강약(強弱)에 관한 문제이다. 그런데 아주 많은 시간이 지난 어느 날, 지금의 '민주'가 몇몇 국가의 위정자와 그들의 이익을 위한 눈속임에 불과했다고, 그보다는 인류가, 인간이, 내가 주인이 되는 것이 중요하다고, 어느 특정 국가를 전제로 한 민주는 필요 없다고, 모호한 민(民)의 개념을 이용하여 사익을 취하고 많은 사람을 혹세무민케 했다고, 생각하게 될 수도 있을 것이다.

마치 전국시대 많은 나라들이 자신의 이익을 위해 싸운 것 같지만, 실제 백성들은 함포고복(含哺鼓腹)이 최상의 선이었고, 위정자가 누구든 나라가 어느 나라든 상관없이 평화가 하루빨리 자리 잡길 고대한 것처럼, 또한 조선시대 많은 여인의 목숨을 앗아간 열녀문이 지금은 이해하기 힘든 역사적 사실이었던 것처럼 말이다. 그렇다면 많은 시간이 지난 어느 날, 오늘 여기를 어떻게 생각할까? 여기서부터 우리는 오늘 여기를 생각하는 객관적 시각과 합리적 실천 방안을 찾아야 한다.

넷째, 이러한 고찰을 통해 이제는 보다 실질적 변화에 근거해서 생각하고 행동하는 것이 필요하다. 감정과 구호에 휘둘리기보다 합리적 이성에 근거해서 판단하는 인류가 되어야 한다. 중국 역사에서 전국칠웅이 진으로 합쳐졌지만, 합쳐진 상태는 영원하지 않았다.

역사 속에서 혼란과 분열을 겪으며 사분오열되기도 했다. 그러나 변화의 패턴은 보다 넓게 합쳐지는 쪽으로 향했다. 물론 때로는 분열되지만 시간이 지나고 문제가 해결되면 하나로 합쳐졌다. 한(漢)·당(唐)·송(宋)·원(元)·명(明)·청(淸) 등, 아시아에서도 유럽에서도 합쳐지는 성향은 이렇게 갈 것이다.

더구나 과학기술의 발달에 따라 인류의 국가는 소에서 대로 변화되고, 작은 것은 큰 것으로 뭉쳐질 가능성이 높다. 교통과 통신을 비롯한 과학기술의 발달이 시간과 공간을 압축시키고 사람들의 인식을 바꾸기 때문이다. 즉, 주체와 장이 변하기 때문이다. 뒤에서 다룰 소수민족의 변화 과정에서도 어렵지 않게 확인할 수 있다.

그렇다면 이제는 실질적 변화에 근거하여 준비하고 계획해야 할 것이다. 무력으로 주변부의 희생만 강조한 진의 통일 방식이 아니라, 중심의 반성과 함께 조화를 이루면서 평화적으로 이루어지는 통일에 힘을 모아야 할 것이다. 이미 세계는 커다랗고 조밀하게 연결된 경제권 속에서 하나의 유기체처럼 존재하고 있다. 우리는 하나의 마을, 지구촌에서 살고 있다. 비현실적 이상과 정치적 구호와 감정의 충동질은 버리고, 세밀하게 실질적으로 접근해야 할 것이다.

3. 장의 변화 가치의 변화

아미리 바라카(Amiri Baraka)로도 알려진 미국의 극작가이자 시인인 리로이 존스(LeRoi Jones, 1934~2014)는 다음과 같이 말했다. "노예가 노예로 사는 삶에 너무 익숙해지면 놀랍게도 자신의 다리를 묶고 있는 쇠사슬을 서로 자랑하기 시작한다. 어느 쪽의 쇠사슬이 빛나는가, 더 무거운가." 다른 생각은 잠시 접어두고, 이 말에서 사람은 장에 익숙해지는 존재임을 확인할 수 있다. 공자가 말한 나이 오십, 하늘이 분부하신 바를 알았다는 지천명도 익숙해짐이나 길듦에서 오는 스스로의 위로인 것처럼, 자신의 장에 익숙해지며, 사람은 그 장의 규칙과 관습을 따른다.

무엇이든 존재하는 장에 따라 생사(生死)와 귀천(貴賤)이 바뀔 수 있다. 마르크스의 물신숭배(fetischismus)도 이러한 측면에서 다시 생각해 볼 수 있다. 마르크스가 말한 물신숭배는 사람 간의 관계가 물건 간의 관계로 나타나고, 사회관계가 물상화(物象化)되고 물상적 의존관계로 변질한다는 지적에서 나왔다. 인간의 노동에 의해 만든 생산물에 지나지 않는 상품·화폐·자본 등의 물질이 고유의 힘을 지니고, 이것이 그들 배후에 있는 사람과 사람과의 관계를 벗어나 독자적으로 행동하는 것처럼 생각되는 등, 인간노동의 생산물을 신앙이나 숭배의 대상으로 여겨 이에 무릎을 꿇는 것을 지적한다.

인간노동의 생산물은 시간과 공간에 따라 그 가치가 다르게 나타나고, 그에 따라 숭배의 정도도 달라진다. 환경결정론(environmental determinism)자의 주장을 모두 수용하지 않지만, 인간은 이러한 환경을 포함한 장에 영향을 받는다.

수렵과 채집을 하던 시대의 일터, 농사를 짓던 시대의 일터, 컴퓨터에 앉아 사무를 보던 시대의 일터가 달랐고, 이에 따라 생각도 상상도 달랐다. 얼마 전까지 우리는 비교적 넓은 공간에 살면서 측간을 멀리 두던 시대에 살았다. 화장실을 실내에 둔다는 것은 상상할 수 없었다. 하지만 시간의 장이 바뀌어 좁은 공간의 집에 먹고, 씻고, 자고, 일하고, 노는 것을 응집시켜야 했다.

이러한 집에 맞춰 밀집도를 높이기 위해 냄새나고 불결하게 생각하는 변을 작은 구멍을 통해 바로바로 씻겨 보내는 시대가 열렸다. 나아가 땅과 평행선을 그으며 확장되던 공간은 이제 중력에 저항하며 수직으로 상승하여 공간에 대한 기존의 인식을 바꿨다.

공간과 시간에 대한 인식은 끊임없이 변해왔다. 이에 따라 우리의 사고도 변했고, 상상의 폭과 넓이도 달라졌다. 환경이 과거와 다르게 변하였다. 그래서 다음과 같이 말할 수 있다.

> "인간이 벽돌, 모르타르, 회반죽, 창문을 배치하기 시작한 시대부터 세상을 보는 효과적인 인공 창문의 역할을 하는 전자화면의 발명에 이르기까지, 환경 설계의 역사는 우리가 세계를 보고 세계에 존재하는 자연스러운 방식에 대한 체계적인 도전의 역사로 볼 수 있다."[15]

환경이 변하였기에 환경에 영향을 받아 판단하는 인간의 가치도 바뀌었다. 객관적인 숫자만 변한 것이 아니라 주관적으로 감지하는 정도가 변한 것도 있다. 물론 이처럼 변한 것도 객관적인 숫자로 나타낼 수 있다. 엄밀히 말해 수만 년 동안 내려온 인류의 가치가 바뀐 것이 아니라 가치에 대한 해석이 바뀌었다.

이언 모리스(Ian Morris, 1960~)는 『왜 서양이 지배하는가』에 이어 발표한 『가치관의 탄생』에서 수백만 년 동안 이루어진 생물학적 진화의 산물로 만들어진 공정성, 정의, 충성심, 존경심 등에 대한 가치는 고정되었다고 보았다. 그러나 이러한 가치에 대한 해석은 다르다고 보았다. 그것은 결국 변화하는 환경에 따라 달라진다. 수렵 사회, 농업 사회, 화석연료 사회에서도 가치 체계를 구성하는 요소들이 변하였기에 시대별로 평등이나 비폭력에 대한 가치가 달라졌다.

전국칠웅 이후 2천여 년이 훌쩍 지난 오늘, 과학기술에 기초한 교통과 통신의 발달로 인류가 장악할 수 있는 공간은 커졌고 시간은 단축되었다. 그리고 앞으로 계속 확장되고 단축될 것이다. 지금 우리가 사는 공간은 빠른 속도로 변하고 있다. 초등학교를 다니던 1970년대에 외국은 상상 속 미지의 세계였지만, 요즘 초등학교 아이에게는 잠시 놀러 가서 즐기다 오는 곳으로 가까이 존재한다. 세계의 여러 나라도 빠르게 변하고 있다.

> "20세기 마지막 20년간의 세계지도는 지구본 제작 회사들이 거의 두 손 들어 버릴 정도로 몇 번이고 거듭해서 극적으로 바뀌었다. 그리고 이 는 아직 끝나지 않았다."[16]

어쩌면 전국시대와 현대와의 비교에서 바뀐 것 가운데 가장 큰 것은 '속도와 깊이'일 것이다. 전국시대에 비해 지금의 변화 속도가 빠르다면, 사고의 깊이는 전국시대가 더 깊었을지도 모른다. 윌리엄 파워스(William Powers, 1961~)는 『속도에서 깊이로』라는 글에서 변화의 시대를 살았던 현인들에게 지혜를 묻는 식의 이야기를 전한다.[17] 책의 서문에 인용한 랄프 왈도 에머슨은 "언제나 그랬듯이 현대 사회도 매우 훌륭한 시대다. 이 시대에 우리가 어떻게 살아야 하는지 안다면 말이다."라고 전한다.

우리가 어떻게 사는지 안다는 것은 바로 천변만화(千變萬化)의 변화 속에서 나 여기 지금에 기초한 본질의 파악과 통한다. 이것은 속도보다 사고의 깊이를 더 필요로 한다. 어쨌거나 충만하고 의미 있는 삶의 핵심인 깊이가 사라져간다는 것은 반성해야 한다.

문제는 지금이다. 결국 전국시대와의 비교를 통해, 오늘의 바람직한 방향을 속도가 아닌 깊이 있는 사고로 탐구하며 혜안을 강구해야 한다. 전국칠웅과 G7의 상황은 여러모로 다르다. 그러나 시간과 공간을 확대해서 생각해 보면, 다르다는 것은 같다는 것에 가려질 수도 있다. 더불어 중국의 역사가 통일 지향적이거나 혹은 분열 지향적이거나 더 나아가 중국의 통일 시기가 분열 시기보다 더 짧았다는 중국의 내적 사정에 제한되지도 않는다.[18] 이상의 논의 속에서는 중국이라는 특수성을 이미 떠났기 때문이다.

지금까지의 주장이 무정부주의자의 생각과 비슷하게 비칠 수 있지만, 근본적인 초점이 무정부주의자와 다르다. 초점을 정부와 국가에 두지 않는다. 보다 많은 다수의 인간 행복에 둔다. 인간의 행복을 위해 우리를 둘러싼 많은 것들, 경로 의존성에 의해 생각 없이 행하는 것들, 게으른 생각으로 그냥 수용해 버린 많은 것들을 이제는 하나둘씩 곱씹어 봐야 할 것이다. 그러면서 보다 넓고, 크고, 근본적인 무언가를 강구해야 할 것이다. 이를 통해 우리가 사는 여기와 지금을 좀 더 객관적으로 보자는 것에 방점을 찍는다. 예를 들어, 우리를 둘러싼 당연한 것에 의문을 던질 수 있다. 과연 지구촌 안에 개별 국가의 존립이 필요한가? 인류의 희망이었던 바벨탑의 꿈처럼 자국어를 지키고 수호해야 할까? 혹시 우리는 이러한 것을 지키고 보존하기 위해 많은 것을 희생하고, 많은 기회를 놓치고 있지는 않은가? 지금 우리가 처한 상황은 전국시기와 무엇이 다른가? 혹은 100여 년 전과 무엇이 다른가?

청나라 말기 일본 주재 공사로서 드물게 일본의 근대화 정책에 동조한 하여장(何如璋, 1838~1891)이 영국 외교관에게 "조선인들은 어린아이 같다. 그들에게 힘을 적절히 내비치면서 친절하게 달래면 쉽게 따른다."라는 지적이나, 양계초(梁啓超, 1873~1929)가 "조선 사람은 화를 잘 내고 일을 만들기를 좋아한다. 한번 모욕을 당하면 곧 팔을 걷어붙이고 일어난다. 그러나 그 성냄은 얼마 안 가서 그치고 만다. 한번 그치면 곧 이미 죽은 뱀처럼 건드려도 움직이지 않는다."라는[19] 지적은 지금의 상황과 더불어 여전히 변하지 않는 성향이 아닐까?

공간과 시간을 넘어선 상상은 얼마든지 가능하다. 하지만, 우리가 제기해야 할 질문은 공간과 시간의 참된 본질이 무엇이냐가 아니라 우리가 얼마만큼 그 둘을 제대로 고찰하는가이다.[20] 나아가 이것을 나와 여기와 지금에 잘 반영하여, 행복하게 살다가 죽느냐이다.

비교 대상의 사실도 중요하지만, 사실에만 집착하면 원래의 목적을 망각하기 쉽다. 원래의 목적은 비교 대상이 전해준 바로, 나·여기·지금에 전하는 가르침이다. 방법론적으로는 시간과 공간에 얽매인 한계를 벗어나 자유로운 상상을 시도하지만, 그 자세는 비과학적이 아니라 과학적이어야 하고, 주관적이 아니라 객관적이어야 하며, 비합리적이 아니라 합리적이어야 한다. 그래야 대상을 보다 명확하게 파악할 수 있다. 몸과 마음을 단정히 하고, 먼저 할 것과 나중에 할 것, 중요한 것과 덜 중요한 것을 구분해서 차근차근 해 보는 것, 바로 이치에 부합하는 합리(合理)다. 『대학(大學)』에선 다음처럼 조언한다.

"사물에는 근본(本)과 말단(末)이 있고, 일에는 시작과 마침이 있어, 먼저 할 것과 나중에 할 것을 알면 도(道)에 가깝다."[21]

몸과 마음에 온화하고 고요함을 가득 채우자. 내가 조급하고 내가 안달하지 않아도 충분히 바쁘고 혼란스러운 오늘이기 때문이다. 그러할 때, 우리는 눈에 보이는 것뿐만 아니라, 눈에 보이지 않는 것도 추측해서 바로 볼 수 있다. 이러한 자각은 주체와 장의 관계와 변화를 보다 잘 관찰하게 한다. 물론 다양한 시뮬라크르(simulacres)의 탄생 속에서 본질의 파악도 놓치지 말아야 한다.* 그러므로 최소 2200여 년 전의 전국시대는 과거로서 가치가 있는 것이 아니라, 오늘과 여기에 의미 있는 것으로 존재할 때 가치가 있다. 부단한 온고지신(溫故知新)을 통한 종합창신(綜合創新)의 과정에 나와 여기와 지금을 이성적으로 보면서, 오늘과 내일의 일을 대비해야 한다.

실리콘밸리에는 "제품만 만들지 말고, 플랫폼을 만들어라(Don't just build a product, build a platform)"라는 말이 있단다. 원래 플랫폼은 기차역 승강장을 뜻하지만, 지금은 의미가 확대되어 사용된다. 예를 들어 유튜브(YouTube)에서는 '구독'과 '좋아요'를 눌러, 재미와 수익을 창출한다. 그러나 더 큰 이익은 플랫폼을 만든 주체가 가져간다. "재주는 곰이 부리고 돈은 되놈이 챙긴다."라는 속담이 들어맞는다. 이러한 변화는 인터넷 기술의 발전과 모바일의 확대로 가능했다.

장이 변했다. 사람들이 어떠한 계획이나 목적에 맞춰 모이는 장이 형성되면 여기에 맞춰 새로운 변화를 만든다. 그러나 플랫폼은 장소가 아니다. 장소는 유형의 가시적인 것에 제한되기 때문이다. 가상공간에서 만들어진 장이다. 장은 자기장과 흡사하다. 자기장은 우리 눈에 보이지 않지만 존재한다. 여기에 어떤 조건을 가하면 그 흔적을 우리 눈으로 확인할 수 있다.

이러한 장은 기존의 물리적 한계를 넘어선다. 기존에 알던 장소를 넘어선다. 플랫폼에서 이루어진 장은 시간과 공간의 제약을 극복하며 무수히 다양

---

* 어떤 면에서 장 보드리야르의 말처럼 "오늘날의 시뮬라시옹은 원본도 사실성도 없는 실재, 즉 파생 실재를 모델로 가지고 산출하는 작업"(12쪽)이 되었고, 이러한 실재가 이제는 조작적일 뿐이니(16쪽), 더 정밀한 관찰이 필요할 것이다. 장 보드리야르 저, 하태환 역, 『시뮬라시옹』, 민음사, 2015.

한 사람과 그들이 지닌 정보가 반응한다. 새로운 장이 계속 생겨나고, 선순환을 이루며 열린 생태계를 구축한다.

새로운 장은 새로운 가치와 새로운 공식을 만든다. 유튜브에서 활동하는 사람은 기존과 다른 방식과 룰을 갖는다. 그래서 서로 '좋아요'와 '구독'을 눌러 주기도 한다. 플랫폼에서는 개방과 공유를 통한 동반성장의 가치, 상생을 발견할 수 있다. 기저에는 새롭게 변한 장, 그리고 그 속에 만들어진 인식의 변화, 즉 탐욕스럽게 자기 이익만을 취하지 않는다는 믿음이 있다. 이러한 신뢰가 선순환 구조를 구축한다. 그래서 플랫폼은 한 명의 천재에 의존하기보다 공동 창조로 세상을 변화시킨다. 우리는 나보다 똑똑하다(We are smarter than me)가 현실이 된다.

장이 변했다. 장이 변했다는 것, 한고조 유방이 안정기에 태어났다면 그는 한량(閑良)으로 살다가 생을 마감했을 것이고, 당 현종(唐玄宗, 685~762)이 난세에 태어났다면 이리저리 헤매며 휩쓸리다가 삶을 마감했을 것이다. "사자가 물에 빠지면 붕어 밥이 되고, 상어가 뭍으로 올라오면 쥐에게 물어뜯긴다." 그 장에는 그 장에 요구되는 양식이 있다. 장이 바뀌면, 우리가 이제까지 맹신하던, 나만의 이익을 추구하던 경쟁과 닫힌 사회의 유물이 촌스럽게 보일 수 있다. 봄이 오면 지난겨울 입었던 두툼한 외투가 거추장스러운 것처럼, 결국 우리는 장 속에서 생활하고 판단하고 결정하며 행동한다. 장의 변화를 통한 새로운 가치와 방법의 탄생이 이어진다.

02

소수민족 사회에서

1. 중국과 민족

이번에는 인식이 만들어지는 '장'에 대하여, 중국 소수민족의 자원적(自願的) 민족융합(民族融合)과 연관하여 알아보려 한다. 한족과 소수민족의 구도를 넘어, 전통과 현대, 보존과 개발의 구도로 소수민족의 변화를 바라보기에 '자원적'이란 용어를 사용했다. 지금은 건국 초기와 달리 스스로 원해서 변하는 형태로 변하고 있다(물론 이에 대한 가치 판단의 문제는 별도로 논해야 한다). 이미 많은 곳에서는 소수민족과 한족 간의 대립 구도나 한족화하는 한화(漢化)의 문제를 넘어섰다.

민족은 하나의 공동체이지만, 사회의 발전, 사회제도의 변화, 전쟁, 재해, 이주, 민족 간의 자연적인 동화 등이 원인이 되어 변할 수 있다. 지금까지의 역사를 보면 인류 사회의 각 민족들은 모두 이런 과정을 거쳤다고 중국에서는 보고 있다.[22] 이는 중국이 소수민족의 민족융합을 자원적 과정을 통해 이루려 함을 엿볼 수 있는 대목들이다. 물론 강하게 저항하는 민족에게는 강하게 대하는 '당근'과 '채찍'의 '유화'와 '강압'의 소수민족 관리전략을 펼쳤다.

본문에서는 중국 소수민족의 자원적 동화를 장의 변화, 즉 전통과 현대의 장의 변화로 구분하여 전통에서 현대로 변한 장을 중심으로 보았다. 왜냐하면, 소수민족의 자원적 동화에 영향을 준 것은 중화인민공화국의 건국이나 개혁개방과 같은 특정 사건만이 아니기 때문이다. 물론 이를 통해 정치·경제적으로 변했고 그 영향은 컸다. 개혁개방을 통해 새로운 장이 만들어졌음은 부인할 수 없다. 이것을 도표로 정리하면 아래와 같다.

〈표 1〉 개혁개방과 소수민족 환경의 변화[23]

	개혁개방 이전	개혁개방 이후
중국 사회	불안	안정
국제적 지위	낮음	높음
경제 수준	열악	높아짐
현대화, 도시화 수준	낮음	지속적 상승
교통, 통신	지리적 격리 가능	지리적 격리 낮아짐
국가 내부 불만 요소	적음	많아짐
소수민족 정책	자율권 부여	세련됨
소수민족 정책 계획	의도적, 계획적	세렌디피티적 요소 증가
소수민족 정책의 핵심	국가 존립	內治(소수민족)와 外治(국경, 역사)로 확장
자유권	소수민족의 자유	통제와 조절체제 (하나의 중국 강조)
(소수민족, 중국, 국가, 영토) 개념	불분명	분명해짐
소수민족 독립	희망을 지님	중국의 발전에 함께 함

이러한 거시적 사건이 원인의 원인이 되어, 미시적 변화를 야기했다. 그리고

이러한 변화가 곳곳에 미친다. 이러한 측면에서 소수민족 사회의 실질적 변화는 편벽한 소수민족 지역까지, 현대문명이란 이름으로 변화를 이끌고 있다.

운남성(雲南省) 석림 이족자치현(石林彝族自治縣)에 거주하는 이족(彝族)과 북경에 거주하는 회족(回族)을 그동안 고찰하였다. 이족을 선택한 이유는 운남성에 거주하는 석림 이족과 편벽한 지역에 거주하는 다른 이족과의 비교가 수월하기 때문이다. 여기서 현대화와 도시화의 영향을 감지할 수 있고, 이는 편벽한 지역의 다른 소수민족의 미래와 연관하여 연구할 수도 있다.

반면 북경에 거주하는 회족은 대도시, 그것도 중국의 수도에 거주하며 살고 있다. 그 속에서 이들의 정체성과 문화가 어떻게 변하였는지 고찰하는 것은 소수민족 사회가 변화하는 구조와 과정 연구에 의의가 컸다. 본문에서는 석림 이족을 중심으로, 앞의 '장 담론'에서 언급한 파슨스의 이론을 기초하여 석림 이족의 장을 파악하고, 이것이 자원적 민족융합에 미친 영향을 알아보겠다.

2. 파슨스의 AGIL 도식

❖ 적응기능

파슨스는 적응기능을 외부 환경에 적응하기 위해 자원을 동원하거나 도구화시켜 다른 시스템의 기능 달성을 효율화하는 것으로 보았다. 주로 경제가 담당한다. 소수민족 사회에서 적응기능 특히 경제의 변화는 장의 변화에서 중요한 위치를 차지한다. 경제에 따라 민족의 이동과 문화의 전파가 이루어지기도 했다. 물론, 경제에 대한 관념이나 원리도 모스(Marcel Mauss, 1872~1950)에 의해 알려진 북아메리카 원시 부족들의 포틀라치(potlach)처럼 다를 수 있다. 이들은 우리가 사용하는 등가교환이 아닌, 일방적 증여로 경제 활동을 했다. 예를 들어 하이다(Haida) 인디언과 콰키우틀(Kwakiutl) 인디언은 자신들의 문화 논리에 의거하여, 일방적 증여의 규모에 따라 사회적 위세를 얻을 수 있었다. 시대와 지역에 따라 경제관념이나 원리도 다를 수 있다.

석림 이족의 전통사회와 현대 사회를 비교해 보면, 장에 큰 변화가 있었다. 과거 전통사회에서 석림은 카르스트 지형이 3분의 2 이상이 되어 경제적 가치가 없었다. 그러나 이것을 관광자원으로 개발하며, 보다 적극적으로 1998년 10월 8일 국무원(國務院)의 비준을 통해 노남(路南) 이족자치현을 석림 이족 자치현으로 명칭 변경하였다. 국제적인 관광지 석림(石林)을 앞세워 지역의 변화를 계획했다. 관광도시로의 변신이다. 그래서 2008년 석림을 찾은 관광객은 237만 명, 관광 직접 수입은 2.97억 원(중국 화폐단위 기준, 이하 동일)이었다. 여기서 멈추지 않고 2030년까지 국제적 현대화 생태 여행 도시 건설의 목표를 수립하였다. 그래서인지 2005년 2월에 방문했을 때보다 2012년 4월에 방문했을 때 신축 건물이 많이 들어섰고, 관광지뿐만 아니라 현성(縣省)에도 낡은 건물을 부수고 새로운 현대식 건물을 세우는 공사가 한창이었다.

운남성에 있는 15개의 이족자치현을 비교해 보면, 석림은 1999년 말, 2008년 말에도 줄곧 재정수입 2위를 차지했다. 1인당 생산총액은 1999년 말에 3위였고, 2008년 주민 평균지배수입은 1위였다. 반면 농민 평균 순수입은 1999년 말에 2위, 2008년 말에 3위를 차지했다. 이로 미루어 1998년 석림으로 개명을 하고, 정책적으로 관광산업을 활성화한 것이 석림의 산업과 경제에 많은 영향을 주었음을 알 수 있다.

반면에, 1인당 생산총액과 주민 평균지배수입이 증가했지만, 농민 평균수입은 줄었다. 그리고 농민 평균 순수입의 순위가 주민 평균지배수입보다 낮은 것으로 미루어, 농민과 비농민의 수입 차는 더 벌어졌음을 알 수 있다.

경제적 영향에 의해 석림 이족은 관광 중심의 고부가가치 산업이 성장하고, 농업과 같은 전통적 산업은 쇠퇴하면서 자연스레 전통적 경제환경에서 현대적 경제환경으로 전환하고 있었다. 이러한 변화는 다른 민족 특히 한족의 유입을 촉발했고, 이로 인해 총인구는 증가했지만 이족의 비율은 낮아졌다.

운남성에서 이족이 거주하는 자치현 15곳을 비교해 보면, 심전 회족이족 자치현(尋甸回族彝族自治縣)의 경우 인구수가 가장 많고, 경제 총생산액도 2위에 해당한다. 반면에 조사 가능 대상 14곳에서 가장 낮은 소수민족 비율을 차지하고 있다.[24] 이것은 석림 자치현에 있는 6개의 진과 1개의 향을 분석한 조사에서도 비슷한 패턴이 발견된다.[25] 즉, 경제환경이 좋은 곳에 인구가 집중하는 것이다. 이어서 이족뿐만 아니라 한족을 포함한 다양한 민족이 모이고, 자연스레 소수민족 비율은 낮아진다. 그럼, 이러한 경제의 변화는 소수민족의 자원적 변화에 어떤 영향을 미칠까?

첫째, 민족의 정체성과 전통보다는 현실적 실리를 가중시킨다. 즉 이러한 장에서는 이족의 전통적 가치관에서 현대가 요구하는 가치관으로 전환되기 쉽다. 이것은 이족의 정체성이 사라지고 한족 혹은 중국 혹은 세계의 가치관에 편승되어, 궁극적으로 자원적 민족융합을 유도할 것이다.

둘째, 민족의 이동을 촉발하여 자치현의 이족 비율을 낮추고, 궁극적으로 한족과의 동화와 민족융합을 유도한다. 석림현은 2020년 말 기준으로 20여 개 민족이 함께 살고 있다. 이족 자치구임에도 불구하고 이족의 비율은 36.5%이고, 한족은 63.5%를 차지하고 있다.[26] 자치구라는 이름이 어색하다.

과거 전통사회는 주어진 자연환경에 의지한 1차 산업에 기초하였다. 이동은 쉽지 않았다. 물론 이러한 환경에서는 오랫동안 자신의 정체성을 유지하기 수월했다. 소수민족 사회는 경제적으로 과거보다 풍족해졌고, 생산방식은 전통적인 양식에서 벗어나 현대화되었다.

새로운 장에서는 전통보다는 현실이, 가치보다는 물질이 중시되어, 자연스레 자신의 정체성이 변해가며 자연스러운 민족융합이 진행될 것이다. 예를 들어, 소수민족 도심의 경우에는 경제구조가 바뀌면서 도시 전체도 변하지만, 농촌처럼 경제구조가 변하기 쉽지 않은 곳도 인구 이동이 일어나며 변한다. 경제적으로도 보다 좋은 환경을 찾아 떠나는 유동인구가 증가한다. 2008년 석림현의 농민 연평균 순수입은 4216원으로, 2007년에 비하여 7.2% 증가했다. 그러나 도시에 거주하는 사람들의 평균 가처분 소득은 13804원으로 2007년 대비 33.75%나 성장하였다. 액수의 차가 클 뿐만 아니라 증가율의 차이도 컸다.[27]

경제적 차이는 도시화의 진전과 도시로의 이동을 재촉한다. 회족도 자신이 살던 지역을 떠나 경제적 환경이 좋은 곳으로 이동하며, 넓은 지역에 작은 규모로 흩어져 사는 대분산 소거주(大分散 小居住)의 형태를 지니게 되었다. 머지않아 이러한 것은 소수민족의 정체성과 전통을 약화시켜 민족의 융합을 일으킬 것이다.

셋째, 중앙 정부의 의존도를 높여 자원적 민족융합을 촉발한다. 소수민족 경제는 과거에 비해 발전했지만, 공간적으로는 중국의 연안 지역이나 대도시와 비교해 여전히 열악하다. 이러한 불평등은 민족적 시각으로 해결하지 못한다. 오히려 중앙 정부의 지원, 경제적 종속과 의존도가 높아져, 소수민족의 자원적 민족융합의 길을 촉진할 것이다.

❖ 목표달성기능

목표달성기능은 사회에 공통목표를 설정하고 자원을 동원한다. 주로 정치가 담당한다. 전통사회와 현대 사회를 비교할 때, 정치적으로 큰 변화가 있었다. 전통사회에서는 이족의 경우 비머[畢摩]와 수니[蘇尼]라는 종교인이 있었다. 그 가운데 비머는 정치와 종교에서 이족 사회의 중심적 역할을 맡았다.

이제 비머와 수니는 그 역할을 다하지 못하고 사라지기 직전에 몰렸다. 중국은 전통적으로 관리를 파견하여 직접 통치하거나 그 지역의 사람을 교육시켜 통치하는 방식을 취했는데, 그 자리를 중앙에서 교육받은 관리가 대신하였다.

다른 각도에서 지역사회를 관리하는 고급 공무원을 중심으로 목표달성기능을 살펴보면, 전체 공무원에서 소수민족이 차지하는 비율은 정해져 있다. 적어도 소수민족 자치지역에서는 표면적으로라도 소수민족이 주도적으로 행정을 담당하고 있다. 전통에서 현대로의 전환은 정치적인 측면에서 소수민족 자치지역에 상대적인 안정과 체계적인 조직을 갖추게 하였지만, 중앙으로부터의 감시와 통제까지 면할 수는 없었다. 그럼, 이러한 정치의 변화는 소수민족의 자원적 변화에 어떤 영향을 미칠까?

첫째, 중앙 정부가 인정하는 범위 내에서만 소수민족의 자율과 전통이 가능해졌다. 즉, 민족의 특수성보다는 중국이라는 커다란 체제의 보존이 우선이기에 이러한 장에서는 궁극적으로 하나의 중국, 민족융합이 자연스레 유도된다.

둘째, 전통적 정치 기능은 완전히 소실되어 그에 따른 문화적 전통과 정체성은 사라지거나 부정적 시각으로 보게 되었다. 이는 비단 정치만의 문제가 아니다. 현대문명의 영향도 존재한다. 전통사회는 현대 사회와 다르게 통제되었다. 회족은 소분산(小分散)의 거주형태를 유지한 채, 혈연관계를 중심으로 연장자와 원로에 의해 통제되었다. 이족도 비머의 정치적 역할이나, 연장자나 원로의 역할에 의해 통제되었다. 그러나 현대 사회의 국가 시스템 속에서 이들은 뒷방 늙은이 신세로 전락했다. 이처럼 민족의 정체성과 전통을 묶어주는 정치적 기능의 훼손으로 국가 시스템 속의 융합은 자연스럽게 진행되고 있다.

셋째, 중앙 정부는 정치적으로 소수민족을 배려한다. 그러나 이것도 민족 융합을 향한 하나의 포석에 불과해, 결국 소수민족의 자원적 융합을 유도한다. 예를 들어, 2008년 전국인민대표대회의 대표 숫자는 소수민족이 중국에서 차지하고 있는 약 8%의 비율보다 두 배 정도 많았다. 그리고 1990년에 비해 2007년의 인구조사결과 소수민족이 약 1,523만 명 정도 증가했고, 전체 인구에서의 점유율도 8.01%에서 8.41%로 증가했다. 전인대의 대표 선출은 규정된 인구수에 따라 선발하고 있지만, 소수민족에는 예외적으로 기준에 미달하더라도 대표를 선출하여 모든 소수민족이 자신의 대표자를 갖도록 보완하였다.

이러한 가시적인 숫자와 통계, 몇몇 관련 정책만으로 소수민족을 배려하고 있다고 단정할 수 없다. 또한 소수민족이 공무원으로 얼마나 진출하여 직위를 차지하고 있느냐가 소수민족 자치의 척도가 될 수도 없다. 왜냐하면 소수민족 출신의 고위 공무원이라도 소수민족의 정체성과 사고에 반하는 사상을 갖고 있다면(그것도 중앙의 통제와 교육에 의해서) 이는 다른 문제가 될 수 있기 때문이다.[28]

❖ 통합기능

통합기능을 주로 담당하는 사회공동체나 조직으로는 학교가 대표적이다. 통합기능은 가치를 사람들에게 내면화시키고, 사람들의 활동을 통합하는 역할을 한다. 전통사회에서는 학교 교육뿐만 아니라 일반 교육 역시 체계적이지도 과학적이지도 못했다. 교육 내용은 주로 생활과 밀접한 것이었고, 종교 교육은 비머가 담당했다.

반면, 현대 교육은 학교의 틀이 갖춰지고, 그 안에서 전통교육과 다른 다양한 지식을 전수하였다. 현대 학교는 시스템도 시스템이지만, 교육 내용에 있어 과거와 많은 차이를 드러냈다. 또한 중국의 국제적 지위 향상과 더불어 소수민족 개인은 소수민족으로서의 자부심보다 중국인으로서의 자부심을 갖게 되는 변화를 일으켰고, 이러한 것은 학교의 교육을 통해 직간접적으로 전달되었다. 그럼, 이러한 학교의 변화는 소수민족의 자원적 변화에 어떤 영향을 미칠까?

첫째, 중앙의 통제와 관리도 그렇지만 학교 등의 사회공동체나 조직은 소수민족 밖의 세계와 문화를 이들에게 전파해 소수민족 정체성의 와해를 유도할 것이다. 결국 이를 통해 전통은 사라지고, 사라진 빈자리엔 융합된 민족의 가치만 남게 될 것이다. 예를 들어, 1980년대 말부터 2000년대 초까지 양산(涼山) 이족의 종교 생활을 조사한 파막아의(巴莫阿依)의 글에는 다음과 같은 내용이 담겨 있다.

"한족(漢族) 선생은 이족의 언어를 한마디도 이해하지 못했고, 한마디의 한어(漢語)도 구사할 줄 모르는 이족 아이들은 그에게 한어를 배우고 있었다. 일 년이 지난 후, 아이들은 한어를 조금씩 구사할 줄 알게 되었고, 한족 선생님 역시 이족의 언어를 조금씩 이해하게 되었다. 그런데 이러한 언어의 변화보다 더 중요한 것은 한족 선생님이 이들에게 가져다준 새로운 지식, 새로운 사상이었고, 이것은 아이들에게 외부 세계에 대한 동경과 환상을 꿈꾸게 하였다."[29]

『후한서(後漢書)』 남만서남이전(南蠻西南夷傳)에 보면 "학교를 발전시키면, 그

곳의 민속은 점점 변하게 된다(始興起學校, 漸遷其俗)."라는 말이 있다. 학교는 중앙 권력의 의지를 전달하여 교육하는 곳이다.

독일의 통일은 서독과 동독의 표준 TV 수신 방식 때문에 비교적 빠르게 이루어졌다는 지적이 있다. 경험의 공유는 정신적 공감대를 형성하여 공간적 통일을 비교적 쉽게 이루게 한다.[30] 현재 진행되는 소수민족 지역에서의 한어 교육 강화나 소수민족 언어 교육의 폐지 등 다양한 방식의 교육을 통해, 중앙 정부는 소수를 하나로 묶고 있다.

둘째, 현대 교육을 받는 인구가 증가할수록 중국 정부의 기본 방향과 이념이 전달되는 것은 물론이고, 현대적 문화와 사고의 전파로 전통과 정체성이 변하게 될 것이다. 그리고 이는 궁극적으로 민족융합이라는 목표를 직 · 간접적으로 전달할 것이다. 아래의 〈표 2〉에서 보듯이 운남 이족 자치현에는 고등교육을 받는 인구가 증가하고 있다. 이들 가운데 대다수가 대도시로 유학을 가서 이족의 전통문화와 다른 새로운 문화를 체험하였다. 인터뷰한 몽골족 북경 거주 직장인의 경우, 고향에서는 잘 몰랐지만 고향을 떠나 북경에서 대학을 다니게 된 이후 소수민족으로서의 한계를 깨닫고 민족의 정체성을 어떻게 지켜나갈지 고민하고 있었다. 비단 특정 소수민족만의 문제가 아니다.

〈표 2〉 2000년 대비 2010년, 10만 명 중 대학 학력 인구 변화[31]

현명	인구변화	순위	현명	인구변화	순위
石林(석림)	1564명 → 4133명	4	漾濞(양비)	1320명 → 4497명	3
峨山(아산)	1842명 → 5186명	1	禄勸(록권)	833명 → 2892명	12
寧蒗(영랑)	720명 → 4131명	5	景東(경동)	838명 → 2982명	11
江城(강성)	898명 → 4081명	6	景谷(경곡)	183명 → 3406명	9
巍山(외산)	854명 → 3079명	10	寧洱(영이)	1699명 → 4522명	2
南澗(남간)	1060명 → 3672명	7	鎭沅(진원)	955명 → 3633명	8
尋甸(심전)	770명 → 2854명	13			

셋째, 학교에서의 교육 수혜는 증가하지만, 민족 교육을 담당할 학교와 민족 언어의 사용은 지속적으로 감소할 것이다. 한족 중심의 문화가 팽배하여 한족 학교와 한족 언어를 사용함으로, 소수밖에 안 되는 민족은 점차 융합되어 사라질 것이다.

넷째, 현대 학교에서 받은 교육은 세대가 바뀌면서 확고한 자리를 잡게 되고, 점진적으로 전통에 대한 망각과 부정이 발생할 것이다. 그리고 이는 자연스레 민족융합을 이루게 할 것이다.

❖ 잠재적 가치유지기능

잠재적 가치유지기능은 문화적인 고유한 사회적 가치를 제도화하고 유지한다. 여기에는 관습을 포함한 문화가 주로 해당한다. 전통사회에서 이족은 자신의 고유문화를 유지하며 살았다. 토템숭배, 자연숭배, 조상숭배 등을 위주로 정신문화가 형성되었고, 지역의 특성과 주어진 자연환경에 맞춰 물질문화가 이루어졌다.

문화 혹은 관습의 측면에서 보면, 오랫동안 전해오던 전통은 새로운 인풋과 장의 변화에 따라 급속히 사라지고 있다. 이들의 삶과 문화에도 민족보다는 개인의 이익이, 전통의 고수보다는 현대적 가치의 추구가 새롭게 자리하고 있다. 여기에 세계화, 도시화, 과학화, 개방화, 민주화, 자본주의화, 정보화 등은 편벽한 지역에서 자신만의 세계에 살던 이들의 문화를 바꿔 놓았다.

정치와 경제를 통해 변화된 장은 학교 등의 사회공동체나 조직을 통해 보다 굳건하게 자리매김한다. 그리고 이는 다시 문화와 관습으로 굳어져 변화한 장을 새롭게 형성한다. 당대의 중심적 가치관이 재편된다. 여기에서도 오랜 기간 인류의 문화가 거쳤던 패턴이 그대로 적용될 것이다. 즉, 물질문화가 비물질문화보다 더 빠르게 변하고, 비물질문화도 제도의 변천, 풍속, 습관, 가치관념 순으로 변하게 될 것이다. 그럼, 이러한 문화 혹은 관습의 변화는 소수민족의 자원적 변화에 어떤 영향을 미칠까?

첫째, 외부와의 소통과 왕래가 빈번해지면서 전파된 외래문화는 소수민족 특유의 문화를 뒤로하고 한족의 문화나 선진 문화를 동경하게 할 것이며, 이는 소수민족의 자원적 융합을 유도할 것이다. 예를 들어, 이족자치현은 2008년 말 텔레비전 시청 가능 인구가 98.9%에 이르렀고, 2012년에 방문했을 때 중심가에서 멀리 떨어진 외곽 지역의 도로에서도 GPS와 인터넷이 잘 작동되었다. 그리고 많은 농촌 가정에 위성 수신기가 설치되어 텔레비전 방송을 자유롭게 시청하고 있었다. (중앙의 통제 속에) 다양하고 이질적인 외부 문화를 접하고 있고, 이는 더욱 발전할 것이다.

둘째, 물질문화의 변화에 의해 비물질문화의 변화가 가속화될 것이다. 전통문화는 비물질문화를 비교적 중시하였다. 그러나 현대 사회에서 중시된 물질문화는 전통의 비물질문화를 경시하고, 과학기술은 전통사회를 지탱하던 종교와 신앙에 심각한 변화를 일으킬 것이다. 이러한 일련의 변화는 정신문화의 변화를 빠르게 유도하며, 지속적인 장의 변화를 추인할 것이다.[32]

❖ 문제와 해석

지금까지 소수민족 사회의 자원적 민족융합이라는 '변화'를 '인풋'에서 찾은 것이 아니라 '장'의 '변화'에서 찾아보고자 했다. 소수민족 사회의 자원적 동화에서 장의 변화가 많은 역할을 하고 있음을 알아보고자 하였다.

물론 장은 인풋에 의해 변할 수 있다. 장의 변화를 유도하는 동인(動因)은 매우 다양하다. 장에 비하여 인풋은 직접적이고 즉시적이지만, 상대적으로 장은 정형화되어 있으면서 종합적이고 복합적이다. 그리고 많은 시간이 걸리면서 지속성이 높다.

비록 장의 변화와 분석을 파슨스의 구도로 보기는 했지만, 야마구치 마사오(山口昌男, 1931~2013)가 말한 것처럼 우리가 사는 현실 사회는 다층적으로 구성된 상징성을 지니고 있기 때문에 분석한다는 것이 그리 간단하지 않다.[33] 때로는 중심과 주변이 역전되기도 한다. 예를 들어, 과학기술의 발전에 따른 정보통신의 발전은 중국의 정치, 경제, 문화를 변화시키고 있다. 반대로 정치, 경제, 문화가 기술의 발전을 이끌기도 한다. 게다가 과학기술, 정치, 경제, 문화는 서로 복합적이고 입체적으로 작용한다. 장의 중첩과 변화가 복잡하게 얽혀 있다. 이상의 분석을 통해 더 생각해 볼 문제는 다음과 같다.

첫째, 장의 변화에 의해 아웃풋이 변하였는데, 그렇다면 과연 장은 조작 가능한가? 물론 장도 조작 가능하다. 그러나 이것은 다른 경우와 연관하여 종합적으로 다시 논해야 할 것이다. 그렇다면, 우리와 사회의 자율적 결정과 판단은 어느 정도까지 가능할까? 아니, 순수한 의미에서 자율이라는 것이 가능할까? 그렇다면, 어느 선에서 자율과 타율을 결정해야 할까? 이는 다시 철학의 문제로 넘어간다. 앞서 예를 들었지만, '출산정책'을 보면 시대에 따라 매우 다르게 정책이 펼쳐졌고, 그에 따라 사람들의 인식과 행동이 각기 다르게 나타났다. 정책은 의도되고 인위적인 조작에 가깝게 비쳤다.

둘째, 중국 소수민족의 자원적 민족융합에 있어서 장의 변화는 의도적인가? 앞서 밝혔듯이 중국의 소수민족 정책에서 자원적 민족융합은 궁극적인 목표다. 그래서 장의 변화에는 의도적인 면이 있다. 그러나 경제 계획이 언제나 의도한 것처럼 되는 것이 아니듯, 장도 의도한 것처럼 변하지 않는다. 물론 장을 변화시킨 것에는 다양한 요소가 포함된다. 그러나 소수민족 정책 중 "민족융합은 물리적인 수단이나 강압을 통해서가 아닌, 경제와 문화적인 영향력의 확충을 통해 '자원적'인 방법으로 진행되도록 할 것이다."[34]라는 것으로 미루어, 경제와 문화적 영향력의 확충이 자원적인 방법에 매우 중요함을 알 수 있다. 물론 개혁개방 이후 중국의 발전으로 기대한 것보다 결과가 더 크게 나타났지만 말이다. 그리고 현재 이러한 상황은 한족과 소수민족 간의 문제를 넘어, 소수민족 문화의 한화를 넘어, 전통과 현대에서 벌어지는 개발과 발전의 문제로 확대되고 있다.

셋째, 의도적인 것은 바람직하지 못한가? 장 보드리야르(Jean Baudrillard, 1929~2007)가 『소비의 사회』에서 말한 것을 적용하면, 우리가 자율적이고 주체적으로 내린 결정도 결국 어떤 의도적인 영향을 받고 있다. 교육은 의도적이지 않은가? 우리 주변에 있는 계몽도, 캠페인도, 정책도 대부분 특정한 의도를 가지고 있다. 물론 무엇이 바람직한지에 대한 가치적 문제는 별도의 논의가 필요하겠지만.

넷째, 그렇다면 전통은 어떤 식으로 계승해야 하는가? 루스 베네딕트(Ruth Fulton Benedict, 1887~1948)는 『문화의 패턴』에서 "원시 부족의 이상(理想)으로 되돌아간다고 해서 우리 사회의 병폐가 치유되리라고 보지 않는다."라고 말했다.[35] 전통은 과거로의 회귀를 주장하는 것이 아니다. 쉴즈(Edward Shils, 1910~1995)는 "전통은 인간으로 하여금 그것을 바꾸도록 선동한다. 내적인 요인에 의한 변화, 전통 속에서 시작되는 변화는 그 전통을 물려받은 사람들에 의하여 진행된다."라고 말했다.[36] 그러나 전통을 물려받은 사람이 조작된 장에서 자신들의 전통을 좌지우지한다면, 과연 그때도 전통을 물려받은 사람들에게 전통의 계승을 맡겨야 할지, 대답하기 어렵다. 아르헨티나는 180여 년 전 영국에 빼앗긴 포클랜드를 돌려달라고 했다. 그러나 포클랜드 사람들이 영국령을 원한다는 이유로 영국은 아르헨티나의 요청을 거부했다. 오랫동안 포클랜드가 영국 문화의 맛을 보면서, 장이 변했다. 그래서 이는 포클랜드 사람의 '자원적'인 거부로 나타났다.

소수민족 문화의 변화 양식은 다양하다. 자발적인 경우도 있고, 강제적인 경우도 있다. 접촉에 의해 오랜 기간 변화가 일어나기도 하고, 침략과 정복에 의해 갑작스레 진행되기도 한다. 또한 큰 물줄기에 편입되기도 하지만, 저항과 항거 속에 자신의 문화와 정체성을 지키는 경우도 있다. 조상 몇 대 전부터 북경에 사는 회족 여성의 경우, 북경의 회족 거주지역에서 오랫동안 살았지만 회족의 정체성을 비롯하여 회족의 언어, 문화, 전통이 제대로 계승되고 있는지에 대하여 깊은 의구심을 갖고 있었다. 이미 중앙 정부가 통제하는 대도시의 문화에 융합되어 있었기 때문이다.

많은 변화가 있어도 결국 지금 여기 존재하는 것만이 가치를 지닌다. 켜켜이 쌓인 역사의 축적에서 보면, 결국 승리한 것이 가치 있게 평가받았다. 사회도 마찬가지인지 모른다. 너무 야박한지 모르지만 주변에 보이는 많은 것들이 이를 증명하고 있지 않은가? 예는 차고도 넘친다. 국가와 국가의 싸움에서도, 기업과 기업의 경쟁에서도, 운동 경기에서도, 제국주의 침략에서도, 심지어 인디언과 원주민을 제거하고 차지한 문명국가라는 곳에서도.

일반 사람들의 의식 속에는 먹고사는 문제가 가장 중요하다. 국적과 민족보다 안전과 평안함이 중요함은 진시황의 경우에서도 언급했지만, 오랜 역사적 사실을 통해 어렵지 않게 확인할 수 있다. 2012년 탐방 때 인터뷰한 이족 젊은이들은 암울한 현실에서 벗어나게 해줄 현실적 구원을 갈구했다. 대

도시로의 이동이 그들의 물질적 안정을 실현할 현실적 구원이었다.

어떤 것이 전통의 올바른 계승인지, 그리고 장의 변화를 통한 자원적 민족융합은 어떻게 평가해야 하는지, 어디에 기준을 두느냐에 따라 상반된 결과가 나올 것이다. 하지만 유네스코(UNESCO)에서 문화 다양성을 인류의 공동유산으로 생각하여, 약소 문화를 국제법 차원에서 보호할 수 있는 범세계적인 근거 장치를 마련한 것도,* 그리고 경제에서 중소기업을 대기업으로부터 인위적으로 보호하는 것도, 장의 변화사에서 본 것처럼 소수의 약자가 수적인 열세를 극복하기 어렵기 때문에 사용하는 일종의 보호 장치이자, 완충 장치이다. 그러나 중국 소수민족의 문제는 이와 조금 다르다. 왜냐하면 중국의 소수민족 융합문제는 정치이자 일종의 총성(銃聲) 없는 전쟁이기 때문이다.

---

* 유네스코는 2005년 10월 20일 154개 회원국 대표가 참석한 가운데 미국과 이스라엘의 반대표와 4개국의 기권표를 제외한 찬성표로 '문화다양성협약'을 채택했다. 이것은 문화 획일주의를 지양하고 다양한 약소 문화를 국제법 차원에서 보호할 수 있는 범세계적인 근거 장치가 처음 마련됐다는 데 역사적 의의가 있다.

03

사회의 관계와 영향에서

사회에는 사람과 문화가 담겨 있다. 마찬가지로 사람에게도 문화에도 서로가 담겨 있다. 무수한 장의 중첩이 일어난다. 가면 갈수록 맺어지는 장의 중첩과 영향은 다양하다. 앞에서 언급한 기든스의 사회학적 상상력을 비롯하여, 이푸 투안을 비롯한 인본주의 지리학자들이 말하는 공간과 장소의 구분, 그리고 시간과 역사의 기록을 토대로 이번에는 세 가지 사례를 고찰해 보려 한다.

첫 번째 글에서는 석림 이족의 경우와 비교하여 상대적으로 중앙의 영향이 강하게 반영된 수도 북경에서의 소수민족 사회를 알아볼 것이다. 공간이 장소가 되고, 공간의 위치가 어디에 있으며, 그 공간이 다른 공간과 연계되어 어떤 관계를 맺고 어떠한 영향을 주는지 확인할 수 있겠다. 두 번째 글에서는 중국 왕조의 변화와 변화 속 특징을 거시적으로 조망해볼 것이다. 거칠고 투박하지만, 일단 한 걸음 내디딘다는 마음으로 용기를 냈다. "지금 시작하고 나중에 완벽해져라(Start now, get perfect later).″라는 말로 변명을 대신한다. 마지막으로 개인과 사회를 연결하여, 그 사이의 관계와 영향을 고찰할 것이다. 그 인물로 사마천을 선택했다. 물론 전에 개인적으로 연구했던 인물이기도 하지만, 이 책에서 진시황을 비롯하여 고대사 부분에서 많이 언급되기에, 선택했다. 이러한 일련의 작업을 통해 공간, 시간, 개인을 중심으로 다양한 사회의 관계와 양상을 확인하고, 변화와 장의 보다 구체적인 면면을 생각할 수 있을 것이라 기대한다.

1. 공간과 사회

장소는 그 공간에 사는 사람에게 영향을 미친다. 그리고 그 공간에는 다양한 색깔의 장소가 중첩된다. 한반도 북쪽 하나의 공간에는 여진족, 만주족, 한민족 등의 장소가 중첩되어 존재한다. 하나의 공간에서 다양한 경험을 만들고, 시간의 나이테를 켜켜이 쌓아가며 여러 겹으로 장소의 퇴적층이 만들어졌다. 공간을 포함한 환경, 이것을 포괄적으로 장이라고 명명했지만, 우리는 장에 푹 빠져 살고 있음을, 장에서 태어나 영향을 주고받다가 사라짐을 복잡하게 설명하지 않아도 경험적으로 이해할 수 있다.

수도 한복판에 사는 사람들과 편벽한 석림에 사는 소수민족의 공간은 다르다. 공간에 따라 다른 사회가 만들어진다. 이번에는 북경 우가(牛街)에 사는 회족(回族)의 삶에서 사회의 변화를 알아보려 한다. 이를 통해 공간과 사회의 관계와 영향을 조금 더 구체적으로 이해할 수 있을 것이다.

회족은 전통적으로 널리 흩어져 거주하면서 조그만 집단 체제를 유지하는 '대분산 소집중(大分散 小集中)'의 형태로 살고 있다. 덕분에 회족은 제일 넓게 분포되어 있는 소수민족 가운데 하나가 되었다. 주로 영하회족(寧夏回族) 자치구에 거주하지만, 이들은 중국의 행정구역 가운데 약 96%의 현(縣)급 행정구역 내에 거주하고 있다.[37]

회족은 한족 문화의 적극적 수용을 비교적 일찍 시행했다. 물론 회족도 주체적이고 독립적이며 화려했던 역사가 있었다. 그러나 오늘에 이르러 회족과 회족의 전통문화는 중국이라는 커다란 용광로 속에서 융화되어가고 있다.

회족은 위구르족과 다르게 한화(漢化)가 많이 진척되었다. 과거 회족의 조상들은 보다 나은 생활을 위해 과거(科擧)에 응시하여 관직을 얻으려고 노력했고, 주류사회에 편입하기 위해서 한족과의 교류를 늘리려 했다. 이를 위한 한어(漢語)의 사용과 한족 문화의 적극적 수용은 필요 그 이상이었다. 이처럼 회족의 문화는 자신들의 독특한 역사와 한족의 문화를 능동적으로 수용하면서 구축되었다.

원대(元代)에는 색목인으로 분류되어 한족보다도 높은 지위에 있었고, 정화(鄭和, 1371~1433)도 회족 출신이고, 명의 주원장과 왕후도 회족 출신이었던 (회족은 주원장의 용모가 한족과 달랐고, 왕후의 성씨가 마씨이기 때문에 회족이었다고 주장한다) 주체적이고 독립적이며 화려했던 과거가 있었다.[38] 이러한 회족이 중국 한족 문화에 동화되고 문화 접변을 이루는 데는 약 700~800년이 걸렸다.[39]

북경에 사는 회족의 집단 거주지인 우가는 수도의 영향을 직접 받는다. 북경에는 고대부터 수도로서 가지는 전통성이 현대까지 이어진다. 대표적인 것이 북경의 축선(軸線) 위에 지어지는 현대 건축물과 도시에 들어선 마천루이다. 중국 황제가 머물던 자금성을 남과 북으로 가로지르며 동과 서를 구분하는 축선은 여전히 현대 중국에서도 의미심장하게 사용된다. 남쪽에는 모택동 기념관, 북쪽에는 북경 올림픽 주경기장이 있기 때문이다. 과거 조공하러 오는 사신에게 위압감을 주며 중화의 권위를 드러내야 했던 것이 현대 도시 건축물의 규모와 크기에도 작용했다. 한발 더 나아가 중국인들은 축선에서 '용'을 읽어냈다. 북경 상공에서 촬영한 사진을 보고 "정양문은 여의주, 금수교는 용의 아래턱에 난 짧은 수염……경산에서 종루까지는 용의 꼬리"라고 말했다.[40] 도시 곳곳에 황제의 권력을 잇는 국가 권력의 위엄과 권위가 이어졌다. 물론 이는 일상생활에서도 발견된다.

"우리가 도시를 만들지만, 다시 그 도시가 우리를 만든다."라고 말할 수 있겠다. 도시는 사람을 변화시키고, 사람이 모인 사회를 변화시킨다. 사람과 사회는 도시를 변화시킨다. 중국은 소수민족과 내부의 분열 요소를 제거하고 하나의 중국을 유지해야 한다. 이러한 장에서 석림 이족 사회가 그랬듯이, 북경의 소수민족 사회도 변화를 겪고 있다.

우가는 북경의 선무구(宣武區)에 속하며, 광안문내(廣安門內) 대가(大街)에서 시작하여 백광로(白廣路) 대가까지 남북으로 걸쳐 있다. 북경에서 회족 최대의 거주지이지만 20여 개의 소수민족도 거주하고 있다. 그래서 우가를 중심으로 소수민족 거주지역이 형성되었다.

우가의 명칭은 석류원(石榴園)에서 유래한다. 석류원이 있는 류가(榴街)에는 주로 회족 사람들이 살고 있었다. 즐겨 먹는 소고기의 우(牛)와 류(榴)가 발음이 비슷하여, 우가라고 불렀다. 우가는 송대와 원대부터 이슬람 신도들이 거주한 것으로 알려져 있다. 아무리 짧게 잡아도 최소 600여 년 전인 명대부터 회족 거주지로 정착되었다고 볼 수 있다. 현대에 들어서 1988년 3월에 우가진(牛街鎭) 인민정부(人民政府)가 설립되었다.

현재 우가를 중심으로 양쪽에 60여 개의 골목이 있고, 1만여 명의 회족 사람들이 살고 있다. 자연스레 이슬람문화에 맞는 음식과 건축을 유지하고 있다. 1997년 이전에 우가는 좁은 골목길이었지만, 이후 지금처럼 넓은 길이 되었다. 우가에서의 핵심 장소는 우가 이슬람사원으로서 1000여 년의 역사를 지니고 있다.

우가에 사는 회족들은 대도시에 자신의 장소를 만들었다. 하지만 소수의 문화는 거대 도시의 영향 속에 변화되기 쉽다. 이는 다양하게 나타난다. 먼저 언어의 측면에서 보면, 우가에서는 한어를 사용한다. 이슬람사원 안의 아굉(阿訇)이 회족어로 경전을 읽고, 회족 노인들이 회족어로 말하는 것 외에, 다른 곳에서 회족어를 사용하는 모습을 발견하기 힘들다. 인터뷰한 우가 거주자 및 우가를 방문한 다른 지방의 회족들은 그들 소재지의 한족 사투리를 사용했다.

가계 혈통의 변화도 컸다. 도시화가 진전된 지역일수록 다른 민족과의 통혼 비율은 높았다. 특히 북경에 거주하는 사(沙)씨 집안의 가계도를 분석해 보면 이후 3대에서 가족 구성원의 한화가 시작되었음을 알 수 있다. 사씨 집안의 경우 5대에 이르러 생활 습관은 완전히 한화되었다. 회족의 전통 복장이 경제적 논리로 시장에서 스스로 괴사한 것처럼, 이들의 정신세계를 지배하던 전통적인 종교의식도 점차 소실될 것이다. 성씨와 가계도, 회족 언어와 문화 곳곳에서 변화가 일어나고 있다.[41]

우가에 거주하는 회족들에게서 발견되는 것은 거대 도시 북경이 갖는 장소감에 회족의 장소감이 희석된다는 것, 그러면서 회족의 정체성과 전통의 기억을 상실해가면서, 도시의 경험에 함께 동화된다는 것이다.

회족의 이러한 변화는 중국 수도 북경과 무관하지 않다. 우가는 회족이 자신들의 장소를 북경이라는 대도시에 만든 것이다. 그리고 그 속에서 자신들의 경험을 만들고, 이를 위해 의, 식, 주를 포함한 다양한 문화에서 그들의 경험을 계승하려 하였다. 이들은 이러한 행위, 장소감의 지속을 통해 심리적 안정을 찾으려 했다. 이것은 클레어 쿠퍼 마커스(Clare Cooper Marcus, 1934~)가 "노인들이 다른 비개인적 거처나 양로원에 자신의 가구를 가져오도록 허용하는 것은 개인적 연속성을 확립하는 데 매우 중요하다고 주장한다. 그들에게서 그런 객체를 박탈하는 것은 자아 자체를 분리하는 것이다."라는 생각과 같은 맥락에서 파악할 수 있다.[42]

회족이 북경에 안착하기 위해 우가에 자신들의 경험을 이식시킨 것이나 노인이 양로원에 자신의 가구를 가져오는 것은 바로 우리가 장소에 살고 있고, 장소에는 나의 경험이 함께 있기 때문이다. 낯선 곳으로 이동을 해도 그곳에서 자신의 장소감을 유지하기 위한 행동을 취하는 것이다.

도시의 변화는 이들의 장소를 변화시켰다. 예를 들어 1997년부터 북경시가 진행한 거리 확장사업을 통해 7, 8m 폭의 도로가 40m 폭의 대로로 바뀌었고, 낡고 오래된 주거공간이 현대화되었다. 또한 중국에서 최대 규모라는 무슬림을 위한 마트나 무슬림을 위한 회민(回民) 병원도 세워졌다.

게다가 이곳에는 회족만이 아닌 다양한 소수민족이 모여 살고 있다. 이제 우가에 거주하는 전체 인구 중에 회족은 23%밖에 되지 않는다. 수도 북경에 많은 사람들이 오고 가면서, 회족의 장소와 경험은 더 많고 더 넓은 북경의 장소와 경험에 희석되고 있다.

우가와 비교하기 좋은 곳이 있다. 우가와 멀지 않은 곳에 있는 북경 위공촌(魏公村)이다. 이곳에는 원대(元代)부터 2000년대 초까지, 위구르족 등의 신강(新疆) 지역 소수민족들이 모여 살았다. 이곳도 도시 개발로 그들의 장소와 경험이 삽시(霎時)간에 제거되었다. 물론 이곳에서 싹틔운 나의 추억과 소수민족에 대한 감상도 뿌리째 사라졌다. 그리고 이를 깨달은 것도 이곳이 제거

된 지 한참이 지나서였다.[43]

소수민족의 변화가 강압적 한화에서 자원적 한화로 바뀐 것이 계획적이라고 보기 힘든 것처럼, 우리가 사는 현실 사회는 다층적으로 구성된 상징성을 지니고 있기 때문에[44] 단정적으로 그 가치를 논할 수 없다. 때론 중심과 주변이 역전되기도 하고, 새로운 기술로 단기간에 몇 배를 앞서는 리프 프로그(Leapfrog) 성장처럼 예상치 못한 상황이 전개될 수도 있다.

만주족(滿洲族)이 세운 청(淸) 제국의 영토가 고스란히 중국으로 이어졌지만, 만주족이 아웃사이더로 전락하게 될 줄 제국을 세운 이들은 상상이나 했겠는가? 돌 숲 석림도 그랬지만, 유배지 제주도가 세계적인 관광지로 주목받을지, 중국 경제에 리프 프로그 성장이 곳곳에서 일어나 세계 경제와 기술을 선도할지 예상하기 어려웠다. 가치와 윤리의 문제를 떠난다면, 우리가 사는 이 공간에는 새로운 장과 관계에 따른 변화만이 있을 뿐이다.

2. 시간과 사회

시간은 사회에 다양한 흔적을 남겼고, 흔적은 역사로 후대에 전해졌다. 이러한 시간의 꾸러미 속에서 왕조의 관찰은 사회와 시간의 변화를 관찰하기 좋은 소재이다. 각 왕조는 나름의 특징을 지니고 변했지만, 거시적 측면에서 보면 공통된 패턴이 있음을 알게 된다. 사람이 태어나고, 자라서 어른이 되며, 늙고 병들어 죽는 것처럼 왕조도 나름의 패턴을 갖는다.

자신의 왕조가 영원할 것이라는 생각, 관리나 보완을 하지 않아도 제대로 잘 운영될 것이라는 착각, 경로 의존성에 빠져 무감각하게 받아들이는 행위 등을 지난 왕조의 변화와 패턴 속에서 찾아 경계(警戒)하며 오늘을 잘 살아야 할 것이다. 더불어 그 안에 속한 개인도 지금 내가 어떠한 변화 과정에 있는지를 파악한다면, 자신이 지금 해야 할 것이 무엇인지 보다 명료하게 가늠할 수 있을 것이다. 이것을 생성, 발전, 쇠퇴, 대체 가운데 대체의 과정은 생략하고, 생성, 발전, 쇠퇴의 세 단계로 나누어 고찰해 보겠다.

❖ 생성의 시기

생성의 시기는 발단과 전개의 과정을 포함한다. 왕조로 따진다면 건국에서부터 중흥 시기 이전까지, 하나의 왕조로 자리 잡는 기간에 해당한다. 대개의 경우 건국 후에는 개국 공신들을 정리하고 중앙 권력을 공고히 하는 과정을 거친다. 남아 있는 잔존 세력을 제거하는 데, 약간의 사회적 혼란이 발생하지만 이후 외형적 안정을 이룬 기초 위에 내적 안정을 완성하며, 문화 융성기의 토대를 만든다.

진나라의 경우를 보면, 진은 통일 이후 다양한 법과 체제를 표준화했다. 여기에는 많은 반발이 있었고, 이것이 안착하기까지 철저한 관리와 감독이 필요했다. 이것이 없으면 '경로 의존성'에 의해 과거로 되돌아가기 때문이다. 진시황의 강력한 통치력으로 이를 통제했지만, 결과는 그의 예기치 못한 죽음에 의해 다음 단계에 이르지 못했다.

대내외적 문제가 해결되지 않은 상태는 언제 터질지 모르는 화약고 같다. 개혁과 통일 작업은 진행 중이었고, 시스템은 아직 갖춰지지 않았다. 그리고 혼란을 이용하는 측근, 즉 2세 황제와 환관 조고, 재상 이사 등의 야욕이 작용했다.

대외적으로 산적해 있는 문제도 컸다. 예를 들어 피정복국가의 반발, 기득권 세력의 저항과 조직적 항거, 오랜 전쟁과 전란을 겪은 백성의 피로감과 저항 등이 존재했다. 진의 패망을 촉진한 유방의 한(漢)과 패왕 항우의 초(楚)도 진에 의해 멸망한 제후국이었다. 천하를 통일했어도 잔존세력을 완전히 제거하지 못했기에 불안정하다. 적들은 민심을 부추기고 호시탐탐 기회를 엿본다. 진시황의 급사(急死)와 이를 이용한 무리, 그리고 시스템의 부재는 자연스레 몰락의 길로 향하는 마중물이 되었다. 개국 후의 많은 문제를 통제하고 해소할 능력이 없으면, 아쉽지만 다음 단계로 넘어갈 수 없다.

이러한 과오는 후세에 모범이 된다. 진을 이은 한나라는 진의 문제점을 거울삼아 다음 단계로 나아갈 수 있었다. 진의 폭정과 백성에 대한 지나친 간섭을 타산지석(他山之石) 삼아 한고조 유방부터 시작하여 백성을 쉬게 하는 정치를 펼쳤다. 이러한 것은 (뒤에 다루게 될) 황로학에 의해 정치철학으로 실행되었다. 이러한 정책은 동란에 지친 백성들에게 휴식과 활력을 주면서 국가 부흥과 재건의 토대를 일구었다. 이렇게 비축된 힘은 한나라의 5대 6대 황제인 문제와 경제를 통해서 발휘되고, 이때 중국 역사상 최고의 태평성대를 누린 문경지치(文景之治)를 만들었다.

한 가지 흥미로운 점은 진과 한의 관계처럼 뒤이어 전개되는 수와 당의 문화적 사회적 관계와 영향이다. 한과 당의 발전과 성장에는 분명 진과 수의 짧으면서 개혁적인 왕조의 영향이 작용했다. 예를 들어 진의 개혁에 법, 문자, 도량형 등이 있다면, 수대에는 과거제도 같은 사회 개혁 시스템과 대운하 같은 큰 사업이 있었다. 이러한 것들은 당시 사회에 부담이 되었지만, 후대의 발전에는 중요한 토대가 되었다. 커다란 스트레스를 유발했기에 해당 왕조는 단명했지만, 이를 이어받은 다음 왕조는 앞의 왕조 덕분에 문명의 발달과 번영의 과실을 즐길 수 있었다.

반면 몽골제국과 이를 세운 칭기즈 칸(Chingiz Khan, 成吉思汗, 약 1155~1227)은 진시황과 달랐다. 몽골어로 '최고의 쇠로 만든 사람'이란 뜻의 테무친(鐵木眞), 1189년경 몽골씨족연합의 맹주에 추대되어 '위대한 군주'라는 뜻의 칭기즈 칸이라는 칭호를 받았다. 이어 동부 몽골을 평정하고, 서방의 알타이 방면을 근거지로 하는 나이만 부족을 1204년에 격멸하며 몽골의 통일을 완성했다. 즉위 이듬해에 서하(西夏)를 점령하고, 1215년에 금나라 수도 중도[中都, 지금의 북경]에 입성하였다. 그러다가 1226년 가을에 서쪽 정벌의 참가를 거부한 서하를 응징하다 1227년 병사한다. 몽골제국은 진에 비해 비교할 수 없을 정도의 국토를 오랫동안 차지했다.

2대 칸은 칭기즈 칸이 후계자로 지명한 3남 오고타이[우구데이, 高潤台, Ögedei]가 된다. 그는 금을 멸망시키고, 고려와 유럽을 정벌했다. 1241년 오고타이 칸이 사망하고, 그의 아들 구육 칸이 자리를 계승하지만 구육 칸은 이내 병사한다. 칸의 선출을 둘러싼 분열 속에 뭉케가 4대 칸이 되어 분열을 수습하고, 서아시아와 남중국을 정벌한다. 하지만 그도 남송을 정벌하던 1259년에 사망한다. 이후 몽골제국의 분열은 쿠빌라이와 아릭 부케로 양분되지만 결국 쿠빌라이의 승리로 끝나고 쿠빌라이는 칸으로 즉위한다. 그러나 몽골제국은 원(1271~1368)과 킵차크한국(1502년 멸망), 차가타이한국(17세기 후반 멸망), 오고타이한국(1306년 차가타이한국에 병합), 일한국(1393년 멸망)으로 분열된다.

분열이 되어도 워낙 큰 영토, 그 속에서 각자의 역사를 만들고 문화를 창조하며 오랫동안 존재했다. 모두가 몽골의 공동체란 생각으로 평화적인 교류를 유지할 수 있었다. 이러한 분위기 속에서 모로코의 여행가 이븐 바투타(Ibn Battuta, 1304~1368)나 베네치아의 상인 마르코 폴로(Marco Polo, 1254~1324)의 여행이 가능할 수 있었다.

칭기즈 칸과 진시황의 사망은 달랐다. 후손들은 서쪽으로 영토를 확장했고, 금을 멸망시켜 중국을 장악했다. 후계자 계승, 조직의 구성을 비롯하여 저항하는 자는 엄벌하고 동조하는 자는 너그럽게 수용하는 정책을 펼치며 자신들의 의지를 관철했고, 인재를 적재적소에 선발배치하며 발전의 토대를 만들었다.

역사는 오늘의 등불이다. 강성했던 원나라는 한족 억압정책을 시행했다. 나중에 청 제국이 중국을 통치할 때, 청은 원의 정책을 참고했다. 한족을 중심으로 청에 반대하고 명으로 되돌아가려는 '반청복명(反淸復明)' 운동이 일어났기 때문이다. 청은 한족의 인재를 등용하고, 문화를 존중하며, 백성들의 어려움을 해결해 나가며 저항을 줄였다. 이러한 과정에 17세기 중엽부터 18세기 후반까지 강희·옹정·건륭이 통치한 '강건성세(康乾盛世)'의 전성기를 만들 수 있었다.

중화인민공화국이 건국되기 전, 약체인 공산당은 강한 국민당에 맞서 '대장정'을 하면서도, 그리고 공산당과 국민당이 함께 '항일전쟁'을 하면서도 그들은 국민의 지지라는 두터운 기반을 준비했다. 항일전쟁에 소극적이고, 일본이 물러난 뒤에도 부패와 약탈로 얼룩진 국민당의 모습은 국가 설립의 근본인 국민, 그들의 민심을 잃고 패전을 얻었다.

자전거는 출발할 때 힘과 균형의 조화가 필요하다. 힘만 주면 쓰러지고, 균형만 잡으면 나아가지 못한다. 국가도 출발할 때 힘과 균형의 조화가 요청된다. 권력이라는 힘과 다양한 바람의 균형, 이들의 조화가 필요하다. 그리고 달리기 시작하면 관성에 따라 수월하게 간다.

❖ 발전의 시기

발전의 시기는 국가의 개국에 이어서 펼쳐지는 절정기에 해당한다. 외형적 통일을 이루고, 내적 기반을 다지며 문화 융성기의 토대를 만들면, 다양한 시도와 개혁이 진행되며 사회 발전이 일어난다. 당연하다. 이미 커다란 변화로 새로운 국가가 탄생하였다.

동란의 종식, 폐허의 정리, 이 단계에서는 더 이상 나쁠 게 없다. 더 이상 추락할 곳이 없다. 불행 끝, 행복 시작이다. 물론 과거의 잔재를 딛고 일어서는 데 혼란과 무질서가 발생하지만, 이는 비행기가 상승하기 직전에 생기는 먼지 바람에 불과하다. 상승하면 이내 사라진다. 새 역사의 창조가 시작되고, 곳곳에 혁신의 바람이 일어난다.

발전기 초기가 되면 사람들은 이때를 태평성대라고 생각한다. 하지만 절정까지 좀 더 기다려야 한다. 진정한 태평성대는 시간을 요하고, 성숙하고 창의적인 시스템을 필요로 한다. 그래서 이때를 면밀히 들여다보면, 백성들이 경험했던 과거의 혼란기, 건국 시기의 불안정한 상태에 비하여 '상대적으로' 좋아진 것이지, 과거 문화 융성기에 비하여 좋아진 것이 아니다. 이후 다양한 시도와 개혁 속에 역사에 길이 남을 인물과 업적이 탄생한다. 자연스레 사회적 안정기는 문학과 문화의 융성함을 일군다.

발전 초기는 격동의 시간이다. 그래서 개천에서 용이 날 수 있고, 다양한 계층의 사람이 다양한 방식으로 자신의 꿈을 이룰 수 있다. 폐허 뒤에 시작하는 것이라 모든 것이 새롭고, 다양한 방식과 다양한 게임의 법칙이 펼쳐진다. 이는 사람으로 치면 청소년기를 지나는 때, 꿈 많은 시절이다. 한바탕 비가 오고 나면 개천의 물이 뒤집히고 강 밑바닥에 있던 영양분이 위로 올라오며 강물은 뒤죽박죽 섞인다.

하지만 사회적으로 안정기가 되면서 계층이 만들어지고, 개천에서 용 나는 일은 줄어든다. 왜? 용은 개천에서 나는 것이 아니기 때문이다. 종두득두(種豆得豆)! 콩 심은 데 콩 나고, 팥 심은 데 팥 난다. 개천에서는 용이 날 수 없고, 개똥밭에선 인물 날 수 없으며, 누더기 속에서는 영웅이 날 수 없다. 그게 안정된 구조다. 콩 심은 데에 팥 나고, 팥 심은 데 콩이 나면 불안정한 사회다. 원칙과 상식이 지켜지지 않는 것이다(본질을 정확하게 봐야 할 것. 앞의 '맹자'에서 말한 '교육의 책임'을 참고하며 오해 마시길).

이러한 장에 등장한 한나라 7대 무제는 국가를 한 단계 업그레이드할 무언가가 필요했다. 물론 한나라 최고의 전성기는 5대 6대 문제와 경제 때였다. 뒤의 '사상의 변화'에서 황로학(黃老學)을 설명하며 언급하겠지만, 당시 위정자에게는 백성을 위하는 마음이 근본에 깔려있었다. 이는 바로 문경지치(文景之治)의 발전기를 만들었다. 이러한 흐름을 무제가 이었다. 그러나 과거의 답습만으로는 성장에 한계가 있고, 국가를 효율적으로 운영할 수 없었다. 이때 요구된 것이 바로 유교에 의한 통치다. 무제는 유교의 예치 시스템 등을 이용하여 사회의 질서를 구축하고, 황실의 권위를 갖추었다.* 시스템이 갖춰지면서 국가와 사회는 안정적으로 운영되고, 발전의 길을 걸을 수 있었다.

발전기의 특징은 당 왕조에서도 찾아볼 수 있다. 발전기에 으레 발생하는 개방과 포용의 자세, 이것이 성공의 결과로 온 것인지, 아니면 개방과 포용의

---

* 결이 다른 질문을 던진다면, 공자의 사상은 안정기, 평화 시기에만 통하는 사상일까? 혼란기, 약육강식이 판치고 생존을 위해 동분서주하는 상황에서 공자의 주장은 한여름 뒷도 모르고 불러대는 베짱이의 노래일까? 추운 겨울에 베짱이 울음소리를 들어본 적 있는가? 없지 않은가? 그게 자연이연(自然而然)이고 도(道)다. 그 너머는 욕심이다.

결과로 성공이 온 것인지, 닭이 먼저냐 달걀이 먼저냐는 물음처럼 둘은 매우 밀접하다.

어쨌거나 발전기의 당, 세계 최대의 도시 장안에는 개방과 포용이 넘쳤다. 고구려 유민 출신의 고선지(高仙芝)와 이민족 안녹산(安祿山) 같은 외국 출신 무장뿐만 아니라 불법 체류 외국인에게도 당의 문화는 관대했다. 외국인을 대상으로 한 과거시험 빈공과가 있었고, 법률도 내외국인 가리지 않고 평등하게 적용했다. 속지법주의와 속인법주의가 시행되었다. 종교도 마찬가지였다. 다양한 종교가 혼재했고, 심지어 삼이교(三夷敎)라 할 수 있는 마니교, 경교, 조로아스터교도 널리 유행했다.

르네상스가 일어난 이탈리아, 세계 무역의 중심지로 많은 물자와 자원이 몰려들고 사람이 넘쳐났다. 아프리카, 아시아, 유럽을 연결하며 경이로운 발전을 구가(謳歌)했다. 발전기의 특징은 고금과 동서를 막론한다. 실크로드의 출발점인 장안에도 서역과 신라와 일본 등지에서 온 상인, 학생, 승려, 무사, 예술가들이 넘실거렸다. 지금 미국의 실리콘밸리의 상황과 흡사하다.

당 왕조 발전기의 정점에 당 현종이 있다. '개원의 치'를 연 현종, 태종 때 300만이 안 되던 호구가, 726년에 약 706만, 755년에 약 890만으로 늘어났다. 하지만 우리가 이즈음에 알아야 할 변화 속에 발견되는 중요한 패턴, 가장 높은 산의 정상은 가장 낮은 곳으로 향하는 첫 출발, 노자도 그랬다. "복혜화지소복(福兮禍之所伏)"(58장) 복은 화가 숨은 곳! 경계하란 말이다.

발전기의 정점은 언제나 그랬다. 사람도 조직도 국가도 예외일 수 없다. 여유로운 태평 무사의 시간은 아주 쉽게 게으름과 방종, 욕망의 탐닉을 낳는다. 부와 명성을 얻은 개인이 그랬고, 사회와 국가가 그랬다. 자칫하다가 "한번에 훅 간다."라는 말이 틀린 말이 아니다.

정상의 시기를 향유했던 현종 시절에 이미 율령 체제, 균전 법령 등 곳곳에서 붕괴의 그림자가 나타나기 시작했다. 조금 자세히 들어가면 당시에도 호구가 늘었다고 하지만 세역이 면제되는 '불과호구(不課戶口)'는 755년 기준으로 40% 정도였다.

더 큰 위험은 천하를 다스린다는 절대 권력자, 바로 황제 자신에게 있었다. 현종은 황후와의 사별 후 며느리에 반해, 일부러 며느리를 이혼시켰다. 이어 도교의 도사(道士)로 그녀를 만들어 신분세탁을 하고, 745년 귀비(貴妃)로 책립했다. 그 여인은 바로 경국지색(傾國之色)의 양귀비(楊貴妃, 719~756)였다. 뒤이어 양국충의 득세와 안녹산의 반란 등으로 역사는 점철되며 혼란에 빠졌다. 결국 환관 세력의 확대, 중앙과 번진과의 갈등, 당쟁의 심화로 당의 전성기는 내리막을 걷게 되었다. 현종과 귀비의 사랑을 노래한 백거이(白居易)의 『장한가(長恨歌)』, 하늘을 나는 새가 되면 암수한몸의 비익조(比翼鳥)가 되고, 땅에 자라는 나무가 되면 연리지가 되자 했지만, 둘의 사랑은 쉬이 사그라졌다.

당에 이은 송(宋, 960~1279)의 도드라진 발전은 송나라가 가진 장과 관련된다. 앞에서도 언급했지만 북방의 위협은 송의 발전 동력이 되기도 했다. 송은 상업적으로 뛰어났고, 이는 경제적으로 부유한 시대를 만들었다. 송은 상업혁명을 이루었다. 자료에 따르면, 1078년 송의 철강 생산력은 12만 5천 톤으로, 1788년 영국 산업혁명 당시 철 생산량과 차이가 없다. 이 밖에 용광로, 수력 방직기, 화약, 물시계 등이 발명되었고, 나침반이나 수력 터빈을 활용한 항해술도 발전했다. 옥스포드 너필드 컬리지의 스티븐 브로드베리의 논문에 따르면 송나라는 1020년에 1인당 GDP가 1000달러(1990년 가치 기준), 영국(잉글랜드)은 400년 뒤인 1400년대에 1000달러를 돌파했다고 한다.[45] 하지만 송은 부유하지만 부강하지 못했다. 원인은 북방의 유목민족에 있었다. 1127년 금(金)에게 망하기 전까지 경제적으로 부유했지만 군사적으로 부강하지 못했다.

주어진 장을 잘 활용하면 열악한 조건이어도 좋은 결실을 맺으며, 태평성대의 발전기를 이룬다. 일본의 마쓰시타 그룹을 세운 마쓰시타 고노스케 회장은 자신의 성공 비결을 묻는 직원에게 다음처럼 말했다고 한다. "나는 하늘의 은혜를 세 가지 받고 태어났다. 그것은 바로 가난한 것, 허약한 몸, 못 배운 것이다. 가난했기 때문에 부지런히 일하지 않고서는 잘살 수 없다는 것을, 몸이 허약하기에 건강의 소중함을 깨달아 운동하고, 초등학교도 졸업하지 못해 늘 배우려 했다. 불행한 환경에 감사하며 살았다." 주체가 어떤 자세로 임하느냐에 따라 주어진 장이 달라질 수 있음을 보여준 예이다. 사람이나 국가나 장을 탓할 일만은 아니다.

청나라 4대 황제인 강희제(康熙帝, 1654~1722)는 청 제국 문화융성의 초석을 만들었다. 만약에 강희제가 없었다면 청도 진나라처럼 단명했을 것이다. 순치제(順治帝, 1638~1661)의 셋째 아들인 그는 황제가 된 뒤, 무려 62년 동안 청 제국 발전의 토대를 쌓았다. 더 나아가 옹정제(雍正帝, 1678~1735), 건륭제(乾隆帝, 1736~1796)로 이어진 청의 전성기를 만들었다. 그는 건국 후 국가의 혼란을 종식시키고, 내정을 안정시키며 국토를 넓혔다. 이민족 통치자로서 한족의 마음을 사기 위해 유교 경전을 섭렵하며 한족의 문화를 존중하려고 노력했다. 또한 엄청난 학구열의 소유자인 그는 각종 편찬사업을 국가 주도로 시행했다. 예를 들어 중국 최대의 유서인 『고금도서집성(古今圖書集成)』이나 『강희자전(康熙字典)』 등을 출판하여 문화 발전의 토대를 만들었다. 이러한 측면에서 조선 시대 세종도 강희와 비슷한 장 속에서 비슷한 패턴을 지니고 있음을 알 수 있다.

강희제는 제갈량(諸葛亮, 181~234)이 출사표(出師表)에서 말한 "몸을 굽혀 온 힘을 다하며 죽은 후에야 그만둔다(鞠躬盡瘁 死而後已)."라는 말에 감명을 받았고, 제갈공명을 본받아 청의 발전을 위해 죽을 때까지 몸과 마음을 바쳤는지 모른다. 어쨌거나 그로 인하여 청의 역사에서 문화적 발전기, 태평성대의 시대가 펼쳐졌다.

한편으로 드는 생각, 태평성대가 이렇다면, 춘추전국 시기 많은 나라들은 통일 이후의 이로움과 혜택을 상상하지 못했을까? 전쟁과 다툼을 종식시키고 평화와 안정 속에 행복하게 사는 것을 염원하지 않았을까? 왜 그들은 서로 다른 각자의 문자 · 정책 · 도량형 등을 통일하고, 시간과 노력을 아껴 인간의 본질적인 문제에 기초해 보다 효율적으로 살려고 하지 않았을까? 앞서 진나라가 통일할 수 있었던 원인에서 밝혔듯이 백성들은 염원했지만, 기득권 세력은 자신의 이익을 위해 백성들의 염원을 무시했다. 결국 결과는 백성들의 바람대로 이루어졌지만 희생이 컸다.

❖ 쇠퇴기

쇠퇴기이다. 시스템의 구축은 보통 과거의 장에 맞춰 진행된다. 그러므로 새로운 장으로의 변화가 일어날 때, 새로운 장에 맞는 시스템이 제공되어야 하지만 태반이 그렇지 못하다. 그렇지 못하면, 스트레스의 누적으로 주체와 장의 변화가 진행되고, 대개 종말로 끝난다. 이러한 것은 서한에서 동한으로의 전환 시점, 동한 말년에 등장한 유비 관우 조조의 삼국지 무대에서 출발한 위진 남북조의 혼란기 그리고 각 왕조의 말기에 나타났다.

장이 좋아 일이 순조롭게 풀리는 경우도 있지만, 주체가 아무리 노력해도 그 노력이 물거품이 되는 경우도 허다하다. 주체가 아무리 노력해도 장이 주체의 노력을 받쳐주지 않는다면, 주체의 노력은 수포가 되기 십상이다. 물론 반대의 경우도 존재한다. 주체는 별로 노력하지 않았지만 장이 좋아서 주체에게 좋은 결과가 돌아가는 경우다. 전자는 주로 발전기에, 후자는 쇠퇴기에

접할 가능성이 높다.

　장이 주체의 노력을 받쳐주지 않는 경우로 명대(明代) 장거정(張居正, 1525~1582)을 들 수 있다. 그가 죽으면서 공들였던 개혁이 실패로 돌아갔다. 십여 년의 노력이 물거품이 되었다. 장거정이 기용하여, 북경의 방패막이자 요충지인 계문을 지켰던 척계광(戚繼光, 1528~1588)이 장거정의 죽음과 맞물려 쫓겨났다. 수구적 성격의 사대부, 향신, 환관들은 자기 마음대로 국정을 농단했다.

　한술 더 떠서 만력제(萬曆帝, 1563~1620)는 장거정의 무덤을 파고 관을 끌어내 시신을 훼손하는 부관참시(剖棺斬屍)를 행하고, 아들을 고문하여 죽이고 가족을 몰살시켰다. 만력제, 그는 황제로서 정무를 내팽개치는 태정(怠政)을 30년 정도 했다. 황하는 범람하고, 변방군은 부패하고, 명 왕조 패망의 그림자가 조금씩 길게 드리워졌다. 변화 속 어둠의 패턴이 어김없이 드러나는 시점이다. 밀려오는 거센 변화의 물결을 소수 몇몇의 힘으로 막을 재간이 없다.

　사람은 익숙한 것에 길들고, 이내 싫증을 느낀다. 신선한 것도 새로운 것도 참신한 것도 시간이 지나면 외면당한다. 아무리 좋은 것도 익숙해진 지루함에 폐기 처분된다. 이때, 시련이 감실감실 피어오른다.

　내부적으로 외부적으로, 극복하면 다시 발전의 가도를 달리지만, 실패하면 쇠망의 단계로 들어간다. 다양한 혼란이 발생한다. 그동안 쌓였던 문제들, 계층 간의 사다리는 끊어지고 기득권은 자신만의 이익을 공고히 하려고 더 무리한다. 적폐가 쌓인다. 지금까지 버텼던 문제들이 하나둘 터지면서, 끈끈히 연결된 조화의 그림에 부조화의 그늘이 드리워진다.

　청나라 말기의 모습을 호출해 보겠다. 청말 무술변법(戊戌變法)의 성공을 위해 목숨을 바친 '무술육군자(戊戌六君子)', 그 가운데 하나인 담사동(譚嗣同, 1865~1898)이 그 좋은 예이다. 변법 실패에 함께 피신하자는 양계초의 제의를 거절하며 담사동은 다음처럼 말한다.

"세계 어느 나라도 개혁과 혁명 과정에서 피를 흘리지 않고 성공한 적은 단 한 번도 없다. 오늘날 중국에서 아직 개혁과 변법으로 인해 피를 흘린 사람이 없기 때문에 따르는 자가 없다고 한다면, 나 담사동이 바로 그 시작이 될 것이다!"[46]

너무도 비장한, 그는 정녕 역사의 패턴을 알았던 것일까? 죽음을 앞두고 구우일모(九牛一毛)를 말한 사마천의 고뇌와 비교되지만, 선택은 각자의 장에서 판단할 일이다.

왕조 말기에 나타나는 현상, 추락하는 장의 움직임을 되돌리는 데에는 물리적으로 매우 많은 힘이 요구된다. 역학적으로 추락하는 것의 방향을 바꿔 다시 올리는 데 많은 힘이 필요한 것과 같다. 황실의 암투와 권력 투쟁, 왕조의 권위에 반하는 내부의 반란, 만주족과 청나라를 향한 한족의 항거 등. 여기에 더해진 외부의 침략과 약탈, 이러한 장은 내부에서 변화의 요구를 수용하여 해결책을 만들지 못하면, 십중팔구 외부의 힘에 의해 강제적인 변화가 진행된다. 그렇다면 이젠, 주체와 장의 현재적 발견과 실천으로서, 주체를 바꾸거나 아니면 장을 바꾸거나 변화에 맞서 움직여야 한다.

마무리를 하며 중국 역사의 변천을 거칠지만 상상력을 더해 생각해 보겠다. 어떻게 보면, 중국이라는 대상도 인간의 성장과 비슷한 과정을 겪었다. 주대에 국가를 이루는 기본 틀이 갖춰지고, 춘추전국 시기에는 다양한 사상이 나타나며, 토론과 논쟁을 통해 정체성을 정립하는 과정을 거쳤다. 이어 한대에 국가 시스템을 갖추고, 이어서 당송명대의 문화적 경제적 발전을 일으켰다. 자연스레 예술과 미학을 다루는 음악, 미술, 문학 등이 꽃피운다. 그 속에서 당대의 시와 원명청대의 소설이 탄생했다. 정체성이 만들어지고, 이어

시스템이 갖추어지면, 으레 사람들이나 조직이나 매한가지, 그다음엔 여유 속에 여흥을 즐기는 패턴을 보인다. 가끔 예상치 못한 변수로 새로운 현상이 발생하기도 하지만 지속성과 생명력이 그리 강하지 않다.

'문학예술에서' 언급할 것처럼 간단한 것으로부터 시작해서 좀 더 복잡한 것으로, 혼자 하는 것에서 좀 더 많은 사람이 같이하는 것으로, 제한된 경험에서 더 많은 경험을 직접 느낄 수 있는 쪽으로 변해가는 특징을 보인다. 기술의 발전과 맞물리며 새로운 문화와 장르가 탄생하고 생장소멸의 과정을 겪는다.

이제 더 나아가 앞으로는 이렇게 되지 않을까 하는 합리적 추측과 창조적 상상이 요구된다. 그 속에서 우리는 과거와 같은 실수를 피하고, 삶을 보다 알차게 살 수 있다. 그렇다면 지금 우리가 속해 있는 국가 조직에는 이러한 것들이 적용되지 않을까? 내 삶, 내 집단 속에서 변화가 어떻게 전해오고 어떻게 변하는지, 탐구할 필요가 있다. 변화의 패턴을 발견해서 대비해야 할 것이다. 나쁜 상황이 예측된다면 그렇게 안 되도록 예방해야 한다. 지금도 우리는 장의 변화 속에 서 있다. 그럼 지금 우린 어디에 있는가? 이것이 문제이다.

3. 개인과 사회

❖ 사회가 개인에게 미친 영향

사회가 개인에게 미치는 영향, 소설이지만 『인생[活着]』에는 주인공 부귀(福貴)가 온몸으로 겪는 중국 현대 사회의 모습이 고스란히 담겨 있다.[47] 그 사회에는 때론 도박장의 사람들, 국민당과 공산당의 군인들, 홍위병 등이 주인공 개인에게 영향을 주는 사회의 모습으로 등장한다. 이처럼 '개인'과 '사회'의 관계는 '개인'과 '수많은 개인'과의 관계를 형성한다. 수많은 개인이 사회를 만들고, 그 수많은 개인 속의 개인도 다른 수많은 개인의 영향을 받는다. 그래서 개인과 사회는 등가(等價)적 관계가 아니다. 하지만 모든 개인이 그런 것은 아니다. 몇몇 개인은 사회를 송두리째 흔든다. 그 영향의 파고가 크고 길다. 소설『인생』속의 장을 만든 모택동이 그랬고, 중국 역대 왕조의 많은 제왕들이 그러했다. 그리고 이제부터 얘기할『사기(史記)』를 집필한 사마천(司馬遷, BC 145?~BC 86?)도 그랬다. 무게감이 다른 개인이었다.

한무제가 만든 사회를 살아가던 개인 한 사람 사마천, 그가 직면한 사회라는 장은 남달랐고, 이를 극복한 결과도 남달랐다. 개인은 사회의 영향을 받고, 성장하며 변해간다. 그 속에서 본질을 보고, 당시 사회의 한계를 넘어 장 밖의 장을 생각하고 실천해야 한다. 사마천을 통해 개인과 사회의 문제를 조금 면밀히 관찰해 보겠다.

세상을 통해 얻는 인풋은 한 개인에게 많은 영향을 미친다. 그러므로 사회나 세상을 통한 지식과 정보의 인풋을 무시할 수 없다. 그 가운데에서도 직접 경험하고 체험한 인풋은 삶의 목적과 동기를 더 강하게 만든다. 이러한 것을 사마천을 통해 확인할 수 있겠다. 사마천은 당시 사회의 장을 통해 많은 것을 수용했고, 이것이『사기』에 녹아 있다. 그럼, 사회의 장이 사마천에게 미친 영향을 성장한 지역, 가정, 직장이라는 장과 연결하여 알아보겠다.

먼저, 사마천이 성장한 지역에서 살펴보자. 사마천은 하양(夏陽)에서 태어났다. 바로 지금의 섬서성 한성시의 고문원촌(高門原村)으로 용문(龍門)이다. 용문은 바로 과거에 급제하는 것을 일컫는 등용문(登龍門)의 용문이다. 사마천은 어려서부터 '등용문'의 고장에서 학문에 대한 꿈을 키울 수 있었다. 7세

때 그의 아버지 사마담은 천문, 제사, 역법, 도서 등을 담당하는 태사령(太史令)이 되었고, 이후 무릉(武陵)에 거주하였다.

19세에 사마천은 사마담을 따라 장안으로 이주한 뒤, 한무제의 무덤을 조성하는 장안에서 멀지 않은 무릉에 안착하였다.* 한무제는 자신의 무덤을 만들기 위해 많은 인력을 동원했고, 이를 위해 공사현장 근처에 마을을 만들고, 필요한 인력을 이주시켰다. 더불어 부자와 명망 있는 사람도 이주시켰다.[48] 이렇게 해서 다양한 계층의 사람들로 구성된 신도시가 건설되었다.

이곳에서 사마천은 많은 문물을 접하고, 태사령인 아버지의 소개로 저명한 학자들을 만날 수 있었다. 「태사공자서」에 언급한 것처럼 "제나라와 노나라의 수도에서 학업을 닦고 공자가 남긴 풍속을 살펴보았다."라는 것부터, 태학에 입학하여 학문적 토대를 쌓고, 동중서(董仲舒, BC 170?~BC 120?)에게 『공양춘추(公羊春秋)』를 배우고, 공안국(孔安國, BC 156?~BC 74?)에게 『고문상서(古文尙書)』를 배우면서, 경전 연구에 서로 다른 금고문을 함께 연구할 실력을 갖추게 되었다. 그리고 기원전 124년인 22세 때에 박사제자원이 되고, 3년 반 정도의 시간이 지난 뒤 태사령에 올랐다. 사마천은 자신이 성장한 지역의 영향을 충분히 수용하여 자신의 삶에 녹여 내었다.

다음은 사마천이 태어나고 성장한 가정이라는 장을 알아보자. 사마천의 성인 '사마(司馬)'는 관직을 나타낸다. 시대에 따라 조금씩 달리 사용되었지만, 사마 씨는 주나라 역사를 관장하면서, 군사나 군수품 등을 담당했다. 부

---

* 사마천이 무릉으로 옮긴 기록은 『사기』에는 없고, 『사기색은(史記索隱)』에서 『박물지(博物志)』를 인용하여 언급하였다. "태사령인 무릉 현무리(顯武里)의 대부 사마천은 나이 28세이며 3년 6월 을묘(乙卯)일에 육백 석을 제수받았다"(재인용 천통성, 『역사의 혼 사마천』, 김은희 · 이주노 역, 이끌리오, 2002, 73쪽).

친은 사마담, 할아버지는 오대부(伍大夫) 사마희(司馬喜)다.「태사공자서」에서 "나의 선조는 예부터 역사를 기록하는 것을 담당하여 요순시대에도 이미 세상에 알려졌고, 주나라에 이르러 전담하였다. 대대로 사마 씨는 천관(天官)을 담당했는데 지금 나에게도 미친다. 조심하며 마음에 새기자! 조심하며 마음에 새기자!"[49]라는 말이 있다. 이를 통해 사마천의 가문이 조상 대대로 역사 저술에 종사하였음을 알 수 있다. 그리고 이러한 집안 내력을 가진 가정이라는 장은『사기』라는 역사서를 쓴 사마천에게 비교할 수 없는 밑거름이 되었다.

끝으로 알아볼 것은 개인과 사회를 이어주는 중요한 요소인 직장이다. 사마천은 28세가 되던 기원전 118년에 녹봉 300석을 받는 낭중(郎中)이 된다. 낭중은 아직 발령받지 못한 예비 관료다. 이후 35세까지 사마천에 대한 특별한 기록은 없다. 그사이에 사마천은 동중서나 공안국에게 가르침을 받았을 것이라 추측한다. 그리고 36세 무렵에 아버지 사마담이 사망한다. 사마담은 유언으로 사마천에게 태사령이 되라고 말하고, 사마천은 기원전 108년 38세의 나이에 태사령이 된다. 자연스레 역사를 기록하고 관리하는 직업을 갖고, 그 직업의 장 속에서 위대한 역사가로서 역사에 집중할 수 있는 토대를 마련하였다.

성장한 지역, 가정, 직장이라는 장의 영향 속에 사마천은 사마천답게 성장할 수 있었다. 이를 기초로 사마천은 역사가로서 자신의 목적을 달성하는데, 그 과정에서 개인과 사회, 현재와 과거와 미래를 연결하는 매개체로 '여행'과 '독서'라는 방법을 활용한다. 여행과 독서는 시간과 공간의 경계를 넘어 사고하는 방법으로서, 개인이 갖는 시간과 공간의 한계를 확장할 수 있는 좋은 방법이다.

사마천은 사마담의 권유로 다양한 곳을 여행하며 경험을 쌓았다. 사마천은 20살에 장강, 회수, 황하, 산동 등 모두 7회 정도 현지를 여행했다.[50] 「태사공자서」에서 언급한 "스무 살에 남쪽의 장강과 회하를 유람하고, 회계산을 등정하여 우임금이 [죽어서 들어갔다는] 동굴을 탐험했고, [순임금이 매장된] 구의산(九疑山)을 보고, 원수(沅水)와 상수(湘水)에서 배를 탔다. 북으로는 문수(汶水)와 사수(泗水)를 건너고, 제와 노의 수도에 강업(講業)하고, 공자가 남긴 풍속을 관찰하고, 추현(鄒縣)과 역산(嶧山)에서는 향사(鄕射)를 살폈다"[51]라는 것이 그 근거다.

황제의 시종이라 할 수 있는 낭중(郞中)이 되었을 때, 한무제를 수행하여 강남(江南)·산동(山東)·하남(河南) 등을 여행했다. 기원전 111년에는 파촉(巴蜀)으로 파견되기도 했다. 기원전 108년에 태사령이 되고, 그해 태산 봉선(封禪) 의식에 한무제를 수행하여 하북·요서 지방 등을 두루 살폈다. 「태사공자서」에서 말한 것처럼 "관직에 나가 낭중이 되어서 칙명을 받들어 서쪽으로 파와 촉 남쪽 지역을 정벌하고, 남쪽(서남이)으로는 공과 작과 곤명을 공략하고 돌아와서 다시 명을 받들었다."[52]

사마천은 여행을 통해 역사가로서 필요한 견문과 자료를 확보할 수 있었다. 『사기』에 전하는 대장군 한신의 '과하지욕(胯下之辱)'은 『사기』 외의 다른 문헌에서는 발견되지 않는다. 바로 한신이 살았던 지방을 직접 답사해서 얻은 자료에 근거한 기록이라고 추측할 수 있다.[53] 여행을 통해 역사가로서의 전문 지식을 축적했음은 두말할 나위도 없다. 여행은 가정이나 직장 같은 장의 범위를 넘어 생각하고 행동하는 데 큰 영향을 미쳤다.

역사가로서 직접 체험하고 경험하는 것도 중요하지만, 시간의 축적된 자료를 읽으며 간접적 경험을 다양하고 폭넓게 확보하는 것도 매우 중요하다.

「태사공자서」에서 언급한 "열 살 때 옛날 문헌을 암송했다(年十歲則誦古文)."라는 말을 이러한 각도에서 다시 생각해 보면, 사마천은 단순히 읽은 것이 아니라, '송(誦)', 암송(暗誦)한 것이다. 암송은 반복해서 읽는 것을 전제로 한다. 지식을 깊이 각인시킨다. 그래서 다음과 같은 말이 나올 수 있다.

> "젊은 시절 사마천이 섭렵하였던 옛 서적이 그의 삶과 일에 커다란 영향을 미쳤다는 사실은 이전에는 거의 지적되지 않았다. 실제로 그의 독서가 그의 삶에 커다란 영향을 미쳤다는 점은 두 가지 면에 잘 나타나 있다. 하나는 영웅적인 기개로 가득 찬 강개한 인격을 형성함으로써 '때를 놓치지 않고 공명을 세운다.'라는 인생관을 갖게 되었다는 점이며, 다른 하나는 중국의 역사에 대해 총체적으로 인식하도록 도와주었다는 점이다."[54]

음식이 우리의 몸을 만드는 것처럼, 다양한 인풋은 우리의 정신을 만든다. 그 다양한 인풋 가운데 독서와 여행은 주체의 변화를 위한 능동적이고 적극적인 인풋 방법이라고 말할 수 있겠다. 이처럼 사마천을 둘러싼 장은 다양한 방식과 형태로 역사가 사마천을 만드는 데 일조하였다.

❖ 개인이 사회에 미친 영향

사회의 장은 개인에게 많은 영향을 미친다. 그러나 그 방향은 한 방향으로만 향하지 않는다. 미약하지만 반대로도 향한다. 즉, 개인이 사회의 장에 영향을 주는 경우인데, 이를 사마천에게서 확인할 수 있다.

지식인은 배운 그대로 행하기 어렵다. 그 이유는 행동하고 실천하는 것이 어렵기 때문이다. 하지만, 다른 한편으로 생각하면 너무 많은 것을 알고 배웠기에 이를 실천하기 힘들기 때문이기도 하다.

사마천은 달랐다. 사마천은 자신의 소신을 밝힘에 행동으로 앞장섰고, 집필에 있어 좌고우면(左顧右眄)하지 않았다. 이는 당시 지식인과 비교할 수 없을 정도로 사회에 미친 영향이 컸고, 후세에까지 커다란 울림을 남겼다. 그럼 이러한 영향 가운데 중요한 사마천의 몇 가지 특징을 언급해 보겠다.

먼저, 사마천의 용기를 말할 수 있겠다. 사마천은 기원전 99년 나이 48세에 궁형(宮刑)을 받았다. 흉노와의 전투에서 투항하지 않을 수 없었던 노익장 이릉(李陵, ?~BC 74) 장군을 변호하다가 무제의 노여움을 샀기 때문이다. 사가(史家)로서 가져야 하는 객관적이고 균형적인 관점에 의거하여 한 말이었지만 화를 불렀다.

실천궁행(實踐躬行)은 어렵다. 아는 것이 많은 지식인은 궁색한 이유로 견강부회(牽強附會)한 변명을 나열하기 쉽다. 바른 판단과 이를 실행할 용기는 인류 사회의 등불 같은 역할을 하지만, 누구나 할 수 있는 일이 아니다. 사마천의 용기는 그래서 주목받는다. 그런데 사마천의 용기는 여기서 끝이 아니었다.

사마천은 벌금형, 사형, 궁형 가운데 하나를 택해야 했다. 그의 상황에서 벌금형은 감당하기 힘들었다. 사형 아니면 궁형, 이 중에 그가 택한 궁형, 생명을 잃을 수도 있고 남자로서의 수치심과 인간적 비애까지, 사마천은 온갖 상념 속에 택할 수밖에 없었다. 이때 필요한 것은 용기, 그에 따른 실천이었다. 결국 세상과 사회는 한 개인의 용기에 움직였다. 그 용기 있는 결단의 과정은 다음의 글에서 나타난다.

"저의 아버지는 부부(剖符)와 단서(丹書)를 받을 공적이 없고, 문사(文史), 별자리, 책력을 담당하여 점쟁이의 중간쯤 되는 일을 했습니다. 오로지 주인의 놀이 상대가 되어, 배우나 광대 같은 대우를 받고, 세속 사람들에게는 가볍게 보였습니다. 만약 제가 법에 따라 죽임을 당해도, 아홉 마리의 소 가운데 터럭 하나 없앤 것뿐이니, 땅강아지나 개미처럼 미천한 것들과 어찌 다르겠습니까? 게다가 세상은 절개 때문에 죽었다고도 생각하지도 않고, 특히 지혜가 모자라고 죄가 커서 스스로 피하지도 못하고 죽었다고 생각할 것입니다. 어째서 그럴까요? 본래 스스로 그러했기 때문입니다. 사람은 본래 한 번은 죽는데, 태산보다 무거운 죽음, 혹은 기러기의 깃털보다 가벼운 죽음이 있고, 이것은 추구하는 바를 사용하는 것이 달랐기 때문입니다."[55]

치욕스럽고 분노가 치밀어 삶을 끝내거나 저항하고 싶은 마음이 생겼을 텐데, 자기 자신을 객관화하여 생각하고, 자신의 상황과 처지 속에서 사마천은 최선의 선택을 했다.

아홉 마리의 소 가운데 터럭 하나 없앤 것 같은 구우일모(九牛一毛)의 흔하고 가벼운 죽음이 아닌, 태산보다 무거운 죽음을 기약하며, 지금의 치욕과 시련을 이기는 용기, 『사기』에서 언급한 대장군 한신의 과하지욕(胯下之辱)보다 큰 용기가 필요했다.

"자신이 죽을 것을 알면, 용기가 생기게 되어있다."[56] 사마천은 다른 이들과 달리 죽음에 대한 자신만의 견해가 확실했다. 역사에 대한 오랜 공부, 여행과 독서를 통한 그의 견문은 지금 눈앞의 장을 넘어 본질을 보고, 중요한 가치를 우선시할 줄 아는 능력을 그에게 주었다.

다음으로 말할 수 있는 것은 사마천의 판단력이다. 사마천은 자기 자신에 대한 냉정한 관찰과 판단력을 소유했다. 우리는 자기 자신에 대하여 얼마나 객관적으로 판단하고, 대의(大義)를 위해 자신을 던질 수 있을까? 궁형을 택한 사마천에게 사형을 택하지 않은 것에 의구심을 품고, 따지듯 물을 수 있지만 사마천은 자신과 자신의 상황을 객관적으로 생각했다.

가벼운 죽음이 아닌 의미 있는 죽음을 위해, 지금의 치욕과 분노를 삼켰다. 냉철한 판단이었고, 이러한 판단은 이릉 장군에 대한 변론뿐만 아니라 죽음에 대한 태도, 그리고『사기』곳곳에서 발견할 수 있는 그의 비판적 자세에서 발견된다. 이러한 것들이 모여 사마천 개인을 만들었고, 그 개인은 사회에 크게 작용할 수 있었다.

사마천이 아버지의 뜻을 계승했지만, 그대로 따라 한 것은 아니다. 예를 들어, 사마담은 제천의식에 참여하지 못한 것이 화병이 되어 죽을 정도로 도가사상을 깊이 숭배했다. 하지만 사마천은 그런 아버지와 다른 유가적 성향을 지니면서 다양한 사상을 고루 섭렵하고 수용하였다.

더불어『사기』각 편에 '태사공 왈'로 자신의 평을 삽입하는 것이나, 곳곳에 나타나는 예리한 사안과 비판 정신은 바로 사마천 자신과 사회에 대한 냉정한 관찰과 판단을 기초로 한다. 이로 인해 기계적 글쓰기와 기록이 아닌 사마천 자신만의 역사서를 완성할 수 있었다.

현대 사회의 많은 사람들에게도 자신을 둘러싼 다양한 장이 영향을 주는 것처럼, 사마천의 삶과 그를 둘러싼 장도 다양한 관련을 맺는다. 개인의 장에는 사회의 장, 문화의 장 등 다양한 장이 중첩되어 있다. 또한 삶의 평가에 대한 것도 평가자가 놓인 장에 따라 다양하게 해석될 여지가 많다. 역사적 사건도 마찬가지이다. 한 번에 재단되지 않는다. 사마천도 그리고 그를 둘러싼 여러 사건도, 변하는 장 속에 계속 새롭게 평가될 것이다. 이것이 바로 부지런히 법고창신(法古創新)하고 온고지신(溫故知新)해야 할 이유이다.

문화에서의
변화와 장

01

문학예술에서

1. 거시적 관점

변화는 변화 그 자체보다 그 안에서의 패턴과 앞으로의 전개, 여기에 사람들은 관심을 보인다. 하지만 이들이 전하는 큰 교훈을 근거로 나와 여기와 지금을 가치 있게 만들 수 있다면 그 효과는 배가될 것이고, 여기가 인문학의 변화 연구가 위치해야 할 지점이라 생각한다.

이러한 맥락에서 지금부터는 당대(唐代)의 시와 이를 확장해서 문학, 문학을 확장해서 한국과 중국을 포함한 인간이 갖는 예술에 대하여 변화와 장의 거시적 관점에서 고찰해 보겠다.

❖ 당시(唐詩)

일반적으로 학교에서 문학사를 공부하면, 각 시대의 특징을 배우면서 어떤 장르가 언제 시작되었는지 알게 된다. 그런데 강의실에서 논하는 시작의 시점과 많은 사람들에게 인기를 누린 시점 사이에는 차이가 있다. 문학사 이론에서는 시작 시기에 초점이 맞춰진다. 그래서 문학 전공자가 아닌, 혹은 이런 것을 거시적으로 관찰하는 사람에게는 생소하게 다가오는 경우가 많다. 물론 일반인들은 관심도 없다. 인기를 누리던 시기만 궁금할 뿐이다.

대중적으로 환영받았던 시기를 고찰하면 사정은 조금 달라진다. 예를 들어 중국 문학을 공부하는 사람들에게 "당나라 때 하면 떠오르는 게 뭐예요?" 하면 "이태백, 두보"라 말한다. 그러면서 얘기하는 것이 시다, 시.

사회적으로도 당대의 사회에 시가 미친 영향은 과거시험에서 유가 경전을 시험하는 명경과(明經科)에서 문학적 재능을 가늠하는 진사과(進士科)로의 변화에서 확인할 수 있다.

당대의 시에 얽힌 현상도 당시(唐詩)라는 주체와 당대의 상황인 장의 관계에서 형성된 변화의 한 모습이다. 당대 유명한 시인들의 공통점 가운데 하나는 과거 급제 여부를 떠나 시인들 대부분이 과거에 응시한 경험이 있다는 사실이다.[1] 사회의 장이 미친 영향, 이는 지금도 여전하다. 자본과 인력이 투입된 분야에는 변화와 발전이 일어났다.

시로 인재를 선발한 것은 고종에서 현종 때까지의 일이었다. 물론 전진굉(錢振鍠)은 『적성설시(摘星說詩)』에서 "하늘이 시인을 낳는 것이니 결코 조정이 선비를 뽑느냐 뽑지 않느냐에 영향 받지 않는다."라며 당대 시의 부흥과 과거시험과의 상관성을 부인했다. 그러나 많은 이들은 남송(南宋) 시기 엄우(嚴羽)가 『창랑시화(滄浪詩話)』 시평(詩評)에서 "당대에는 시로 인재를 선발하여 전문적인 학문이 많았으니, 우리 시대의 시가 미칠 수 없는 바이다."라는 지적에 동의한다.

『전당시(全唐詩)』에는 약 5만 수에 이르는 당시가 실려 있다. 이는 서주시대부터 수대까지 전해진 시보다 서너 배 이상 많다. 그 근거에는 다음과 같은 원인이 있다. 과거제도에서 시부로 인재를 선발한 점, 이로 인하여 생활 속에서 시작(詩作) 활동이 확대된 점, 게다가 누구나 과거에 응시할 수 있기에 당대 이전의 제한된 계층에게 국한된 시작 활동이 하층 출신으로도 확대되었다는 점 등이다.

여기에 더하여 시의 소재도 대중에 친숙한 것으로 전환된 점을 생각할 수 있다. 당대 이전에는 시에서 다루는 소재가 궁정과 귀족의 생활에서 벗어나지 못했다. 사회생활과 체험이 결핍된 문학적 수사와 형식에 치중됐다. 그러나 당대에 와서는 다양한 계층이 시작 활동에 참여하였다. 그러면서 현실 사회에 대한 풍부하고 직접적인 경험, 방대한 인식, 깊이 있는 내용, 다채로운 풍격이 반영된 작품이 다수 탄생했다.[2] 대중에게 사랑 받을 수밖에 없었다. 나름 이유가 다 있었던 게다.

당대를 대표하는 시인 이태백(李太白, 701~762)은 두보(杜甫, 712~770)와 함께 '이두(李杜)'로 병칭된다. 1,100여 편의 작품을 남겼는데, 현존하는 시집은 송대에 편집되었다. 방랑의 삶을 살고, 도교를 좋아했던 그는 자유분방하고 신비적인 요소가 깃든 시를 지었다.

정치적 야망도 있어 43세에 도교 도사 오균(嗚筠, ?~778)의 천거로 당 현종 아래 한림공봉(翰林供奉)이라는 관직을 받았다. 그런데 그의 주요 임무는 연회에서 시를 짓고 흥이나 돋우는 일이었다. 이백은 실망감에 술로 세월을 보내며, 취중에 현종(玄宗, 685~762)이 총애하던 고력사(高力士, 684~762)에게 모욕을 주니, 쫓겨날 수밖에. 유람 시인 이태백, 그는 정처 없이 떠돌며 주옥같은 시들을 남겼다.

침대 머리맡 밝은 달빛(床前明月光),

땅에 내린 서리 같다(疑是地上霜).

머리 들어 밝은 달 바라보고(擧頭望明月),

머리 숙여 고향을 그린다(低頭思故鄕).

이백이 26세 때 양주 객사(揚州旅舍)에서 지었다고도 하는「정야사(靜夜思)」, 시는 20자, 딱 20자의 쉬운 글자로 깊고 풍부한 감정을 전달한다.

유랑 생활을 하다가 배고프고 정해진 잠자리도 없는 상황에서 하룻밤을 머문다. 나그네의 설움. 잠을 깼다. 왜? 눈이 너무 부셔서. 왜 이렇게 눈이 부실까? 지금은 한밤중인데, 의심이 든다. 혹시 서리가 내렸나? 서리 내린 게 아니다. 다시 보니 창밖의 (혹자는 이백이 지붕 없는 폐가에서 잤다고도 한다) 밝은 달빛 때문이다. 혹시 캄캄한 밤, 형광등 같은 달빛을 본 경험이 있다면 이 말에 공감할 것이다. 잠이 깨어 고개 들어 높이 훤하게 뜬 달을 바라본다. 이내 고향에 두고 온 식구가 그리워지고, 고개 숙여 고향을 그리워한다.

어렵지 않게 나그네의 외로운 모습을 떠올릴 수 있다. 자식이 생각나고 아내가 생각나고……. 당연히 그럴 것이다. 물론 사람이라도 같은 공감대를 지닌, 같은 장을 경험한 사람들은 더 진하게 느낄 것이다.

여기서 잠깐 미학적인 것을 생각해 보자. 아름다움이란 게 뭘까? 양대즉미(羊大則美). 아름다울 미(美)는 양(羊)과 대(大)로 구성되어 있다. 양이 큰 것이 미라는 말이다. 이것은 『설문해자』의 해석이다. 제사 때 사용할 희생양은 작은 것보다 큰 것이 좋지 않을까. 이게 아름다움이다. 그렇다면 문학에서 아름답다는 것은 무엇일까? 문학에서 미학적으로 뛰어나다는 것은 무엇일까?

정야사는 중국의 초등학생들도 외우는 시다. 쉬운 20자를 사용했다. 쉽고 간단한 글자로 자기의 감정을 전달하는 것. 그런데 그 전달이 직설적이지 않다. "보고 싶어, 나 진짜, 내 가족을 만나고 싶어, 나 너무 그리워, 지금 너무 힘들어."라는 감정의 직접적 표출을 삼간다. 감추고, 절제하고, 숨기며, 읽는 독자가 스스로 음미하며 상상하게 한다. 해석의 폭을 넓혀 다양한 독자를 껴안는다.

텔레비전 연속극을 볼 때 이러한 상황을 쉽게 접한다. 관객인 우리는 남녀 사이의 안 좋은 관계를 다 알고 있지만, 착하고 예쁜 주인공은 모른다. 그래서 드라마 속 주인공이 답답하고, 불쌍하고……. "저거 빨리 얘기해야 하는데 왜 안 해?" 아니면 시어머니한테 며느리가 구박을 받는데, 며느리는 바보처럼 계속 참고 있고, 그때 남편은 이러지도 저러지도 못하고 가만히 있다. 이러한 장면을 보면서 분노하는 수많은 시청자를 상상할 수 있겠다. 감정을 쉽게 그대로 보여주지 않거나, 긴장의 끈을 쉽게 놓지 않거나, 속 시원히 한바탕 쏟아내지 않고 꼭 쥐고 있으면서 읽는 독자나, 시청자들의 감정을 쥐락펴락한다.

사람의 심리 변화와 그 속에서의 패턴은 일정하다. 이것을 알고 있다. 그래서 이것을 바탕으로 작가나 감독은 계산된 구성을 짠다. 잔인하다.

독자나 시청자의 감정도 철저한 계산에 의해서 조종된다. 내가 울 때를 알고, 내가 긴장할 때를 알고, 내가 분노할 때를 그들은 훤히 꿰차고 있다. 우리는 스스로 고귀하다고 말하지만, 기실 매우 단순한 구조를 가지고 있다. 인풋과 아웃풋으로 구성된, 스스로를 위로하자면 조금 더 복잡한 구조를 가진 정도에 불과하다.

이처럼 잔인한(?) 혹은 계산된 미학적 측면은 맹호연((孟浩然, 689~740))이 쓴 「춘효(春曉)」에서도 발견된다. 봄날 아침, 그때를 한번 생각해 보자.

봄잠에 날 밝은지 모르고(春眠不覺曉),

곳곳에서 새 울음소리 들린다(處處聞啼鳥),

밤새 비바람 소리 들렸는데(夜來風雨聲),

꽃잎은 얼마나 떨어졌을까(花落知多少)?

이 시를 읊을 때 느낌은 어떤가? 봄에 그런 상황, 추운 겨울 지나 따스한 이불 속에 즐기는 봄잠이다. 달콤한 봄잠에 동이 터 오르는 것도 몰랐다. 이른 봄 이불 속이 따뜻하니까 잘 안 나가게 된다. 긴 겨울잠의 익숙함도 한몫 거든다. 그 반동에 의해, 시끄럽게 지저귀는 새소리를 듣고서야 일어난다.

그리고 밤새 비바람 소리 들렸는데, 꽃잎은 얼마나 떨어졌을까? 봄이 가는 것에 대한 안타까운 마음, 그런 게 느껴지지 않는가? 가슴 한편이 켕해진다. 그런데 시에서는 이러한 애잔함을 직접 얘기하지 않는다. 봄이 가는 게 안타깝다고, 봄아 가지 말라고…… 얘기하지 않는다. 직접적이지 않다. 그런데 직접적이지 않은 이 말 속에서, 우리는 오히려 더 깊고 진하게 오랫동안, 봄이 가는 걸 아쉬워한다.

사람들에게 오랫동안 사랑 받는 작품을 보면, 이들은 대개 쉬운 언어를 사용하면서 직설적인 감정을 배제했다. 그래서 더 긴 여운을 남겼다. 여기에 보편적 인간의 감정을 더한다. 그래서 수백 년 전에 만들어졌어도 여전히 내 가슴을 때리고, 중국인이 만들었지만 한국인인 나의 가슴을 울리며, 공감하고 인정할 수 있는 무언가를 전한다.

음식으로 비유한다면, 우리가 매일 특별식을 먹는다고 생각해 보자. 오늘도 스테이크. 내일도, 모레도, 글피도, 그다음에도…… 아무리 스테이크가 좋아도, 혹은 라면 좋아하는 사람 있다면 유학 생활하면서 라면을 30일 먹어보시라. 우욱~. 보기만 해도 토하게 된다. 그런데 그렇지 않은 게 있다. 음식에서도 질리지 않는 게 있다.

밥! 우리에겐 밥이다. 그런데 밥은 맛있나? 맛은 있다. 그런데 특별한 맛이 아니다. 모든 걸 감싸주는 맛을 지니고 있다. 밥은 그냥 그대로 먹어도 되고, 물에 말아서 먹어도 된다. 김에 싸서 먹어도 맛있을 때가 있고, 김치에다 먹어도 맛있을 때가 있고, 라면에다 밥 말아 먹어도 맛있는, 다양한 경우의 수를 포함하는 맛을 지니고 있다. 그래서 누구에게나 다양한 방식으로 존재할 수 있다. 단순히 헛헛한 배 속을 채워주는 물질 그 이상이다.

바로 이러한 점을 알고 다뤄주는 것이 미학적으로 가치가 높다. 그다음에 기술이나 기교가 필요하다. 이런 것이 하나씩 더해지면서 좀 더 구체화된다. 복잡한 얘기도 거론되지만, 한편으로는 좀 더 명료해진다. 서로 어울리고 엉키면서 변화가 일어난다.

❖ 소설, 희곡

양적 질적으로 우수했던 당대의 시를 이어 소설이 나온다. 중국소설 하면 떠오르는 게 뭐냐고 물으면, 사람들은 흔히 『서유기』, 『삼국지』, 『초한지』 등 우리에게 잘 알려진 유명한 작품을 말한다. 읽어 봤거나 들어본 것들. 그런데 그 소설이 언제 나왔냐면 원대, 명대, 청대에 나온 것으로 문학사에서 말하는 소설이 처음 나온 시기하고는 거리가 멀다. 물론 시도 마찬가지이다.

우리 삶 속에서 주목을 받은 것은 당나라 때는 시였고, 그리고 송나라 지나고 그다음에 원, 명, 청 때에는 우리에게 널리 알려진 소설이 주목받았다. 『홍루몽』도 청나라 때인데, 조설근(曹雪芹, 1715?~1763?)이 지었다. 중국 사람들이 가장 좋아하는 소설 가운데 하나다. 중국에서는 『홍루몽』을 너무 좋아하다 보니까 『홍루몽』에 나오는 집과 마을 전체를 그대로 재현하였다. 그게 '대관원(大觀園)'이다. 북경에도 있는데, 바로 지금 우리가 말하는 테마파크의 중국 고전판이라고 할 수 있겠다. 아마 인간의 욕구에는 직접 보고 경험하며 즐기려는 바람이 내재해 있기 때문일 것이다.

소설의 시기가 지나고, 청나라 말 민국 초기에 이르러서는 경극이 사람들의 열렬한 관심을 받았다. 그때도 지금처럼 아미(ARMY) 같은 팬 문화가 존재했다. 아미는 지금 우리만의 특허품이 아니었다. 사람들의 본성과 시대의 장에 맞춰 저마다의 방식으로 존재했다. 딱 그 장에 맞게, 인풋에 맞게 아웃풋되어 나타났다.

이것은 우리가 알지 못하는 고대에도 우리가 한 줌의 흙이 되었을 미래에도 여전할 것이다. 그러므로 나만 여기만 지금만 특별나고 특수하다는 생각은 거둬야 한다. 결국 나와 같은 인간이 하는 일이었고, 인간세의 변화는 그렇게 특이하게 일어나지 않는다.

경극 배우로 유명한 매란방(梅蘭芳, 1894~1961)은 많은 팬을 거느렸다. 그리고 패왕별희(霸王別姬) 같은 경극이 사람들에게 널리 인기를 끌었다. 그렇다면 지금 사람들도 민국 시기처럼 경극을 좋아할까? 답은 자명하다.

그러면 현대, 지금은 뭘까? 지금 중국을 대표하는 것, 지금 중국 사람들이 환호하는 것, 그것은 뭘까? 장은 변한다. 주체도 변하지만 장과의 관계 속에 장도 주체도 모두 변한다. 지금의 장 속에서는 경극에 이어 영화가 주목받고 있다. 사실 영화도 무성(無聲)영화에서 유성(有聲)영화로 발전하고, 여기에서 2D, 3D 등으로 발전하며 변했다.

글은 글일 뿐이다. 20자의 시, 20만 자의 소설, 아니 200만 자를 써도, 시각과 청각을 비롯한 다양한 감각을 이용하여 전달하는 정보량에 비할 바가 못 된다. 대사, 배우들의 몸짓, 무대장치까지 갖춘 경극이 전달하는 정보량은 청각과 시각을 비롯하여 인간의 다양한 감각을 자극하기에, 글보다 양적인 면에서 앞선다. 경극에서는 깃발로 군대의 숫자를 나타내거나, 분장으로 인물의 특징을 표현한다. 규칙 혹은 약속을 통해 문자보다 다양한 정보와 감정을 전한다.

문자도 약속이다. 문자라는 기호의 약속을 통해 의미를 전달하는 것처럼, 경극도 기호의 약속을 통해 메시지를 전달한다. 그래서 시보다, 소설보다 더 많은 감정과 정보를 직접 전해줄 수 있다. 물론 경극보다 영화는 더 많은 것을 사용하여 보다 많은 것을 전달한다. 계속적인 발전과 변화를 통해, 더 구체적인 것을 전달하고 있다.

❖ 한국 문학예술

중국 문학예술만 그런 것이 아니다. 한국 문학예술도 소설보다는 시가 먼저 등장하여 사람들의 관심과 사랑을 받았다. 시에서도 개인적 혹은 집단적 서정을 읊은 서정 가요가 먼저 나타났다. 예를 들어 고조선 때 백수광부의 처가 노래한 「공무도하가」는 『해동역사』, 『고금주』에 전한다. 또한 『삼국사기』 고구려 본기에 전하는 고구려 2대 유리왕이 지은 「황조가」도 있다. 이 둘은 초기의 개인 서정시이다. 집단 서정 가요는 『삼국유사』 가락국기에 전하는 「구지가」로서 이는 주술성을 띤 노동요로 가락국 시조인 수로왕의 강림 신화 속 삽입가요다.

고대 가요를 이어 신라의 정형시인 향가가 있다. 『삼국유사』에 14수, 『균여전』에 11수 정도가 전해진다. 삼국통일 시기인 6세기경부터 고려 중기인 13세기까지 존재했는데, 신라 유리왕의 「도솔가」에서 그 시작을 확인할 수 있다. 그리고 진성여왕 2년에 『삼대목』을 편찬했다고 하나 전해지지 않는다.

처음부터 정제되고 형식이 갖춰진 것이 탄생하기는 어렵다. 향가가 4구체에서 8구체를 거쳐 10구체의 작품으로 변모해 간 것에서 볼 수 있듯이, 문학의 장르는 대체로 자연스럽게 감정을 드러내고, 자유롭게 표현하는 것에서 출발하여 점차 복잡하고, 형이상학적이며, 심미적인 세계까지 담아내는 내용과 형식으로 진화했다. 바로 단순함에서 복잡함으로의 변화 패턴을 감지할 수 있다.

이어서 등장한 것은 평민들이 즐겨 부르던 고려 시대 속요다. 고대부터 전해진 민요에서 형성되어, 한글 창제 이후 문자로 정착됐다. 「청산별곡」, 「가시리」, 「동동」, 「쌍화점」 등 한글로 정착된 14편이 전해진다.

고려 시대 속요 외에 별곡이 있다. 이것은 고려 고종 때부터 조선 선조 때까지 존재했다. 여러 개의 연이 모여 한 편의 시를 만드는 연시(聯詩) 형태로 「한림별곡」, 「관동별곡」, 「죽계별곡」 등이 있다. 속요가 일반 서민의 감정을 그대로 드러냈다면, 별곡은 한학을 아는 상류층이 유흥시로 즐겼다.

이어서 등장한 것이 시조이다. 시조는 고려 중엽에 발생하여 조선 시대에 다양한 계층에서 두루 유행했다. 『청구영언』, 『해동가요』, 『고금가곡』 등의 작품집이 있다. 그 밖에 악장, 가사가 있고 이어서 신체시가 탄생하였다.

소설의 경우, 고대에 민간설화가 있었고 그것이 고려 시대에 들어 문자화됐지만, 소설로 보기에는 부족함이 있다. 이는 고려 시대의 문헌설화도 마찬가지이다. 소설로서 제대로 평가받을 수 있는 것은 15세기 말 세조 때 김시습이 지은 『금오신화』로, 최초의 고대소설이라고 말할 수 있다. 허균은 최초의 국문소설인 『홍길동전』을 지었고, 숙종 때 김만중은 『사씨남정기』와 『구운몽』 등을 지었다. 이러한 것이 개화기에 접어들어 신소설로 명맥이 이어졌다.

사실 이런 식의 관점은 학문의 영역에서는 환영받기 어렵다. 얼마 전에 투고했던 논문도 결과가 좋지 않았다. 보통 투고한 논문은 세 명이 심사를 하는데, 이번에는 "매우 뛰어남, 창의적임." 중간은, 미지근한 평가. 한 사람은 "이것은 논문이 아님. 책으로 냈으면 좋겠음. 게재 불가" 이런 결과가 나왔다. 자신의 테두리 안에서 그렇게 배워왔기에, 자신들의 장에서 보니 참으로 무식한 소리이고, 위험한 발상으로 도저히 용납할 수 없는 것이다. 물론 나 자신도 이럴 수 있다. 우리는 모두 자기만의 장에 갇혀 세상을 바라보고 평가한다. 사마천이 여행과 독서를 통해 장을 넘어서려고 노력한 것처럼, 장의 한계에서 벗어나기 위해 각자의 방법으로 노력하고 실천하며, 의심하고 탐구하고 상상해야 한다.

물론 한 개인의 주장은 한 개인의 주장일 뿐이다. 그런데 당신도 이러한 견해에 공감한다면, 우리는 이러한 방식과 접근을 좀 더 생각해봐야 한다. 정답을 말하려는 것이 아니다. 우리가 지금까지 익숙하게 보아 온 문제집이나 참고서 같은 수험서의 정답을 생각하지 말자. 우리는 그동안 교육이라는 이름으로 시험의 장 속에서 충분히 길들어, 정답에 대한 강박관념에 사로잡혀 있다. 정답을 말해야만, 정답을 찾아야만 하는, 지금까지 길든 장에서 벗어나 생각해 보자.

세상에 정답이 어디 있나? 정답은 질문에 의해서 정해진다. 그 질문에 의심을 가져보면 정답이 이상하게 보인다. 우리는 장에 포위되어 있다. 책을 읽으며 공감도 하지만 다른 견해를 가지면서 독자 스스로 생각을 만들고 확장해 가는 것도 중요하다. 정답을 찾으려는 맹신을 가지고 읽는 것은, 신앙(信仰) 속 종교에서나 실천할 일이다. 진실이냐 아니냐의 문제가 아니라, 믿느냐 안 믿느냐의 문제로 넘어가기 때문이다.

시에서 소설에서 희곡에서 영화로 변해갔을 때 특징은 뭘까? 이런 변화의 패턴은 뭘까? 우리는 변화와 그 속에서의 특징 혹은 패턴에 주목할 필요가 있다. 그 특징 가운데 하나는 좀 더 과장된 것을 다루면서, 좀 더 구체적인 것으로 표현해 준다는 것이다. 이러한 특징을 좀 더 알아보자.

2. 변화와 특징

변화는 상상을 뛰어넘는 것으로 향한다. 과거의 틀을 깨뜨린다. 규제나 그동안 쌓인 불합리한 폐단을 제거하고 새로운 장르를 개척한다. 변화에 대한 관찰에서 우리는 앞으로 어떻게 될 것인가를 예측할 수 있다. 그 방향은 개인 단독보다 더 많은 개인을 필요로 한다. 제작을 혼자가 아닌 많은 개인이 함께하면서 변화는 크고 넓게 진행된다. 앞에서 논의한 한국이나 중국 문학예술을 기초로 변화의 특징을 정리하면 다음과 같다.

첫째, 단순함에서 복잡함으로의 변화이다. 적은 양에서 많은 양으로의 변화, 소수에서 다수가 참여하는 작업으로의 변화, 이러한 변화 패턴의 근거는 시보다는 소설, 소설보다는 희곡, 희곡보다는 영화로 향하는 지금까지의 변화다. 설화 가운데서도 신화, 특히 주몽 신화가 후대에 『홍길동전』과 『유충렬전』, 『조웅전』 등의 영웅소설로 발전된 것(기본구조를 공유하고 있음)을 단순에서 복잡으로의 변화라고 볼 수 있겠다.

또한 말하기, 듣기와 쓰기, 읽기(시와 소설)에서 희곡과 영화로의 변화는 '보여주기, 보기'로의 전환이 있었다는 논리도 가능하다. 문자 시대 이전의 그림이나 건축(보여주기, 보기)과의 관계에서도 우리는 이러한 것을 충분히 고려할 수 있다. 이는 짧은 것에서 긴 것으로의 변화와 관련된다. 고대 가요, 향가,

고려가요, 시조 등의 단형 서정시 이후에 사설 시조와 가사 또는 창가와 개화 가사, 신체시 등 비교적 길이가 긴 개화기 시가 작품들이 나타난 것에서 가늠할 수 있다.

둘째, 장의 변화와 함께하는 변화이다. 문학이나 인간이 즐기는 예술은 생활을 소재로 하여 자신의 마음을 담는다. 그러므로 장의 변화는 생활의 변화를 촉발하고, 생활의 변화나 장의 변화는 문학의 변화를 견인할 수밖에 없다. 당연하게 그 시대의 상황과 조건에 맞는 장르가 주목을 받는다. 특히 문화를 변화시키거나 발전시키는 것에는 기술, 가치, 언어, 사회관계 등이 있는데, 가치와 기술의 변화에 따라 문학의 장르도 함께 변화함을 알 수 있다.

중국에서도 선진시기에 사상의 토대가 마련되고, 진대에 문자와 도량형이 통일되고, 한대에 정치철학이 마련되었으며, 위진 남북조시대에 붓글씨와 회화가 예술로 자각되었다. 수대에 과거제도를 통한 인재 선발기준이 확립되고, 당대에는 인간의 감정을 표현하는 시가 발달하였다. 송·명 시기에는 유학이 재탄생하게 되고, 원·명·청을 거치면서 소설이 발달하였다. 민국(民國) 시기에는 경극이 유행하고, 현대에는 영화가 유행하고 있다. 중국은 한국보다 오랜 역사와 기록을 가지고 있어, 그 속에서 장의 변화와 함께한 문학예술의 변화를 발견하여 그 패턴을 유추하기 용이하다.

물론 한국은 중국과 다른 측면이 있지만 그런데도 장의 변화와 함께한 변화가 조금씩 발견된다. 예를 들어 우리의 장에 영향을 미치는 주변국에 따라 중국어, 일본어, 영어로 우리의 언어생활이 변한 것이나, 표현의 방식에서 문자가 이미지로 변하는 것 등을 생각할 수 있다.

셋째, 직접적인 체험을 향한 변화이다. 장의 변화에 따라 작품을 통해 인간이 느낄 수 있는 감각 영역이 확장되고, 경험은 간접에서 직접 경험으로 확대된다. 달리 생각한다면 문학도 직접 체험에 가까운 것을 전달하고자 했다. 문학사에서 시, 소설이 나오고 희곡 자체가 각광 받은 적은 없다. 희곡은 극의 구성 요소 가운데 하나일 뿐이다. 정확하게 말한다면, 희곡은 극의 인기와 더불어 발전했다. 변화는 직접 체험을 향한다. 직접 체험이라는 것은 보다 많은 감각의 이용을 요구한다. '극본'의 '글'보다 '희곡'을 통한 '극'이 사람들에게 보다 많은 경험을 전해준다.

그럼 21세기 이 시대를 대표하는 것은 무엇일까? 그리고 무엇이 다음 세대에 이어질까? 문화를 변화시키는 것에는 언어, 기술, 가치 등이 있다고 이미 언급했다. 우리가 눈여겨볼 것 가운데 하나가 바로 기술이다.

기술의 발달로 장이 변하고, 문화가 변하는 것을 우리는 익히 잘 알고 있다. 축음기가 나왔을 때, 워크맨(Walkman)이 나왔을 때, MP3가 나왔을 때의 변화는 물론이다. 기술에 의한 대중교통의 변화도 버스 안에서의 풍경, 지하철 안에서의 풍경이 다르다. 지하철 안에서도 책을 읽던 사람들, 스포츠 신문을 읽던 사람들, 스마트폰에 코를 박고 있는 사람들, 지금 당신 주위를 둘러보라. 그리고 10년 전과 어떻게 달라졌는지 복기해 보라.

지금의 모습은 지속된 변화 속에 우리가 조금씩 익숙해지며 만든 모습이다. 그런데 조금씩 쌓인 것이 일정 시간 축적되면 엄청난 차이를 갖는다. 사람들은 새로운 기술에 열광하고, 이런 것을 이용하면서 지금의 장에 맞는 놀이를 만들고, 즐기며, 푹 빠져든다.

지금도 시는 있다. 그런데 당나라 때 시가 누리던 분위기와 많이 다르다.

지금도 소설은 있다. 그런데 지금의 소설은 전성기 호시절을 누리고 있지 않다. 지나갔다. 이러한 것들이 인기를 끌던 여러 동인 가운데 기술의 발전이 있다. 종이의 발명, 인쇄술의 발전, 영사기의 등장 등 기술의 발전이 작용한다. 지금 우리는 연극이나 경극에 과거처럼 열광하지 않는다. 껄끄럽지만 인정해야 할 부분이다. 한물갔다는 표현, 바로 장이 바뀌었다는 말이다. 그렇다면, 그다음은 무엇이 될까?

혼자 할 수 있는 게 아니고, 많은 사람이 하는 패턴의 변화가 발견된다. 간단한 것에서 복잡한 것, 보이는 것에서 보이지 않는 것이나 혹은 상상하거나 생각하는 것, 짧은 것에서 긴 것, 당시의 장을 활용하여 표현할 수 있는 것, 자기 생각과 감정을 표현하고 전달할 수 있는 것, 인력과 자본과 기술과 노력이 점점 확대되는 방향으로 나아간다. 이러한 방향은 사람들이 종합적이고 직접적인 경험을 느낄 수 있는 방향으로 발전한다.

그럼 기술의 변화와 함께 더 발전할 수 있는 것은 무엇일까? 그게 어떤 장르일까? 혹시 게임, 게임이 아닐까? 물론 현재 기술로는 만족스럽지 못하다. 앞으로 더 발전할 기술에 기초한 게임을 염두에 둔다. 보다 복합적이고, 감정을 더 많이 이입하고, 더 느낄 수 있게 될 것이다. 그 안에 내가 들어가서 직접 할 수가 있다는 것이 앞의 영화, 경극, 소설과는 다른 새로운 차원의 장르를 제시한다. 그러나 본질은 같다. 경험이다. 그리고 그 경험을 그럴듯하게 만들 스토리텔링(Storytelling), 인간은 간접적이든 직접적이든 공감할 경험을 찾고 이에 열광한다.

이미 많은 학생들의 스마트폰에는 몇 개의 게임이 깔려있다. 그런데 이 정도로는 부족하다. 게임의 양이 관건이 아니다. 과거 변화의 패턴을 이어받아 변할 것이다. 앞서 얘기했듯이 기술에 의해서 변화가 일어나기에, 지금의 인터넷 전송 속도나 환경이 변한다면 더 현란한 변화가 일어날 것이다. 2021

년 코로나 19를 겪으며 인기를 끌었던 메타버스(Metaverse)도 결국 이러한 변화 위에 있다. 기술적으로 부족함이 있지만 팬데믹의 갑갑한 삶이 가상공간의 세계를 재촉했다. 결국 이러한 것이 축적되며 장의 변화를 이끌 것이다.

3. 변화와 인정

❖ 패턴의 발견

사람은 태어나자마자 게임이나 시나 가무를 바로 즐기지 않는다. 자신을 보호할 능력을 먼저 갖춘다. 동시에 다양한 인풋을 통해 몸과 정신을 만든다. 순서가 있다. 패턴이 발견된다. 물론 그 과정에서 어떤 인풋을 하느냐에 따라 몸과 정신이 달라진다. 그런데 그 인풋은 장에 영향을 많이 받는다. 자연스레 우리의 정신도 몸도 장에 영향을 받아 만들어지고, 그 속에서 선호하는 게임도 시도 가무도 만들어진다.

혹시 커피 하면 떠오르는 노래는? 10cm의 아메리카노? 장기하의 싸구려 커피? 맥심 커피 CF? 같은 연령대의 사람들이 공감하는 노래는 공통된 특징을 지닌다. 60년대 생인 나에게 커피 하면 떠오르는 노래는 "커피 한 잔을 시켜놓고 그대 오기를 기다려 봐도 웬일인지 오지를 않네. 내 속을 태우는구려." 펄시스터즈가 1960~70년대 불렀던 '커피 한잔'이라는 노래다. 수업시간에 학생들에게 물으면 다른 대답이 나온다. 세대가 다르면 떠오르는 노래도 다르다. 왜 이렇게 차이가 날까?

각각의 세대, 각자의 장에서 인풋된 노래가 달라서다. 코호트 효과다. 코호트(Cohort)는 연령 등의 차이(나는 이것을 장의 의미에 담았다), 장의 차이에 따라 각각의 장에서 특정 경험을 공유하고, 여기서 동질감을 갖는 집단을 말한다.

출생 코호트를 비교하니, 특정한 기간 동안에 특정 질환이 발병하거나 사망률에 변화가 있음이 발견됐다. 한 세대, 한 지역에 있던 사람들, 즉 같은 장에 있던 사람들 사이에는 함께 공감하는 것이 만들어진다. 이들에게는 나름의 공통된 특징이 발견된다. 같은 장에서는 같은 아웃풋이 나온다. 하지만 우리는 다른 장의 사람도 모두 우리와 같을 거라고 착각한다.

우리가 착각하는 진리, 이는 우리 스스로 선택해서 결정한 것이 아닌 만들어진 것일 수 있다. 우리 사회를 좌우하는 게이트키퍼(gatekeeper)도 이런 맥락에서 논할 수 있겠다. 게이트키퍼는 장이론 설명 때 언급한 레빈(Kurt Lewin, 1890~1947)이 제시한 개념이다. 언론 종사자나 조직에 의해 정보가 좌우되고, 먹는 음식도 식품 유통의 결정권자들에 의해 좌우된다는 것이다. 게이트키퍼가 무엇을 선택하느냐에 따라 식탁 위에 올라오는 음식, 우리가 전해 듣는 소식이 결정된다. 원인의 원인까지 추적하면 결국 게이트키퍼의 결정에 의해 나의 몸과 생각, 행동과 결정이 바뀔 수 있다.

이것만이 아니다. 예를 들어 "우리 아버지는요, 부산에서 태어나 열 살 때 서울로 올라왔는데 아직도 부산 사투리를 쓰세요." 주변에서 이런 경우를 많이 발견할 수 있다. 아니 고향에서 10년 정도밖에 안 살았고, 그다음에 고향을 떠나 여기서 40여 년을 살았는데 그걸 못 고치는 거냐고, 아버지를 이상하게 생각할 일이 아니다. 왜 그럴까? 그때 그게 들어간 것이다. "아, 내가 한국에서요. 열 살까지 살았는데요. 김치 최고예요. 아, 아무래도 저는 서양 음식이나 미국 음식 느끼해서 못 먹겠어요." 왜 그럴까? 그때 입맛이 만들어졌기 때문이다.

인풋이 되어 각인되는 시점이 있다. 각자의 장을 만든다. 그 장을 평생 가져가기도 한다. 그래서 허영만의 만화『식객』1편에서의 "세상에서 가장 맛

있는 음식은, 이 세상 모든 어머니의 숫자와 동일하다."라는 말에 고개를 끄덕일 수 있다. 나에게 인풋되어 나를 결정하는 시점이 있다. 평생 즐기는 대중가요에서도 입맛에서도 발음에서도 취향에서도 곳곳에서 나타난다.

　왕조도, 사람도, 문학도, 음식도 각자 고유한 패턴과 규칙이 있다. 뛰어넘거나 거꾸로 가는 경우는 드물다. 모든 것에는 때가 있다. 인풋되어 나를 만드는 때가 있다. 중국에 이런 시가 있다.

> 어려서 고향 떠나, 나이 들어 돌아오니(少小離鄕老大回)
> 고향 말투 그대론데, 머리털은 쇠하였네(鄕言無改鬂毛衰).
> 아이들과 마주쳐도, 서로 알아보지 못하고(兒童相見不相識)
> 손님은 어디서 오셨나요, 웃으며 묻네(笑問客從何處來).

　시인의 어린 시절과 고향 길목의 어린이가 겹쳐진다. 고향의 말투는 두 어린이가 같을지 몰라도 하나는 백발 성성하고 하나는 한없이 천진난만하다. 하지장(賀知章, 659~744)이 지은 회향우서(回鄕偶書)이다. 인생이 찰나처럼 지나감을 일깨워준다.

　그런데 우리는 왜 이러한 것을 나이가 들어서야 깨달을까? 왜 좀 더 어렸을 때 이러한 인생의 패턴을 인지하며 삶을 준비하지 못했을까? 철학의 부재요, 주체성의 상실이다. 그런데 그게 우리 인간이다. 나도 당신도, 그러니 너무 아쉬워하거나 억울해할 필요 없다.

　지금까지 말한 것은 우리 대부분이 경험적으로 아는 사실이다. 이것을 이론적으로 밝히고, 반박하고 다시 맞서 또 다른 이론을 제시하기는 어렵지만, 경험적으로 공감하고 있다. 어쩌면 우리는 "태어나자마자 독립할 수 있는 신체를 만들고, 만들어진 신체는 그 신체가 놓인 장에서 많은 것을 인풋하고,

이런 것들이 주체에 들어가 서로 작용하며 자신의 정체성을 만든다. 그리고 난 다음에 자기만의 색깔을 갖고 세상을 보는"너무 뻔한, 그러나 자세히 각자의 삶에 적용해 보면 이 속에서도 변화무쌍한 경우의 수가 펼쳐짐을 알 수 있다.

우리는 자기만의 색깔로 세상을 본다고, 그래서 스스로 매우 주체적이라고 생각하지만, 사실 이것은 순전한 착각이다. 나의 대부분은 장에 의해 만들어질 뿐이다. 그리고 그 안에서 만들어진 성인은 신체적으로는 성장이 멈췄고, 정신적으로는 더 이상 새로운 게 들어갈 여지가 없다. 발음을 고치고, 입맛을 바꾸는 것, 쉽지 않다. 좋아하는 노래? 이미 청소년기에 그렇게 인풋되어 자리 잡아, 새로운 것이 들어가기 비좁다. 공자가 말한 열다섯에 배움에 뜻을 두고, 서른에 뜻을 세우고, 마흔에……, 패턴과 비슷하다.

그다음은 그걸 통해서 뭔가를 만들어가는 게, 우리가 가진 나름의 달란트(talent)라고 해야 할까? 그런데 사람만, 혹은 문학이나 예술의 변화만 그럴까? 아니다. 그 적용 대상은 넓고 다양하다. 한국의 시에서도 이러한 것을 읊은 것이 있다.

> 장하던 금전벽우
> 찬 재 되고 남은 터에
> 이루고 또 이루어 오늘을 보이도다.
> 흥망이 산중에도 있다 하니
> 더욱 비감하여라.

이은상(李殷相, 1903~1982)의 시조 장안사(長安寺)이다. 삼국시대 창건된 금

강산의 장안사를 노래했다. 한반도에 있지만 고려 때 원나라 순제의 황후 기씨에 의해서 중건되며, 황후가 1만 5천 불을 봉안하였다는 전국 최고의 사찰이다. 이은상은 금으로 된 금전(金殿)이, 푸른 하늘(碧宇) 밑에 우뚝 자리 잡고 있는 장안사의 영화로움이 차디찬 재가 되어 사라진 그 터에서, 흥망성쇠와 생사고락의 번뇌가 인간의 삶에만 있는 것이 아니라 깊은 산속 산사에도 있음을 노래했다. 세상의 모든 것은 변하고, 그 패턴은 유효하다.

계절의 변화도 이와 같다. 봄이 오면 여름 오고, 이어 가을 겨울, 평생 반복된 순환이지만 매번 새롭다. 아직도 한여름 삼복더위 속에서 한겨울 대한 추위를 생각하기 쉽지 않고, 북풍한설(北風寒雪) 속에서 태평양 고기압이 정복한 뜨거운 대지를 떠올리기 어렵다. 눈앞의 장에 온전히 푹 빠져 살고 있다.

❖ 패턴의 인정

가을에 고독을 느낄 수 있는 당시 하나를 생각해 보면, 각 행의 앞 글자만 읽어도 '천만(千萬) 고독(孤獨)', 고독 그 자체를 느낄 수 있겠다.

> 첩첩산중 새 나는 것 끊기고(千山鳥飛絶)
> 만 갈래 길엔 사람의 발자취 사라졌네(萬徑人蹤滅).
> 외로운 배에 도롱이와 삿갓 쓴 늙은이(孤舟蓑笠翁)
> 눈 내린 차가운 강에 홀로 낚시하네(獨釣寒江雪).

시를 읊고 있자니 머릿속에 한 폭의 산수화가 그려진다. 몰입되면서 언어를 통해 점점 또렷하게 그림이 그려진다. 그런데 이제 굳이 이럴 필요가 없게 되었다. 영상으로 보여주거나, 게임을 통해 내가 직접 그 속에 들어가 온몸으로 느낄 수 있다. 시어를 통한 상상보다 더 자세하고 정확하다. 그렇다고 덜 감동적이라고 비판하지 말자. 상상력이 줄어든다고 비판하지 말자. 풍부한 자료와 정확한 정보를 기초로 그 너머의 감동과 상상을 얼마든지 생산할 수 있다. 차원이 다를 뿐이다. 생각해 보라. 시력이 좋은 사람이 그렇지 않은 사람보다 낫지 않겠는가. 다양한 감각을 직접 인풋한 다음에 '이를 기초로' 무궁한 상상과 감동을 자아낼 수 있다.

비단 문학에서만 그럴까? 미술에서도 통한다. 미술이라는 것이 맨 처음 시작되었을 때, 무엇으로 어떤 모습으로 시작되었을지 상상해 보자. 미술이 시작되었던 맨 처음에는 실사에 중심을 두었다. 사진처럼 그리는 것이다. 그대로 지속하다가 헤겔(Hegel, Georg Wilhelm Friedrich, 1770~1831)이 말한 변증법적 발전과정을 거치거나, 기존의 것에 대한 지루함? 혹은 더 이상 그 틀에서는 나올 것이 없다는 한계에 따라 새로운 방향으로 변화가 일어났다.

중국의 경우, 그림과 글씨는 오랜 시간 존재했지만 이것이 예술로서 독립적인 의의를 갖게 된 것은 위진 남북조에 이르러서다. 붓글씨의 서성(書聖)으로 불리는 왕희지(王羲之, 307~365), 회화의 화성(畫聖)으로 불리는 고개지(顧愷之, 345?~406?)의 역할도 중요했고, 유협(劉勰, 465~521)의 『문심조룡(文心雕龍)』, 종영(鍾嶸, 468?~518)의 『시품(詩品)』, 사혁(謝赫, 479~502)의 『고화품록(古畫品錄)』과 같은 예술 비평서의 출현과 이러한 것을 만든 당시의 장도 중요했다.

물론 이것도 미술이라는 틀 안에서는 다양한 변화를 겪었다. 하지만 동서양을 통틀어서 미술을 포함한 예술에 가장 큰 변화를 준 것은 과학기술의 발전이다. 이런 변화로 회화의 고유한 기능은 위축되었다. 실사는 사진기에, 그리고 그보다 더한 영상 촬영기에 자리를 넘겼다. 과학기술과 접목된 사진이나 영화라는 새로운 예술 장르가 탄생했다.

미술의 장에 다양한 변화가 있었을지라도, 외부의 변화에 의해 기존의 미술은 입지가 위축될 수밖에 없었다. 그러니 새로운 것을 찾고 만들 수밖에 없다. 궁하면 변해야 하고, 변하면 통하고, 통하면 오래간다. 이러한 변화는 누군가에게 생존의 문제다. 이제는 그림을 그리는 게 그냥 그리는 게 아니다. 다양한 것이 접목된다. 내용뿐만 아니라 사용하는 도구와 방식 등에서 확장이 일어났다. 예를 들면, "아! 여기 그림에 시간을 집어넣어 보자." 그래서 여기서 이렇게 본 거, 그리고 시간을 바꾸고 장소를 바꿔서 저기서 본 거, 그리고 시간과 장소를 또 바꿔서 거기서 본 거, 이러한 것들을 가져다가 하나의 화폭에 그렸다. 바로 입체파의 그림이다. 피카소(Pablo Ruiz y Picasso, 1881~1973)의 '아비뇽의 처녀들(Les Demoiselles d'Avignon)' 같은, 각각의 위치에서 본 얼굴이 하나의 화폭에 포개져 그려진다. 이처럼 단순한 것에서 다른 것과의 융합을 통해 (사유, 방식, 설명까지 포함한) 복잡한 것으로 변해가는 것이 변화 속 패턴의 단면이 아닐까.

시도 마찬가지이다. 당나라 때의 시는 서정적이다. 물론 자세히 들여다보면, 이 말에 반론도 가능하다. 당대의 시는 형식미를 중시한 초당(初唐), 생각과 감정에 충실한 성당(盛唐), 백거이처럼 사회를 비판하고 형식적인 미문을 배척한 중당(中唐), 탐미적인 경향의 만당(晩唐)으로 각 시기에 따라 성격을 달리했기 때문이다. 그러나 큰 틀에서 보면, 당대의 시는 시어를 통해 밖의 풍광을 그림 그리듯이 전했다. 산이 이렇다든지, 봄날 새벽의 모습이 이렇다든지, 강가의 풍광이 이렇다든지 보이는 것을 그대로 읊었다. 그런데 여기서 또 변화가 일어난다.

시 자체에서도 변화가 있다. 단순에서 복잡으로 변한다. 그렇기 때문에 송나라 때쯤 되면 소철(蘇轍, 1039~1112), 소식(蘇軾, 1037~1101) 형제가 등장하고, 전과 다른 차원의 철리(哲理)를 다루는 시가 나타난다. 그래서 송대에는 설리시(說理詩)가 유행했다. 감각적으로 보이는 것에서 출발하여 점점 다양하고 복잡한 초감각적 형태로, 형이상학적인 것으로 변해간다.

당나라 때 유행하던 시는 지금도 존재한다. 왜? 이러한 마음은 그때나 지금이나 사람 마음에 존재하기 때문이다. 미술에서 정물화는 지금도 있다. 그러나 현대를 대표하는 미술 장르라고 말하기 어렵다.

물론 하나의 장르에서도 계속해서 새로운 것이 분리되어 나오고, 변화가 일어난다. 새로운 것의 아웃풋은 나름의 패턴과 특징을 갖는다. 한 사조의 유행이 계속되면 사람들은 지루해하면서 외면한다. 그릇의 크기는 제한적인데, 여기에 이것저것 계속 담으려니 한계가 보이기 시작한다. 그리고 그릇, 장 자체를 바꾸게 된다. 마치 과학사에서 패러다임(paradigm)의 전환이 일어나듯.

바뀐 새로운 장에선 많은 것을 창의적으로 자유롭게 마음껏 만들 수 있다. "새 술은 새 부대에", 이때 사람들은 새로운 것에 열광하고, 점차 익숙해지며, 기존의 장은 새로운 장으로 대체된다. 이제 새로운 장은 그 시대를 지배하는 장으로 자리 잡는다. 하지만 이것도 영원할 수 없다. 변한다.

그렇다면, 인정하자. 인정하고서 새 출발 하자. 우리가 살아왔던 언어 환경을 보면, 조선 시대 말기에는 중국어나 한자의 영향을 많이 받은 언어가 생활 속에 쓰였고, 식자층은 자신의 권위와 지식을 뽐내기 위해 (인식하지 않았더라도 이런 분위기가 팽배한 사회적 장의 영향으로) 중국어의 영향을 많이 받은 언어 생활을 하였다.

이후 일제 시기에서는 일본의 강압에 의해서든 일본의 침략이라는 상황에 의해서든 일본어가 우리 언어에 많은 영향을 주었다. 일제 강점기 내내 우리의 언어는 일본어의 영향을 받아 혼탁되었고, 1945년 이후에도 그 잔재가 한참 동안이나 지속되었다.

이후 미국과의 교류가 빈번해지면서 영어에 대한 수요가 급증하였다. 점차 영어의 영향을 받은 한국어 비중이 높아지며, 많은 한국어가 조금씩 '미국어'로 대체되었다. 이것은 프랑스와 영국의 관계와 양국 언어의 변화 속에서도 그대로 발견된다.

　여기서도 변화의 패턴을 읽을 수 있다. 처음에는 한국어에서 단어 몇 개 정도의 짧은 표현을 외국어에 내주지만, 단어에서 문장, 문장에서 일상 회화 나아가 외국어로 대화하며 소통하는 일이 자연스럽고, 혹은 더 우월하게 보이는 장이 등장한다. 언어가 이렇게 변하면, 언어를 넘어 문화와 의식까지 자연스레 변하게 된다. 삶의 일상 도처에 그 흔적이 나타난다.

　다시 말하지만 기존의 미시적 연구나 학문의 시각에서 보면, 이러한 견해는 거칠고 위험하다. 그러나 독자의 삶의 경험을 빗대어 생각해 보시라. 그러면 어느 정도 공감할 수 있는 면이 있지 않은가? 지금은 정밀한 것을 다루는 시간이 아니다. 그렇다고 주먹구구식으로 넘어가고 싶지도 않다. 정밀한 것을 다루다가 공허해지는, 공중부양(空中浮揚)하는 학문을 많이 목도했기에, 거시적 측면, 혹은 빅 히스토리(Big History)의 측면에서 생각한다면, 여기서 제시한 변화와 패턴을 보다 긍정적으로 생각할 필요가 있지 않을까?

　종국에 이르러 말하고자 하는 것 가운데 변하지 않는 진실은 나도, 당신도, 우리도, 국가도, 인류도, 지구도, 우주도……, 죽는다. 종말이 있다는 것이다. 그러므로 지금 여기를 감사하고 의미 있게 살아야 한다.

　메멘토 모리(Memento mori) 죽음을 기억하라! 2019년 여름 대만에서 열린 양생(養生) 관련 국제학술대회에 초청받아 갔다. 잘 살기 위한 양생을 논하는 자리에서, 나는 죽음을 기억해야 한다고 발표했다. 그러면서 어느 수도원에서의 인사가 "당신도 곧 죽습니다."라고 했더니, 대만 교수 한 분이 굉장히 강렬하다고 반응했다. 우리는 자꾸 잊는다. 자꾸 까먹는다. 하지만, 삶의 시계는 '째깍째깍', 생존 시간을 까먹고 있다. 우리는 모두 시한부 인생을 살고 있다.

더하여 우리 인류는 지금까지 자신의 방식으로 시간을 측정하기만 했지, 시간을 제어한 적은 단 한 번도 없었다. 시계가 해시계이거나 원자시계이거나, 장난감 시계거나 명품 시계거나 시간은 상관하지 않는다. 아주 냉혹할 정도로 미래를 향해, 뒤도 돌아보지도 않고, 멈추지도 않은 채 차갑게 전진만 하고 있다. 시간은.

내가 정말 소중하게 여겨야 할 것이 무엇인지, 목숨 걸고 붙잡아야 할 것이 무엇인지, 지금 우리를 둘러싼 장은 물질과 자본이 강력한 힘을 발휘하며 우리를 지배하고 있지만, 이제 스스로 정말 소중하게 여겨야 할 것이 무엇인지, 각자의 장에서 묻고 답해야 한다.

우리 인류는 기껏해야 만 년도 안 되는 짧은 시간, 이 지구에서 주인 행세를 하며 지냈다. 인류의 시간은 지구의 시간이나 우주의 시간에 비하면 찰나, 그 속에서 우리는 다양한 일을 경험했다. 이것도 언젠가 끝난다.

요즘 인류가 하는 행위를 보면 그 시간이 점점 단축될 것 같다. 종말, 죽음은 입에 담기 꺼림칙하다. 하지만, 수많은 변화 속에 일어나는 가장 확실한 패턴인 시작과 종말, 탄생과 죽음을 확인하지 않았는가. 인정하자. 우리는 그 패턴을 너무나 잘 알기에 '나, 여기 그리고 지금'에 충실할 수밖에, 그리고 만물까지 포함한 타자에 겸손할 수밖에.

02

교육문화에서

1. 세 가지 사건

오랜 역사를 가진 중국의 교육은 다양한 변화를 거쳐 오늘에 이른다. 그 과정에서 교육은 사회의 변화를 견인하기도 했고, 때론 사회의 변화가 교육의 변화를 추인하기도 했다. 계속해서 교육의 장은 변했다.

오랜 중국의 역사에는 다양한 교육적 사건이 점철되어 있다. 직하학궁(稷下學宮)의 경우도 세계사적으로나 교육사적인 측면에서나 의미 있는 연구 대상이다. 직하학궁은 전국시기에 설립된 인류 최초의 기숙형 고등교육기관, 종합연구기관, 전국시기의 학술을 종합한 곳, 백가쟁명(百家爭鳴)을 주도한 곳, 전국시기 다양하고 영향력 있는 학자의 관여로 집단 저작물이 출판된 곳, 제(齊)나라의 싱크탱크(Think tank), 국가주도형 학술연구 기관 등으로 평가될 수 있다.

직하학궁은 전국시기의 혼란을 학문적으로 승화시키면서 국가 통치의 대안을 제시했다. 그래서 『전국책(戰國策)』에서는 "이를 일러 조정에 있으면서 전쟁에 승리한 것이라 말한다(此所謂戰勝于朝廷)."라고 지적했다. 현재의 입장에서 본다면 하드 파워의 승리가 아니라 소프트 파워의 교육과 R&D 역량의 승리였다.

　직하학궁이 탄생한 장의 특징으로 첫째, 제나라처럼 학문의 발전에는 국력과 지원이 중요하고, 둘째, 인재를 중시했고, 셋째, 자유롭고 개방적인 학술 분위기를 들 수 있다.[3] 이 밖에 중국 역사에서 당대와 후대에 영향을 미친, 장의 변화를 초래한 교육적 사건을 생각한다면 개인적으로 공자의 교육, 과거제도, 서양 교육의 전파를 들 수 있겠다.

　공자의 교육과 변화를 보면, 춘추전국 시기에 들어 왕실의 권위가 무너지자 교육에서도 관학(官學)은 부실해지고 사학(私學)이 발전했다. 여기서 배출된 인재는 새로운 계층을 형성하여 사회 변화를 주도했다. 공자의 배움과 깨달음의 일체화라는 철학은 배움을 통해 도를 얻는 것을 추구하였다. 공자에서 촉발된 변화는 크게 세 가지다.

　첫째, 사학의 정착이다. 공자는 제한된 사람에게만 제공되는 교육과 정보를 타파하였다. 소망하는 사람 누구에게나 배울 수 있는 기회를 열어 놓았다. 둘째, 사학 정착으로 인한 지식인 계층의 활성화이다. 공자가 교학 활동을 하였던 40여 년 동안 배출한 3000여 명의 학생과 72현능을 통해 배움과 깨달음의 일체화를 공고히 하였다.[4] 그리고 이것이 안정적으로 발전한 것은 공자와 그 이후에 이어진 교육과 교육 기관을 통해서였다. 셋째, 앞의 영향에 따른 지식의 증가와 사회의 변화 촉발이다. 새로운 질서의 탄생으로서 교육을 통한 사회의 공평성을 실현하였다.

교육과 예(禮)를 중시한 공자에 의해, 새로운 지식인 계층인 '사(士)'가 출현하여 사회의 변화를 주도하였다. 지식이 확산되고 사회가 발전했다. 교육을 통해 과거와 달리 기회의 균등을 담보할 수 있었다. 이것은 자국의 이익만을 우선시하던 춘추 시기의 상황과 맞물려 지식과 지식인에 대한 제후국의 수요로 확장되었고, 이는 다시 선순환의 구조로 교육과 사회의 변화를 이끌었다.

공자의 교육에서 촉발된 '점'은 교육 내외적 변화를 통해 '선'으로 확장되고, 이는 다시 사회와 국가의 변화를 촉발한 '면'으로 확대되었다. 그리고 이는 교육 시스템의 구축 속에 중국 사회를 오랫동안 지배한 '입체'로 자리 잡았다.

공자의 교육 변화는 내적으로는 배움과 깨달음의 일체화, 교육적 평등 추구, 사학의 시행, 지식의 공유화 등을 불러일으켰고, 외적으로는 사회공동체와 조직, 정치, 경제, 문화 등에 다양한 변화를 일으켰다.

두 번째 사건은 과거제도의 실행이다. 관리 선발제도는 오래전부터 존재했지만 보조적인 역할을 하는 데 그쳤다. 수양제(隋煬帝, 569~618)가 진사과(進士科)를 창설한 607년에 관리 선발제도가 정식으로 마련되었지만, 이를 발전시켜 제대로 이용한 것은 당대(唐代)였다.

과거제도는 인재 선발의 방법을 투명화, 객관화시켜 기존의 교육 목표와 틀을 변화시켰다. 이를 위해서는 선발기준, 선발된 인재를 활용할 곳, 이를 뒷받침할 사회적 분위기가 마련되어야 했다. 과거제도는 완전히 새로운 것이 아니었다. 이전에도 있었다. 그러나 교육 내적 요구와 기존 교육의 문제점을 타파하기 위해 소환되어, 수대 이후에 본격적으로 시행되었다.

과거제도를 요구하는 정치적 호응도 있었다. 수양제는 형과 아버지를 죽이고 왕위에 올랐다. 그렇기 때문에 정권을 유지하기 위한 다른 방법이 필요했다. 360년간의 혼란도 정리하고, 권문세가들의 권력을 견제할 필요도 있었다. 동시에 새로운 인재를 받아들일 필요도 있었다. 이때 기존의 장을 바꾼 혁신적인 대안이 나왔다. 바로 과거제도다.

과거제도는 지연과 혈연으로 묶인 힘을 제어하고 중앙 집권을 강화할 수 있었다. 출중한 인물을 공정하게 선발하면서, 선발의 칼자루는 중앙이 쥐고 있었다. 선발된 관료가 중앙에 충성할 수밖에 없는 자연스러운 구조를 만들었다.

과거제도에서 파생된 게 많다. 학문의 저변확대와 능력 있는 인재의 선발, 신분 상승의 가능성 등은 사회의 발전에 기여했다. 과거제를 러셀(Bertrand Arthur William Russell, 1872~1970)은 비판했다. 그러나 과거제도는 영국보다 훨씬 앞선 선발제도였다. 귀족 세습 제도를 유지하던 서양과 비교가 안 된다. 러셀이 비판한 것은 과거제도의 본질이 아니라 왜곡된 상태의 과거제도다. 러셀에게는 미안하지만, 과거제도 같은 개혁으로 고대 중국 사회는 크게 발전할 수 있었다.

과거제도는 수대에 시작되었지만, 다양한 개혁과 만나서 당대와 송대의 발전을 이끈 동인이 될 수 있었다. 당대는 차치(且置)하더라도 송대에는 영국의 산업혁명보다 500년 앞선 상업혁명이 일어났다.

과거제도가 교육에 미친 영향은 유가 사상을 핵심적 가치로 만들거나, 학문을 전파하고 확대한 것, 학교 교육의 발전을 이끈 것 등이다. 그러나 과도한 경쟁으로 학문이 시험 위주로 변질되는 단점을 수반하기도 했다.

사회적으로는 신분제 사회를 능력 중심의 사회로 전환하고, 중앙 집권을 강화했으며, 정치의 안정과 사회 발전을 촉진했다. 관리 선발 방식이 발전함에 따라 출신 성분이 좋지 않은 사람도 희망을 품으면서 사회의 화합과 발전에 기여했다. 이 밖에 문학과 사학의 발전을 이끌었고, 서예도 발전시키면서

민족의 융합과 주변국과의 문화 교류에도 영향을 미쳤다.

　세 번째 사건은 서양 교육의 전파다. 서양 교육의 전파는 중국 교육에 일대 혁신을 가져왔다. 전통 교육에 비하여 서양 교육은 다음과 같은 특징을 지녔다.

　첫째, 과거제도하에서의 교육보다 국가 권력으로부터 상대적으로 자유로웠다. 물론 국가의 통제와 관리를 받는 전통 교육 시스템 속에서도 학문을 연마할 수 있었지만, 근대 서양 교육은 과거제도를 중심으로 한 전통교육에 비해 훨씬 자유로웠다. 둘째, 과거제도하에서의 교육보다 상대적으로 다양한 학문을 중시하였다. 셋째, 사회의 요구에 부응한 교육을 시행하여 사회의 변화를 이끌었다.

　새로운 장이 가져온 교육 내적 영향으로는 서양식 학교 시스템 구축, 새로운 교육과정의 설립과 변화, 이에 따른 교육 방식과 내용의 전환 등이 있다. 이는 기존의 관리 선발시스템인 과거제도의 역할을 고등교육의 이수로 전환시키기도 했다. 또한 국제교류의 증가로 서구 및 외국과의 학문적 교류가 확대되고, 사학 및 교회 대학의 발전을 이끌면서 교육 내적으로 다양한 변화를 추인했다.

　물론 공립과 사립이 현대 교육에 존재하는 것처럼, 전통 교육에서 관학과 사학이 상호 보완하면서 발전한 것은 중국 고대 교육제도의 큰 특징이다. 사학은 관학에 비해 비교적 자유롭고 활동적이었다. 사생 관계도 매우 적극적이고 교학 내용과 방법도 활발하고 교육의 질도 비교적 높았다. 중국 역사상 저명한 사상가, 과학자, 문학가 대부분이 사학(私學)에서 나왔다는 주장은 눈여겨볼 필요가 있다.[5]

　교육 내적으로 보면, 서양 교육의 전파는 전통사회에 다른 영향을 불러일으켰다. 전통사회에서는 볼 수 없었던 신분제 문제, 인권 문제, 남녀평등 문제, 민주적 정치 제도의 문제를 비롯하여 과학 정신 등이 사회 변화에 직접 관여했다.

교육 외적으로도 다양한 영향을 미쳤다. 예를 들어 새로운 계층의 출현을 유도함으로써 사회 발전의 동인이 된 점, 정치적으로 전제정치가 무너지고 민주적 정치방식이 도입된 점, 물론 마르크스 이론의 전파도 포함된다. 또한 경제적으로는 신분제 등이 폐지되면서 자유로운 활동과 상업적 거래가 활성화된 점 등을 살펴볼 수 있다. 그리고 여성의 권위와 학습권의 신장도 생각할 수 있다.[6]

이처럼 교육과 사회의 변화는 함께했다. 설령 사회의 변화가 교육의 변화에서 직접 기인한 것이 아니어도, 일정 시간이 지나면 장의 중첩 속에 영향을 받아 변화가 일어났다. 물론 반대의 경우도 마찬가지다.

2. 변화의 특징

중국 교육의 변화에서 그 특징을 정리하면 다음과 같다.

첫째, 새로운 장이 탄생하기 위해서는 기존 장에 문제가 발생하고, 문제 해결 능력이 점차 감소할 때 새로운 장이 등장한다. 임계점에서의 1℃는 그 영향이 크다. 새로운 장의 탄생도 이와 같다. 공자의 교육도 주 왕실의 권위가 약해지자 관학이 힘을 잃고, 새로운 변화를 요구하는 시점에서 출현했다. 춘추시대에는 각 제후국들이 국력을 증진하기 위해 뛰어난 인재를 필요로 했고, 이들을 양성할 다양한 방법이 요구될 때, 공자가 주장한 유교무류(有敎無類), 즉 부귀와 귀천을 막론한 교육이 사회 변동의 힘이 되었다. 관학이나 제한된 학생에게만 주어지던 기존 교육의 한계를 극복하고, 자강을 위한 제후국들의 바람과 맞물려 제자백가가 꽃을 피울 수 있었다.

과거제도 역시 기존 선발제도의 한계를 극복한 것으로, 이 또한 당시 사회 변화에 부응한 결과물이다. 이에 따라 일반 서민 계층의 만족, 다양한 인재의 등용, 특정 권력층의 권력 집중 방지, 다양한 참여로 인한 반대 세력의 제거, 관직의 전문화, 권력의 중앙 집권화 등을 마련할 수 있었다.

근대 서양 교육의 수용은 전통교육과 과거제도의 문제를 극복하고, 새로운 교육을 요구하는 사회적 분위기에 편승하며 나타났다. 그러나 청대 말기의 한계와 전통 교육에 대한 경로 의존성에 의해, 당시 교육의 문제를 내부적으로 해결할 실마리를 찾기 어려웠다. 여기에 더하여 서구세력은 선교와 교역을 토대로 교육을 이용하여 중국 사회에 접근했다.

이러한 변화 속에 전통의 재창조나 서구 문화의 적극적 수용 등 다양한 변혁의 목소리가 중국 내부에서도 등장하기 시작했다. 예를 들어 정관응(鄭觀應, 1842~1921)의 경우는 중국에 수용된 서양의 학문이 "외지로 보낸 말이 다시 돌아온 것과 같은 이치"라고 말했다.[7] 그래서 "중학이 본(本)이고 서학이 말(末)이다."라고 했다. 반면 정관응보다 반세기를 앞선 위원은 "오랑캐의 장기를 배워 오랑캐를 제압"하려 하였다. 그러나 결국 열강의 침략과 청말의 혼란으로 1905년 과거제도가 폐지되고, 과학과 민주를 기치로 내세운 5 · 4 운동 등으로 전통은 서구와 현대의 것에 자리를 내줘야 했다.

지금의 장도 영원할 수 없다. 변하기 때문이다. 변화에 맞춰 변해야 하는데, 기득권 세력과 기존의 것에 물든 대다수의 인식 때문에 변하기가 쉽지 않다. 결국 변화는 내적 혹은 외적 요인에 의해 이루어진다.

공자의 교육과 과거제도의 실시가 중국 내적 요인에 의한 변화였다면, 근대 서양 교육의 수용은 외적 요인에 의한 변화였다. 그런데 이 변화는 매우 빠르고, 전통과 단절되어 이질적이면서 전면적으로 시행되었다. 그리고 아직 이에 대한 정확하고 균형 잡힌 연구가 진행되지 않고 있다. 이것은 동양의 미래하고 관련된다. 왜냐하면 중국 혹은 동양이 부흥하기 위해서는 자신의 정체성을 기초로 출발하는 것이 정석이기 때문이다.

둘째, 새로운 장의 탄생은 순간에 일어나지 않는다. 이미 전부터 기미가 있었다. 새로운 장의 정착에도 일정 시간이 필요했다. 공자가 교육을 강조했지만, 당시의 제자백가들도 공자와 같은 양상을 보였다. 하지만 공자의 사상은 다른 제자백가와 달리, 한대에 이르러 동중서(董仲舒)의 건의와 한무제(漢武帝)의 채택에 힘입어 "백가를 축출하고 유가의 학술만을 숭상하자(罷黜百家, 獨存儒術)."라는 방침에 따라 권력의 비호를 받으며 안정적으로 발전할 수 있었다. 물론 과거제도의 시행으로 공자의 교육과 사상적 위상이 굳건해진 것은 두말할 필요 없다.

과거제도는 수대에 시작됐지만, 수대에는 과거제도와 중앙 집권의 초석만 마련했다. 이를 발전시키고 활성화한 것은 당대(唐代)였다.* 마치, 한대(漢代)의 발전이 진(秦)의 토대 위에서 진행된 것과 같다.

근대 서양 교육의 전파도, 명말청초(明末淸初)를 살았던 안원(顏元, 1635~1704)의 교육 내용에서 서양교육과 비슷한 내용이 발견된다.[8] 물론 견

---

* 그렇다고 몇몇 주장들처럼 수대(隋代)의 과거제도 실시에 대하여 의미를 축소하거나 부정할 수는 없다. "수 왕조는 인재 선발에 있어 고대 사회에 결코 어떤 창조적 의미를 지닌 전장제도(典章制度)를 제공할 수 없었다. 게다가 수대의 군신들에게는 뛰어난 인재를 질투하는 단점이 있었던 듯하다." 혹은 "수대의 선거시험은 그 자체로 권위를 가지지 못했고, 한두 명의 대신들이 개인의 好惡에 따라 언제든지 뒤집을 수 있을 만큼 아무런 성문 규정이 없었던 것이다"(진정 저, 김효민 역, 『중국과거문화사』, 동아시아, 2003, 80~81쪽). 참고로 한국의 과거제도도 당대(唐代)의 것을 수용했다. 고려 4대 왕인 광종 9년(958년)에 고려에 귀화한 쌍기(雙冀)의 제안으로 실시되었고, 1894년 갑오개혁(甲午改革) 때 폐지되었다.

강부회(牽强附會)일 수도 있지만, 역사를 보면 전환기나 왕조가 뒤바뀔 때에는 실용주의적 사상과 교육이 대두했다. 청대 말에도 서구의 다양한 문물을 수용하면서 서구의 과학과 교육의 장점을 수용하고자 했다. 청대 말기와 민국 초기에 활동했던 채원배나 도행지 등이 서구의 교육을 실현하기 위해 노력한 것도 이러한 맥락 위에 있다.

새로운 체계가 강력하게 추진되어도, 기득권 세력의 반발과 새로운 제도의 정착에 따른 적응 시간이 필요했다. 공자의 학문이 한대와 수대를 거치며 안정될 수 있었던 것처럼, 과거제도도 당대와 이후 왕조를 거치면서 안착될 시간이 필요했다. 새로운 장의 탄생과 발전은 순간에 일어나지 않고, 많은 변화와 시간이 요청된다.

셋째, 새로운 장이 탄생해서 운용되기까지 권력자나 권력 기구의 요청과 의지가 중요하다. 공자의 사상도 한 왕조의 강력한 정책, 이어진 과거제도의 덕택 등으로 널리 오래 존재할 수 있었다. 물론 과거제도도 수대와 당대를 잇는 중앙 집권의 정치적 정책 속에 실행이 가능했다. 강력한 정책적 지원은 공자의 사상과 과거제도를 사회 전반에 뿌리 깊게 안착시켜, 장의 전환을 이룬다. 근대교육은 1905년 과거제도가 폐지된 이후 중국의 주된 교육으로 자리를 잡았지만, 현대 교육의 문제를 해결하지 못하고, 전통문화와 여전히 단절되어 있다는 점 등에서 아직 안착되었다고 말할 수 없다.

넷째, 새로운 장은 사회 전반에 걸쳐 보다 많은 사람에게 영향을 미친다. 공자의 교육은 한대의 정치적 선택과 수대의 과거제도에 의해 토대가 완성되었다. 이후 사회적 · 정치적으로 강한 영향을 미쳤다. 당연히 유가에서 배출한 제자를 통한 지식인 계층의 확산, 저작과 교육제도를 통한 지식의 축적도 무시할 수 없다. 그리고 이러한 것은 중국을 비롯하여 주변 국가와 함께 커다란 유교문화권을 만들었다.

과거제도는 시험 자체보다 제도가 갖는 파급력이 더 컸다. 과거제도는 원대에 잠시 중단된 것을 제외하고는 1300여 년 동안 700여 명의 장원과 11만 명에 이르는 진사, 수백만 명의 거인, 수재 등 셀 수 없는 인재를 배출했다. 이들은 정치가, 사상가, 문학가, 교육가 등으로 활동하며 중국의 역사를 만들었다.

결과적으로 과거제도는 봉건왕조의 통치 역량을 드높이고, 민간의 반항 역량을 감소시켰다. 인류사적으로도 인류의 지식이 급속도로 성장하게 된 원인 가운데 과거 같은 시험제도의 영향이 컸다. 지식을 근거로 그 사람의 사회적 위치를 결정한 시험제도는 동양적 가치관에 맞물린 채, 과당경쟁(過當競爭) 속에서 지식의 양을 증가시켰다.

이후 근대 서양 교육의 수용은 전통 교육이 차지하던 자리를 서양의 것으로 바꾸어 놓았다. 과거 그 어느 교육의 변화보다도 짧은 시간에, 이질적이면서 전면적으로 강하게 일어났고, 그 영향은 현재에까지 미치고 있다. 이처럼 장의 변화는 결국 사회 전반에 광범위한 영향을 미치며, 새로운 변화를 불러온다.

다섯째, 장은 생성, 발전, 쇠퇴, 대체의 과정을 거친다. 공자의 교육도 춘추전국 시기의 생성 단계를 거쳐, 한대의 독존유술과 수대의 과거제도를 거치며 발전하였고, 근대 서구 문물의 도입과 함께 쇠퇴하며 대체되었다.

과거제도도 기존의 선발제도를 대신하여 새로 자리를 잡았지만 결국 과거제도의 직간접적인 영향에 의해 발생한 문제는 또 다른 장으로의 전환을 요구하는 동인이 되었다. 그리고 이것은 1905년 과거제도에 집중된 힘을 빼고, 과거제도의 핵심인 시험 기능을 새롭게 발전시키는 계기를 만들었다. 과거제도는 공부를 중시하는 근거가 되기도 했지만, 출세의 공부와 수양의 공부를 혼동하게 하는 시작이기도 했다. 결국 이에 대한 해결책을 제시하지 못하면서 소멸의 길을 걸었다.

서양 교육의 전파는 그동안 소외되었던 실용 학문과 여성 교육에 관심을 두게 하고, 근대 학교 교육을 발전시켰으며, 민주와 과학을 강조하는 등의 다양한 변화를 유도했다. 아직 진행 중이기에 그 추이를, 그리고 이에 대한 대응을 주의 깊게 살펴보아야 할 것이다. 왕조의 변화가 그랬던 것처럼 교육도 생성, 발전, 쇠퇴, 대체의 과정을 거치며 변하였다. 그 속에서 오늘과 내일의 교육이 나아갈 방향을 찾아야 할 것이다.

3. 장 변화의 의미와 근거

❖ 장 변화의 의미

결국 현대 교육이 지닌 문제도 과거제도가 갖고 있던 문제와 비슷하다고 볼 수 있다. 그렇다면 지금의 장에 맞춰 과감하게 수정해야 한다. 노력에 대한 보상의 입시제도가 아닌 수험생의 미래 가능성을 예상하고 투자하는 입시제도와 교육으로 변해야 한다.

공부 하나로 혹은 시험 한 번으로 많은 것이 결정되는 한판 승부의 경직된 구조, 목적과 수단이 뒤바뀐 작금의 교육 현실에 변화를 일으켜야 한다. 지금까지 고찰한 교육에서의 장 변화의 의미를 정리해 보면 다음과 같다.

첫째, 사회적 가치도 변할 것이다. 지금 이곳에서는 무엇보다 경제적 가치를 우선시한다. 과거에는 예의, 도덕, 정의, 사랑 같은 추상적 정신적 가치를 중시했지만, 지금은 그 어느 때보다 물질적 경제적 가치를 우선시하고, 이를 뒷받침하는 능력우선주의가 지금의 장을 주도하고 있다. 사람들은 자연스레 투자 대비 이익이 큰 것에 몰리고, 무엇보다 교육적 투자가 가장 효과적임을 깨닫게 되었다. 그래서 교육에 관심을 둔다. 이것은 지금 우리를 둘러싸고 있는 장의 주요 가치인 경제적 가치와 분리하여 생각할 수 없다. 물론 이것은 교육이 아니다. 교육으로 위장한 학벌열, 간판열이다. 한국은 교육열이 높은 나라가 아니다. 교육열이 높았으면 그 많은 학생들의 삶이 지금처럼 비참하지 않을 것이다.

한국에서 가장 불쌍한 이들은 중·고등학생의 청소년이다. 안타깝게도 누구도, 어느 정치집단도 이들을 변호해 주지 않는다. 오로지 공부와 말 잘 듣는 착한 학생만 강요한다. 학벌과 간판, 기성세대의 욕망과 각종 이해관계 등으로 얽히고설킨 이 사회의 치부를 가리는 허울 좋은 껍데기들이 지금의 장에 넘실거린다. 그러나 언젠가는 장이 변하고, 사회적 가치도 변하게 될 것이다. 심하면 곪아 터진다.

둘째, 지금의 교육은 모두의 문제이다. 제한된 사람만의 문제가 아니다. 교육은 온 국민과 관련된 중요한 문제다. 계급과 계층이 철저하게 구분되었던 시대의 과거제도와 다르게, 누구나 받는 의무교육 속에 명문대학 유망 학과로의 입학은 과거시험보다 규모와 영향이 크다. 그래서 '입신양명(立身揚名)'을 위해 온 국민이 초등학교에 입학해서 대학에 들어가기 전까지 몰입한다.

사실 이것은 한국뿐만 아니라 다른 국가의 문제이기도 하다. 그래서 정부의 교육정책에 대한 높은 관심과 비판이 끊이지 않는다. 100년 동안의 미국 교육을 분석한 데이비드 타이액(Tyack, David B)과 래리 큐반(Cuban, Larry)이 쓴

『Tinkering toward utopia』에서는 미국의 땜질 교육 개혁을 조목조목 비판하고 있다.[9] 저자들은 교육 공동체의 목소리를 외면한 교육정책은 외면 받게 된다고 주장한다.

한국 교육에 대한 관심과 비판 역시 마찬가지이다. 한국 교육정책에 대해 "교육 5년의 소계(敎育伍年之小計)"라는 비판이나, 과거부터 지금까지 이어지는 여론에서의 지적 등, 오늘도 우리는 다양한 매체를 통해 과거 어느 때보다 우리의 교육에 높은 관심을 표명하고 있다.

자연스레 한국의 대입제도도 많은 변화를 겪었다. 박정희 정부 때 69학번은 대입을 넉 달 앞두고 전 과목 예비고사를 보았고, 전두환 정부 때 81학번은 고3 여름방학에 본고사가 없어져 혼란에 빠졌다. 그리고 지금도 교육정책에 대한 혼란과 불안은 여전히 계속되고 있다.

물론 교육 개혁과 정책적 지원은 필요하지만, 교육이 정책 실험의 모르모트(marmotte)가 되어서는 안 된다. 교육정책은 과거와 달리 많은 사람들이 관심을 두고 있으면서, 서로의 이해가 엇갈리는 문제이기에, 과거보다 더 신중하고 조심스럽게 접근해야 한다. 사회적 합의도 중요하지만, 장의 변화를 고려하는 것이 더 중요하다.

셋째, 다양성을 지향한다. 신분제도가 폐지되어 모든 사람이 민주 사회에서 사는 오늘이다. 과거에 비해 다양한 사람이 다양한 특성을 맘껏 드러내야 하지만 아직 사회는 이러한 삶의 방식과 가치의 변화를 수용하지 못하고 있다. 보다 많은 사람이 제한된 열매를 차지하는 경쟁에 빠질 수밖에 없는 구조다. 열매뿐만 아니라 다양한 먹거리를 찾아 제공한다면 과도한 집중을 분산시킬 수 있을 텐데, 아직 역부족이다. 희소성을 다양성으로 극복하고, 이익이 골고루 분산되면서, 한판 승부로 끝나는 현재의 성공 구조를 변화시켜 패자부활전이 가능하도록 사회적 연결 장치를 마련해 놓는다면, 과도한 경쟁과 이로 인한 출혈을 조금은 막을 수 있다.

지금처럼 공부 잘해서 좋은 대학 가고 이어서 좋은 직장을 얻어 평생 남보다 우월하게 사는 장에서는 과당경쟁이 이루어질 수밖에 없다. 한곳으로 향하는 것에 다양한 루트를 제시해 주어야 한다. 공자가 언급한 같되 조화롭지 못한 동이불화(同而不和)보다 조화로우면서 서로 다른 화이부동(和而不同)이 필요한 이유다. 그래서 자신의 특성을 찾고, 이를 이끌고 키워줄 교육과 이를 받아줄 다양한 직종이 사회 구조적으로 갖춰져야 한다. 변하고 있다. 교육의 장에 새로운 변화를 요구하고 있다.

❖ 장 변화의 근거

교육을 둘러싼 장이 변하고 있다. 우리는 이곳 이 시대, 또 하나의 공통된 가치관 속에 살고 있다. 하지만 이것은 변한다. 예를 들어 우리가 하나만 낳아 잘 기르자고 외쳤을 때, 둘 낳고 셋 낳은 사람이 짐승처럼 보였던 것이, 이제 "많이 낳아 잘 기르자."로 바뀐 상황에서 하나는 외롭고 둘 낳고 셋 낳은 것은 유복하고 행복해 보이는 것으로 바뀐 것처럼 우리는 우리 사회의 장에 영향을 받는다.

사회의 변화가 교육의 변화보다 빠르게 진행하고 있기에 교육에 더 많은 문제가 발생하고 있다. 이제 내 머릿속에 담고 있던 방식과 지식으로 문제를 풀 수 있는 시대는 끝났다. 지금 한국의 교육도 앨빈 토플러(Alvin Toffler, 1929~2016)가 지적한 것처럼 변화에 직면해 있다. 그는 "하루 15시간 이상을 미래에 필요하지도 않은 지식을 배우기 위해 학교와 학원에서 허비하고 있다."라고 한국의 학생을 걱정했다. 계속 새롭고, 그 새로운 것이 상호 융합을 일으켜 더 큰 변화를 일으키는 지금이다. 변화를 자각해야 한다.

과거에는 암기 위주의 방법이 중요했고, 목적 달성도 수월했다. 산업혁명 이후의 대량교육시스템에서 효과적이었다. 사회에 필요한 산업인력을 배양하고, 이들은 매뉴얼을 익혀 현장에서 일하는 것이 주목적이던 장에서나 필요했다. 로봇과 AI가 인간의 노동을 대체하는 장에서, 인간은 인간만이 할 수 있는 것에 집중해야 한다.

지금의 교육제도에서, 능력과 실력이야 어떠하든 대학을 졸업해야 하고, 명문대학이 무조건 좋고, 한번 명문대학에 가면 팔자가 고쳐지고, 대학입시라는 한판 승부로 많은 것이 끝나는 이런 장에서 사람들은 교육에 전력할 수밖에 없다. 당연히 이를 위한 사교육이 성행하고, 사람들의 인식 속에 사교육을 교육열이라고 착각하게 만들고, 남을 눌러야지만 내가 이기는 경쟁을 부추기는 등, 우물 안의 개구리처럼 한국의 장은 한국적 교육을 만들고 있다. 하지만 언젠가 변할 수밖에 없다. 본질에서 벗어나기 때문이다.

교육과 현실의 괴리감이 교육문제를 발생시키고, 이것이 누적되면 새로운 장의 출현을 유도한다. 과거제도에서 알 수 있듯이 1905년 중국의 과거제도 폐지 직전의 교육은 과거를 통과하기 위한 수단으로 변질되어 있었다. 교육의 본질을 망각하고, 시대적 사회적 요구마저 저버린 전통 교육은 당시 새롭게 전파된 서양 교육에 밀려날 수밖에 없었다. 공자 교육의 변화는 사학의 부흥과 지식의 확대재생산을 가져오며 사회의 변화를 주도했다. 하지만 근현대의 변화 속에 위기를 맞이했다. 그것은 공자와 그의 제자들이 행하였던 정신과 행동을 잊고 안주했기 때문이다.

한국은 OECD 국가 중에서 사교육 지출이 가장 높은 나라이다. 이를 해결할 방법은 『21세기 자본』을 쓴 토마 피케티(Thomas Piketty, 1971~)의 지적처럼 공교육 회복에 있고, 나아가 교육과 노동시장의 수급에서 소득 불평등을 찾을 수도 있다. 그는 공공교육에 투자를 강화해야 하고, 교육 불평등을 해소하기 위해 교육 투자에 형평성을 강조할 필요가 있으며, 이러한 공교육의 투자는 경제성장률 상승으로 이어질 것으로 보았다.

하지만, 어느 장에서나 경제만 강조되는 것이 아니다. 과거 조선 시대에는 경제보다 인의예지(仁義禮智)와 같은 도덕적 가치를 높게 평가했다. 당시 교육의 목적은 내성외왕(內聖外王) 같은 수신(修身)에 있었다. 교육이 작동하기 위해 필요했던 경제적, 사회적, 정치적 역량이나 권력의 의지 등도 앞으로 어떻게 변할지 장담하기 어렵다. 기존의 화폐를 비트코인(bitcoin) 같은 가상화폐로 대체하는 것처럼, 기존의 교육 시스템을 주도하던 사회도 다르게 변할 수 있다.

이러한 변화 속에 우리가 묻고 기댈 곳은 어딜까? 바로 교육의 본질이고, 교육의 뿌리이다. 빠른 속도로 변하는 오늘, 교육의 본질에서 그 답을 강구해야 한다. 사실 본질을 찾는다는 것은 쉽지 않다. 그러나 그런데도 노력을 멈출 수 없다. 본질이란 것을 조금 쉽게, 현실적으로 설명한다면 당신의 배낭 속에 있는 물건 가운데 필요 없는 것부터 하나씩 빼낼 때 맨 마지막에 남는 것, 자신의 삶에서 빼고 빼서 맨 마지막에 남는 것, 그것이 당신과 배낭에 본질적인 것일 가능성이 높다. 그럼 교육도 이처럼 가장 본질적인 것에서 질문에 답하여야 한다. 동시에 교육은 장과 호응하며 변하기에, 장의 변화를 반영하는 것도 명심하자. 그 속에서 발전과 쇠퇴가 결정되기 때문이다.

$$\bullet \ \bullet$$

03

정신문화에서

1. 사상의 변화

사상의 변화도 살아있는 생물처럼 고유한 패턴을 갖는다. 아무리 좋은 사상이라도 장에 맞지 않으면 외면 받는다. 감성적이든 논리적이든 장과 맞아떨어져야 한다.

리버럴리즘[Liberalism, 自由主義]의 변화도 마찬가지였다. 자유주의는 중국 고대에도 존재했다. 그러나 이것은 청말의 엄복(嚴復, 1854~1921)과 호적(胡適, 1891~1962)이 소개한 서구 자유주의와 다르다. 서구 자유주의는 17세기 영국의 소유적 개인주의(Possessive Individualism)에 기초하기 때문이다. 이러한 자유주의는 중국에서 1919년 5·4운동의 동인이 되었다. 그러나 자유주의는 1949년 건국과 1957년 반우파 투쟁, 1966년에 발발한 문화대혁명에서는 비판의 대상이 되었다. 그리고 1970년대 말의 개혁개방에서 다시 주목을 받았지만, 지금 또 변화의 상황에 직면했다. 2010년 이후 지금까지 중국에서는 권위주의적 성향이 짙어짐에 따라, 자유주의의 향방이 어떤 식으로 전개될지 귀추가 주목된다.

이러한 양상은 유가 사상에서도 나타난다. 앞에서는 공자와 맹자를 다루며 부분적으로 언급했지만, 유가를 중심으로 정리해서 말하면 다음과 같다.

첫 번째 단계에서 춘추(春秋) 시기의 공자는 유가를 세워, 현실적이고 사회적인 사상에 주력하였다. 전국(戰國)시대의 맹자와 순자가 이를 계승하여 이론적으로 발전시켰다. 그러나 춘추전국 시기의 혼란기 속에서 공자의 사상은 현실적으로 환영받기 힘들었다. 공자의 가르침을 인정하면 이웃 나라가 무력으로 침략해 들어와 목숨마저도 위태로운 것이 바로 당시의 장이었기 때문이다.

두 번째 단계에서 선진(先秦) 유가는 한대 동중서(董仲舒)에 의해 신학적 요소가 가미되며 변하고, 한무제(漢武帝)에 의해 국가를 통치하는 정치사상으로 등극한다. 장이 바뀌었기 때문이다. 혼란기가 아닌 평화로운 안정기로서, 시스템에 의해 국가와 사회를 다스릴 필요가 있었다. 유가에는 예로 다스리는 예치(禮治)시스템을 비롯하여, 기강 확립에 필요한 요소가 내재해 있었다. 그러므로 정치사상으로 채택되는 것은 어쩌면 당연한 귀결이었다. 나아가 한대에는 보다 적극적으로 충(忠)과 효(孝)를 연계시켰다. 그래서 국가와 가정, 임금과 가장의 구조로 국가의 위계질서를 구조적으로 정립했다. 이어 수대(隋代)에 실시한 과거제도를 통해 유가는 사회 전체에 골고루 영향을 미치는 특별한 위치를 차지하게 되었다.

변한다. 아무리 좋은 것도 시간이 지나면 물린다. 유행가가 그렇고, 길거리 패션이 그렇다. 변화는 장의 변화를 가져오기도 하지만, 주체의 변화를 불러오기도 한다. 유가가 처한 장이 변했다. 서아시아 지역을 비롯하여 외지에서도 다양한 문명이 전해오면서 장의 변화를 추인했다. 특히, 불교는 서역에 일찌감치 전파되어 환영받았다. 서역의 영향이 짙은 북방 이민족 정권이 차지한 오호십육국(五胡十六國) 시대에 불교가 환대받는 것은 당연했다. 불교를 통해 화이론적 차별을 벗고, 백성들이 지닌 혼란의 아픔을 치유할 수도 있었다. 나아가 돈황 석굴이 개착되고, 운강과 용문 석굴이 만들어졌다. 불교(佛敎)의 전래로 형이상학적 사유가 확장되었다. 반면에 도교(道敎)는 현실 속으로 파고들어 사람들의 종교적 위안이 되었다. 이처럼 인식의 지평은 사회와 현실의 문제를 넘어 관념적 문제와 사후(死後)의 세계까지 확장되고, 사람들은 그에 대한 답을 강구하게 됐다. 장의 변화에 맞춰 사람들의 인식 수준은 깊어지고 넓어졌다.

세 번째 단계, 송대(宋代)와 명대(明代)의 유가는 변화에 응답해야 했다. 호응하지 못하면 도태되고, 도태되면 사라진다. 이미 춘추전국의 제자백가(諸子百家) 가운데 많은 사상이 사라졌다. 변하지 않으면 사라질 수밖에 없는 장의 요구. 궁하면 변해야 하고, 변하면 통하고, 통하면 오래간다는 『주역』 계사전의 가르침은 그래서 유효하다.

주돈이(周敦頤, 1017~1073)에서 시작하여 정호(程顥, 1032~1085) 정이(程頤, 1033~1107) 형제와 주희(朱熹, 1130~1200)로 이어지는 계보를 통해 송명리학(宋明理學), 신유가(新儒家)가 탄생한다. 하지만 영원할 수 없다.

또 변해야 한다. 청말(淸末)과 민국(民國) 시기의 혼란을 거치며 장은 요동친다. 장의 요동 속에 변하지 않는 것은 공자의 사상이었다. 물론 유가가 공자에서 출발한 것이기에 당연한 얘기일 수 있지만, 조금 과장한다면 유가뿐만 아니라 중국의 사상은 공자의 각주에 불과하다고 말할 수 있겠다. 이는 마치 화이트헤드(A.N.Whitehead, 1861~1947)가 『과정과 실재(Process and Reality)』에서 "유럽의 철학적 전통을 가장 확실하게 일반적으로 특징짓는다면 그것은,

그 전통이 플라톤에 대한 일련의 각주로 이루어져 있다는 것이다."라는 말과 통한다.[10]

서양이나 동양이나 변화에는 고유한 특징과 패턴이 있고, 그 속에는 이를 지탱하는 본질적 요소가 있다. 유가 사상을 비롯하여 중국과 동양의 사상 역시 장의 요구에 맞춰 계속 변해왔다. 근대 이후의 변화는 앞에서 언급한 '교육문화에서' 근대 서양 교육의 전파하고 맞물리고, '공자의 삶과 사상에서' 언급한 공자의 위상 변화와 궤를 같이하며 오늘에 이르고 있다.

그럼 유가와 더불어 중국사상을 이루는 도가는 어떨까? 도가의 사상도 다양한 변화를 겪었다. 변천의 주요 동인은 결국 사상을 계승한 사람과 그들을 둘러싼 장에 있다. 이에 따라 도가는 그 모습을 달리하며 역사에 존재했다.

도가의 기원을 따지기 쉽지 않겠지만, 『한서(漢書)』 예문지(藝文志)에 거론된 도가류(道家類)의 문헌을 참고하는 것도 하나의 방법이다. 여기에는 『태공(太公)』 237편이 있다. 시대적으로 이것은 서주(西周) 초년의 태공 때로 올라간다. 『회남자(淮南子)』 요략(要略)에는 "문왕이 겸손함과 약함으로 강함과 난폭함을 제어하려 하자 천하의 해로움이 제거되고 왕도가 이루어져 태공의 술이 거기서 생겨났다(文王欲以卑弱制強暴 以為天下去殘賊而成王道 故太公之謨生焉)."라고 기록하고 있다.

도가의 시원을 말한다면 태공까지 올라갈 수 있겠지만, 일반적으로 그 시원은 노자(老子)에게 맞춰진다. 그리고 노자의 사상과 유사한 성향을 가진 장자(莊子)와 묶어 노장사상을 선진시기 도가의 대표적 인물이자 사상으로 언급한다.

한대 이전에도 『문자(文子)』, 『열자(列子)』를 비롯하여 『여씨춘추(呂氏春秋)』 등이 도가의 사상을 대변하는 것으로 알려져 있었다. 하지만 『문자』, 『열자』

를 위서(僞書)라고 보는 견해, 여불위(呂不韋)가 편찬한 『여씨춘추』를 도가 계열의 책으로 보기 힘들다는 이유 등으로 논란의 여지는 남아 있다. 심지어 장자를 유가 계열의 인물로 보는 이견(異見)도 존재한다.

이러한 원인 가운데 하나는 도가 자체의 성격에 있다. 도가는 유가처럼 사제(師弟)관계로 맺어지거나, 묵가(墨家)처럼 상하관계가 확실한 집단을 형성하지 않았다. 노자와 장자는 사제관계를 맺은 적도 없고, 어떤 집단에 속하여 유대를 유지한 적도 없다. 그래서 선진시기 도가는 다양한 각도에서 해석될 여지를 담고 있다.

이뿐만이 아니다. 사상적으로도 이들은 현실과 거리를 두고 있었기에, 현실에서 요구하는 기준에 부합하지 않는 요소가 많다. 도가는 도(道)와 자연(自然)과 무위(無爲)를 말했다. 이들의 상대론적 사고가 극단적 상대주의를 지나 회의론(懷疑論)이나 불가지론(不可知論)으로 빠지지 않은 것은 종교에 믿음이라는 신앙이 있는 것처럼, 이들에게는 세상을 다스리고 움직이는 법칙이 있다고 생각했기 때문이다. 도가에서는 이를 도(道)라고 하였다.

도는 "도를 도라고 말하면 도라 할 수 없다"라는 노자의 말처럼 뭐라고 딱 짚어 표현할 수는 없었지만, 우주와 세상과 인간을 움직이는 무엇이 있음을 강변했다. 이들 자신도 이에 맞게 살려고 스스로 실천하며 주장했지만, 일반 사람들의 눈에는 여전히 애매모호(曖昧模糊)하게 보였다.

봄이 오면 여름이 오고, 가을 겨울 그리고 다시 봄……, 태어나면 성장하고 늙고 병들고 죽는 인간의 삶, 여기에는 변화가 있고, 변화 속에는 패턴이 있다. 그리고 그 패턴 속에 나나 당신이나 특별하지 않다. 들어가는 게 있으면 나오는 게 있고, 시작이 있으면 끝이 있다. 그 패턴을 읽고, 패턴을 인식하면 바로, 자연(自然), 스스로[자(自)] 그러함[연(然)]이고, 스스로 그러하듯이 그러한 자연이연(自然而然)이다. 그게 무위(無爲)이다. 무위는 아무것도 하지 않음이 아니다. 인위적인 행함과 거짓된 위(僞)를 경계하는 것이다. 하지만 이를 구체적인 사안과 시시각각의 일상에 적용하기가 간단하지 않았다.

장이 바뀌었다. 춘추전국과 진(秦)으로 이어진 혼란은 한(漢)의 통일로 안정을 찾았지만, 세상은 만신창이가 된, 수술을 마치고 회복실에 들어선 환자와 같은 상황, 한대 초기의 장이 그랬다. 이에 맞춰 한고조 유방부터 위정자들은 검약, 절제, 겸손을 중시할 수밖에 없었다. 이때 도가 계열의 황로학(黃老學)이 정치 일선에 등장한다.

한 왕조는 서한(西漢), 신조(新朝), 동한(東漢)에 걸쳐 426년 존속했다. 그 가운데 건국 초기 70여 년, 한고조에서부터 한무제까지 처음이자 마지막으로 황로학은 위정자들의 지지를 받아 정치철학으로 사용되었다. 그래서 우민웅(于民雄)도 "한나라 초에 유행한 황로학은 '무위(無爲)'를 핵심으로 한 제왕(帝王) 통치술(統治術)"이라고 말했다.[11]

황로학의 황(黃)은 황제(黃帝)를 가리키고, 노(老)는 노자(老子)를 가리킨다. 황제는 전설의 인물이다. 물론 황제의 사상을 대표할 경전은 없다. 결국 황로학의 이론적 기초는 노자와 도가 철학에 집중된다. 그래서 황로학을 '진한신도가(秦漢新道家)'라고 부르기도 한다.

황로학은 노자부터 시작하여 오랜 기간 명맥을 유지했다. 도법가(道法家)적 성향의 황로학을 도가의 범주에서 넓게 생각하면, 노자 이후 도가의 변화는 각 시대마다 나름의 특징을 갖고 변하였다. 황로학은 도가사상의 변화 속에 발생한 도가의 한 지류라고 볼 수 있다.

전국시기 제(齊)나라에 있던 직하학궁(稷下學宮)이 황로학에 미친 영향은 컸다. 그래서 "황로학은 도가를 아버지로 하고 직하를 어머니로 하여, 그 자양분을 맘껏 먹고 성장한 학문이라고 볼 수 있다."라는 말을 할 수 있다. 그리

고 곽말약(郭末若)은 황로의 학술은 제나라에서 태어나, 자라나고 성장한 것이라고 보았다.[12]

청대의 위원(魏源)은 도가를 "황로의 학과 노장의 학(有黃老之學, 有老莊之學)"으로 구분해서 언급했다.[13] 한대 초기의 도가는 선진시기 노자와 장자로 대표되는 도가의 사상을 북방 도가로 전환하였다. 노자 사상이 전면에 나왔고 도가라는 명칭이 나타났다. 노자에서도 관념적인 부분보다 현실적인 부분이 강조되었다. 그러나 노자가 강조한 청정무위(淸淨無爲)는 경제를 발전시키기도 했지만, 동시에 사회적 모순을 야기하기도 했고, 이것은 한무제의 독존유술(独尊儒術)로 대체되는 계기가 되었다. 이후 한말에 이르기까지, 유가 독존으로 인하여 도가가 특별한 지위를 얻거나 획득한 일은 없었다.

한대에 이르기까지 도가는 그들을 호칭하는 특별한 명칭을 획득하지 못하였다. 선진시기까지 실질적으로 학파라고 할 수 있는 것은 유가와 묵가뿐이고, 한대에 사마담(司馬談, ?~BC 110)의 「논육가요지(論六家要旨)」에서 도가의 이름이 정하여진다.[14] 물론 도가의 명칭이 선진 이후에 명명되었다 하더라도, 도가의 계통 속에 선진시기의 몇몇 인물들을 묶어 말할 수는 있다.

한대 초기에 장자는 빛을 못 봤다. 장백잠(蔣伯潛)의 지적처럼 "한나라 사람은 도가를 항상 '황로'라고 말하고, 위진 사람은 도가를 '노장'이라고 말한다(漢人言道家輒曰'黃老', 魏晋人言道家則曰'老莊')."라는[15] 것이 이를 대변한다. 이것은 사회 변화의 장과 관련된다. 남방 도가와 북방 도가의 관점처럼 장의 요구가 달랐기 때문이다. 어쨌거나 한대 초기에 도가라는 명칭을 통해 이들을 하나로 묶어서 말한 것은 다른 측면에서 이들의 영향력이나 존재감이 그만큼 커졌다는 방증이다.

도가사상은 한대 초에 황로학으로 영향력을 발휘하지만, 서한 말년이 되면 다시 변한다. 서한 말년에는 양생(養生)과 제사로 신선가와 결합한 형태를 갖게 되고, 이 시기를 전후하여 양생을 중심으로 하는 '황로학'과 황제와 노자를 신앙의 대상으로 삼는 것에 제사를 핵심으로 하는 '황로도(黃老道)'가 출현하였다. 그리고 다시 변하여 동한(東漢) 초기에는 황로양성(黃老養性)을 받들어 장생을 기원하는 풍조가 당시 사회에 널리 퍼졌다.[16]

황로학은 도가 사상의 새로운 변형이다. 그래서 신도가(新道家)나 도법가(道法家)라고 부르기도 한다.[17] 황로학은 노자의 소극적 경향을 적극적인 것으로 변화시켰고, 노자의 유심주의(唯心主義)적 색채를 유물주의(唯物主義)적 형태로 바꾸었으며, 도가 철학의 기본적인 입장을 취함과 동시에 법치(法治)를 이용했다. 특히 법가의 사상을 받아들여 도가의 자연철학을 하나의 정치철학으로 변화시켰다.* 이후 도가의 변화는 종교에 영향을 주며 존재하거나, 문학과 예술에 영향을 주며 지속되었다. 그럼, 한대 황로학을 변화와 장의 관점에서 조금 더 자세히 살펴보겠다.

2. 장과 변화 동인

논의를 조금 더 구체적으로 진행하기 위해 한대 초기의 도가사상을 중심

---

* 『황제사경』 같은 글에서는 "도는 법을 낳는다(道生法)." 하여, 노자의 '도'에 법가의 '법'을 연결시켜, 하나의 정치철학으로서 그 기초를 확고히 다졌다. 이런 측면에서 구석규(裘錫圭)는 이들을 '황로가(黃老家)'로 부르기보다, '도법가(道法家)'라고 부른다. 그러나 진고응(陳鼓應)은 이 점에 반대한다. 즉, 그는 이런 명칭이 도가와 법가를 제대로 구분하지 못한 것일 뿐만 아니라, 황로 도가의 실체를 제대로 파악하지 못한 것이라고 지적했다. 김덕삼, 『中國 道家史 序說 I』, 경인문화사, 2004, 221쪽.

으로 고찰해 보겠다. 여기에서는 '도가'를 주체로 보고, 이들의 변화에 영향을 미친 '동인'으로 시공간적 요인과 당시의 장을 주도하는 사람들의 영향을 고찰하며 그 특징을 알아보겠다.

첫째, 공간의 변화 속에 만들어진 장이다. 황로학은 북방 도가와 밀접하다. 왕보현(王葆玹, 1946~)은 유가와 도가가 중국의 북방과 남방에서 기원했다는 기존의 이론에 결부시켜, 도가에서도 남방과 북방에 따라 성향을 달리하는 도가사상이 있다는 것을 지적했다.[18] 결국 이는 공간적 장의 영향으로 인하여 서로 다른 형태의 사상이 발아하였다는 것으로, 장과 관련된 도가사상 변화의 유의미한 연구라 할 수 있다.

우선 그는 전국시대부터 한초까지의 도가를 남과 북으로 나누어 구분하였다. 중국은 오늘의 정치나 사회경제를 비교할 때도 자주 남과 북으로 나누어 비교하고, 철학에서도 남과 북으로 나누어 북은 유가 문화의 특징이 강하고 유가의 발원지라고 여기며, 남쪽은 도가 문화의 특색이 강하면서 그 발원지를 이룬다고 본다. 그것은 남과 북의 기후와 지리적 조건 등에 기인하여 장이 달랐기 때문이다. 이처럼 남과 북은 풍습과 문화에서 많은 차이를 보였다. 그래서 남쪽에서는 주로 쌀을 먹는 반면, 북쪽에선 면을 주로 먹는다거나, 혹은 북쪽 사람은 키가 크고 건장한 반면 남쪽은 키가 작고 왜소하다는 등의 비교를 한다. 물론 오늘처럼 확장된 중국의 영토에서 말하는 남쪽과 북쪽과는 조금 다르다.

도가를 남쪽과 북쪽으로 구분할 때, 북쪽의 도가는 상대적으로 『황제경』을 중시하고, 남쪽의 도가는 『장자』를 더 중시한다고 보았다. 그리하여 북쪽은 '도법(道法)'과 '황제의 술(術)'을 중시하고, 남쪽은 상대적으로 '무위 정치'를 주장하고 개인의 정신적 자유를 중시했다.[19]

또한 이러한 구분에 근거한 북방 도가의 저작 『황제사경(黃帝四經)』과 『문자(文子)』 등을 볼 때, 북쪽 도가는 양(陽)을 중시하는 '귀양(貴陽)'의 입장이 강하고, 남방 도가의 저작으로 보는 『범려(范蠡)』와 『장자』 등에 비추어 볼 때, 남쪽 도가는 음을 중시하는 '귀음(貴陰)'의 입장이 강하다.[20]

일반적으로 음이라는 것에는 서늘하고 시원하다는 것이 포함되고, 양이라는 것에는 따스하고 더운 것이 포함된다. 남방의 기후를 보면 덥고 따뜻해, 서늘하고 시원한 것을 귀하게 여긴다. 그렇기에 은연중에 '귀음'을 중시한다. 반면에 북방은 춥고 서늘하여 따스함을 좋아하니, '귀양'을 중시한다.

물론 도가를 남방과 북방으로 나누어 구분하는 것에는 선결문제가 존재하지만, 아직 도가를 계통적으로 구분하여 연구하는 것이 미미한 상태에서 이러한 시도는 '장'과 관련하여 검토할 가치가 크다.

어쨌거나 한대 초기에는 북방의 도가사상인 황로학이 채택되었다. 그것은 한대 왕조의 발원지가 남방보다는 북방에 더 근접했기 때문이기도 하다. 자연스레 북방의 영향을 더 많이 받았다. 또한 새로운 국가를 통치한다는 측면에서 현실적이고 실질적인 사상에 관심이 쏠렸을 가능성도 빼놓을 수 없다.

둘째, 시간의 변화 속에 만들어진 장이다. 정원명(丁原明, 1943~)도 나의 생각과 비슷하게 한대 초 황로학의 발전을 사람들이 원하는 사회 안정에 대한 요구, 당시 봉건 경제가 지니고 있는 전쟁의 폐해 등, 당시 사상계의 상황에서 추측했다.[21]

중국 역사상 가장 혼란스러웠던 시기인 춘추와 전국시기 약 550년, 그리고 이어진 진나라의 통일 후 15년 동안의 기간은 국가 정비와 새로운 법령의 시행 등으로 백성들은 지칠 대로 지쳐 있었다. 하지만 이도 잠시, 다시 혼란이 시작되었다. 진시황의 갑작스러운 죽음, 이세 황제의 실정과 폭정, 그리고 이어지는 진승 오광의 난과 같은 내부동요, 약 8년 정도의 시간을 다시 혼란 속에 보내고 한고조 유방에 의해서 한 왕조가 건국되었다.[22] 이때 백성들이 바라는 것은 무엇이었을까?

춘추전국과 진의 오랜 혼란 속에 바라는 것은 당연히 휴식이었다. 수술받은 환자에게 산해진미는 그림의 떡, 수액주사부터 시작하여 액체, 죽, 간단한 식사 등으로 조절하는 것처럼, 당시 건국 초의 상황에 맞는 처방이 필요했다. 그것이 바로 지친 상황에 휴식을 부여하는 황로 사상이었다.

한 왕조가 건국되었을 때, 경제는 폐허가 된 상태였다. 진 왕조의 교훈에 비추어 통치자는 응당 자신의 욕망과 욕심을 자제하고 백성들에게 휴식과 안정을 주어야 했다. 이에 통치자는 솔선수범했고 백성들은 뒤를 따랐다.

한대 초기 한문제[文帝, 유항(劉恒), BC 202~BC 157]는* 검소했다. 한문제는 '노대(露台)'를 만들고 싶어 했다. 하지만 서민 10가구의 재산에 맞먹는 백금이 필요하자 포기했다. 그는 의상도 소박했고, 화려한 무늬나 금과 은을 이용한 기구도 가급적 사용하지 않았다. 세금 역시 수입의 30분의 1 정도만 걷었다. 백성의 부담이 줄었다. 문제를 이은 경제(景帝, BC 188~BC 141)도 검소했다. 결국 이는 문경지치(文景之治)라는 태평성대를 만들었고, 이러한 장을 유도한 사상에는 황로학이 자리하고 있다. 위정자가 무위를 말하고 실천하며, 백성들이 이에 동조하니 사회는 오랜 전란의 상처를 조금씩 치유할 수 있었다.

---

* 참고로 1977년 안휘(安徽) 부양(阜陽) 쌍고퇴(双古堆) 1호 한묘(漢墓)는 경지 정리 작업 중에 발견되었는데, 이것은 서한(西漢)의 문제(文帝) 때 여음후하후조부부(汝陰侯夏侯竈夫婦)의 묘로 추정된다. 그 속에서 『시경(詩經)』, 『주역』, 『창힐편(倉頡篇)』, 『만물(萬物)』, 『장자』 잡편(雜篇) 등 다종의 죽서(竹書)가 발견되었다.

셋째, 위정자의 성향이 만든 장이다. 한나라의 최고 권력층에는 도가사상을 따르는 이가 많았다. 한나라를 세운 유방은 서민 출신에 교육수준도 낮았다. 이는 중국 역사에서도 보기 드문 일이다. 어쨌거나 유방은 당시 지식인과 유생들을 무시하곤 했다. 육가(陸賈)에게 "이 몸은 말을 타고 전쟁을 하여 천하를 얻었는데, 시집 나부랭이 같은 책들이 무슨 소용이 있냐!"라는 말에서도 파악할 수 있다. 바로 실질적이고 현실적인 것을 중시한 건국 황제다운 생각이다.

그러나 육가는 유방에게 "말을 타고 천하를 얻으셨지만, 계속해서 말을 타고 천하를 다스리실 수 있으십니까?"라며[23] 에둘러 충고한다. 육가는 유가 인물이지만 무위에도 관심이 많았다. 그래서 육가가 쓴 정치이론서인 『신어(新語)』 무위(無爲) 편에 "도는 무위보다 큰 것이 없다."라고 말하기도 했다.[24] 이것은 무위가 천하를 다스리는 최고의 원칙이라는 말과 같다. 유방은 육가의 이러한 영향 속에 무위를 실행하였다.

한혜제(漢惠帝, BC 210~BC 188)가 황제가 되고, 조참(曹參, ?~BC 190?)이 승상이 되었을 때도 무위의 원칙은 그대로 실행되었다. 이어 한혜제가 죽고, 문제가 왕위에 올랐다. 사마천은 문제의 황후 두(竇) 씨가 황로학을 좋아하니, 한문제와 태자 모두가 황제와 노자에 관한 책을 읽지 않을 수 없었다고 지적했다. 예를 들어 문제는 가의(賈誼, BC 200~BC 168)가 유가의 학설에 의거해 국가를 재정비해야 한다는 주장을 듣고 그를 중앙의 관리로 선발하였다. 하지만 당시 주발(周勃)이나 관영(灌嬰) 같은 원로들이 젊은 가의의 생각을 두려워하자, 문제는 그를 제후국으로 보내고, 청정무위의 정치를 계속하였다.

한경제 때에는 두(竇) 황후가 태후가 되었다. 한경제가 죽고 한무제가 16세에 황제가 되었을 때, 두 태후는 태황태후(太皇太后, ?~97)가 되었다. 한무제 역시 황로학을 숭배하는 두 태황태후의 뜻을 거스를 수 없었다. 이처럼 한대 초기의 최고 권력자는 황로학을 기초로 세상을 다스렸고, 이는 당시의 장에 절대적으로 영향을 미쳤다.

　넷째, 상류 사회의 성향이 만든 장이다. 황제의 뜻을 상류 사회가 따르는 것은 정상적이다. 한대 초기에는 개국공신과 이를 이은 신하 대신들이 황로 학에 우호적이었다. 예를 들어, 한초의 중신(重臣)들 가운데 장량(張良), 진평 (陳平), 소하(蕭何), 조참(曹參) 등은 황로학을 공부했다.[25] 육가의 경우도 유가에 속했지만 무위를 숭상하였다. 이는 바로 오랜 전쟁과 동란으로 지쳐 있는 백 성을 위한 불가피한 선택이었다.

　유방의 장군이었던 조참은 황로학을 따른 상류 사회 사람을 대표한다. 조 참은 한때 제나라의 재상이었다. 그는 직하학궁이 있던 제나라에서 황로학 을 배우고, 청정무위(清静無為)로 정치하는 이로움을 알게 되었다. 오히려 조 참은 황로의 사상을 지나칠 정도로 그대로 실행했다. 예를 들어 조참은 승상 이 되어서도 업무에 관여하지 않았고, 아래 사람이 자신처럼 놀고 술 마시며 지내도 나무라지 않았다. 이에 한혜제가 그 이유를 물었다. 이에 조참은 다음 과 같이 반문했다. "황제께서는 유방과 비교하여 어떠하십니까?", 그러자 혜 제는 "나는 못 미친다."라고 대답했다. 그러자 조참이 "그러면 저는 소하와 비교하여 어떻습니까?"라고 묻자, 혜제는 "못 미친다."라고 답했다. 조참은 "맞습니다. 유방과 소하는 매우 완전한 제도를 제정하고 우리는 그것을 집행 하니, 하지 않아도 좋은 것 아닙니까?"라고 말했다. 조참은 스스로 청정무위 를 실현하려 했다. 이처럼 한대 초기의 지도층도 전란에 지친 민심에 호응하 여 황로학의 자연이연(自然而然)을 실행하였다.

　황로학이 주목받게 된 것은 필요에 의해서다. 그것은 시대적 요청, 권력자와 이를 따르는 공신들의 동의와 지지에 있었다. 물론 황로학의 성향이 지리적으로 북방 도가에 가까운 것과 위정자의 성향에 맞는 것도 있다. 결국 이러한 동인들에 의해 장의 변화는 황로학을 수용하여 발흥시켰다. 결과적으로는 이를 통해 국가와 백성은 전란의 폐허를 극복하고 번영의 길을 걸을 수 있었다.

물론 영원할 수 없다. 다시 변한다. 안정된 장 속에서 조직 관리에 적격인 유가의 채택은 당연한 귀결이다. 특히 한무제는 두 태황태후가 죽은 뒤, 황로학을 멀리하고 유생 공손홍(公孫弘)을 승상으로 임명했다. 이어 한무제는 동중서의 "백가를 가려내고 유가를 독존케 하는(罷黜百家 独尊儒術)" 건의를 수용하여, 유가를 정치사상으로 정했다. 장이 바뀐 결과이다. 오랜 동란으로 지친 상처는 청정무위의 황로학에 의해 회복되고, 이제 국가와 사회라는 조직을 체계적으로 다스릴 사상이 필요했고, 이러한 시스템 구축에 적합한 것으로 유가가 채택된 것이다.

3. 황로학의 메시지

변화에는 고유한 패턴이 있다. 이러한 패턴은 스펙트럼이 넓다. 즉, 한쪽 끝은 매우 일반적이고 반대편 끝은 예외가 많은 특별한 경우로, 규칙적인 패턴보다는 불규칙한 예외가 많다. 이 기다란 스펙트럼 속에서 각자에 맞는 것을 취사선택해야 할 것이다. 변화와 패턴, 주체와 장의 측면에서 황로학이 던지는 메시지를 정리해 보면 다음과 같다.

첫째, 답은 각각의 주체와 장의 상태에 있다. 변화와 패턴의 측면에서 보자면, 변화에는 기승전결과 같은 고유한 패턴이 있는데, 황로학의 등장에서도 이를 확인할 수 있었다.

너무나 자명한 사실은 혼란 이후 휴식이 필요하다는 것이다. 백성들은 오랜 동란 끝에 휴식을 원하였다. 제국을 세운 위정자는 장을 파악하고, 이에 맞게 준비할 필요가 있었다. 아침에 할 일과 저녁에 할 일은 다르다. 인지하고 있지만, 실천하기 쉽지 않다. 과유불급(過猶不及)의 교훈도 실천하기 쉽지 않아 대부분 과로하거나 무리하게 진행하다 화를 재촉한다.

황로학의 등장과 이를 통한 한 왕조의 발전은 우리에게 말한다. 변화의 장에 맞춰 행해야 할 일이 남들이 주장하는 답안에 있는 것이 아니라, 각각의 주체와 장의 상태에 있다는 사실을.

둘째, 비슷한 장에서는 비슷한 변화와 행동이 일어난다. 예는 차고 넘치지만, 중국 역사에서 강력한 권력을 발휘한 '진시황'과 한 세기 정도 사이를 두고 나타난 '한무제'를 예로 들어 생각해 보겠다.

먼저, 이들은 순행을 자주 실시했다. 진시황은 순행을 자주 했다. 천하 통일 이후에는 치도(馳道)를 건설하며 순행을 했고, 통일 후의 5차 순행에서 죽음을 맞이했다. 한무제는 무려 30여 차례의 순행을 통해 지방 제후국의 권력을 누르고 황제 중심의 군현제를 완성하려 하였다.

또한 둘 다 신선 사상에 깊이 빠졌다. 진시황이 서복(徐福)에게 불로초(不老草)를 찾아오게 한 것 등 진시황의 신선 사상은 잘 알려져 있다. 반면 한무제는 황로학의 가르침을 뒤로하고, 유가의 사상을 국가 정치철학으로 세워 국가의 안정을 모색했다. 하지만 무제도 도교의 발생에 영향을 미친 신선 사상에 깊이 빠졌다. 한무제는 제나라 출신 방사 소옹(少翁)을 곁에 두고, 그를 문성장군(文成將軍)으로 봉하였다. 무제는 신선방술을 믿고 의지했지만, 결국 방사들이 만든 단약을 먹고 사망했다.

18만 년 삼천갑자를 산 동방삭(東方朔)이나 서왕모(西王母)의 복숭아를 훔쳐 먹고 불로장생한 손오공은 권력과 재력을 가진 사람들의 로망이다. 여전히 지금 여기에도 진행형이다. 방사(方士)들의 말에 따라 불로장생(不老長生)을 추구한 것, 태산(泰山)에 올라 봉선(封禪) 의식을 거행한 것, 순행 도중에 각 지역의 신에게 제사를 올린 것 등 많은 면에서 이들은 유사함을 갖는다. 많은 변화 속에서도 비슷한 상황과 조건이 되면, 즉 장의 조건이 비슷해지면 유사한 행동을 갖는다.

셋째, 장의 변화에 상응한 변화를 취해야 제 역량을 발휘할 수 있고, 종국에는 장의 변화에 부응한 것이 살아남았다. 황로학도 예외일 수 없다. 그렇다면 보다 적극적이고 능동적으로 변화를 알고, 변화에 맞춰 선제적으로 대응해야 할 것이다.

황로학이 주목받은 것이나, 노자의 사상이 전해지고 장자의 사상이 약해진 것이나, 한 왕조가 안정기에 접어들어 황로학이 일선에서 사라지고, 유가 사상이 자리 잡게 된 것 등 장의 변화에 맞춰 새로운 것이 채택되었다. 물론, 항상 옳은 것만 채택되는 것도 아니고, 그것이 항상 성공을 기약하지도 않는다.

앞서 파슨스의 AGIL 도식으로 사회의 변화를 분석했지만, 변화 동인은 조금 더 입체적으로 생각해야 할 것이다. 앞서 한무제의 유가 선택을 안정된 당시 사회의 요구에 부응한 결정이라고 말했다. 그러나 내면으로 조금 더 들어가면, 황로의 학을 따르는 무리와 유가의 가르침을 따르는 무리 사이의 암투 결과이기도 했다(이는 여불위와 진시황의 대립에서 도가와 법가의 암투를 생각할 수 있는 것과 같다). 결국 사상의 갈등을 넘어 정치세력 간의 권력 쟁취와 관련된다.[26]

어쨌거나 황로학은 유가에게 자리를 내줬다. 하지만 학술적으로 다시 변화가 온다. 위진 남북조의 혼란기에는 정신적 위로가 필요했다. 바로 이때 죽림칠현(竹林七賢)과 함께 알려진 현학(玄學)이 등장했다.[27] 또한 당 왕조에서는 노자 이이(李耳)가 황제의 성과 같아, 당나라 황제의 조상으로 추대되며 환영받기도 했다.* 현종 때에는 명경과(明經科)와 시험 형식이 같은 도거(道擧) 과목을 추가하여 『노자』, 『장자』, 『열자』 등의 도가 경전을 시험 보았다.[28] 나아가 '현(玄)' 자를 넣은 현종의 묘호도 도가와 관련되며, 현종은 스스로 『노자』 주석서를 쓸 정도였다. 하지만 영원할 수 없다. 또 변한다. 그러나 그 속에서 우리는 장의 변화에 따라 대우가 달라졌고, 변화에 재대로 응대한 것이 환영받았음을 확인할 수 있다.

넷째, 주체의 변화는 무한하다. 그러면서 이에 못지않게 중요한 것은 '존재'함이다. 정체성은 보존해야 하지만 그 정체성도 모호하다. 어디서부터 어디까지인지 경계 긋기가 쉽지 않다. 어쩌면 그 정체성보다 더 중요한 것은 '존재함'인지 모른다. 존재해야 그 정체성도 찾을 수 있기 때문이다. 이것은 바로 선진시기 노장사상을 넘어, 한대 초기 황로학을 지나 위진 시기 현학과 도교에 스며든 도가사상에서 볼 때, 도가의 사상도 유가가 그랬던 것처럼 그대로 존재하지 않았다.

도가에 대한 재해석인 현대 신도가(新道家)는 유가의 현대 신유가처럼 영향력이 크지 않지만, 사라진 다른 제자백가의 사상보다는 형편이 낫다. 그러므로

---

* 수대 왕조는 불교에 가까웠다. 이에 반감을 갖고 있던 도교는 당이 건국되자 왕실에 적극적으로 접근했다. 도교는 당 왕실의 가계가 불분명하지만 도교의 개조인 노자와 성이 같다는 점을 이용했다. 당 왕조도 도교를 정치에 이용하였다. 상호필요에 의해 도교가 발전할 수 있었다. 태종은 곳곳에 노군묘(老君廟)를 세웠고, 고종은 노자에게 태상현원황제(太上玄元皇帝)라는 존호를 봉헌했으며, 현종은 도교에 많은 애착을 가졌고, 무종은 불교 탄압을 통해 도교의 발전을 지원했다. 우민웅 저, 권호 · 김덕삼 역, 『도교문화개설』, 불이문화, 2003, 113~132쪽.

현실적으로 중요한 것은 정체성과 본질에 앞서 존재 그 자체인지 모른다.[*]

다섯째, 주요사상은 권력자와 그에 준하는 집단의 호응이 있어야 존재할 수 있다. 당시의 권력과 호응하는 곳에 변화와 발전이 있다. 선진시기 제자백가의 주장과 사상은 일반 백성을 대상으로 한 것이 아니다. 권력자에 대한 외침이다. 도가도 예외일 수 없다. 통치자를 향한 호소였다. 지금은 민주(民主)라는 이름에 걸맞게 백성 다수의 뜻에 부합해야 한다.

통치자와 민중이 장을 만들고, 여기서 주요사상이 생산되고 채택된다. 물론 선택된다고 완성된 것은 아니다. 무수한 저항과 경쟁이 존재한다. 황로학도 정치 지도 사상이 되었지만 순탄하게 진행된 것만은 아니다. 유가와 법가와의 투쟁,[29] 정치 권력 간의 다툼 등이 존재했다. 하지만 결국 통치자의 선택에 의해 발전하게 되었다. 통치자와 그에 준하는 집단의 선택은 어떤 면에서 장을 형성하는 '중심적 가치관'과도 연관되니, 이를 알고 응해야 한다.

황로학은 장의 요구에 부응하여 만신창이가 된 강토(疆土)와 민심을 치유하고, 새살을 돋게 했다. 도가의 새로운 모습을 보여주었다. 이후에도 도가는 세상이 어지러운 때 세상의 전면에 나타나거나, 혹은 예술가들의 손끝이나 정신 속에서, 혹은 유가의 그늘에 가려진 삶 속 깊숙한 곳에서, 혹은 종교 신앙인 도교에 흡수된 형태로서, 때론 정치의 일선에서 물러난 사람들의 삶 속에서 발견되었다. 다양한 변화가 일어났고, 주체와 장은 서로 영향을 주면서 변화를 만들었다.

---

[*] 존재하기 위해서는 장과 변화에 맞춰 자기 계발과 혁신을 해야 한다. 더 나아가 적극적인 자세로 창조까지 생각할 필요도 있다. 김덕삼, 2019, 「한국에서 도가 문화의 수용과 창조」, 『한국학연구』, 68집. 71~96쪽.

이러한 맥락에서 한대 초기 황로학에 나타난 변화와 장의 탐구는 개인적으로는 지금 우리에게 자신의 길을 가라고 자신을 찾으라고 권하고 있고, 정치적으로는 상황과 변화에 따라 그에 상응하는 정책을 펼치라고 알려주고 있다.

　이상에 휩싸이지도 않고, 현실을 지나치게 비관적으로 생각하지도 않으면서, 변화와 패턴을 읽고, 지금의 장 속에 알맞은 방안을 강구하라고 일깨우고 있다. 그러므로 역사를 통해 찾을 것은 바로 다양한 변화 속에 존재하는 '일을 이룸[成功]'에 대한 다양한 데이터의 축적이다.

변화와
장이론의 여지

01

변화와 장의 심화

기나긴 설명과 탐구가 일단락되었다. 주장에 부합한 근거의 제시를 위해, 그동안의 연구를 소환하여 설명했다. 결국 이를 통한 주장은 아래처럼 다양한 파편으로 의미를 가질 것 같다.

"모든 것은 변한다. 그 속에서 나를 잃지 말자", "변화 속에 패턴을 찾아 변화를 대비하자", "변화 속에 무엇이 들어오고 무엇이 나가는지 인풋과 아웃풋을 면밀히 관찰하자. 변화를 잘 파악하기 위해서", "우리가 직면한 많은 문제는 네 탓만도, 우리 탓만도 아닌, 사회와 세상의 탓인 경우가 많으니, 힘을 합하여 개선해 나가자", "너와 나의 대립과 경쟁의 구도에서도 너와 나를 아우르는 장을 생각하며 공생과 발전의 길을 모색하자", "언제나 우리를 둘러싼 장을 의심하고, 본질을 생각하자"

지금까지 탐구의 대상이 주로 중국에 집중되었지만, 이를 연구하고, 쓰고,

읽는 '많은 나'를 항상 염두에 두고 있었다.

　이제 이러한 주장을 우리의 삶 속에서 확인하며, 변화와 장이론을 심화시키고자 한다. 그동안의 작업을 기초로 '많은 나'를 위한 이야기를 폭넓게 다루고자 한다. 먼저 '변화와 패턴', '주체와 장', '인풋과 아웃풋'을 알아보겠다. 이들은 사람, 사회, 문화를 변화시키기도 하지만 세상의 변화를 이해하는 틀을 제공하기도 한다.

1. 변화와 패턴

❖ 패턴의 탐구

　이 책에서는 패턴의 의미를 다소 넓게 잡았다. 경우에 따라서는 규칙, 주기, 순환 등의 용어가 적확할 수도 있었다. 하지만 변화에 초점을 모으기 위해 이들을 패턴이란 말로 단순화시켰다. 반면 '장'이란 개념은 다양한 의미를 담을 마땅한 말이 없어, 새롭게 제시했다. 용어 사용의 이유가 조금 달랐다.

　변화는 모든 것에서 일어난다. 그리고 그 속에는 나름의 규칙이 있다. 규칙은 변화에 작용하는 정밀한 패턴이다. 패턴은 순환과 긴밀한 관계를 갖는다. 순환은 우리 주변에서 매우 쉽게 경험하는 규칙적 패턴이다. 주기 혹은 사이클도 매우 규칙적이다.

　아침, 점심, 저녁의 하루나 봄, 여름, 가을, 겨울의 계절 같은 시간의 순환이 있다. 지구에 있는 암석, 물, 대기도 순환을 한다. 암석은 화성암, 퇴적암, 변성암의 형태를 갖고 순환하고, 대기도 대양도, 그리고 생명의 핵심 원소인 탄소도 일정한 패턴 속에 순환한다. 순환은 일정한 패턴을 보이지만, 순환 속에 새로운 에너지가 들어오고 기존의 에너지가 방출되어 우주로 사라진다. 똑같은 순환일 수 없다.

　이러한 순환은 서로 영향을 미치며, 또 다른 변화를 만든다. 그래서 물의 순환을 연구하는 수문학(Hydrology)은 단순히 물의 순환만 연구할 수 없다. 서로 연관되어 있기 때문이다. 정도와 친소(親疏)의 차이는 있어도 결국 서로 연결된다. 어느 하나만 분리하여 미시적으로 볼 수 없다. 그렇다고 모든 것을 종합적으로 보기도 어렵다. 각각의 장 속에서 최적의 지점을 찾는 데, 일의 성공 여부가 결정된다. 장의 파악과 고려도 마찬가지이다.

　변화는 패턴과 짝을 맺음으로 인류의 인지 영역 안으로 들어와 의미를 갖는다. 인류는 일정한 패턴이나 의미를 찾으려고 끊임없이 시도했다. 예를 들어 본능적인 측면에서 우뇌 방추상회(fusiform gyrus)에서 일어나는 것으로 알려진 파레이돌리아(pareidolia)를 생각할 수도 있다. 이는 아기가 부모를 인식하는 경우에도 관련되고, 이것이 지나쳐 화성에서 사람 얼굴을 봤다거나, 산속에서 자신이 간절하게 믿고 따르는 신의 얼굴을 봤다는 식으로 나타나기도 한다. 개연성을 본능적으로 만든다. 물론 일정한 패턴이나 의미를 찾으려는 시도가 긍정적으로 작용하여 정교한 패턴과 알고리즘을 찾는 역할로 발전하기도 했다.

　인간은 태생적으로 패턴에 길들어 있다. 인간은 주체를 둘러싼 장인 우주, 태양, 달 등의 변화와 오랜 시간 맞물려 움직였다. 심장 박동 수부터 규칙적인 패턴을 보인다. 하루의 변화 속 패턴부터, 태어나고 성장하고 늙고 죽는 것이나 인류가 만들고 즐기는 것까지, 문학, 음악, 영화, 연극 등에도 발단 · 전개 · 위기 · 절정 · 결말이나 기승전결 같은 나름의 패턴이 스며있다.

창조를 하고, 변화를 모색하지만 결국 일정한 패턴 속에서 제작되고 공유된다. 시작만 있는 것도 없고, 절정에만 머문 것도 없다. 대부분의 음악 작품도 '도입 · 절정 · 마무리'의 패턴을 보이고, 화성적으로 '으뜸 · 딸림 · 으뜸화음', 선율적으로 '미 · 레 · 도'의 구조를 가진다.

문화의 경우도 변함에 순서가 있다. 물질문화가 비물질문화보다 먼저 변한다. 비물질문화에서도 제도, 풍속, 습관, 가치관념 순으로 천천히 변한다. 단순하지만 중요한 변화 속 패턴이다.

문학에서는 일찍이 아리스토텔레스의 카타르시스(Catharsis)이론에서 변화의 패턴을 찾을 수 있고, 이를 발전시킨 노드롭 프라이(Northrop Frye, 1912~1991)의 '봄 · 여름 · 가을 · 겨울'의 패턴도 생각할 수 있다.[1]

계절의 변화와 밤낮의 변화가 인류의 삶에 일정한 패턴을 제공하고, 인류는 자연의 변화 속에 일정한 패턴을 발견하여 자신의 삶에 적용했다. 시간을 일, 월, 년으로 구분한 지금이나 24절기로 구분한 과거나 자신의 장에 맞게 활용했다.

동 · 서양의 민담(民譚)에서도 변화의 패턴이 발견된다. 민담의 스토리 전개엔 대립과 반복이 특징이다. 반복의 경우 보통 세 번 이루어지며 이때에는 가장 마지막이 어렵고 소중하고 강하기 마련인데, 이것은 발전적 반복의 구실을 한다.[2] 즉 주인공에게 주어지는 중간 시련이나 과제의 세 번 반복, 그리고 이러한 세 단계는 스토리 전개상 주인공의 '가출 · 모험 · 귀환'과 부여된 과제의 '얻음 · 수행 · 성취'로 각각 3단계 절차를 밟는다.

캠벨의 영웅 순환이론에서도 패턴은 발견된다. 예를 들어 '기 · 승 · 전 · 결'의 자기 소명을 부정하는 '기'에서, 자기 소명을 수용하는 '승'으로 나아가는 것이 먼저 위험을 회피했다가 긍정의 면을 북돋우는 패턴과 같다. 창작자나 감상하는 사람이나 결국 인간이다. 부지불식중에 인간에 맞는 패턴이 자리 잡았다. 그러므로 이것을 드라마에 적용하여 사람의 마음을 쥐락펴락하며 관심을 사로잡기도 한다. 그래서 앞의 '문학예술'에서 작자와 감독의 계산된 구성을 잔인하다고 말했다.

변화 속에 일정한 패턴이 존재함은 과학과 수학의 영역에서도 많이 언급되었다. 고대 서양에서는 피타고라스학파 사람들이 수를 우주의 원리라며 연구했다. 동양에서는 운동 변화의 제 양상을 파악하는 방법으로 수(數)를 이용했다. 상(象)과 수(數)를 중심으로 역(易)을 설명하는 분야가 상수학(象數學)이다. '象'은 사물의 이치를 형상으로 본뜬 본받을 상(像)의 뜻이다. '數'는 역으로 점을 치는 데 있어서 만물의 이치 속에 깃들어 있는 수리적인 측면의 법칙성이 강조된 결과다.

현대에 들어와 변화에 대한 연구는 더 다양해지고 정밀해졌다. 자연 패턴 형성과 카오스 이론 같은 동역학계의 대칭성 연구로 유명한 수학자 이언 스튜어트(Ian Nicholas Stewart, 1945~)는 『자연의 패턴』에서 아무렇게나 일어나는 우연한 현상 뒤의 숨겨진 패턴과 질서를 수식을 사용하지 않고 설명했다. 그는 "우리는 패턴의 우주 속에 살고 있다."라면서 "인간 정신과 문화는 이런 숱한 패턴들을 인식하고, 분류하고, 이용하는 정형화된 사고 체계를 발전시켜 왔다."라고 했다.[3]

미국의 심리학자 엘리자베스 퀴블러 로스(Elizabeth Kubler Ross, 1926~2004)가 말한 죽음의 5단계(부정, 분노, 협상, 우울, 수용)도 죽음을 앞둔 많은 사람들의 반응에 나타난 패턴이라 말할 수 있다.

또한 성장론적 인간관의 창시자인 매슬로(Abraham Harold Maslow, 1908~1970)는 욕구 단계라는 것으로 변화의 패턴을 표현했다. 매슬로는 인간 욕구가

'안정 · 사랑 · 자기실현'의 단계로 발전한다고 생각했다. 이를 변화의 측면에서 보면 '부정 · 긍정 · 재긍정'의 순서가 된다. 매슬로의 이론은 아지리스의 X 이론, Y 이론, 허즈버그의 위생요인이론 등으로 발전했다. 처음에 위험을 회피하고, 다음 단계에 긍정적인 것을 북돋우는 형태로 변화가 진행된다고 보았다.

지젝(Slavoj Zizek, 1949~)은 '냉소주의' 이데올로기를 '몰라서 속는' '허위의식'이 아니라, '다 알고 있으면서도 스스로 뒤따라가는' '자발적 예속'으로 보았다. 냉소주의적 이데올로기가 부정(denial) · 분노(anger) · 협상(bargaining) · 절망(depression) · 수용(acceptance)의 단계를 거친다고 나름의 패턴을 제시했다.[4]

우리가 사는 도시에도 변화와 패턴이 적용된다. 예를 들어, 도심이 발전하면서 임대료가 오르고 원주민이 쫓겨나는 젠트리피케이션(gentrification)도 나름의 패턴을 보인다. 이것을 MIT의 패티슨(Timothy Pattison)은 4단계로 구분하여, 선구자 젠트리파이어의 도심 진출, 원주민의 이탈 시작, 지역 가치의 본격적인 가치 상승, 선구자 젠트리파이어의 이탈로 보았다. 모든 것이 수학 공식처럼 딱 맞아떨어지지 않고, 공학 실험처럼 명확하지 않지만, 우리는 과거의 축적된 경험과 지식으로부터 변화 속 패턴을 조금씩 구체화하고 있다.

지금은 빅 데이터(big data), 사물인터넷(IoT), 인공지능을 기초로 변화의 패턴을 파악하는 패턴의 시대다. 빅 데이터는 정형의 데이터와 데이터베이스의 형태를 넘어 비정형의 데이터 집합까지, 이들을 포함한 데이터에서 가치를 추출하고 결과를 분석한다. 빅 데이터가 다루는 대상은 광범위하고, 방법은 세밀하고, 처리 속도와 양은 빠르고 많다. AI가 인간의 사적인 감정, 이념, 파벌 등의 개입을 배제하고 진행한다면, 미지의 변화 속 패턴을 밝히기는 어렵지 않다.

이미 바둑에서는 AI 출현 이전과 이후가 확연하게 구분된다. 이젠 고수의 복기(復棋)에 귀 기울이거나, 토론과 고민을 하지 않는다. 인간이 아닌, 인간이 범접할 수 없는 절대 고수, AI의 능력과 존재를 확인했기 때문이다. 정답처럼 AI의 결과에 귀 기울인다. 이제 이것이 인간과 세상의 영역으로 확대되어 얼마나 빨리 실현되는지만 남았다. 생각해 보니, 바둑에서 벌어진 이 일도 삽시간에 일어났다.

지금처럼 빨리 변하는 세상에서 우리는 '덜 변하는 것', '오랜 시간이 걸려야 변하는 것', '변하지 않는 것'을 구분할 필요가 있다. 그 속에 패턴이 있다. 그러나 패턴도 영원할 수 없다. 오랫동안 바뀌지 않지만, 언젠가 아주 많은 시간이 지나면 변한다. 그래서 패턴의 변화도 '짧은 시간 유지되는 패턴', '비교적 오랜 시간 유지되는 패턴', '영원한 패턴'으로 구분할 수 있겠다. 예외 없는 규칙이 없는 것처럼, 모든 변화에 일정한 패턴을 적용할 수 없다. 그 중에 어떤 것은 변수가 너무 많기에 훗날 학문과 기술의 발전을 기대한 뒤에 패턴의 분석이 가능한 것도 있다.

❖ 일상과 패턴

미국의 코미디언이었던 조 앤 리버스(Joan Rivers, 1933~2014)는 "어제는 역사, 내일은 미스터리, 오늘은 신의 선물"이라고 말했다. 무수한 나날을 살다 보면 어제는 지나간 역사가 되고, 내일은 올지 안 올지 모르고, 온다 한들 무슨 일이 어떻게 벌어질지 모르는 미스터리이며, 지금 이 순간이 진정 가치 있음을 깨닫게 된다.

하지만 오늘은 어제가 되고, 내일은 오늘이 된다. 그러므로 신이 준 선물인 오늘을 잘 살기 위해, 과거를 되돌아보며 반성하지 않을 수 없고, 미스터리 같은 내일을 잘 준비할 수밖에 없다. 변화는 단절이 아니다. 변화는 인과관계 속에 서로 이어진다. 그러므로 오늘을 위해서는 박제가 되어 버린 어제도, 오지 않을 내일도 소중하다. 그 변화의 궤적 속에 패턴이 그려진다.

인도의 오랜 사상에는 삼위의 신이 존재한다. 우주를 창조한 브라흐마(Brahma, 불교의 梵天), 이를 유지하는 비슈누(Vishnu, 毘紐天), 그리고 파괴의 신 시바(Shiva, 大自在天)다. 창조하고 유지하고 파괴하고, 다시 창조·유지·파괴의 변화 패턴을 거친다. 세상의 모든 것이 그렇지 않을까? 불교에서 말하는 세 가지 근본 교의(敎義)인 삼법인(三法印)은 제행무상인(諸行無常印), 제법무아인(諸法無我印), 열반적정인(涅槃寂靜印)인데, 그 가운데 제행무상은 세상에 영원한 것, 변하지 않는 것은 없다는 것을 일깨워주고 있다. 모든 것은 영원하지 못하다는 이 말은 영원하다.

인도에서의 고차원적 논의뿐만 아니라, 인류는 변화에 대한 오랜 경험의 축적에서, 생활 속 데이터를 읽고 분석하며 예측해 왔다. 자연의 관찰을 기초로 변화와 예측을 확장하여 말했다.『맹자』진심장(盡心章)에 나오는 영과후진(盈科後進)도 그렇다. 이 말은 "흐르는 물은 빈 웅덩이를 채우지 않으면, 나아가지 않는다(流水之爲物也 不盈科不行)."에서 기원한다. 흐르는 물을 관찰하고 터득한 자연의 이치인데, 우리의 삶 곳곳에 적용되어, 많은 변화 속에서 고유한 '패턴'과 이를 토대로 한 '예측'까지 할 수 있다.

일상으로 좀 더 들어가면 "종소리가 잘 들리면 비가 온다."라는 말도 일리가 있다. 비 오기 전에 저기압으로 대기 중 습도가 높아지고, 습도가 높아지면 소리가 잘 전달된다. 경험을 통한 예측이다. "가을 무 꽁지가 길면 겨울이 춥다."라는 말도 겨울이 추워지면 무도 더 따뜻한 땅으로 뿌리를 깊게 내리는 것을 경험적으로 간파했기에 가능하다. "가꿀 나무는 밑동을 높이 자른다."처럼 일상의 경험에서 비롯한 지침이나, 이웃은 물론이거니와 지치고 소외된 '나 자신'을 사랑하라는 부류의 가르침, 혹은 가족과 주변의 소중한 사람을 놓치지 말라는 경고는 변화 속 패턴과 맞물려 우리를 바른길로 인도한다.

수많은 변화 속에서 어떤 것은 경험으로 또 어떤 것은 배움으로 패턴을 인지했다. 마음대로 변화가 일어나는 것이 아니라 나름의 패턴이 존재한다. 『회남자(淮南子)』 설산훈(說山訓)의 "상일련육 지일확지미(嘗─臠肉 知─鑊之味)"는 고기 한 점을 맛보면, 가마솥 음식의 맛을 알 수 있다는 말이다. 바로 "척 보면 압니다."란 말이다. 고수다. 오랜 경험과 학습을 통해 수많은 데이터를 섭렵하고 난 다음의 경지, 이런 게 어디 요리에만 국한될까? 각자의 전문 영역에서 여지없이 드러나는 힘, 바로 변화 속 패턴의 파악과 무관치 않다.

소식(蘇軾)이 "인생에는 슬픔 기쁨 헤어짐 만남이 있고, 달에는 흐림 맑음 차고 기욺이 있다(人有悲歡離合 月有陰晴圓缺)."라며 「수조가두(水調歌頭)」에서 읊조린 이 말은 인생과 달의 변화가 큰 차이가 없음을 일깨워준다. 그러면서 깨달은 자신의 방법(이 또한 무수한 변화 속에서 얻은 패턴이 아닐까?)을 다음처럼 간결하게 전한다. "옛 책을 지겨워하지 않고 여러 번 읽고, 숙독하고 깊이 생각하니 스스로 알게 된다(舊書不厭百回讀 熟讀深思子自知)."

더 나아가 그의 공부비법을 공개하니 이 어찌 고맙지 않을까? "널리 보며 핵심을 취하고, 두터이 쌓으며 경솔하게 드러내지 마라(博觀而約取 厚積而薄發)." 그런데 나는 이 말을 "널리 공부하며 그 핵심을 파악하고, 두텁게 지식을 쌓아가면서 가볍고 쉽게 학생들에게 발산해야 함."으로 계승했다. 소식은 삶의 다양한 변화 속 경험을 통해 나름의 방법과 지혜를 얻었다. 인문학적 변화 연구가 주목해야 할 대목이다.

그렇다. 인간을 둘러싼 많은 것은 변한다. 그러나 우리는 변화 속 패턴을 알기에 일상의 삶을 살아갈 수 있다. 아침에 일어나 세수하고 밥 먹고, 각자의 일터로 나가 사람들을 만나고, 식사를 하고 차를 마시는 이 모든 활동은 다양한 변화 속에 고유한 패턴을 확인하고, 자신이 아는 패턴처럼 다음에도 그렇게 진행되리라는 확신 속에 행한 결과물들이다.

처음으로 왼발 오른발 하면서 한 걸음씩 걷던 걸음마가 이제 자연스러운 발걸음이 된 것도, 빨간색 신호에서 멈추고 초록색 신호에서 이동하는 것도, 내가 사는 장에서 이루어진 변화 속 패턴의 확인과 실행이다.

하지만 매일 아침 동쪽에서 떠오르던 태양은 언젠가 뜨지 않을 것이다. 지구가 멸하거나 태양이 멸하거나 내가 죽으면……. 그 날은 올 텐데, 우리는 내일도 태양이 동쪽에서 뜰 것이라 당연시하고 한 치의 주저함 없이 계획하고 생활한다. 발생 확률이 낮기 때문이다. 아무래도 확률적으로 높은 다음의 일을 대비하는 편이 좋다고 판단했기 때문이다.

특히 일상 속 자신의 경험에서 체득한 패턴은 미래의 변화에 불안해하거나 주저함 없이, 그대로 실행하며 살게 한다. 힘이 세다.

❖ 역사와 패턴

양계초(梁啓超, 1873~1929)는 사물의 변화 현상은 생(生)·주(住)·이(異)·멸(滅)과 같은 불교적 논리 형태로 움직인다고 생각했고, 사상의 변화도 이와 같다고 보았다. 이러한 맥락에서 『청대학술개론』도 완성했다. 그는 '복고(復古)'로 청대의 학술을 보았다. 복고란 단순하게 과거로의 회귀나 반복이 아니다. 복고는 '법고창신(法古創新)', '온고지신(溫故知新)'을 전제로 한다. 그래서 청대에는 송명이학에 대한 '반동(反動)'이 일어나고, 고증학과 금문학이 주류로 등장했다.

　서양에서도 아놀드 토인비(Arnold Joseph Toynbee, 1889~1975)가 인류 문명을 발생 · 성장 · 쇠퇴 · 해체의 패턴으로 언급한 것에 이어,『경제 강대국 흥망사 1500~1990』에서는 국가 경제의 출발 · 가속 · 둔화 · 쇠퇴를 논하고,[5]『국가는 왜 실패하는가?』에서는 국가 생산자원의 활용과 국가의 성공과 실패 패턴을 경제사 연구를 통해 언급했다.[6]

　앞서 다루었던 진시황의 제국이 멸한 이유와 수나라가 발전하다가 망한 이유에서의 공통된 패턴, 진과 한의 관계와 수와 당의 관계에서 보이는 상관성과 그 속에 나타난 패턴, 과거부터 지금까지 교육 패러다임의 변화에 나타난 패턴 등 수많은 변화 그 속에 패턴이 존재한다.

　『삼국지연의』는 "분구필합 합구필분(分久必合 合久必分)"으로 시작한다. 분열이 오래되면 반드시 합쳐졌고, 통합이 길어지면 반드시 쪼개졌다. 중국의 무수한 왕조는 문학의 발단 · 전개 · 위기 · 절정 · 결말처럼, 변화에 따른 고유한 패턴을 지녔다. 중국의 종교나 철학의 변화도 마찬가지이다. 선진 유가 사상이 그대로 지금까지 내려온 것이 아니라, 한대의 파출백가(罷黜百家) 독존유술(獨尊儒術), 수당대의 과거제도(科擧制度), 송명의 신유학(新儒學) 등처럼 새로운 장 속에서 변화하며 지금에 이르렀다.

　더 나아가 앞서 언급했지만 중국이란 대상을 하나의 유기체로 보았을 때, 중국도 일정한 성장 과정의 패턴을 보이는 것처럼 보인다. 선진(先秦)시기에 사상의 토대가 마련되고, 진(秦)에 문자와 도량형이 통일이 되고, 한(漢)에 정치철학이 마련되고, 수(隋)에 인재 선발기준이 확립되고, 당(唐)의 시기에는 인간의 감정을 표현하는 시가 발달하였다. 송(宋) · 명(明) 시기에는 유학이 성리학으로 한층 성숙해지고, 원(元) · 명(明) · 청(淸)을 거치면서 소설이 발달하게 되었다. 거칠지만 나름의 패턴을 보이며 변하고 있다.

변화는 갑자기 오는 것이 아니라 '회색 코뿔소'처럼 몇 가지 증후와 패턴을 보인다. 이러한 것이 모인 임계점(臨界點, critical point)에서는 변화, 대전환, 패러다임의 변화가 일어난다. 이는 인류 역사 곳곳에서 확인할 수 있다.

영국 시인 퍼시 셸리(Percy Bysshe Shelley, 1792~1822)가 1818년 발표한 '오지만디아스(Ozymandias)'를 보면, "내 이름은 오지만디아스, 왕들의 왕, 내가 세운 것들을 보라."라며 이집트 파라오인 람세스 2세를 언급하고 있다. 얼마나 위대한 왕인가? 그의 업적은 얼마나 대단한가? 그러나 퍼시 셸리는 "전지전능한 이들이여, 절망하라!"로 말을 이었다.

결국 과거의 화려한 영광도 지금 여기 그다지 큰 영향과 의미를 발휘하지 않기 때문이다. 덧없다고 상심할 필요 없다. 수많은 변화와 그 안의 패턴 속 한계를 직시하고, 그것에 맞게 오늘 여기를 살아야 할 것이다.

가는 길은 다르지만, 결국 이르는 곳은 같다. 힌두이즘도 그렇고, 도의 깨달음도 그렇다. 『회남자(淮南子)』 본경훈(本經訓)에 나오는 '이로동귀(異路同歸)' 역시 이러한 이치를 말했다. "오제와 삼왕은 일은 달라도 지향하는 바가 같아, 길은 다르더라도 돌아가는 곳은 같다(伍帝三王 殊事而同指 異路而同歸).", 보다 구체적인 면에서는 진화의 원리에 근거해 말한 허버트 스펜서의 주장도 이러한 맥락에 벗어나지 않는다.

인류사에 커다란 상처를 남긴 세계전쟁의 발발도 갑자기 온 것이 아니라 몇 가지 증후와 패턴을 보였다. 1914년 6월 28일 오전 11시 세르비아 테러조직 '검은 손'의 단원 가브릴로 프린치프(Gavrilo Princip, 1894~1918)는 제국의 식민지인 사라예보(sarajevo)에서 누구를 살해했다.[*] 도심에서 운전자의 실수로 길을 잃고 자동차에서 살해된 그 누구는 바로 오스트리아 헝가리의 프란츠 페르디난트(Franz Ferdinand, 1863~1914) 대공(大公)과 조피 초테크(Sophie Chotek, 1868~1914) 대공비였다.

가브릴로 프린치프가 오스트리아 황태자를 죽였다고 세계대전이 발발했다는 것은 역사의 변화를 제대로 이해하지 못한 단견(短見)이다. 진실은 그의 돌발적 행위가 각국 위정자들의 욕망과 취향에 맞춰 해석되어 행동한 것에 있다. 이미 세계대전이라는 장은 마련되어 있었다.

이 사건이 일어난 뒤 한 시간도 안 되어, 유럽 각국은 속내를 드러냈다. 세르비아 침공의 빌미로 삼은 오스트리아, 오스트리아 편에 선 독일, 세르비아 편에 선 러시아. 그리고 한 달이 못 되어, 복잡하게 얽힌 이해관계에 따라 각국의 군대가 일어났다. 이미 갖춰진 화약고에 불을 댕겼다. 5년 동안 1,000만 명을 희생시킨 끔찍한 사건이었다.

그런데 이런 일이 어디 이뿐일까? 인류 역사에서 이러한 예는 수두룩하다. 성난 백성이 바스티유 감옥을 탈환하며 이룩한 프랑스 대혁명, 필라델피아에서 13개 주 대표자가 독립을 선언하며 진행된 미국 혁명 등, 역사엔 다양한 변화가 일어나고 그 속에는 고유한 패턴이 있다.

지금 한반도에서 벌어지고 있는 일들도 과거 역사 속 패턴에서 크게 벗어나지 않는다. 한국과 한국을 둘러싼 미국, 중국, 일본, 북한과의 상황은 당나라와의 전쟁을 승리로 이끈 고구려의 연개소문(淵蓋蘇文, ?~665?) 때의 상황, 신라가

---

* (프린치프가 오스트리아 황태자를 죽인) "Street corner에서 20세기가 시작되었다(THE STREET CORNER THAT STARTED THE 20th CENTURY, 1914~1918)"는 문구가 그를 기념하는 박물관에서 2014년 100주년 기념 때 걸개그림에 써져 있었다.

국익을 위해 주변국과의 관계를 바꿨던 상황과 비슷하다. 그만큼 국제 정세에 영향을 많이 받는다. 국제적으로 제재를 받는 북한의 상황은 어떠한가? 몽골과 고려의 상황에서 참고할 것이 있다. 한국과 일본의 현 상황도 임진왜란 이후 조선과 에도막부[강호막부(江戶幕府)]와의 상황과 닮은 점이 많다.

변화 속에 취해야 할 행동을 미리 파악하면, 이로움이 많다. 이는 역사에서 쉽게 발견된다. 물론 이는 집단뿐만 아니라 개인에게도 해당된다. 변화 속에 패턴을 파악하지 못하면, 개인의 삶도 좌충우돌의 연속이다. 자신의 성격에 대한 대응도 마찬가지이다.

『한비자』관행(觀行)에 보면 "서문표지성급 고패위이자완(西門豹之性急 故佩韋以自緩)"이 나온다. 서문표는 성격이 급해 부드러운 가죽 끈을 차서 스스로를 느슨하게 했고, 동안우(董安于)는 마음이 느긋해서 활시위를 차 스스로를 다잡았다고 했다. 자기 자신을 알고 그에 대비하여 취한 행동이다. 자신을 제어하고 통제할 외부적 요인을 이용했다. 그냥 있을 때보다 실수는 적지 않을까? 그러므로 무수한 역사 속 변화를 예측 불가능한 것으로 생각하기보다 가능한 범위 내에서 파악하고 조금이라도 준비한다면, 국가와 사회는 물론이고 개인에게도 이롭다.

2. 주체와 장

❖ 장의 문제

으스스 한기를 느끼는 점심시간, 뜨거운 국물의 김치찌개가 그만이다. 반대로 무더운 여름에는 시원한 냉면이 제격이다. 사람들도 다 내 마음 같아 식당은 북새통을 이룬다. 맥주도 더울 때는 청량감이 그만인 라거(lager) 맥주를, 그렇지 않을 때는 깊고 진한 맛의 에일(ale)을 찾는다. 에일 맥주는 아일랜드에서 주로 마신다. 날씨가 입맛을 결정했다.

장의 영향 속에 주체는 만들어진다. 장이 다르면 주체의 모습도 다르다. 앞에서 보았던 석림 이족, 돌 숲이란 이름의 동네에 사는 그들에게 돌은 특별할 수밖에 없다. 신화에서도 민족 영웅 지격아로(支格阿魯)를 돌들이 키웠다고 전한다. 다른 장에서 보기 힘든 주체에 미친 돌들의 영향이다.

이뿐만이 아니다. 로미오와 줄리엣이 결혼해서 늙어 죽었다면, 그사이 어떤 일이 발생했을지 아무도 모른다. 주체를 믿고 싶지만 주체를 둘러싼 장의 변화가 거세게 영향을 주며, 주체의 변화를 이끌기 때문이다. 진시황의 통일 전과 통일 후의 달라진 모습에는 주체의 변심도 있지만, 그를 둘러싼 장의 변화도 무시할 수 없다. 법원에서 사건을 다루면서 치열하게 논쟁을 벌이는 것도, 노조와 회사 경영진이 합의하기 어려운 것도 어떤 면에서 바라보는 장이 다르기 때문이다.

큰누나와 15살 차이 나는 여동생이 성묘를 다녀오며 이렇게 말했다. "나의 아버지와 언니의 아버지는 달라." 배다른 형제도 아니고, 뭔 소린가 궁금했다. 동생이 기억하는 아버지와 큰누나가 기억하는 아버지는 서로 달랐다. 왜? 각자가 바라본 위치, 시간, 경험이 달랐기 때문이다. 생각해 보니 내가 유치원 때 보았던 아버지와 대학 때 보았던 아버지도 같은 아버지가 아니었다.

주변에서 일어나는 문제 가운데, 사실을 넘어 이것을 어떻게 보느냐, 어떠한 장에서 보느냐에 따라 문제가 180도 달라지는 경우가 많음을 알 수 있다. 수업시간에 두꺼운 책을 들고 학생들에게 책이 어떻게 보이냐고 물으면, 정면에 있는 학생은 넓은 사각형으로, 좌우에 앉은 학생은 길쭉한 사각형으로 보인다고 말한다. 모두 책을 보고 있는데 책에 대한 인풋이 다르다. 보는 장이 다르기 때문이다. 그리고 우리는 자기가 본 책, 제한된 시각적 인풋에 의해 확인한 책이 전부인 양 목청 높여 주장한다. 진리라고 외친다. 갈등은 증폭되고, '각자가 생각하는 진리'의 충돌로 타협의 여지는 물 건너간다.

신과 함께-인과 연(2018년)이라는 영화에 "나쁜 인간은 없고 나쁜 상황만 있다."라는 대사가 나온다. 현대 사회의 경쟁 속에 그 어느 누구도 과거로부터 자유로울 수 없다. 수많은 패배자가 쏟아져 나오고 있다. 승자에게는 많은 신화가 오버랩된다. 어쩌면 우린 모두 패배자다. 아니 더 정확하게 말하면, 애초에 승자도 패자도 없었는지 모른다.

지금 우리가 사는 사회와 인류의 문제를 어떻게 풀까? 어떻게 해결할 수 있을까? 그동안 우리는 다양한 변화와 패턴의 분석에서 그 가능성을 파악했기에, 이제는 주체와 장의 관계를 고려하여 해결의 실마리를 찾아볼 필요가 있다.

"궁하면 변하고, 변하면 통하고, 통하면 오래간다. 궁즉변(窮則變), 변즉통(變則通), 통즉구(通則久)"라는 『주역』 계사전의 문구도 주체와 장의 관계로 다시 생각해 볼 수 있겠다. 궁하면 변하는 데 변하는 것이 주체가 되는 경우가 많다. 주체가 변하면 통하게 된다. 그러나 그 통함은 영원하지 못하다. 잠시 지속될 뿐이다. 왜? 또 변하기 때문이다. 반면, "궁하면 변하고 변하면 통한다."에서 주체가 변하는 경우도 많지만, 운 좋게 장이 변하여 주체에게 새로운 가능성이 펼쳐지게 되는 경우도 있다. 뒤에서 언급할 세렌디피티의 경우도 이와 비슷하다.

1932년 호적(胡適, 1891~1962)이 말한 "일의 성공이 반드시 나 한 사람에 의해 이루어지는 것이 아니다(功成不必在我)."라는 말을 습근평(習近平, 1953~)이 2018년에 호출했다. 일은 이루어지지 않을 수도 있고, 한참 후에 이루어질 수도 있고, 다 같이 힘을 모아 노력하지만 다른 사람에 의해 이루어질 수도 있다. 그 과정에 나의 역할이 있다. 거기까지, 그 이상은 욕심이다. 전체의 그림 속에 나의 역할이 있음을 명심하라는 것이다.

우공이산(愚公移山), 자기 생전에 산을 다 옮기겠다는 것이 아니라, 후대에 후대까지 생각하며 산을 옮기겠다는 어리석은 노인! 과연 어리석을까? 어쩌면 그는 자신의 역할을 잘 파악하고, 그 임무에 충실한 큰 그림을 그렸다. 우공의 임무는 시작하는 것, 딱 거기까지이다. 누군가는 그래야 하지 않을까? 커다란 변화에서 각각의 장엔 그에 맞는 역할이 있다. 모든 것을 내가 다 하려는 것은 대업을 이루는 데 도리가 아니다.

장의 중요성을 일깨우는 단적인 표현인 "사자가 물에 빠지면 붕어 밥이 되고, 상어가 뭍에 올라오면 쥐에게 물어뜯긴다."라는 말은 뛰어난 능력과 실력을 갖춘 자도 어떤 장에 있느냐에 따라서 생사(生死)와 귀천(貴賤)이 바뀔 수 있다는 의미를 강조한다.

이제 과거와 다르게, 사자나 상어, 주체에게만 문제를 국한해서는 해결할 수 없다. 보다 적극적이고 능동적으로 접근하고 해석하여, 주체가 놓여있는 장에서도 문제를 찾아야 한다. 그렇다면 나 개인의 문제에서도 해결 방법은 주체에게 맞는 장을 만들거나, 아니면 주체에게 맞는 장을 찾아 지금의 장을 떠나야 한다. 이러할 때 변화는 진행되고, 변화 속에 희망이 움터 오를 수 있다. 그러므로, 사자는 물에서 나와 뭍으로 가야 하고, 상어는 서둘러 물로 돌아가야 한다.

❖ 조화

기존의 연구는 변화와 패턴을 잘 묘사하지만 근본적인 질문, 왜 이러한 변화가 초래되어야 하는지에 대한 설명이 미비했다. 보다 근원적인 변화의 원인과 대안을 찾기에는 그 틀이 다소 제한적이었다. 이러한 맥락에서 본문에서는 주체와 장에 초점을 맞춰 변화를 다루었다.

세상을 보는 방식을 단순하게 정리하면, 인식 '주체', '대상', 그리고 주체와 대상을 둘러싼 '장'이라 할 수 있겠다. 이 가운데에서도 기존의 논의는 주로 '대상'에 비중을 많이 두었다. 지금까지 사회과학적으로 '대상'에 대한 논의는 끊임없이 조사되고 연구되었다. 특히 기업의 영리를 목적으로 한 마케팅에서 대상에 대한 분석은 극대화되었다. 더불어 인식 '주체'에 대한 인식론적 논의도 비교적 많이 거론되었고, 이는 인공지능의 영역까지 확장되었다.

근대 이후 과학기술, 자본주의, 민주주의의 확산으로 세계관, 일상생활, 대중사회 등에 변화가 있었다. 그리고 그 기저에는 '주체'라는 인식론적 존재론적 원리의 주체 철학이 있었음을 부인할 수 없다. 서양의 근대철학은 인식, 의미, 역사의 가능근거(可能根據)를 신, 하늘, 운명, 섭리가 아닌 인간을 주체로 세운 철학으로, 주체, 이성, 자유, 역사를 강조했다.

주체를 무시할 수 없다. 매우 다양하지만 변화의 기저에는 언제나 주체가 있다. 주체가 아무리 노력해도 장이 주체의 노력을 받쳐주지 않는다면, 주체의 노력은 수포가 되기 십상이다. 물론 반대의 경우도 존재한다. 주체는 별로 노력하지 않았지만 장의 도움으로 주체에게 좋은 결과가 주어지는 경우도 흔하다. 전자의 경우 명대의 장거정을 앞에서 예로 들었다. 개인의 삶과 평가도 주체와 장의 관점에서 보면 변한다. 한나라의 개국공신 한신도 젊은 시절, 대장군 시절, 토사구팽(兎死狗烹) 당할 때 등 주체와 장의 관계에 따라 평가가 달랐다. 평가는 장에 따라 달라질 수 있다.

당연히 변화의 무게 중심은 주체에게 쏠린다. 그러나 주체에 무한한 영향을 미치는 장을 무시할 수 없다. 장은 원인의 원인을 생각하게 하고, 내 속의 타인이기도 하고, 환경이기도 하며, 구조이기도 하다. 장은 변화가 일어나는 구조이면서, 구조를 변화시키고, 구조에 놓인 주체와 상호영향을 갖는다.

대부분의 문제에서 우리는 1차적 원인을 주체의 탓으로 돌렸다. 그런데 그 원인의 원인을 생각하면 주체만의 문제가 아님을 알 수 있다. 소수민족의 의식 변화나 중국 인물의 생애도 이와 같았다. 주체만의 문제가 아니다. 주체를 둘러싼 장과 상호 관련된다.

주체가 아니어도 주체를 둘러싼 장의 분석을 통해 주체에 대한 파악과 통찰이 어느 정도 가능한 것도 주체와 장의 관계가 밀접하기 때문이다.

그동안 장은 주체보다 덜 강조되었다. 앞에서도 언급했지만 장의 의미와 존재는 다양하다. 레빈의 장이론은 물론이고, 현대에 들어서 주체 중심의 근대적 사유를 거부하고, 인간을 바깥에서 바라보는 시각은 장 연구의 확장이다. 이러한 생각을 조금 적극적으로 적용하면, 그 범위는 넓고 대상은 많다. 문학이론의 '아비투스(Habitus)'라는 부르디외(Pierre Bourdieu, 1930~2002)의 개념, 파슨스나 레빈 등이 사회과학에서 사용한 개념들,[7] 과학철학에서 쿤이 사용한 패러다임, 이 밖에도 철학, 과학 등 다방면에서 사용되고 있다. 또한 하나의 사물을 보는 인식의 틀인 프레임(frame)도 장 개념과 유사하다. 그러나 장 개념은 프레임 개념과 달리 인식뿐 아니라 변화의 실체와 주체를 염두에 둔다.

마르크스(Marx, Karl, 1818~1883), 니체(F. W. Nietzsche, 1844~1900), 프로이트(Freud, Sigmund, 1856~1939)는 이러한 맥락에 위치하고, 그 경향은 구조주의

(Structuralism)와 연계된다. 현상학이나 프래그머티즘 등의 현대 철학에서는 전통적인 인식이 성립되는 전체적인 장에 주목한 주관·객관적 인식론의 문제 설정을 뛰어넘거나 상대화하는 방향으로 나아갔다.

폭넓은 지적 분야를 포괄하는 하나의 이론이자, 세계관이자, 학문적 방법론인 구조주의는 주체 중심의 문화가 빚어낸 폐단에 반기를 들었다. '구조'라는 관점에서 사물을 본다. 구조주의는 사물 하나가 아니라 그 사물이 속해 있는 장, 즉 관계들의 장을 보면서 그 장 안에서 그 사물의 위치를 본다. 하지만 구조주의처럼 장에만 무게 중심을 두거나, 이전처럼 주체에만 중심을 두거나 더더구나 그 이전처럼 신, 하늘, 운명 등에 중심을 둘 수 없다. 이제는 주체와 장의 조화가 중요하다.

당연하지 않은 것이 빈번해지면 장이 바뀌는 변화가 일어난다. 기존의 장과 그 속에서 만들어진 규칙에서 벗어나기 때문이다. 조금씩 횟수를 더하며, 새로운 유행을 퍼뜨리고, 새로운 장을 만든다.

여기서 발생하는 우연도 지금 여기 내가 알지 못할 뿐이지, 다양한 인과관계 속에 일어난 것이다. 앞에서 언급했듯이 가브릴로 프린치프가 오스트리아 황태자를 저격한 것이 세계대전의 도화선이 되었지만, 세계대전이 일어날 충분조건은 이미 갖춰졌다. 화룡점정(畵龍點睛)이라고 할까? 아니면 임계점과 같은 상황이라고 할까?

화룡점정은 눈동자 하나만 그리면 상황 종료다. 화룡점정은 중국의 『수형기(水衡記)』에 나오는 이야기다. 금릉(金陵), 지금의 남경(南京)에서 남조(南朝) 양대(梁代)의 장승요(張僧繇)가 안락사(安樂寺)라는 절에 용 두 마리를 그렸다. 그런데 눈동자를 그리지 않았다. 사람들이 이상하게 여겨 그 이유를 묻자, 눈동자를 마저 그리면 용이 날아가기 때문이라고 답했다. 물론 사람들은 그의 말을 믿지 않았다. 이에 눈동자를 그려 넣자, 천둥 번개가 치면서 용이 벽을 차고 나와 하늘로 날아갔다.

결정적으로 중요한 일이 완성되면, 그전까지의 물리적 변화는 화학적 변화를 이루어 전과 다른 형태의 결과물을 만든다. 이전까지는 붓으로 벽에 그림을 그리는 물리적 변화에 불과했다. 하나 가장 중요한 눈동자를 그리자, 그동안의 물리적 변화가 화학적 변화를 일으켜 전과 다른 현상이 벌어졌다.

임계점, 그 경계에는 서로 다른 차이가 있다. 이런 관점에서 본다면 맹자가 말한 오십 보와 백 보가 같을 수 없고, 장자가 말한 조삼모사(朝三暮四)의 아침에 세 개와 저녁에 네 개가 같을 수 없다. 주체도 변하고 장도 변하고 모든 것이 변하기 때문이다.

당연하다. 변화의 속도가 빨라지고, 전면적으로 펼쳐지는 지금, 주체나 장만을 따로 보는 것이 아닌 둘의 조화가 요청된다. 이러한 측면에서 주체와 장을 논한다. 상호 보완적이고 의존적 상관성이 높은 주체와 장의 관계이다.

미치오 카쿠(Michio Kaku)는 "관측 장비로 힘의 크기를 측정하여 공간의 각 지점마다 특정한 숫자(전기력이나 자기력의 크기와 방향)를 할당했는데, 이 숫자의 집합을 하나의 객체로 간주한 것"을 패러데이가 말한 장이라고 설명했다.[8]

원자의 종류나 원자들이 어떻게 연계되어 있는지의 구조에 따라 액체나 고체, 도체나 부도체, 연필심이나 다이아몬드의 차이가 결정된다. 그래서 "중요한 것은 물질을 이루는 부분들의 성질이 아니라 그것들의 조직과 패턴과 형태라는 것이 현대 물리학의 교훈"이라는 주장을 할 수 있지만,[9] 물질을 이루는 부분들의 성질인 원자의 종류와 이들의 조직과 형태 모두 중요하다. 다시 말해 장을 구성하는 것은 개개의 주체들이지만, 주체들의 성질뿐만 아니라 이 주체들이 어떤 조직과 패턴과 형태를 보이며 장을 만드는지가 중요하다.

앞으로는 이론물리학에서 자연의 힘에 만족하는 몇 개의 장 방정식(field equation)을 만든 것처럼, 인간과 사회에 적용한 보다 정밀한 변화와 장이론의 개발도 가능할 것이다. 그래서 물리학자 마크 부캐논(Mark Buchanan, 1961~)은 "사람이 원자나 돌보다 훨씬 더 복잡하다고 해도, 사회과학의 기본 방향은 물리학과 비슷하다."라고 생각했다.[10]

나아가 사회적 원자의 특성을 이해하고, 많은 수의 원자들이 서로 영향을 주고받을 때 풍부한 집단적 패턴이 나타나는 방식을 배워야 한다고 했다. 이처럼 주체와 장의 상호영향은 크다. 그러므로 주체와 장의 조화로운 균형적 탐구를 지향해야 한다.

❖ 나 여기 그리고 지금

주체와 장에 미치는 변화의 속도는 상대적이다. 그 때문에 또 다른 변화가 파생된다. 변화 속에서 패턴을 찾아 다음의 것을 예상하고 준비한다면 삶은 조금 더 여유로워질 것이다. 중국의 대표 시인 이태백(李太白, 701~762)은 「장진주(將進酒)」에서 읊조렸다.

그대 보지 않았는가, 황하의 물이 하늘에서 내려와(君不見黃河之水天上來),
기운차게 바다로 흘러가 다시 돌아오지 않음을(奔流到海不復廻).
또 보지 못했는가, 높은 집 환한 거울 앞에서 흰 머리 슬퍼함을(又不見高堂明鏡悲白髮).
아침에 푸른 실 같더니 저녁에는 눈처럼 하얗게 세었다(朝如青絲暮成雪).
인생이란 뜻을 얻었을 때 모름지기 마음껏 즐겨야 하리(人生得意須盡懽),
금 단지 빈 채로 달을 대하지 말아야 하리(莫使金樽空對月).

이태백은 세상의 패턴을 알고, 자신이 처한 장을 파악하여 이것을 시로 표현했다. 황하의 움직임, 삶의 패턴, 한계로서의 장, 그 속에서 지금 여기를 즐기자고 외친다. 이태백의 시를 좋아하는 사람들은 인간의 보편적인 특징을 꺼낸 그의 시에서 그나 나나 별반 차이가 없음을 발견하고, 마음의 위로를 받는다. 이태백이나 나나 당신이나 인간으로서의 고유한 공통점을 갖고 있기 때문이다.

이태백은 그의 장을 읊조리며, 그의 방식으로 자신의 장을 풀어냈다. 나도 나의 장을 이야기하며, 나의 방식으로 글을 쓰고 있다. 어차피 우리는 어항 속 물고기처럼 어항 속 세계가 전부인 양 착각하는 한계를 벗어날 수 없다.

무수히 많은 장의 연결고리와 그 관계, 각 장의 특징과 영향을 아는 것은 중요하다. 그러나 결국 장은 주체에 의해 유의미하게 존재할 뿐임을 기억하자. 그러므로 장의 가장 작은 핵심인 주체에 대한 파악을 우선한다(물론 더 깊이 들어가면 궁극원인에 대한 문제에 대해서도 논의를 해야 하지만, 이는 학자들에게 넘기자).

이를 우리 자신에게 환언하면 자신을 잘 아는 것, 그리고 자신이 있는 장을 잘 파악하는 것, 여기서 나름의 현실적 방법을 찾는 것이 바람직하지 않을까? 유명한 『손자병법』 모공 편의 말을 상기해 본다.

> "적을 알고 나를 알면 백 번 싸워도 위태로울 것이 없다. 나를 알고 적을 모르면 승과 패를 각각 주고받을 것이다. 적도 나도 모두 모르면 싸움에 필시 위태롭다."[11]

자신을 알고, 상황을 아는 것은 바로 주체와 장을 아는 것과 같다. 왕양명(王陽明, 1472~1528)은 제자에게 "반드시 자기 자신을 아끼는 마음이 있어야만 비로소 자기를 이겨낼 수 있고, 자기 자신을 이겨낼 수 있어야만 비로소 자신을 완성할 수 있다."라고 했다. 모든 것은 나에 대한 파악, 나에 대한 사랑과 관심에서 출발한다.

팔만대장경이 있는 해인사에 가면 법보전이 있다. 법보전의 주련(柱聯)을 읽고 있노라면, 깨우침이, 진리가 그리 먼 곳에 있지 않음을 알게 된다. 더불어 그 길에서 주체인 '나'와 내가 서 있는 '여기'와 '지금'의 중요성을 재확인하게 된다. "원각도량하처(圓覺道場何處), 현금생사즉시(現今生死卽是)" 깨달음이 있는 도량은 어디인가? 지금 삶과 죽음이 있는 바로 여기다.

'주체와 장의 조화로운 시작점', 나는 이것을 '나 여기 그리고 지금'에서 찾았다. 그동안 '나 여기 그리고 지금'을 많이도 강조했다. 글로 쓴 것은 『중국 도가사 서설 Ⅰ』(2004, 경인문화사)을 쓰면서였다. 도가는 고대 중국에서 나왔다. 그러나 그 사상이 그대로 가치와 의미가 있는 것이 아니라, 나와 여기와 지금에서 재탄생할 때 의미와 가치가 있다고 주장하며, 중국의 도가를 나와 여기와 지금에서 주체적으로 수용하고 창조하자고 주장했다. 이어서 『문화의 수용과 창조』(2013, 북코리아)에서는 나와 여기와 지금을 중심으로 외래문화를 주체적으로 수용, 인풋하고, 창조적으로 아웃풋하자고 했다. 나와 여기와 지금은 바로 주체와 장의 조화로운 관계의 핵심이자 출발점이다.

3. 인풋과 아웃풋

❖ 일상에서

일상에서의 인풋과 아웃풋, 나는 『문화의 수용과 창조』를 통해 인풋과 아웃풋을 주체적 인풋, 창조적 아웃풋으로 설명한 적이 있었다. 이제는 변화와 장을 중심으로, 일상에서의 인풋과 아웃풋을 좀 더 생각해 보려 한다.

우리의 일상을 다른 장에서 본다면, 이상하고 이해되지 않는 의문투성이 일들이 가득하다. 하지만 각자는 저마다의 합리화와 변명을 능수능란하게 펼치며 장에 충실하고, 우리는 이러한 장에 너무나 익숙해져 있다.

지금 출시되는 전자제품은 수명이 짧다. 여기에는 기업의 수익 창출을 위한 의도도 있겠고, 유행에 민감한 사람들의 심리 변화도 있겠다. 물론 이 유행을 만드는 것도 자본에 의해 조작되지만. 낡거나 유행에 뒤떨어지는 것도 아닌데, 대략 2년에 한 번씩 바꾸는 스마트폰은 이미 우리가 특이한 장 속에 푹 묻혀 살고 있음을 방증한다. 월부다 할인이다 약정이다 온갖 혜택을 제공하는 것 같지만 결국 적지 않은 돈을 지불하게 된다. 인정하면서도 여기에 날름 동참한다.

어쩌면 가족이 함께 사용하는 낡은 소파나 식탁, 혹은 오래된 세탁기나 TV를 바꿀 수 있는 금액이어도, 가족 한 명 한 명이 무심결에 질러버린다. 물론 이렇게 거둔 자본은 관련 산업에 사용되어 (생각지도 못한) 발전을 이끄는 효과를 유발하기도 한다. 시비(是非)의 가치적 판단은 다양한 관계 속에 간단히 결론 내리기 어렵다.

사교육도 가정의 지출을 증가시키지만, 아이는 교육을 통해 발전할 수 있다. 물론 사교육 사업으로 가정을 꾸리는 사람에게는 말할 필요도 없이 중요한 재원(財源)이다. 강한 힘을 사용하여 함부로 제어하는 것은 곤란하다. 이때 중요한 기준은 본질에서의 성찰, 차선의 최선의 방법 모색과 실천이다. 각자의 장에서 시비를 따지는 윤리적 논쟁은 그 이후의 일이다.

지금 우리의 소비 사회 속에 애꿎게 발생하는 쓰레기는 생각만 해도 아찔하다. 전자제품뿐인가, 장롱 가득한 옷이며, 찬장 깊숙이 쌓여있는 오래된 그 릇들……. 절약이 미덕이던 시대는 아스라이 멀어져 간다. 양말을 빨아 신기보다 한번 신고 버리는 것이 낫다는 생각까지 퍼질 정도로 소비와 낭비를 미덕으로 여기는 장이 우리를 포위했다.

자본주의 시스템을 잘 돌게 하는 소비문화를 주축으로, 이를 지원하는 정책과 이를 전파하고 세뇌하는 광고 등이 인풋에 조력자 역할을 했다. 이 밖에도 우리가 이상한 장에 길들어 있다는 증표는 너무나 많다. 인격(人格)보다 차격(車格)이 우선하는 사회, 인도(人道)는 없고 차도(車道)가 우선인 사회…….

인간은 자신을 둘러싼 장에 의해 만들어진다. 그것이 정신적 양식이든 육체적 양식이든, 인풋되고 아웃풋되는 과정에 인간은 만들어진다. 『장자』에서 생(生)과 사(死)는 기(氣)의 이합집산(離合集散), 즉 죽고 사는 것을 기가 모이고 흩어지고 합해지고 나눠짐으로 본 것처럼 말이다. 장자는 인풋되고 아웃풋되는 그 모든 것을 기로 보았다. 기가 무엇인지 구체적인 것을 따지기에 앞서, 물질이라 생각하면 그의 생각에 고개를 끄덕이게 된다.

내게 인풋된 것이 나의 몸과 정신을 만든다. 그래서 약이나 먹는 음식이나 근원이 같다고 보았다. 의식동원(醫食同源)이다. 고대 선인들은 수도를 하면서 자신의 건강과 정신적 안정을 취했다. 도교의 용어를 빌리자면, 내단(內丹)과 외단(外丹)이다.

내단은 호흡과 참선 등의 수련을 통해, 외단은 단약 등을 복약(服藥)함으로써 건강과 장수를 구했다. 수도를 하든 하지 않든, 빈도와 정도의 차이만 있을 뿐, 본질에서 보면 다른 것이 아니다. 예를 들어, 사람들은 감기에 걸리면 각자의 방식으로 치료한다. 현대인은 감기처럼 비교적 가벼운 병은 약으로 치료하는데 이는 도교의 외단을 대체한다. 운동으로는 과거의 내단을 대체하여 병을 예방한다. 그러므로 과거 전통 속에 존재하는 수련의 적극적 활용이 요구된다. 변했다. 변한 장에 맞추지 않으면 점차 소멸한다. 오래전부터 반복된 패턴이다.

자기의 삶에서 성공하는 방법, 혹은 조직과 국가를 발전시키는 방법도 상식적인 수준에서 이미 정해져 있다. 체력을 키우듯 군사력을 키우며, 실력과 능력을 배양하고, 불필요한 행위를 제거하면서 목표를 향해 나아가야 한다. 개방적 자세로 세상의 많은 것에 문을 열어 놓고, 학습하는 자세로 배우고 익히며, 가장 적합한 것을 골라 집중하는 방법 등을 이용하여 개인적으로나 국가적으로 체계를 갖춰야 한다.

개중에는 이러한 교과서적인 방식을 뛰어넘는 퀀텀 점프를 실시한다. 가진 것이 없으니 잃을 것도 없다는 생각에서, 과감하고 창의적인 도전을 시도한다. 그 가운데 어떤 것은 세상을 바꾼다. 그래서 우리 주변엔 이를 이용한 처세술과 성공 방법에 대한 자기계발서가 차고도 넘친다.

장 변화의 기초에는 인풋과 아웃풋이 있다. 변화의 인풋과 아웃풋을 추적하면 그 민낯을 조금씩 알 수 있다. 물론 명확성, 효율성, 종결성도 필요하지만 핵심은 인풋과 아웃풋이다. 들어가는 게 있으니 나오는 게 있고, 나오는 게 있으니 들어가는 게 있다. 들어감과 나옴은 변화의 기초다. 변화를 관찰함에 무엇이 들어갔고 무엇이 나왔는지를 분석함으로써 보다 구체적이고 명료한 결과를 얻을 수 있다.

지금 당신의 몸은 무엇을 먹고, 마시고, 숨 쉬고 있는가? 지금 우리 교육은 학생들에게 무엇을 어떻게, 어떤 식으로 가르치고 있는가? 우리 사회는 어떤 가치관을 우리에게 주입하고 있는가? 머지않아 그 아웃풋이 다시 나를,

우리를, 사회를 만들고 변화시킬 것이다. 생각하면 무섭고 아찔하다. 아무렇게나 되는대로 행할 일이 아니다.

❖ 과제

변화와 장의 탐구에 기초하여, 현재의 연구에서 조금 더 생각해 보아야 할 과제 몇 가지를 언급하겠다.

첫째, 인문학적 성찰의 요청이다.

변화의 시대에 변화의 파악은 사람과 사회를 이해하고, 기업과 국가 전략을 계획하는 데 중요하다. 시간이 지나면 지날수록 변화는 더욱 가속화될 것이고, 이러한 상황에서 사람들이 특정 패턴을 보고 어떤 정보를 취하고, 어떻게 정보를 해석하며, 어떤 장 속에서 어떤 메커니즘(mechanism)을 통해 행동에 영향을 받는지, 본질적인 것을 묻고 확인하며, 궁극적으로 인간과 그 사회를 어떻게 올바로 이끌 것인지 등, 인문학적인 물음과 접근이 곳곳에서 요청된다.

대부분의 변화는 사람의 욕망과 결부된다. 애덤 스미스가 『국부론』에서 말한 것처럼 사회를 발전시키는 것은 개인의 자비가 아니라 욕망인지 모른다. 그리스 신화에 나오는 이카로스(Icaros)도 인간의 한계를 넘어서는 도전을 했다. 변화를 갈구했고, 변화를 시도했는데, 그 밑에는 인간이 가지는 욕망의 그림자가 길게 드리워져 있다. 인간은 욕망의 존재이다. 욕망의 크기에 대소의 차이가 있을 뿐이다. 각자의 욕망을 바른 방향으로 이끌어 유도해야 한다. 그 지점에 인문학의 역할이 있다.

21세기의 메가트렌드(Megatrends)라는 정보화, 민주화, 세계화로 가속된 무한 경쟁의 장 속에서 우리는 자아 상실과 피로 누적을 겪고 있다. 세상의 변화는 빠르다. 어제의 것도 낡은 것이 되는 오늘이다. 과학기술의 발전이나 실용적 학문에 있어서는 이러한 것이 눈에 띄게 나타난다. 하지만 현대의 많은 사람은 빠르게 변하는 세상 속에 뭔지 모를 공허함과 쓸쓸함에 빠져 정처 없이 떠돈다.

자본과 경제의 논리가 우리의 몸과 뇌를 잠식한 지도 이미 오래, 인문학의 부활이나 철학의 시대적 역할에 대한 요구는 이미 전설이 되었고, 경제와 자본의 논리로 포장된 철학과 인문학만이 박제(剝製)가 되어 우리 곁을 맴돌고 있다. 변화, 그 빠른 변화 때문에 인문학은 뒷방 늙은이 신세가 되었지만, 그 빠른 변화가 가져온 공허함 때문에 사람들은 다시금 그에게 지혜를 청한다.

변화는 다양함을 만든다. 변화로 인해 인생에는 희로애락(喜怒哀樂)이 존재하고, 다양한 무늬가 그려진다. 사람이 그리는 무늬, 인문(人文)이다. 인생(人生)은 커다란 모자이크(mosaic) 작품이다. 변화의 과정을 거쳐 마무리될 때 하나하나의 무늬가 섞이고 조화되어 완성되는 작품이다. 많은 변화를 겪으며 축적된 경험이 나오고, 예측할 패턴이 발견된다. 그래서 별 볼 일 없는 줄 알았던 뒷방 늙은이에게 인간이 그린 무늬[人文]에 관해 묻는다.

인문학이 변화와 장의 탐구에서 설 자리는 없을까? 공자는 세상을 정확하게 이해하기 위하여 사유의 힘으로 세상과 사람의 변화를 파악했다. 그러나 지금 여기에선 이것만으로 부족하다. 과학과 같은 정확성(正確性)이 결여되어 있다.

20세기 전반기에 활동했던 베르그송(Bergson, Henri, 1859~1941)은 철학에서 가장 결핍된 것으로 정확성을 꼽았다. 철학이 대중들에게 멀어진 것은 정확성이 떨어졌기 때문이다. 철학의 여러 체계(體系)들은 우리가 살아가는 현실에 꼭 맞게 재단되지 않았고, 오히려 그것은 현실보다 더 크게 재단되었다.[12]

베르그송이 활동하던 당시는 그나마 인문학과 철학이 중요 학문으로서 가치와 영향력을 발휘하던 때이다. 그로부터 한 세기 정도 거리를 둔 오늘, 현대의 과학을 비롯하여 많은 학문에서 정량적이고 체계적인 방법을 이용하여 세상을 연구하고, 이에 근거한 사유를 통해 세상의 보이지 않는 그 너머를 보는 시대에 돌입하게 되었다. 인문학 혹은 철학만이 홀로 면벽 수행(面壁修行)하며 세상을 보려 했던 과거의 방법을 고집할 수 없다. 과학적 방법과 근거를 기초로 검은 백조를 찾는 것이 아닌, 회색 코뿔소를 경고하는 인문학적 방법을 강구(講究)해야 한다.

중국에서는 21세기를 전후하여 많은 고고학적 자료가 발견되어 다양한 논의가 진행되었다. 그러나 이 일은 간단하지 않다. 왜냐하면 첫째, 연구할 만한 충분한 시간을 갖지 못했고, 자료에 있어서도 참고할 자료가 적기 때문이다. 둘째, 문자학적으로 진나라가 문자를 통일하기 이전의 문자에 대한 연구가 미진하기 때문이다. 철학적 입장에서 보면, 고증이 끝나지도 않은 것에 사상적 의미를 논하기도 조심스럽다. 개인적으로도 이러한 연구를 진행했다. 그러면서 『도덕경』이나 『장자』 같은 책도 후대 사람들에 의해 변한 것이 많음을 알게 되었다. 이런 상황을 알고 나서, 그간 우리는 '그것'에 중심을 두었다는 생각이 들었다. '나'에게 중심을 두었어야 했다.

원로 학자의 말씀이 인상 깊었다. 새로 발견된 문헌과 유물에 대한 연구를 중단하겠단다. 나올 만한 얘기는 거의 다 나왔고, 논의를 더 진행하기에는 부정확한 면이 많다고 판단했기 때문이란다. 베르그송의 지적처럼 정확성이 중요하듯 정확한 자료가 중요하다.

경계를 넘어서 생각하는 인문학에는 부족한 면이 많지만, 그런데도 인문학이 지닌 장점과 인문학이 쌓아 올린 유산을 포기할 수 없다. 인문학은 인간의 많은 것을 되돌아보게, 성찰(省察)하고 자정(自淨)하게 한다.

과학은 주로 한계 내에서 생각한다. 변화에 대한 사회학이나 공학에서의 연구는 많지만, 인문학 연구는 적다. 게다가 변화를 중심으로 한 연구는 거의 없다. 변하는 것이 큰 뉴스와 큰 아이디어라면, 큰 뉴스는 빠르게 움직이고 큰 아이디어는 그렇지 않다는 말에서도 큰 아이디어를 다루는 인문학적 연구가 필요함을 알 수 있다.[13]

작은 패턴에 길든 확증 편향, 경로 의존성은 '커다란 패턴'의 인지를 방해한다. 그래서 분석적인 변화 속 패턴의 파악과 거시적 안목, 이 둘의 조화가 필요하다. 인류가 축적한 인문학 자산을 토대로, 변화와 장에 대한 연구를 지속해야 한다.

나아가 과거의 방식과는 다르게 인문학 연구는 스스로의 존재 가치를 발굴하여 세상에 적극 알릴 필요가 있다. 그래서 인문학적 연구의 축적과 실용 학문과의 연계까지 확장할 필요가 있다. 인문학을 통해 인간과 인간이 만든 사회를 이해하고, 인간과 세상의 본질에 대한 고뇌를 통해 각자 의미 있는 삶을 지향할 수 있을 것이다. 이러한 상황에서 지금의 교육은 두 가지에 대한 균형, 즉 '사람'과 '사람이 만든 것'에 대한 균형 잡힌 가르침을 통해 살기 좋은 세상을 구현해야 한다.

인간과 인간이 모여 만든 사회와 그 피조물은 현대 사회와 과학의 빠른 변화 속에 만취(漫醉)되어, 너무나 뻔하고 당연한 것을 놓치고 있다. 하늘 높이 올라간 연, 그 연을 붙잡고 있는 아이의 손끝을 망각하면 안 된다. 그것은 바로 존재의 가장 중요한 본질이다.

그러므로 누구를 비난하고, 누구를 원망하고, 누구의 탓으로 변명하며 존재하기엔 내 인생이 너무 짧다. 본질에 충실해야 한다. 오랜 인류의 역사 속에 이러한 가르침은 중요한 법칙으로 자리 잡혔다. 그리고 이러한 가르침이 바로 "인문학의 유산 속에 산적해 있다."

둘째, 인문학적 연구방법의 개발이다.

'과거 인류의 데이터'를 기초로 다양한 가치를 추출하고, 여기서 산출된 결과를 활용할 방법을 개발해야 한다. 대부분의 연구는 그 대상이 현재에 집중되어 있다. 이제는 대상을 넓혀 과거 인류의 데이터에도 보다 많은 관심과 투자를 해야 한다. 물론 과거의 데이터는 특정 학문 분야에서 꾸준히 연구되어 왔다. 문화재 방사성탄소연대측정용 가속질량분석기(AMS) 같은 과학기술의 발전에 힘입어 자료 분석은 발전하고 있지만, 과거의 것을 추정하는 기본적인 틀은 전과 비슷하다.

왕국유(王國維, 1877~1929)의 경우는 새로운 학문 연구에 '이중증거법(二重證據法)'을 제시했다. 이는 전해 내려온 종이 위의 자료와 땅속에 묻혀 있던 자료, 그중에서도 특히 문자(文字) 자료에 국한된다.* 과거의 자료에는 문헌 외에, 건축, 복식, 기구 등도 있다. 이것을 근거로 문자 자료에 상응하는 예측도 가능하다. 비가시적인 것들로 당시의 우주관이나 영혼관 같은 것을 추측할 수도 있다. 물질문화가 당시의 정신문화를 배제하고 이루어진 것이 아니기 때문이다. 홍콩의 요종이(饒宗頤, 1917~2018)는 문헌 외에 다른 문물의 연구를 통하여 고대의 상황을 보다 정확히 이해할 수 있다는 '삼중증거법(三重證據法)'을 제안했다.**

---

* 참고로 그가 『최근 이삼십년 중 중국신발견지학문(最近二三十年中中國新發見之學問)』에서 예로 든 자료들은 모두가 문자로 된 자료들이었다.

** 예를 들어, 고고학적 발굴에 근거하면 중국대륙에서 철을 사용한 것은 춘추시대 후기였다. 그런데

활용 대상은 많다. 과거의 데이터를 이용하여 앞으로의 변화 패턴을 파악하고 대비하는 것도 그 가운데 하나이다. 예를 들어, 현재 인류는 과거보다 100배 이상 빠른 속도로 이산화탄소를 배출한다고 환경단체는 주장한다. 기후변화로 몸살을 앓는 자연계에서는 영구동토층이 녹고, 오존층이 파괴되고 있다. 이런 식의 변화라면 그다음 수순은 뻔하다. 궤멸(潰滅)이 멀지 않았다. 『대멸종 연대기』에서는 지금까지 지구에서 총 다섯 번의 대멸종이 있었다고 한다.[14] 그리고 그 멸종은 대부분 기후변화와 관련된다.

문명학자 제레미 리프킨(Jeremy Rifkin, 1945~)은 2028년을 화석연료 문명 종말의 해로 보았고, 데이비드 월러스 웰즈(David Wallace-Wells)는 『2050 거주 불능 지구』에서 1990년부터 30년 동안 인류가 지구에 일으킨 오염은 과거 2000년 동안 누적된 양을 초과한다고 했다. 지금보다 평균 온도가 4도 이상 상승할 2100년, 인류는 지구에서 사라질지 모른다. 지금처럼 많은 폐기물을 쏟아내고, 후손이 쓸 자원까지 고갈시키며 진행하는 문명과 발전이라면 말이다.

그런데 다른 관점도 있다. 이들도 과거의 기후 데이터를 이용하여 앞으로의 변화 패턴을 언급한다. 하지만 탄소 문제와 온난화에 있어서 환경단체와 다른 입장을 제시한다. 이들은 과거보다 발달한 기술과 방법에 의존하고 있다. 이를 통해 빙하에서 수억 년 전의 기후를 확인하거나, 그린란드에서 농사를 짓거나 노르웨이에서 포도주를 만든 적이 있음을 밝혔다. 12만여 년 전에는 이산화탄소 수치가 지금보다 낮았는데 온도는 8도 높았고, 북극에는 얼

곽말약(郭沫若)이 『중국고대사회연구(中國古代社會研究)』에서 지적하였듯이, 『상서(尚書)』 우공(禹貢) 편을 보면 양주(梁州)의 공물 중에는 철이 있었다. 이것을 고고학적 발굴과 문헌적 자료를 근거로 유추해 보면, 우공 편이 쓰인 시기는 아무리 빨라도 춘추시대 후기보다 앞설 수 없다는 결론이 도출된다. 김덕삼, 『中國道家史序說Ⅰ』, 景仁文化史, 2004, 259~262쪽.

음도 없었다고 주장한다. 그래도 북극곰은 온혈동물이어서 멸종하지 않았다. 태풍도 저위도와 고위도의 온도 차이에 영향을 받는데, 북반구의 온도가 올라가면서 저위도와의 차이가 줄어 태풍과 자연재해는 예전에 비해 감소하게 된다고 주장한다. 이들도 과거의 데이터를 근거로 온난화나 탄소 문제에 대한 과도한 경고를 반박하고 있다.[15] 상반된 의견 중에 어느 것이 옳은지, 과거 데이터 연구기술로 면밀히 검토해야 한다. 그 속에서 각자의 장에서만 외치는 주장은 자연스레 배제될 것이다.

우리는 종종 과거의 몇 가지 문제에 미래를 종속되게 만드는 초점주의(focalism)에 빠지곤 한다. 변화를 준비하려고 나름의 이론을 만들 때, 몇 가지 문제가 잘못되었다고 해서 다 잘못되었다는 식으로 접근하는 것이 초점주의이다. 이는 견지망월(見指望月)의 교훈에서도 깨달을 수 있다.

본질을 못 보고 주변을 보는 우(愚)를 범한다. 당시 화제가 된 문제에 집중하다 보면 자칫 본질을 놓치기 쉽다. 주의를 끌기에는 좋겠지만 본질을 놓치는 과오를 범할 수 있다. 과거 인류의 데이터는 무궁하고, 활용 범위는 다양하다. 학문의 경계를 넘어, 변화와 장에 대한 종합적이고 체계적인 인문학적 접근과 활용을 적극적으로 모색할 때이다.

셋째, 과학적 방법과 인문적 자산의 협업이다.

이 책에서 언급한 인문학적 연구가 과학의 엄격한 요구에 완벽하게 응답할 수는 없겠지만, 그에 준하는 노력과 준비는 해야 한다. 과학적 연구방법의 차용에서 가장 중요한 것은 객관적 요소의 설정과 확보다. 이 말은 뉴턴 역학에서 시간, 공간, 질량을 측정 가능한 기본개념으로 설정하고 다른 모든 개념을 기본개념에서 유도한 것, 숫자로 표현되는 개념은 주관성을 떠나 객관적이며 누구에게나 똑같이 이해된다는 뜻에서 보편성을 갖는다는 것과 맥락이 같다. 또한 마르크스가 경제학에서 가치를 객관적 요소로 환언시키는 시도를 하여, 노동, 생산비 등을 객관적으로 투입된 비용으로 설정하여 가치를 설명한 것과도 같다.

이러한 방향 속에 인문학적 변화연구는 비가시적인 물리의 세계를 기호로 가시화시킨 수학처럼, 혹은 잡히지 않는 소리를 음표로 가시화시킨 음악처럼 지금은 비록 어렵고 더디지만 천천히 완성에 가깝게 발전할 것이다.

이미 변화와 관련된 것은 '신호와 소음'으로 우리에게 메시지를 전하고 있다.[16] 그리고 그 과정에 역사의 경험, 패턴, 귀납적 추측을 활용하고 축적하면서 정확도를 더 높일 수 있음을 확인했다. 필요한 것은 정확하고 풍부한 정보, 인풋과 아웃풋에 대한 구체적 파악, 다양한 변화 동인의 선별, 이를 최적의 상태로 디자인하는 알고리즘이다.

현재는 개인의 삶과 관련된 (경제적 소비와 지출, 신체 정보, 취향 등) 데이터를 수집하고, 이를 정리한 패턴 정보를 확보하고 있다. 미시적으로 변화 속에 나타나는 패턴의 '상승', '하락', '유지' 등의 기울기나 추세는 물론이고, 패턴의 변화 자체를 파악하는 패턴의 '변동성(Fluctuation)'도 중시하며 연구를 하고 있다. 그러나 이게 다가 아니다. 인문학적 가치와 역할이 전제되어야 한다.

인풋과 아웃풋, 변화와 패턴, 주체와 장으로 접근하여 본 지금까지의 논의에서 혹자는 팩트[사실]를 자주 언급한다. 물론 사실 충실성의 측면에서는 최소한의 사실에 대한 확인 작업은 매우 중요하다. 예를 들어 미세먼지의 문제에서는 과연 지금의 공기 질이 과거보다 안 좋을까? 에서 사실을 확인하거나, 또는 기타 우리 주변의 여러 문제에서는 지금 우리가 과거보다 경제적으로 부유할까? 경제 성장의 평가가 올바를까? 지능지수(IQ)가 정확할까? 등에 대한 소소한 문제에 이르기까지, 모든 문제와 그 해결에서 사실 규명이 필수다.

그런데 조금 더 생각해 보면, 과연 무엇이 사실이고 팩트인가? 보는 것? 보는 것은 어떻게 보느냐에 따라 다르다. 앞에서도 예를 들었다. 책을 보고 있지만, 누구는 책의 앞면, 누구는 뒷면, 누구는 옆면, 누구는 윗면……. 책에 대한 팩트를 말하면서 그 팩트가 각기 다르다.

물론 인풋하는 주체의 시각, 청각, 후각 등의 감각기관도 불완전하기는 마찬가지이다. 심지어 나의 감각도 나의 뇌에 의해 통제되어 만들어진다. 내 눈으로 보는 것은 무조건 내 머리에 보여야 하는데 그렇지 못하다. 나의 뇌가 선택적으로 통제하고 있다. 경험하고 있지 않은가. 이 책을 두 눈 뜨고 읽고 있지만, 잠시 딴생각으로 놓친 문장이 있음을.

물론 팩트 이전에 각자의 인풋도 달랐다. 책을 바라본 위치가 달랐다. 남산도 광화문에서 볼 때, 명동에서 볼 때, 이촌동에서 볼 때, 한강 건너편에서 볼 때 다 다르다. 이처럼 각자의 장에서 인풋한 팩트가 문제시되는데, 여기서 나아가 가치 판단까지 동원된 주장의 단계에 이르면 갈등의 골이 깊어질 수밖에 없다. 의견의 일치는 물 건너갔다.

가치를 판단하는 자세에도 문제는 있다. 우리는 새로운 지식을 확보하거나 영역을 넓히는 과정에서 구분과 경계 긋기를 한다. 맹자도 지(智)의 단초는 시비(是非)의 마음, 옳고 그름을 구분하는 마음으로 논하였다.

시비를 가리면서 우리는 어떠한 결과에 다다른다. 컴퓨터의 경우 이진법으로 '예' 아니면 '아니요'로 분별하여, 무수히 많은 셈을 통해 아웃풋을 한다. 한자어의 분별할 변(辨)은 말 잘할 변(辯)과 비슷하게 사용되는 경우가 많다.

많은 경우를 보면 구분이 먼저 있고, 이러한 구분에서 논쟁이 발생한다. 이것은 영어도 마찬가지이다. distinction의 구분은 discussion의 논쟁처럼 분리를 의미하는 접두사 dis를 가지면서 비슷하게 사용된다. 구분하고 분리하고, 이를 토대로 논쟁하며 우리는 성취해왔다.

지금 우리의 교육에서도 과거 전통적인 암기식 교육이나 주입식 교육은 창의적이지 못하고 일방적이기에, 여기에서 벗어나 논쟁을 통해 지식을 탐구하도록 장려하고 있다.

그러나 우리 사회에 널리 퍼진 논쟁에 대한 숭배는 가끔 공허하고, 과연 이게 올바른 길일까 하는 회의를 갖게 한다. 때로는 말장난으로 혹은 이기기 위한 억지로 덧칠되며, 찾으려는 본질에서 멀어지기 때문이다.

『정의와 비용 그리고 도시와 건축』에서는 '잡힐 확률과 잡힐 때의 대가'가 '잡히지 않을 확률과 이때의 보상'보다 작을 때 범죄는 발생한다고 보았다.

pa×ma < pu×mu 이면 범죄는 일어난다.
pa, ma: 잡힐 확률과 잡힐 때의 대가, pu, mu: 잡히지 않을 확률과 이때의 보상

책에서는 (우리 사회의) 프로세스를 인문·사회학적 의제와는 별개로 작동하는 냉혹하기 짝이 없는 '공학-돈'의 메커니즘(mechanism)으로 보았다. 삼풍백화점 붕괴사고가 세월호에서 그대로 재연되었음에도 대응방식과 처방이 그대로인 것은 공학과 이의 바탕이 되는 자연과학 법칙을 신뢰하는 '과학 및 공학적 신뢰'와 공학자나 엔지니어를 신뢰한다는 '인간적 신뢰'를 우리 사회가 뒤섞어 생각하기 때문이라고 언급했다. 결국 공학과 돈의 문제에 집중된다. 그런데도 우리는 이것을 자꾸만 인문학적이고 사회학적인 문제로 바꾸

려 든다고 책에서는 지적했다.[17] 일리 있다. 하지만 이것만으로 사회를 안심하고 맡길 수 없다.

우리 주변을 둘러싼 논쟁, 그리고 논쟁을 통해 합의를 도출해야 한다는 사회적 분위기, 물론 이것은 필요하고 이런 식으로 가면 좋은 일이 많겠지만, 각자의 장에서 자신만의 세계를 고집하는 우리를 보면 어떤 문제는 논쟁을 아무리 해도 해결될 가능성이 없어 보인다. 이성과 이론보다 힘의 논리, 정치 논리, 감정적 우격다짐이 우월하게 작용하는 경우도 많다.

우리는 충분히 이성적이고, 우리는 충분히 객관적이며 과학적이고 정의로운가? 지나온 역사를 보면 그렇지 않은 경우가 더 많았다. 아쉽지만, 모두를 만족시켜 줄 이상적 해결책은 없다. 과학적 방법으로만 해결할 수 없다. 인간이 하는 일이기 때문이리라. 결국 과학적 방법과 인문적 자산의 교집합 지점, 여기서 그 해결의 실마리를 찾아야 할 것이다.

02

변화와 장의 적용

　중국의 사람, 사회, 문화에 나타나는 다양한 사례를 통해 변화와 장을 탐구하였다. 대부분은 지금 여기보다 저기와 과거의 사례였다. 이제 나와 여기와 지금의 사례를 통해 변화와 장은 어떠한지 생각해 보자.

　지금의 장을 지배하는 여론에서, 각자의 가치관에서, 과열된 자본주의에서, 기능과 효율의 우상숭배에서, *끈끈한 관계망에서*, 인간 중심의 세계관에서……, 벗어나는 것, 의심하는 것, 상상하는 것은 장 밖의 장과 변화 속에서 시도해봄 직한 일이다.

1. 우연 속에서

　우리는 그동안 근현대성 속에서 고전성을, 이성의 물결 속에서 감성을, 사회와 집단 속에 나라는 실존을, 필연성의 구조 속에서 우연성을 도외시했다. 합리적 사고가 팽배한 우리의 삶에 '우연'은 약점이자 극복의 대상이었다. 그리고 극복하지 못할 때는 무의미한 영역으로 치부되었다.

그동안 합리적 프레임으로 설명하지 못해 '우연'을 외면했다. 합리적 프레임으로 설명이 가능해졌을 때 비로소 우연은 우연의 멍에를 벗을 수 있었다. 대표적인 것이 과학의 영역에서 벌어진 우연을 통한 발견들이다. 생각해 보면, 우연은 우리의 평가와 상관없이 인류의 삶 속에 중요한 하나로 늘 존재했다.

사전에서는 우연을 "아무런 인과관계가 없이 뜻하지 아니하게 일어난 일"이라고 정의한다. 철학에서는 우연성을 "어떤 사물이 인과율에 근거하지 아니하는 성질"이라고 말한다. 필연에 반대되는 것으로서의 우연, 예기치 못한 사건으로서의 우연이기에 인과법칙의 영향을 받지 않는다고 생각했다. 그러나 이것은 '지금' 원인을 알 수 없어서, 그렇게 말하는 것에 불과하다. 불교의 언어를 빌리지 않더라도 인과법칙을 벗어난 세상일은 없다. 그래서 스토아학파(Stoicism)나 기계적 유물론에서는 '우연'을 원인에 대한 무지(無知)로 생각했다.

'수주대토(守株待兔)'는 『한비자(韓非子)』 오두(伍蠹)에 나오는 이야기이다. 송나라에 한 농부가 있었다. 그가 어느 날 밭을 갈고 있는데, 토끼 한 마리가 달려와 나무 그루터기에 부딪혀 죽고 말았다. 농부는 토끼를 거저 얻었다. 그다음에 농부는 농사일을 그만두고 나무 그루터기에 앉아 토끼를 마냥 기다렸다. 결국 사람들의 웃음거리가 되었다.

우연히 발생한 일을 본업으로 삼았다. 정말 우연히 발생한 일이다. 농부는 이 일을 보다 객관적이고 과학적으로 분석하고, 합리적으로 판단했어야 한

다. 그렇게 했다면, 세간의 비웃음을 사지는 않았을 것이다.[*]

물론 농부가 당한 비웃음 또한 일의 성패에 그 어떤 영향력도 행사하지 못한다. 우리는 우연에서 성공을 끌어내지 못한 농부의 수동적 자세에 주목할 필요가 있다. 농부가 세렌디피티(Serendipity)의 운용 과정을 알고 그러한 과정을 거쳤다면 결과는 달라졌을 것이다. 즉, 자신에게 벌어진 우연한 사건을 나와 여기와 지금에서 분석하고, 공감과 유비를 통해 확대하고 창조했다면 달라졌을 것이다.

세렌디피티는 '우연을 성공으로 이끄는 힘', '우연을 붙잡아 행운으로 바꾸는 힘', '우연에 의한 행운의 발견을 만드는 능력', '우연에 의해 바람직한 발견을 만드는 태도', '찾지 않던 귀중한 것을 찾는 능력' 등으로 풀이된다. 원래 세렌디피티는 18세기 영국의 소설가 호레이스 월폴(Horace, Walpole 1717~1797)에 의해 처음 사용되었는데, 그 구체적 내용은 그가 1754년에 호레이스 만(Horace Mann) 경에게 쓴 편지에서 발견된다.

호레이스 월폴은 페르시아의 우화 『세렌딥의 세 왕자들(The Three Princes of Serendip)』을 읽고 감명을 받아 친구 호레이스 만에게 편지를 써서 '우연에 따른 대 발견'을 세렌디피티로 부르자고 제안했다. 여기서부터 세렌디피티란 말이 오늘의 의미로 사용되었다. 호레이스 월폴은 왕자들이 우연히 새로운

---

[*] 이러한 일은 현대에도 자행된다. '카고 컬트(Cargo Cult)'라는 화물 숭배도 이러한 예이다. 이는 일반적으로 다음처럼 설명된다. 제2차 세계대전 종료 후, 남태평양 원주민들에게서 이상한 의식이 관찰되었다. 이들은 활주로와 관제탑을 닮은 길과 오두막을 만들어 하늘에서 물자가 떨어지기를 기다렸다. 이들은 전쟁 속에 미군이 남태평양 부근에 보급기지와 활주로를 만들자, 비행기가 많은 물자를 놓고 가는 것을 경험했다. 그래서 이를 흉내 내면 물자가 하늘에서 떨어질 것이라 믿었다. 이는 마빈 해리스의 글에서 보다 구체적으로 파악할 수 있다. '7장 유령화물'에서 뉴기니아 산맥 속 정글의 가설 비행장을 설명하고 있다. 마빈 해리스 저, 박종렬 역, 『문화의 수수께끼』, 한길사, 2006, 129~147쪽.

가치를 발견하는 것을 읽었고, 책의 제목을 이용하여 (생각하지도 않은 일을 우연히 발견한다는 의미로서) 세렌디피티란 말을 만들었다.[18]

우리가 사는 사회 곳곳에는 우연한 일이 벌어지고 있다. 인류가 단세포에서 복잡하게 진화할 수 있었던 것도, 그리고 지금의 지구가 존재할 수 있었던 것도, 모두 놀라운 우연과 우연의 연계 고리 속에 가능한 일이다.

『우리는 어떻게 지구에서 살게 되었을까』에서는 인류가 지구에 존재하기까지, 우주와 지구에서 일어난 우연한 일 12가지를 과학적으로 밝혔다. 기적 같은 우연들이다.[19] 어쩌면 모든 일은 이런 식으로 진행된다. 바로 여기서 우연히 발생한 행운, 세렌디피티의 가치가 나타난다.

세렌디피티는 우연히 발생한 행운이다. 그런데 그 우연은 우연이 아니다. 세렌디피티도 장의 중첩과 인과관계 속에서 추측이 가능한 '만들어진 우연', '필연적 우연'으로 보는 것이 타당하다. 그래야 우리와 우리 사회가 의미 있게 작동할 수 있다.

세렌디피티는 그냥 주어지지 않는다. "하늘은 스스로 돕는 자를 돕는다(Heaven helps those who help themselves)."라는 말도 있지 않은가? 하늘, 이 세상을 운행하는 법칙이나 원리는 스스로 노력하는 사람을 성공으로 이끈다. 과학사에서 대표적인 세렌디피티 사례를 정리하면 다음과 같다.

〈표 1〉 과학사의 대표적인 세렌디피티 사례[20]

이름	발견 또는 발명	연도
콜럼버스(Columbus)	아메리카 대륙(New World)	1492
그리말디(Grimaldi)	광파 간섭(interference of light)	1663
아위(Haüy)	결정학의 기하학적 법칙 (geometric laws of crystallography)	1781

이름	발견 또는 발명	연도
갈바니(Galvani)	동물 전기(animal electricity)	1791
데이비(Davy)	웃음 가스 마취(laughing gas anesthesia)	1798
에르스텟(Oersted)	전자기(electromagnetism)	1820
쇤바인(Schönbein)	오존(ozone)	1839
다게르(Daguerre)	사진술[photography(daguerrotype)]	1839
퍼킨(Perkin)	최초의 상업용 합성 유기염료(synthetic coal-tar dyes)	1856
키르히호프(Kirchhoff)	태양 스펙트럼의 D-라인(D-line in the solar spectrum)	1859
노벨(Nobel)	다이너마이트(dynamite)	1866
에디슨(Edison)	축음기(phonograph)	1877
파스퇴르(Pasteur)	종두(vaccination)	1878
팰버그(Fahlberg)	사카린(saccharin)	1879
뢴트겐(Röntgen)	X선(X-rays)	1895
베크렐(Becquerel)	방사능(radioactivity)	1896
리셰(Richet)	아나팔락시스[induced sensitization(anaphylaxis)]	1902
파블로프(Pavlov)	고전적 조건부여(classical conditioning)	1902
플레밍(Fleming)	페니실린(penicillin)	1928
댐(Dam)	비타민 K(vitamin K)	1929
도마크(Domagk)	설파제[sulfa drugs(Prontosil)]	1932
플런켓(Plunkett)	테플론(Teflon)	1938
데 메스트랄(de Maestral)	벨크로(Velcro)	1948

이런 예는 지금 우리가 사는 이곳에서도 진행형이다. 비아그라, 포스트잇, 일명 '오바마 와인'으로 불리는 '켄달 잭슨(Kendall Jackson)'과 스타벅스의 성공 등 세렌디피티의 예는 차고도 넘친다. 우리 주변에 뜻밖의 것들, 우연에 의해 만들어진 것들이 많다.

그동안 우연과 관련하여 몇 편의 논문을 발표했다. 한류의 인기 원인을 지정학적 역사적 우연의 세렌디피티로 보았고,[21] 제주도가 주목받는 원인을 세렌디피티의 시각으로 다루었다.[22] 그리고 부산의 문제에 대해서도 우연이 라는 틀에서 접근하여 한국사의 우연적 사건에 의해 발전하고 주목받은 부산, 이제는 (예를 들어 신공항 문제 등에서처럼) 주변과 다투며 경쟁하는 '작은 부산'을 생각하지 말고, 주변을 아우르는 더 큰 장을 만들어 (중국과 일본 같은) 위협적 경쟁 상대를 고려한 '거대 부산'을 생각하자는 글도 발표하였다.[23]

우연적 사건을 행운으로 이끈 세렌디피티의 경우는 많다. 지난 연구에서의 요지는 이를 우연으로 치부하거나, 혹은 자신의 실력으로 착각하는 것에서 벗어나 주체와 장의 조합 속에 만들어진 결과로 보고, 앞으로는 주체 스스로의 능동적이고 체계적인 준비로 세렌디피티를 만들자는 것이다.

수주대토와 같이 우연한 일로 이득을 보거나 성공한 경우 '세렌디피티가 발생하기 좋은 장'을 갖고 있다고 말한다. 엄밀히 말해 우연한 발견이나 사건이 성공으로 이어진 것을 '우연'에만 집중하다 보면, 성공을 지속하기 힘들다. 오히려 '우연'보다, 우연이 성공으로 이어진 '장'에 집중하면서 주체와의 관계를 설정해야 한다.

나는 장과 주체의 관계 속에서 세렌디피티의 주도권을 주체에게 놓았다. 장보다는 주체가 인과관계가 단순하고, 효과가 즉시적이며, 통제가 즉각적이기 때문이다. 그러므로 주체의 능력을 키워야 한다. 그래야 어떠한 우연, 어떠한 장에서도 의연하게 대처할 수 있다.

우연에는 좋은 우연도 있고, 나쁜 우연도 있다. 우연히 좋은 일이 발생하기도 하지만, 우연히 나쁜 일이 발생하기도 한다. 또한 좋은 우연이 반드시 좋은 것도, 나쁜 우연이 반드시 나쁜 것도 아니다. 예를 들어 누구에게 우연히 당첨된 로또 1등은 행복의 시작이지만, 누구에게는 불행의 시작일 수도 있다. 새옹지마(塞翁之馬)의 이야기처럼 변화하는 나 · 여기 · 지금의 상황과 그 속에서 벌어지는 다양한 변수 속에, 좋고 나쁨은 가변적이다. 주도권은 주체에게 있다.

우연은 우리가 아직 파악하지 못한 영역일 뿐, 파악 불가능한 영역이 아니다. 지금까지 고찰한 많은 변화에서 보았듯이, 실패나 성공이 한 번에 오고 한 번에 가는 것이 아니다. 일상의 노력이 겹겹이 쌓이고 축적되며 발생한다. 이러한 것이 나와 우리의 장을 만든다.

세렌디피티의 패턴을 보면, 우연의 성공은 화룡점정 같은 임계점의 상황에서 벌어졌다. 이러한 상황이 만들어진 장, 이 장을 만드는 데에는 주체의 부단한 노력이 요구됨을 기억해야 할 것이다. 모든 것은 연결되어 있다. 원인 없는 결과는 없다. 단지, 나와 당신이 지금 모르거나 혹은 외면하고 있을 뿐이다.

2. 내 속에서

❖ 나를 찾다

대량 생산의 물결 속에 교육도 대량으로 복제되면서, '많은 나'는 '나'를 잃었다. 나는 공장 기계의 대체 가능한 부품에 불과하다. 교육 매뉴얼도 나를 그렇게 훈육하도록 짜여 있다. 하지만 장이 변하고 있다. 이제는 개인의 시대다. '나'를 생각하는 변화의 시기를 맞이하고 있다. 변화하는 장의 파악도 중요하지만, 장을 만들고 장을 이용할 '주체'인 '나'에 대한 관심과 파악, 나에 대한 사랑이 우선이다.

자존감이 낮다. 무지막지한 경쟁은 이 땅의 '많은 나'를 패배자로 내몬다. 과거로부터 누구도 자유로울 수 없는데, 지금 여기의 장은 '많은 나'를 패배자로, 자신감을 잃어버린 나로 만들었다. 자신감이 없으니 자존감도 낮을 수밖에.

여기에 정보 기술도 한몫 거든다. 인터넷이나 다양한 정보통신의 도구들은 주변의 성공 사례를 더 많이, 더 넓게, 반복하고 과장해서, 확대재생산하며 전달한다. 작은 손 안의 스마트폰으로 바라본 넓은 세상은 자신만 빼고 모두 승자 같다. 그나마 남은 자존감마저, 정보화의 확장성으로 파괴된다.

우리의 장을 지배하는 거품과 시뮬라시옹 그 속에 모두가 희생자다. 너도 나도 아름답고 즐겁고 행복한 순간을 포착하고, 다듬고 가공하고 과장해서 인터넷에 올린다. 우리의 장은 그렇다. 그 속에서, 과장된 비교 속에서 자존감은 상처 받는다.

장의 그늘엔 우울한 그림자가 짙게 깔려있는데, 이것이 정녕 사실이 아닐 터인데, 화려한 조명과 시끄러운 소리가 우리 장을 꽉 채운다. 우격다짐으로 판단을 마비시킨다. 이러한 장 속에선 그 누구도 만만하게 살아가기 어렵다. 모두 가해자인 동시에 피해자다.

꽃피는 봄, 엄청난 파괴의 터널을 통과한 신입생을 맞이하는 선생의 마음은 마냥 기쁘지만은 않다. 개강 첫날 상처 입은 '많은 나'에게 얘기한다. 오늘부터 한 가지씩 조그마한 계획을 세워 실천해 보자고. 그간 너무 많은 패배를 경험했고, 너무 커다란 목표에 짓눌려야 했고, 너무나도 지나친 경쟁에 상처 입어야 했다. 자신감과 자존감은 이런저런 이유로 찢기고 할퀴어져 만신창이가 됐다.

회복 능력, 다시 기운 차리자. 이제 나의 일에서, 주변의 작고 소중한 일에서, 일상의 실천 가능한 일에서, 남에게 보이는 평가와 잣대는 거둬내고, '참나'를 만나기 위해 순수한 나를 일깨워야 한다. 거대한 시련 앞에서, 변화무쌍한 장의 영향 속에서 본질을 직시하고 나 스스로의 주인으로 맞서야 한다.

하나씩 나의 일상 속 조그만 일을 계획하고, 실천하고, 실현하다 보면, 그 성공이 하나둘 켜켜이 쌓여가다 보면, 많은 나에게 자신감이 싹튼다. 다시 자신감이 더해지고 또 더해지다 보면, 나에 대한 자존감이 높아진다. 자존감은 자제력을 낳고, 자존감과 자제력은 자신을 안정적으로 이끌어 줄 것이다. 장에 찌들어 있던 주체가 주체로서 살아난다. 회복된다. 이제 세상의 중심에서 참 나를 만날 수 있다.

나의 일상도 시험의 연속이다. 누군가 무엇을 부탁했다. 두세 번의 거절 끝에 떠밀리듯 승낙했지만, 마음이 영 편치 못했다. 일주일 끙끙거리며 고민하다 큰 숨 들이마시고 연락했다. 미안하다고, 그럴 형편이 못 된다고, 마지 못한 승낙 뒤의 세련되지 못한, 도리 아닌 거절이었지만, 승낙한 뒤 직면하게 될 불편함보다는 나은 선택, 차선의 최선이라며 스스로 위로했다.

내가 생각하고 계획하고 준비하는 일이 뒤죽박죽 꼬일 게 뻔히 보일 때, 아프지만 방향타를 돌려야 한다. 이제는 삶의 변화와 그 한계, 삶의 변화와 그 패턴 속에서 내가 '할 수 있는 일'과 '할 수 없는 일', '해야 할 일'과 '하지 못할 일'을 깨닫기에 용기를 내야 했다.

황제가 된 유방이 자기 자신을 평하여 한 말이 있다.

"나는 장량처럼 뛰어난 책략을 사용할 줄 모른다. 소하처럼 행정을 잘하고 군량을 제때 보급할 줄도 모른다. 전쟁에서 병사를 이끌고 싸우는 데에는 한신을 따를 수 없다. 그러나 나는 이 세 사람을 제대로 기용할 줄 안다. 반면 항우는 단 한 사람, 범증도 제대로 기용하지 못했다. 그래서 나는 천하를 얻고, 항우는 얻지 못했다."

유방은 장을 잘 파악한 주체였다. 주체 자신의 장단점도 잘 파악했다. 그래서 백수건달이었던 유방은 자신보다 여러모로 뛰어난 항우를 이기고 천하를 차지할 수 있었다. 객관적으로 항우는 유방보다 뛰어났다. 전쟁에서 승리의 기회를 먼저 잡은 것도 항우였다. 하지만 항우는 눈앞의 성공에 도취하여, 유방을 제거할 절호의 기회를 놓쳐버렸다. 반면에 유방은 자신에게 찾아온 기회를 놓치지 않았고, 망설임 없이 실행했다.

그의 승리는 세 가지로 정리된다. 자신의 부족함을 알고 다른 사람의 힘을 이용할 줄 안 점, 무수한 곤경에도 포기하지 않고 훗날을 도모한 점, 마지막으로 조그마한 성공에 도취해서 오만해지거나, 커다란 목표를 망각하지 않은 점이다. 이것이 어디 유방에게만 해당하겠는가, 역사가 주는 교훈이다.

이러한 면에서 유방을 도와 천하 통일의 대업을 완수한 '과하지욕(袴下之辱)'의 대장군 한신에게는 아쉬움이 많이 남는다. 젊은 시절 쓸데없는 시비에 다투지 않고, 가랑이 밑을 기어 지나는 과하지욕의 굴욕을 참으며 자신의 큰 뜻을 이루고자 한 그였지만, 한계가 있었다.

한신이 초나라를 공격하는 전쟁에서, 괴철(蒯徹)은 전쟁에 나가지 말고, 초와 한이 싸우는 동안 힘을 키워 천하를 얻자고 제언했다. 그러나 한신은 이를 받아들이지 않았다. 일이 이렇게 되자 괴철은 "천하 만물을 가늠할 지혜를 가졌지만 한 치 인간의 마음을 가늠하지 못하는 자"라고 한신을 평하고, 자신은 거리로 나가 바보 행세를 했다.

천하 통일 후 한신은 여후(呂后)에 의해 진희(陳豨)가 일으킨 반란을 공모했다는 이유로 토사구팽(兔死狗烹)된다. 변화는 빠르게 일어난다. 그 속에서 웃고 웃는 일이 생산된다. 그러므로 우선 붙잡아야 할 것은 주체인 나와 주체인 나를 둘러싼 장에 대한 파악이다.

54세의 제갈량(諸葛亮, 181~234)이 아들 제갈첨(諸葛瞻, 227~263)에게 보낸 「계자서(誡子書)」의 내용도 삶과 세상의 변화와 패턴에 따른 그의 노하우로 점철되어 있다.

> "군자의 행동은 평온함으로 수신(修身)하고, 검소함으로 덕을 기른다.
> 담박하지 않으면 뜻을 밝힐 수 없고, 냉정하지 않으면 멀리 이를 수 없다.
> 배움에는 고요함이 마땅히 필요하고, 재능에는 배움이 마땅히 필요하다.
> 배우지 않고 재능을 키울 수 없고, 고요하지 않고 학문을 이룰 수 없다.
> 방자하고 게으르면 정밀한 이치를 연구할 수 없고, 음험하고 조급하면 성품을 다스릴 수 없다.
> 세월은 빠르게 지나가고, 의지는 시간과 함께 사라지며, 이내 아무것도 이루지 못한 채 고목처럼 떨어져 끝난다.
> 궁색한 곳을 지키며 비통해한들, 어찌 되돌릴 수 있겠는가?"[24]

내가 가진 재능을 모두 발휘하지 않고, 인생의 종말을 맞이하는 것은 나와 신에 대한 모독이다. 더구나 스스로 행복하지 않으면서 타인을 위해 산다는 것은 자신에게도 남들에게도 떳떳하지 못한 일이다.

많은 것이 빛의 속도로 변하고, 할 것도 물밀듯 쉬지 않고 밀려오는 세상이다. 자칫 정신을 놓으면 휩쓸려가기 쉽다. 그러므로 내 속에서 나를 찾아야 한다. 장에 짓눌리거나 장에 떠밀려 만들어진 '주체'가 아닌, 보다 근본적이고 근원적인 '주체'와 '나'를 찾아 그 소리에 귀 기울여 보자. 이것이 참 나, 진아(眞我)일 수도 있고, "너 자신을 알라"라는 신탁(神託)의 대답일 수 있다.

❖ 장을 만들다

내가 사는 장에는 많은 변화가 일어난다. 그런데 그 변화의 끝을 좇다 보면, 다람쥐 쳇바퀴 돌듯 결국 제자리다. 본질을 놓치면 안 된다. 그나마 나와 내가 서 있는 여기와 지금이 그 본질에 가깝다. 그래서 중요하다.

내 삶은 수수께끼 푸는 것과 비슷하다. 수수께끼를 계속 풀다가 내가 지금 뭐 하고 있나 하는 생각이 드는 것처럼, 삶의 문제에 골몰하다 어느 순간 내가 왜 이렇게 사나? 하고 묻는 것처럼, 그때 나는 보다 원초적인 질문을 던지게 될 것이다.

삶의 목적을 잃지도 잊지도 말아야 한다. 경쟁으로 범벅된 내 삶에서, 혼신의 힘을 다해도 결과가 신통치 않다는 것을 발견할 때, 좌절과 성공에 대한 피로감이 스멀스멀 피어오른다. 내 의지대로 결과가 나오지 않음을 인정하며, 나 자신을 위로하고 합리화시킬 명분을 찾는다. 이것이 경쟁에 지치거나, 혹은 경쟁의 패배를 치유하는 보호 본능일까?

겉으로 보기에 경쟁 사회의 '많은 나'는 변화를 알고 싶어 한다. 하지만 조금 깊이 들여다보면, '많은 나'의 지친 일상 속에서 파악하고 싶은 것은 변화의 물결 속에 표류하는 자기 자신에 대한 근본적인 모습, 그에 대한 대답이다. 나는 누구인가? 내가 되고 싶은 나는 무엇인가?

이러한 것을 시발(始發)로, 보다 본질적인 질문의 확장을 꾀할 수 있겠다. 예를 들어, 행복은 무엇에 기초할까? 나는 왜 사는가? 나는 왜 공부를 하는가? 나는 왜 돈을 버는가? 심지어 지금 나는 왜 이 글을 쓰고, 독자께서는 왜 읽고 있는가?

이상의 물음에 관한 타자들의 논의와 글은 많다. 그들의 논의와 주장에 많은 나는 혼탁 된다. 차라리 지금이라도 잠시 책을 덮자. 중요한 것은 나다.

나의 생각과 실천이다. 나는 어떤 물음을 던지고 있는가. 그리고 그 물음에 답하기 위해 어떤 행동을 하고 있는가.

장에 영향을 받는 주체는 자신의 의지만으로 일을 완성할 수 없다. 장의 영향 속에 완성하게 된다. 변화를 원한다면 변화를 방해하는 장을 피하여, 변화하고자 하는 방향으로 도움을 주는 장을 만들거나, 찾아 나서야 한다. 타인에 대한 비판에서도 주체의 문제만이 아니라 장에게도 문제가 있음을, 바로 원인의 원인, 장 밖의 장까지 생각하는 배려가 필요하다.

생선을 싼 종이에서는 비린내가 나고, 꽃을 싼 종이에서는 꽃 내음이 난다. 내가 할 수 있는 일은 내가 바라는 대로, 나의 장을 만들어 전진하는 것이다. 그 속에서 자연스레 장에 맞는 모습으로 성장할 수 있다. '많은 나'는 주변 사람과 환경의 영향을 받는다. 내가 나 스스로의 환경, 장을 설계하지 않을 수 없는 이유다.

사마천은 갑작스러운 시련을 가벼운 죽음으로 끝내지 않고 갖은 굴욕을 견디며, 자신의 장을 개척했다. 담사동은 무술변법의 성공을 위해 목숨을 초개(草芥)처럼 던지며 세상의 장을 수용했다. 각자의 장은 다르다. 늘 최선의 선택만이 있을 뿐이다.

나무가 자기의 자리를 부정하고, 주어진 바람, 흙, 햇빛, 공기를 거부하면 그 나무는 고사(枯死)한다. 그러나 인간은 자기 자리에 있으면서 자기를 파악하고, 자기의 토대 위에 기초를 세워 자신의 소망을 설계하고, 그 소망의 미래를 위해 스스로 준비한다.

그런데 만약 환영받지 못한다면, 해도 해도 기대에 못 미친다면……. 이제 내 탓이 아닌, 내가 놓인 장을 탓하며, 내게 맞는 장을 찾아 떠나야 한다. 유한한 삶을 눈물로 보낼 순 없다. 인간은 생각하고, 움직일 능력을 가진 나무다. 적극적으로 지금의 장을 개선하거나, 그게 아니면 내게 맞는 장을 찾아 부지런히 떠나야 한다.

거리를 청소하면서도 지구를 보다 깨끗하고 맑게 청소한다는 마음을 갖는 '성자가 된 청소부'처럼, 나의 장을 가치 있고 의미 있게 만드는 것, 동일한 장이라도 주체인 내가 어떻게 하느냐에 따라 달라진다. 모두 그럴 필요는 없겠지만, 이왕이면 나보다는 우리를, 순간보다는 조금 더 긴 시간을, 그래서 행복과 기쁨이 보다 넓게 전파되는 것을 택하는 마음, 그런 장이 확산하기를 바란다.

불우한 환경에서도 전자기장의 기본개념을 세운 패러데이, 그는 1860년의 강연에서 다음처럼 말했다.

> "저는 이 강연의 마지막 말로서 여러분의 생명이 양초처럼 오래 계속되어 이웃을 위한 밝은 빛으로 빛나고, 여러분의 모든 행동이 양초의 불꽃과 같은 아름다움을 나타내며, 여러분이 인류의 복지를 위한 의무를 수행하는 데 전 생명을 바쳐 주시기를 간절히 바랍니다."[25]

양초를 통한 화학의 이해를 설명하는 강연이었지만, 과학자로서 인간으로서 주체인 내가 주체를 둘러싼 장과 어떤 관계를 맺고 사는 것이 바람직한지, 나아가 가능하다면 어떠한 장을 만들어야 할지 과학자 패러데이는 말하고 싶었다.

3. 주변 속에서

❖ 중국

변화와 장의 적용을 '주변 속에서' 전개하면서 이 책의 주요 탐구 대상이었던 중국의 문제를 세 가지 측면에서 생각해 보았다.

먼저, 우리의 장에 익숙해져 중국의 장도 우리식으로 해석하고 대응하는 경우를 말하고 싶다. 변화에 대한 서로 다른 경험 때문에 상이한 결과가 나올 수 있다. 예를 들어 중국의 유통산업은 우리처럼 구멍가게, 슈퍼, 마트의 순서로 변화를 겪지 않았다. 바로 변화 동인 가운데 하나인 '기술의 발전' 때문이다.

검은색 전화기에서 백색 전화기로, 공중전화의 확산을 거쳐 휴대폰으로, 그리고 스마트폰으로 진화한 우리와 달리, 중국의 장에서는 공중전화에서 가정용 전화기를 거칠 필요도 없이 바로 스마트폰으로 장이 변했다. 상점이 많지 않은 중국 농촌에 인터넷을 이용한 전자상거래가 급부상했다. 우리의 장에서 만들어진 구멍가게, 슈퍼, 마트의 발전 공식이 통하지 않았다.

기술 발전에 따른 시간의 축약이 일어났다. 모바일 쇼핑이 시작되며 충격을 주었던 오프라인 쇼핑의 몰락은 한국의 상황에서도 예외는 아니다. 길거리 상점의 시대가 저물고 새로운 시대가 임박했음을 알리는 신호탄이었다. 여기에 몇 가지 변수가 더해졌다. 소매업의 종말(retail apocalypse), 온라인 기술의 발달, 배달 업체의 성장, 은둔형 경제(shut-in economy)의 확장 등 이것은 코로나 19가 퍼졌을 때 시험대에 올랐다. 이동이 통제된 상황에서 새로운 유통과 운수의 가능성을 보여주었다. 새로운 장으로의 전환과 이것의 성공에는 아직 파악하지 못한 변수가 있다.

퀀텀 점프(Quantum Jump)나 새로운 기술 전파의 도움으로 단기간에 몇 배를 앞서가는 리프 프로그(Leap frog) 성장에 따른 장의 변화가 펼쳐졌다. 우리만 그런 것이 아니다. 상대적이다. 퀀텀 점프나 리프 프로그 성장은 임계점의 언저리에 있다.

장의 변화는 더디지만 일어나고 있고, 이러한 변화가 임계점을 맞이하면 폭발적인 변화를 일으킨다. 세렌디피티도 이 지점에서 발견된다. 더군다나 인류를 끔찍한 수렁에 빠트리게 했던 세계대전도 그랬다. 서독과 동독의 통일도 작고 우연한 사건이 계기가 되어 일어났다.

조그마한 동인(動因)이 언제나 이처럼 커다란 파급력을 가지는 것은 아니다. 동인도 중요하지만 이를 수용하고 변화하는 장도 중요하다. 작은 동인에 앞서 장의 변화가 이미 임계점에 다다랐다. 마치 도미노 게임에서 게임을 위한 준비를 미리 다 갖춰놓은 것과 같다.

본질적인 측면에서 한국인이나 중국인이나 인간이고, 한국의 일이나 중국의 일이나 결국 사람이 하는 일이기에 통하는 면이 있다. 하지만 디테일한 실무적인 일에서는 접근 방법을 보다 세심하게 가져야 한다. 중국은 우리와 다른 장을 갖는다. 다른 주체와 다른 장에서 다른 변화가 나오는 것은 당연하다. 그들을 알려면, 그들을 상대하려면 그들의 장에 들어가서 생활하고 생각하고 판단해야 한다. 우리 장에서 우리식으로 해석하고 대응하는 것만으로는 부족하다.

다음으로 우리의 관점이 아닌 중국의 관점으로 보는 우리에 대해 생각해 보자. 중국은 무수한 왕조, 다양한 민족이 어울려 역사를 만들었다. 중국 민족사를 통해 보면, 누가 주체였느냐에 따라 중국의 장은 바뀌었고, 그에 따라 국가관, 영토관, 천하관, 중심과 주변이 변했다. 중국 민족사에 따라 중국에 대한 정의가 달라졌고, 그에 따라 중국의 가치관도 바뀌었다.

언제나 자신의 장에서만 보고 판단한다. 한계다. 한자로 '契丹'으로 쓰고, '거란' 혹은 '글안'으로 읽힌 민족, 우리는 이들의 국가를 요(遼)라며 중국 왕조로 생각했다. 하지만 이들은 자신을 그렇게 부른 적도 기록한 적도 없다.[26] 그저 '키탄(Qitan)'일 뿐이었다. 한국에서조차 이들을 바라보는 시각에 중국이라는 타자의 필터가 들어 있었다.

소수민족지는 물론이고, 아편전쟁 이후 영국의 통치에 있다가 1997년 주권을 회복한 홍콩에서, 아르헨티나와 영국의 갈등 속에 있는 포클랜드에서, 지구촌 곳곳에 식민지의 잔재로 남아 있는 분쟁의 지역에서, 유럽인들에 의해 무참히 학살되어 사라진 '친절한 인디언'에서,[27] 외세에 의해 남과 북으로 분단된 한반도의 통일문제에서, 주체와 장의 상관적 사유를 요청한다.

이는 공간에도 적용된다. 만주는 여진족, 만주족, 조선인, 일본인, 중국인의 장소였다. 근대 이전의 역사는 보편적인 힘을 지닌 신이나 황제의 연대기였기에 자연히 국경이란 개념이 존재하지 않았다. 국경은 국민이라는 근대 특유의 공동 의식을 창출하기 위해 필요한 개념이었다.[28]

역사에 두각을 나타낸 북경도 마찬가지이다. 북경은 주로 유목민족이 세운 왕조에서 도읍지가 되었다. 거란족의 요(遼)는 북경을 남경(南京)으로 삼아 부도(副都)로 활용했고, 여진족의 금(金)은 중도(中都), 몽골족의 원(元)은 대도(大都)로 칭하면서 자신들의 수도로 삼았다. 이곳에 한족의 깃발을 꽂은 이는 명(明)의 영락제(永樂帝, 1360~1424)였다. 이후 200여 년을 버틴 한족의 수도 북경은 다시 이민족에게 공간을 넘겨야 했다.

이민족인 만주족은 북경이 지닌 장소성을 계승하여 청 왕조를 세웠다. 1636년 대청(大淸)으로 국호를 바꾸고, 황태극(皇太極, 1592~1643)은 청 태종이 되었다. 대청의 깃발 아래 만주족, 몽골족, 한족이 합쳐졌다. 그리고 1644년 북경에 들어온 뒤 1924년까지 대청이란 국호를 280여 년간 유지하며 북경을 점유했다.

각각의 장소는 구체적인 공간에 근거한다. 하나의 공간에 각자의 장소가 겹쳐져 다툼과 분쟁이 일어난다. 구체적인 공간에 주관적인 요소, 사건, 상황, 관계 등을 포함한 저마다의 장소가 생겨난다. 석림 이족자치구도, 북경의 우가도 마찬가지이다. 역사는 주체와 장의 변화다. 그러므로 지금 여기에서는 그들의 관점이 아닌 우리의 관점이 필요하다. 아직도 우리 주변에는 우리의 관점이 아닌 그들의 관점으로 보는 것들이 수두룩하고, 그것이 우리의 생각을 지배하고 있다.

끝으로 좀 더 깊이 중국 내부의 문제에 변화와 장을 적용해 생각해 보자. 서구 중심의 장이 흔들리는 상황에서 중국은 자국 중심의 장을 준비하고 있다. 국제 사회에서의 정치적 · 경제적 성장이 그 동력이 되었다.

중국의 미래는 다양한 가능성에 놓여있다. 중국은 경제적 도약과 이에 따른 소프트 파워의 강화로 자신들의 위상을 높이고 있다.[29] 조지프 나이(Joseph S. Nye Jr, 1937~)가 주창한 소프트 파워에 대한 중국의 대응이나, 중국몽(中國夢)은 중국 주도의 장을 만들려는 노력의 일환이다. 하지만 이보다 앞서 언급된 중국특색사회주의(中國特色社會主義) 자체에서 자신들 주도의 장을 만들려는 노력을 엿볼 수 있다. 비록 등소평이 강조한 생산력을 해방하고 발전시켜 착취와 양극화를 제거한 공동부유의 사회주의를 실현하지는 못했지만, 중국은 자신의 장에서만 자신의 논리를 올바로 세울 수 있다는 것을 알고 있다.

교육에 있어서는 21세기를 전후하여 985공정(工程), 911계획(計劃), 천인계획(千人計劃) 등을 준비하며 국제적 수준의 교육을 기획했고, 이는 다시 중국의 발전을 이끌고 있다. 앞서 진시황이 통일을 이룬 뒤, 문자와 도량형 등의 표준 작업을 진행한 것처럼 중국도 세계의 표준을 만들고자 다방면에서 노력하고 있다. 예를 들어 국제 표준 관련 3대 기구인 국제통신연합(ITU)의 사무총장, 국제전기기술위원회(IEC)의 총재, 국제표준화기구(ISO)의 의장을 중국인이 맡기도 했다. 2008년에는 ISO가 미국, 영국, 독일, 프랑스, 일본 외에 중국을 상임이사국으로 지정했다. 중국은 여기서 더 나아가 새로운 장의 변화에 따라 자신에 맞춘 가치와 방법을 제시할 것이다. 그리고 이것은 과거에도 그랬던 것처럼 시대와 사회를 이끄는 장을 만들 것이다.

이론적으로도 서구가 만든 장을 제거하고 자신들의 장을 세우며, 이를 토대로 자신들의 주장을 펼치는 작업이 눈에 띈다. 장유위(張維爲, 1957~)가 쓴 『중국은 문명형 국가다』도 이러한 맥락에 위치한다. 중국은 문명국가라는 프레임으로 상대 프레임에서 벗어나려 한다. 스스로 새로운 장을 만들어 담론을 이끌고자 하는 것이다.

기존의 민주 대 전제의 구도에도 의문을 갖는다. 그리고 이것을 좋은 정치 대 나쁜 정치의 대결 구도로 바꾼다.[30] 바로 서구 개념을 가지고 중국을 논하면 핵심을 놓치고 겉돌게 되거나, 잘 설명하지 못하거나, 심지어 오독하기 때문이다.[31]

같은 맥락에서 G2로 경쟁하는 미국의 비판에 중국은 자신들의 장에서 공세적 질문을 서슴지 않는다. 민주주의 국가 미국, 다수에 의해 채택된 많은 것들이 왜 많은 다수를 가난하고 힘들게 하는지 되묻는다. 그래서 미국에는 민주(民主)의 이름을 쓴 '전주'(錢主 · moneycracy), '총주'(銃主 · guncracy), '백주'(白主 · whitecracy), '매주'(媒主 · mediacracy), '군주'(軍主 · militarycracy), 그리고 '약주'(藥主 · drugcracy)가 다수를 지배한다고 비판한다.

물론 새로운 장의 전환은 필요하고, 이러한 문제 제기에도 동조한다. 임상립(林尙立, 1963~)의 『현대 중국 정치』도 중국만의 길을 강조한다.[32] 하지만 '내

로남불'식은 곤란하다. 그동안 연구한 사례에서 볼 때, 중국의 이러한 변화와 다음 행보는 어느 정도 예측 가능하다. 이미 소수민족 통치의 사례에서도 나타났다.

앞서도 언급했지만 중국의 소수민족관(少數民族觀)은 변함없이 명확했고, 의도된 계획 속에 존재했다. 1982년에 개정된 헌법 제1장 4조는 소수민족의 이익과 권리를 보장하지만 이는 어디까지나 하나의 중국을 전제로, 중앙정부의 통제 속에서 가능한 일이다.[33]

중국은 스스로를 '통일적(統一的) 다민족적(多民族的) 중화인민공화국(中華人民共和國)'이라 여긴다.[34] 그리고 "여러 민족이 하나의 다민족국가를 형성하고 또 여기서 한 걸음 더 나아가 하나의 민족으로 융합되는 것은 민족 관계사의 주요한 내용"이라 생각한다.[35]

결국 민족융합의 길로 나아갈 것이다. 여러 민족이 공동으로 중국을 세웠고, 앞으로 '중화민족'이란 단일민족을 형성한다는 '통일적 다민족국가론(다민족통일국가론)'은 한족 중심의 팽창주의적 관점을 해소하고 소수민족의 분리를 선제적으로 차단한다.

중국을 중화민족의 국가라고 정의하는 근거에는 양계초(梁啓超, 1873~1929)가 주장한 국족(國族) 개념이 있다.[36] 이어 비효통(費孝通, 1910~2005)은 '다민족 일체론'을 내세워 '중화민족' 개념을 만드는 데 일조했다.

현재의 중국은 역사상 드물게 너른 영토와 많은 민족을 아우르게 되면서, 새로운 관점을 만들었다. 그 내면의 셈법은 더욱 복잡하다.[37] 그러나 이것이 중화사상이나 현 정권의 옹호를 목적으로 하거나, 이를 위해 역사적 사실과 해석을 호도하며, 사실과 이론의 충돌을 불러오는 것은 반대한다. 변화의 탐구에서 볼 때, 얼마간은 힘을 받을 수 있겠지만 결과는 좋을 수 없다. 경계해야 할 일이 많다.

지금까지 새로운 장의 도래와 변화를 중국의 과거 변화에서 예상할 수 있었다. 이러한 것들로 미루어 보아도, 새로운 장의 도래와 변화를 장이론을 바탕으로 연구해야 할 이유는 충분하다.

❖ 동양

변화와 장의 탐구를 이용하여, 우리 주변의 일상을 이전과 다른 시각으로 해석하고, 중국 연구의 특수성을 넘어 인류의 보편적이고 일반적인 담론으로 전개하며, 실용 학문에서의 변화연구를 인문학적 변화 연구의 활용 방법으로 발전시킬 수 있다. 이러한 과정을 통해 변화에 대한 동양적 혹은 한국적 이론도 제시할 수 있겠다.

우리는 그동안 배웠다. 한반도에서 일어난 수많은 외침, 그 대부분이 중국의 침략 때문이라고. 하지만 여기에는 중국과 유목민을 함께 묶어 생각하는 우리 역사 인식의 한계, 한족 중심의 중국과 그들이 오랑캐라고 여겼던 북방 민족을 하나로 생각한 주체적 관점의 부재, 그 속에 우리의 입장과 논리는 없었다.

중국도 유목민족의 침입에 벌벌 떨었다고, 진시황이 만리장성을 쌓은 것도, 한나라 건국 후 노원 공주를 시집보내 그들을 달래려 한 것도, 그리고 이어진 무수한 침략, 금(金), 원(元), 청(淸)이란 이름으로 나라까지 빼앗긴 시절, 모질게 당했던 중국 한족(漢族)의 잊고 싶은 과거, 그들은 이렇게 북방의 이민족에게 무섭게 당했다.

이스라엘 역사에 출애굽(出埃及)은 신의 축복과 인도(引導)가 담긴 엄청난 사건이다. 하지만 이집트인들의 글에서는 출애굽에 대한 어떠한 암시도 발견할 수 없단다. 마페졸리(Michel Maffesoli, 1944~)는 지적한다. "그런데도 우리는 별로 중요하지 않은 이 노예들의 탈출을, 우리 역사의 기반이 되는 신화적 구성 속에서 역사의 귀결인 것처럼 생각한다."[38] 마페졸리의 장소 프랑스나 나의 장소 한국이나 이 지점에서는 별 차이가 없는 것 같다.

1985년부터 1990년까지 일본의 증시 시가 총액 567조 엔, 지가 1162조 엔이 올랐다. 일본의 GDP만큼 자산 가격이 오른 버블이다. 하지만 1989년 연차경제 보고서나 국민의 태도에는 이를 인정하는 모습이 보이지 않는다. 안베 유키오(Yukio Yanbe, 1940~)는『일본경제 30년사』에서 이러한 기형적 상황을 분석했다. 이러한 상황이나 일본의 버블을 거시적 시각에서 보면 쉽게 풀린다. 오랜 변화와 패턴 속에 가늠할 수 있다.

니시다 기타로(西田幾多郎, 1870~1945)는 1927년에 출간한『작용하는 것에서 보는 것으로(働くものから見るものへ)』에서 '장소의 논리'를 전개했다.[39] "전체에 참여하려면 자신을 부정해야 한다."라며 자각이 이루어지는 '장소'에 주목했다. 장소는 물리적 장소가 아니라 '자각'이 이루어지는 장소로서, 진정한 자각은 자신에 대한 자각만이 아니라, 자각이 이루어지는 장소 자체에 대한 자각까지 포함되어야 한다고 생각했다. 그는 타자로 향하는 시선보다 주체 자아로 향하는 시선에 초점을 맞추었다.

그래서일까? 그는 자신이 살았던 소화(昭和) 시대(1926~1989)의 문제에 맞서지 않았다. 더 나아가 그의 사상 체계 안에서는 당시 동북아의 다른 국가들, 일본에 의해 학대받고 핍박받은 국가와 백성은 보이지 않는다. 하이데거(Martin Heidegger, 1889~1976)처럼 이것은 그의 사유에 내재한 한계, 주체와 자아에 중심을 두는 사유에서 타자의 사유가 나올 수 없는 한계에 있어서인지 모른다. 그래서 당대의 타자들보다 일본 중심주의에 머물러 있을 수밖에 없었다.

그렇다면, 우리는 니시다의 사유를 차용하여 일본과 한국, 동양과 서양의 근대를 다시 읽을 필요가 있지 않을까? 더 나아가 우리도 우리 중심주의에서 생각할 필요가 있지 않을까? 이럴 때 '일본의 발전'에는 (기존에 인식되었던 것과 다른) '피해자'와 '식민지의 희생'이 매우 크게 자리 잡고, 그 중요성과 영향이 심각하게 나타남을 어렵지 않게 찾을 수 있다.

이제 이러한 접근을 능동적이고 적극적으로 시도해야 할 때다. 바로 장이 변했고, 그 장에서 대상을 바라보고 평가하는 주체가 달라졌기 때문이다. 그래서 역설적으로 가라타니 고진(柄谷行人, 1941~)의 "타자의 논리는 제국주의를 붕괴시킨다."라는 말을 시간이 다른 장에서지만 늦게나마 실현할 수 있을 것이다. 이것은 바로 주체와 장의 관계로 연구가 지속되어야 하는 궁극적 이유이기도 하다.

어항 속 물고기가 어항 속의 세계가 전부인 양 착각하는 것처럼,* 우리도 우리가 사는 세계가 전부인 양 착각하며 산다. 객관적이고 합리적으로 스스로를 생각한다면 우리를 둘러싼 장에는 이상한 것이 많다. 때로는 중요한 것이 무엇인지, 본질이 무엇인지 망각하며 살아간다. 이러한 문제를 지금까지 중국의 사람, 사회, 문화를 통해 성찰할 수 있었다.

근대 이후 서양의 학문을 수용한 동양은 서양의 이론과 학문을 답습하기

---

* 사족을 더하여, 물고기의 입장에서 쓴 책을 한 권 추천한다. 조너선 밸컴 저, 양병찬 역, 『물고기는 알고 있다』, 에이도스, 2017. 그동안 바닷속 동물을 물고기라는 이름으로 뭉뚱그려 생각한 점, 지구에서 가장 많이 남획되는 척추동물로서 도덕적인 관심권 밖의 생물로 취급한 점, 물속 생물 가운데 일부가 육지로 올라온 후 이들은 진화를 멈춘 원시적 생물이라는 편견 등. 너무나도 인간 중심적인 사고로 물속의 생물을 그동안 재단(裁斷)했다.

에 여념(餘念)이 없었다. 그래서 서양의 눈으로 동양을 판단하고, 급기야 자학적 역사관에까지 이르게 되었다. 동양이 서양에 비해 뒤처진 것은 불과 200여 년 전부터다. 중국은 18세기 중엽까지만 해도 전근대 세계에서 생산력이 가장 높고 기술적으로도 가장 세련된 경제 중의 하나였다.

서양의 발전과정과 방법을 다른 장에서 보면, 그리 아름답지 못했다. 과학과 민주 등으로 서양의 발전 과정이 꾸며져 있지만, 이것만으로 채우기엔 빈자리가 너무 많다. 그 자리를 채우는 것으로는 식민지 침략과 건설, 제국주의의 착취, 저렴한 원료와 노동력을 조달한 공급지의 확보, 거대 시장의 장악을 통한 이익의 극대화, 곤란할 때 사용한 무력(중국과의 무역수지 불균형에 영국이

〈표 2〉 서양의 발전과정과 방법, 기존의 장과 다른 장

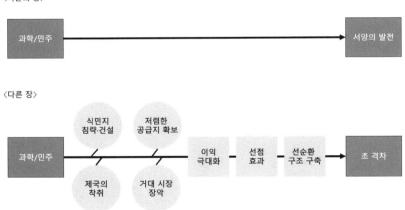

---

* 필립 리처드슨 저, 강진아 · 구범진 역, 『쟁점으로 읽는 중국 근대 경제사 1800~1950』, 푸른역사, 2007, 21쪽. 심지어는 "실체로서의 서양세력은 지리적으로 (적어도 1930년대까지는) 그다지 중요하지 않았다."(35쪽), 엘빈은 이러한 시점을 18세기 말이라고 보고, "다른 사람들은 이 시점을 더 뒤로 잡는다. 던버거(R. Demberger)는 19세기 말이라고 주장하는 반면, 퍼킨스(D. Perkins)는 만주라는 안전판이 작동을 멈춘 20세기 중반으로 본다."(38쪽)

일으킨 아편전쟁도 예외일 수 없다) 그래서 만든 선점 효과, 선점 효과의 지속과 확장, 선점 효과를 유지하며 만들어진 선순환(善循環)의 구조, 이것이 가져온 초격차! 따라잡기 어렵다. 여전히 힘센 국가가 약한 국가를 지배하고 억압하고 있다.

외환시장에서 사용하는 기축통화는 이러한 제국들의 화폐가 주를 이룬다. 미국의 달러화, 영국의 파운드화, 유럽의 유로화, 일본의 엔화, 스위스의 프랑화, 그리고 캐나다, 호주, 뉴질랜드의 달러화 정도다.

세계 금융의 중심지도 암스테르담에서 런던을 거쳐 뉴욕으로 옮겨졌다. 그리고 미국은 달러를 금으로 바꿔주던 금 태환제를 1971년에 폐지했고, 연방준비은행(FRB)은 금 보유와 상관없이 달러를 찍었다. 미 하원 금융통화위원장이었던 라이트 패트먼(Wright Patman, 1893~1976)이 "연방준비은행은 완전히 돈벌이 기계다."라는 지적을 그냥 흘려들을 수 없다. 지금 지구는 미국 금융과 몇몇 금융자본에 의해 움직이고 있다. 기술, 물자, 자본의 토대에서 미국이 현재 그 지위를 누리고 있지만 영원할 수 없다.

'하드웨어적 지배'도 있지만, '소프트웨어적 지배', 그리고 이를 위한 '이론적 근거의 생산'은 강한 국가의 전유물이었다. 약한 국가는 감당하기 힘들었다. 이러한 편중은 국가 내부에만 있지 않다. 지구 전체 곳곳에 있다.

국가 내부의 문제는 정부와 민간이 선거와 정치 등의 다양한 방법으로 제한하고 보호하며 해결하지만, 국가 간의 권력과 부의 편중은 아직 해결하기 어렵다. 그래서 어디는 선진국이 되었고, 어디는 후진국이 되었다. 어디는 그럴싸한 이유로 선점을 차지하고, 어디는 갖은 이유로 후진 상태를 면치 못하고 있다.

한국과 동양의 상황만 놓고 보면, 느리지만 그래도 조금씩 달라지고 있다.

동양의 발전과 중국의 부상, 제국주의적 학문과 관점의 제거와 반성, 오리엔탈리즘에 대응하는 리오리엔탈리즘(Re-orientalism)의 대두, 서구학자의 동양문화 다시 보기, 동양학자의 역량 강화 등으로 동양의 문제를 동양적 관점에서 다루는 장이 만들어지고 있다.[40] 이에 변화한 장을 기초로 변화와 장에 대한 새로운 이론을 그린다. 이러한 맥락에서 다음의 주장은 여전히 유효하다.

> "원조는 중요하지 않다! 원조를 앞세운 논리는 문화를 만들어 낼 능력이 있던 국가들의 논리다. 이런 국가들은 대개 국토가 크고, 인구가 많고, 역사가 유구했다. 문화 면에서나 국력 면에서나 약자보다는 강자들의 논리였다. 자신의 문화만으로 오늘에 이른 국가는 없다. 주체적으로 수용하고 창조적으로 개발하자! 원조가 중요한 시대는 갔다."[41]

이 글을 통해 원조론이 아닌 창조론을 주장했다. 그들과 우리의 장이 다르기 때문이다. 장이론의 적용은 제국주의 입장을 대변하는 장이 아닌 식민지 국가들의 장에서 근대의 역사를 재검토하는 연구와도 연계된다. 이러한 맥락에서 2021년에 출간된 『오르비스 테르티우스』는 서구 사유가 간과하고 폄하한 라틴아메리카의 사유를, 탈식민주의에서 출발하는 인식의 전환을, 라틴아메리카를 지배해온 서구 근대의 폭력성을 언급하고 있다.[42] 라틴아메리카에는 직접적 식민통치가 사라졌지만, 여전히 문화적으로 지배와 피지배의 관계가 남아 있음을 지적한다.

오염된 장에서 순수한 자신의 모습을 발견하기 어렵다. 오염된 장에서는 남아 있는 구성원들이 서로 다투는 소모적 행위가 이어진다. 다투는 너와 나를 둘러싼 장에 문제가 있다. 다툼과 분쟁을 멈추고, 다투는 너와 나를 둘러싼 장을 의심하고, 문제를 찾아 해결해야 한다. 그런 다음에 싸워도 늦지 않다. 물론 이는 나 자신과 우리에게도 유효하다. 동남아와 대만뿐만 아니라 하와이에서 원주민의 피해와도 연계될 수 있다.[43] 고대부터 지금까지의 약육강식, 형태와 방법만 달랐지 본질은 변하지 않았다. 냉혹하고 서글프지만 인정하지 않을 수 없는 슬픈 민낯이다.

❖ 인류

인류에게 발생할 변화의 변수는 셀 수 없다. 먹고, 자고, 입고 생활하는 것부터, 이것을 가능하게 하는 물질, 가치 등. 변화를 일으키는 시간과 공간이라는 커다란 요인 외에, 미세하게 작용하고, 또 이것이 상호 작용을 이루며 2차 3차 영향을 일으키는 것 등.

이러한 각도에서 본 시리아(Syria) 내전의 원인도 깊고 넓다. 그 가운데 하나는 그들이 먹는 밀가루 가격의 폭등이다. 밀 생산지역인 러시아에서의 가뭄이 원인의 원인이었다. 더 나아가 원인의 원인의 원인까지 추적하면 그 자리에는 최근 지구에서 발생하는 이상 기후가 있다. 물론 그 배후에는 온실가스 배출, 이산화탄소 농도의 상승이 있다. 당연히 그 원인에는 석탄을 비롯한 화석연료의 과도한 사용도 있다. 꼬리에 꼬리를 무는 인과관계의 연속이다. 이러한 변화를 가속시키는 근본에는 경제와 발전만 추구하는 인류, 이에 편승한 정치와 경제가 만든 이 시대의 장이 있다.

결과는 어떨까? 결과 역시 '결과의 결과'를 지속적으로 파생시킨다. 이상 기후는 곡물 생산에 타격을 가할 것이다. 그 결과 난민이 발생하고, 그 결과 극단적 상황에 내몰린 민심은 밥을 달라 외치며, 무질서와 불안은 인류를 극단의 장으로 몰아갈 것이다. 그 결과 반란이 곳곳에서 일어나고, 물론 이를 악용한 독재와 전제주의의 정치도 나타날 수 있겠다. 많은 인구가 목숨을 잃을 수도 있고, 난민이 되어 여기저기 떠도는 무리가 발생할 수도 있겠다. 그 결과…….

고대부터 지금까지 약육강식의 공식은 형태와 방법만 달랐지 인류와 자연에 꾸준히 존재했다. 장은 힘이 있는 쪽으로 기울어져 있다. 그 속에서는 기울어져 있음을 인지하기 어렵다. 이내 균형 잡기 힘들다. 주변부의 희생만 강요하는 것이 아닌 중심의 반성도 함께 이루어야 균형이 잡히는데, 현실은 그렇지 못하다. 그래서 반대쪽에서 볼 필요가 있고, '모두를 아우르는 장'에서 생각할 필요도 있다. 아쉽지만, 이렇게 본 뒤에야 비로소 균형이 맞춰질 수 있었다.

이제는 하나의 일방적인 주장과 입장, 특히 그 장을 장악한 입장을 대변하는 외침에 의문을 가져야 한다. 환경문제에도 동일하게 적용된다. 산업발전을 이루고, 오염 발생 산업을 후진국으로 옮긴 (오염의 외주화를 이룬) 선진국의 환경보호 주장은 장이론의 원인의 원인을 고려하면 매우 이기적이다. 이산화탄소 배출(과 소비)을 국가별로 계산하는 것에서 1인당 배출(과 소비)량으로 계산하면 선진국이 월등히 높음을, 장을 바꿔 생각하면 선진국의 이기적인 모습과 자기 변호적인 모습을 곳곳에서 엿볼 수 있다. 이제 이러한 것에 의문을 갖고 환경 정의론(Environmental Justice)을 생각하고, 더 나아가 인간중심주의(anthropocentrism)적 장을 벗어나 자연과 인간이 함께하는 장까지 상정할 필요가 있다.

우리의 장엔 많은 허구와 픽션이 작용하고, 많은 사람은 이를 믿고, 희망한다. 그러나 이것은 플라톤의 이데아처럼 대부분 실현 불가능하다. 수많은 변화와 패턴 속에서 우리는 확인했다. 동인은 다르지만, 이미 중국의 역사와 인간사를 통해 비슷한 장에서 비슷한 변화와 그에 따른 패턴이 일어남을 보았다. 비록 원인과 결과가 다른 요인으로 대체되었지만, 문학의 기승전결처럼 비슷한 패턴으로 움직인다. 그럼, 방법은 없을까? 여전히 기존에 사용하였던 커다란 틀에서의 방법에 기댈 수밖에 없다. 나름의 해결책은 두 가지로 정리되고, 방법은 두 가지 해결책을 동시에 사용하는 것에 모인다.

하나는 과학기술의 발전을 지속적으로 추진하여, 변화를 극복하는 것이다. 황당하게 들리겠지만 행성이나 위성을 찾는 식의 새로운 안식처를 구하는 것, 혹은 재앙의 원인이 될 요인을 과학기술의 발전으로 제거하는 것이다. 예를 들어 친환경 에너지 개발이나 탄소 포집, 저장, 자원화 기술의 개발 등을 말할 수 있겠다.

다른 하나는 인류의 자세, 마음가짐이다. 공감하는 마음으로 인간과 인간, 인간과 다른 피조물, 심지어 지구와도 함께하며, 겸손한 자세로 지구라는 공동의 공간을 사용하는 것이다. 우리가 사는 지구도 변화와 패턴의 틀에서 조명 가능하다. 지금처럼 지구를 생각하지 않고, 인류만 잘 살겠다고, 마치 인류가 지구의 주인인 양 행동하지만, 우주와 지구에서 인류는 너무나 미약한 존재, 언젠가 티끌처럼 가볍게 사라질 존재에 불과하다. 우주와 지구에 겸손해야 하는데, 요즘 인류의 에너지 낭비나 플라스틱 남용을 보면, 우리는 너무 이기적이다.

과학기술, 교통 통신이 발달했다. 시간과 공간의 경계를 넘어서 생각하자면 이제 과거처럼 중원지역의 조그마한 땅을 차지하자고 다투던 시대는 지났다. 시간이 지나며 공간이 확대되었다. 어느 것도 중요하지 않은 것이 없고, 상황도 녹록지 않다. 두 가지 해결책을 동시에 사용해야 인류가 맞닥뜨린 위기를 제대로 극복할 수 있을 것이다.

하버드 대학의 나오미 오레스케스(Naomi Oreskes, 1958~)가 쓴 『다가올 역사,

서양문명의 몰락』에서는 종말 예측 능력이 있고 실제 예측했다는 서양문명, 비록 서양문명이 방대한 지식을 가졌지만 지식에 따라 행동하지 못함을 꼬집는다.[44] 변화를 파악하고 패턴을 알아 미래의 일을 예측한다 해도, 지식에 따라 행동하지 못하면 몰락할 수밖에 없다. 이러한 시점에 동양에 뿌리를 두고 있는 공감 능력 같은 것이 필요하다.[45]

이제는 지구로 우주로 대상 공간이 확대되었고, 적도 아군도 이웃 동네에서 지구 반대편 국가로 확대되었다. 지구 밖 다른 곳에 해결의 묘수가 있을 수도 있다. 인과관계의 끝없는 인다라망(因陀羅網)이 동네에서, 사회로, 국가로, 지구로, 우주로 확대되고, 여기에 시간과 공간의 변화된 장이 대기하고 있다. 변하고 있다. 나도, 당신도, 우리도, 주체도, 장도……. 이는 바로 주체와 장의 변화 속에, 장의 상관성과 장 중첩의 입체성을 담은 장이론적 사유와 연계된다.

✦✦
03

변화와 장의 실천

이미 답은 나와 있다. 다만 각자가 주체와 장의 변화에 어떻게 적용하느냐가 문제다. 우린 경험적 또는 본능적으로 기본적인 변화에 대하여 잘 알고 있다.

본문의 많은 사례에서도 확인한 변화 속 패턴, 생로병사, 발단 · 전개 · 위기 · 절정 · 결말, 하루나 일 년의 변화……. 이러한 경험을 통해 성현(聖賢)들이 깨닫고 남긴 무수한 호소, 그리고 예부터 전해오는 말이나 일상에서 경험한 지혜들. 이제 변화와 장의 탐구가 전하는 메시지를 하나씩 실천할 때이다.

1. 알고 있음

무수한 변화에서 일상의 패턴을 인지하고, 우리는 그렇게 생활하고 있다. 그런데 조금 더 본질적인 문제로 들어가면, 그렇지 못하다. 대표적인 것이

"나도 죽는다."이다. 지금부터 살아봐야, 건강하게 활동하면서 살아봐야 얼마 안 된다는 것을, 주변의 경험과 내 아버지, 내 아버지의 아버지, 끝없이 이어진 조상의 존망을 통해 충분히 알고 있다. 하지만 우리는 망각하고 있다. 천년만년 살 것처럼 행동한다.

대부분의 '많은 나'는 인생을 살아가는 것이 아니라 살아주면서, 수동적 자세로 많은 일을 대한다. 학교를 다녀주고, 강의를 들어주고, 회사를 다녀주고, 회의에 참석해 주고……. 영원히 산다면 수동적으로 마지못해 해주는 행위는 계속해도 된다. 하지만 이미 알고 있지 않은가. 우린 모두 시한부 인생인 것을, 게다가 도중에 사고라도 만나 비명 객사하면, 당신과 나의 인생 시계는 너무나 허무하게 멈춘다는 사실을.

아니라고, 부정할 것인가? 이미 우리는 병에 걸려, 사고에 의해, 이런저런 연유로 갑자기 사라지는 슬픈 인연을 목도하고 있지 않은가. 나는 예외라는 생각은 버리시라. 천하 통일의 대업을 이룬 진시황에게 영원히 사는 것은 그 무엇보다 중요했다. 그래서 불로초를 찾으려는 욕심에 눈이 어두워, 방사에게 속고 또 속아도 그 꿈을 포기할 수 없었다. 하지만 그도 죽었다. 그것도 정말 비명 객사, 시신은 권력에 눈먼 이들 때문에 개보다 못한 대우를 받았다.

명확한 또 하나의 사실, 앞서 거론한 훌륭한 인물보다 지금 이 책을 읽고 있는 당신과 내가 가장 훌륭하고 멋지다. 왜? 그들은 이미 역사의 뒤안길로 사라져 버렸고, 당신은 지금 여기 살아 숨 쉬면서 그들보다 멋진 미래를 만들 수 있기 때문이다. 하나 우리도 그들처럼 간다. 그러니 변화와 장을 이해하고, 망각하지 말고, 대처하자.

우리가 알 수 있는 변화에 대한 패턴이 어디 이뿐이랴. 이미 잘 알고 있다. 예를 들어 경제의 발전과 사회 문화의 발전은 상관성이 크다. 개인이나 국가

나 할 것 없이 양질의 문화 환경은 경제적으로 좋은 환경 속에서 이루어지고, 좋은 문화 환경을 가지면 경제적으로 풍요로워진다. 전국시기 제나라도 경제적 여유 속에 직하학궁(稷下學宮)을 열 수 있었고, 진시황의 통일 작업은 한 왕조로 이어져 경제에 긍정적으로 작용했다. 현재 미국의 실리콘밸리와 아이비리그 대학들도 이러한 패턴을 보여주고 있다.

"돌아감은 도의 움직임이다.", "사물은 극에 다다르면 되돌아간다."처럼 한쪽으로 계속 가는 것이 없음을 우리는 알고 있다. 힘든가? 포기하고 싶은가? 버티시라. 견디시라. 이미 잘 알고 있지 않은가? 예수도 말씀하셨고, 소동파도 읊조렸던 "다 지나간다."

프랑스의 시왕(時王) 폴 베를렌(Paul-Marie Verlaine, 1844~1896)도 "인생의 희망은 늘 괴로운 언덕길 너머에서 기다린다."라고 속삭였다. 바로 주역의 원리 아닌가? 변화의 원리 아닌가? 그대 힘들다고 너무 슬퍼하지 마시게, 이 또한 지나가리니. 그대 잘났다고 너무 뻐기지 마시게, 언젠가 어려움에 처하게 될지 모르니. 그럼 어떻게? 좋을 때 겸손하고, 힘들고 어려울 때 참고 포기하지 말고 버티시게, 그러면 곤란은 보다 빨리 지나가고, 좋은 상황은 좀 더 오래 가리니.

망각하지 말자. 슬픔이 있으면 기쁨이 있다는 것을, 어두운 새벽이 있으면 곧 햇귀의 여명이 머지않았다는 것을, 그래서 "죽음도 망각하지 말아야 하는 것처럼, 희망도 기쁨도 망각하지 말아야 한다."

햄릿(Hamlet)도 "죽느냐 사느냐, 그것이 문제로다.(To be or not to be, that is the question)"라며 고뇌했다. 묘를 파헤치며 "알렉산더 대왕은 죽어 땅에 묻혔고, 결국 먼지가 되었다"라거나 "저 해골도 한때 혀가 있어 노래를 불렀겠지"라는 햄릿의 읊조림은 삶과 죽음, 있음과 없음을 고민한 그의 흔적들이다. 그러나 죽음에만 골몰했기에 연인 오필리어(Ophelia)를 비롯해 주변의 많은 사람을 지키지 못했고, 결국 그들의 비극에 조력했다.

망각하지 말아야 한다. 희망도 있다는 것을, 수많은 변화와 장의 사례 속에 나·여기·지금의 삶도 고유한 패턴의 영향 속에 움직이고 있다는 사실을, 이러할 때 비로소 온전히 나의 삶에 충실하게 살 수 있다는 것을, 그게 말씀이고, 로고스고, 도라고 성현들은 우리를 일깨웠다.

그러므로 다른 사람과 비교하거나, 자기를 자학하거나, 경쟁 자체에 목적을 두는 삶은 인류의 오랜 변화와 장의 가르침에서 볼 때, 권할 것이 못 된다. 그래서 다음처럼 말했다.

> "누구에게나 제한된 시간을 살아가는 우리, 내가 가진 것의 다소(多少)를 따지고 비교하고 탓하며 주어진 시간을 낭비할 것이 아니라, 우리에게 주어진 삶을 가꾸고 더하고 배워서 행하는 것으로서 우리의 삶을 좀 더 개선된 상태로 변화시키는 것이 지혜롭지 않을까?"[46]

변화와 장의 관계를 인지한 인문학적 사유를 통해, 검은 백조는 막지 못해도 회색 코뿔소는 대처할 수 있다. 알면서도 그것에 맞게 실천하지 못하고, 망각하여 저지르는 실수를 예나 지금이나 이곳에서나 저곳에서나 반복하고 있는 것, 여기에 강한 경종을 울릴 수 있다.

지금까지 언급한 변화와 장에서의 주장은 그래서 너무 뻔하다. 우리의 삶에서 이미 알고, 생활하고 있는 것들이기 때문이다. 변화와 패턴, 주체와 장이라는 뻔한 이야기의 상식적 내용이지만, 나나 당신은 이 뻔한 사실에서 나만 예외라고 착각하고 있다는 것, 받아들이지 않는다는 것, 그것이 어쩌면 가장 큰 병폐이고, 이 책에서 가장 강조할 부분이다.

2. 실행 과정

❖ 의심

'통 속의 뇌(Brain in a vat)' 논증 같은 회의주의 사고실험까지는 아니어도, 외부 세계에 대한 나 자신의 믿음이 참이 아닐 수 있고, 이러한 믿음이 만들어질 수도 있다고 묻는 자세가 요청된다. 이것은 데카르트처럼 믿을 수 없는 것을 하나씩 배제하기보다, 나의 장을 가득 채우고 있는 '당연함'에 의문을 갖고, 그에 대한 보다 나은 선택지를 찾으려는 노력이다.

"모든 지배적인 지식은 지배하는 자의 지식"이란 말이 있다. 우리는 그러한 장 속에 살고 있다. 그러므로 우리의 장은 과연 올바른가? 우리의 장은 최선인가? 더 좋은 방법은 없을까? 계속 묻고 답해야 한다. 과거의 장이 완전했다고 말하기 어려운 것처럼, 지금의 장도 완전하다고 말할 수 없기 때문이다.

심지어 인류사에 등장한 수많은 이론, 그중에 사회에 널리 환영받은 이론, 목적이 좋고 완벽한 그러나 경험에 근거한 패턴으로 보았을 때 너무 허황되었고, 스스로도 끝내 그 목적을 이루지 못했다. 수많은 이상적 이론이 제시한 상황을 솔직히 우리 인류는 경험한 적도 달성한 적도 없다. 지금까지 살핀 경험에 근거한 패턴으로 보았을 때, 이는 오히려 변질된 신념처럼 지지 받으며 '많은 나'를 미혹시켰다.

의심할 필요가 있다. 우리를 둘러싼 좋은 의미의 단어 그리고 그것이 만드는 교조적 움직임은 의심하고 경계해야 할 목록 1호다. 그래서 민주주의는 안녕한지, 공산주의는 올바른지, 사회주의는 불필요한지, 자본주의는 안전한지 등, 혹은 이들의 장점을 아우르는 그 무엇은 존재할 수 없는지, 의심하며 보다 좋은 여기와 지금을 궁리해야 한다.

장의 변화에 따라 얻고 잃는 것이 달라진다. 지금 우리의 장은 과거와 다르게 권위주의는 사라졌지만 과잉규제가 그 자리를 채웠고, 부모와 자식 사이의 엄숙주의는 사라졌지만 필요한 훈육까지 놓치고 있다.

확신에 찬 과학도 절대적이지 않다. 19세기까지만 해도 '관장'이 만병통치약처럼 사용되었다. 루이 14세는 생전에 2000번이 넘는 관장을 했단다. 1799년 조지 워싱턴은 인후염을 '방혈'로 치료해야 한다는 의사의 처방에 2리터의 피를 뽑았다.[47] 지금도 과학이라는 이름으로 어떤 일이 어떻게 자행되는지, 훗날 가봐야 안다.

우리 인류는 쥐와 쥐벼룩을 통해 번진 흑사병, 시궁창의 불결함에서 퍼진 콜레라, 젖소의 천연두, 그리고 코로나 19까지 끊임없이 이어지는 병균으로 생명을 잃었다. 인간끼리 싸우는 전쟁에서조차 적의 총칼 아래 죽은 사망자보다 이질과 전염병으로 죽은 사망자가 더 많았다. 현대 의학의 아버지라고 불리는 윌리엄 오슬러(William Osler, 1849~1919)는 1892년 "이질이 병사들에게 화약과 총알보다 더 치명적"이라고 지적했다. 그는 1848년 멕시코 전쟁에서 전투로 미군 1명이 사망할 때 7명이 병사했고, 대부분이 설사로 죽었으며 미국 남북전쟁 때도 이질로 죽은 병사는 9만 5000명이라고 했다. 전쟁인데 전투에 의한 죽음보다 (상상하기 힘들겠지만) 이질과 전염병이 더 큰 피해를 주었다.

우리는 익숙한 것을 검증 없이 덜컥 믿어 버린다. 익숙한 것은 나의 선택이 아니다. 나를 둘러싼 장이 나를 익숙하게 만들었다. 여기에는 뉴스도 한몫거든다. 뉴스에는 특이하고, 특별나고, 부정적인 소식이 주로 담긴다. 사람들의 관심을 끌기 위해 경쟁적으로 보도하고, 뉴스는 사회에 회자된다.

정보화와 기술의 발전으로 내가 먼저 뉴스로 만들지 않으면 누군가가 뉴스로 만들 것이고, 이는 바로 널리 퍼질 것이라는 분위기. 이러한 장에서 뉴스를 만드는 이도, 뉴스를 소비하는 이도 모두 피해자다. 이런 것이 다시 우리의 장을 만들고 있다. 당분간은 건설적인 뉴스를 바라기 전에, 뉴스가 진실이라는 등식을 의심하는 똑똑한 소비를 준비하는 편이 낫겠다. 과학이라고 덜컥 믿기 전에, 권위에 호소하는 주장을 따르기 전에, 나와 여기와 지금에서 회의적 물음을 던져야 한다.

예를 들어 앞에서도 잠시 언급한 교육 패러다임의 변화에서 생각해 보자. 산업혁명 이후 공교육과 집단 교육이 발달하게 되었다. 귀족을 대상으로 하는 교육에서 일반인을 대상으로 하는 교육으로 교육 대상이 확장되고, 지식은 급속도로 퍼져나갈 수 있었다. 그러나 학생 하나하나에 관심을 갖기 어렵게 되었다. 주입식 교육이 주류를 이루고, 암기 위주의 방법이 중시되었다. 기계를 작동하고, 공장과 조직의 구성원으로서 매뉴얼에 따라 충실히 움직여야 하는 당시의 장에 필요한 교육이었다.

지금의 교육은 어떠한가? 그대로다. 하지만 장이 변했다. 4차 산업혁명의 시대에는 다른 장이 펼쳐진다. 이에 맞는 교육이 필요하다. 기억보다 창조가 주목받는다. 물론 기억력이 좋으면 편리하지만, 그 이상은 기대하기 힘들다. 변화한 장을 이용하여 자신의 능력을 발휘해야 한다. 의심하라! 눈에 보이는 것이 전부가 아니다.

종종 우리는 믿고 싶은 것만 믿고, 그렇지 않은 것은 애써 외면한다. 자신의 믿음을 굳건하게 만들려고, 믿음에 유리한 정보만 찾고, 그에 반하는 것은 무시하거나 배척하면서, 자신만의 장을 만든다. 그리스 신화에 등장하는 프로크루스테스(Procrustes)의 분신이다. 지나가는 행인을 잡아 와 침대에 묶고, 키가 크면 다리를 자르고, 키가 작으면 다리를 잡아 늘여 침대 크기에 맞추었다. 그 속에 '확증 편향(確證偏向, confirmation bias)'도 생긴다. 궁극적 가치에 대한 논리적 망설임은 위치할 자리가 없다.

자신이 믿는 정보에 과한 점수를 주는 것은 인식론적으로 불리한 정보를 무시하는 쪽이 편하기 때문인지 모른다. 프로크루스테스의 작업을 수행하며 자신의 장을 공고히 한다. 정도는 약하지만 틀에 박힌 사고방식으로 신성미와 독창성을 잃은 '관습주의(慣習主義)'도 오십보백보, 경로가 정해지면 그 관성 때문에 다른 방식으로 바꾸기 어려운 '경로 의존성'도 마찬가지다.

더구나 주의력이 부족한 오늘, 각자의 특이한 관심이나 욕구에 충실한 콘텐츠가 넘쳐나는 오늘, 그 장 속에서 나는 나를 잃는다. 이를 타파하기 위해 의심하라! 그 과정에서 증거가 있다면 수용하고, 개방적이고 비판적인 자세를 견지하며 의심을 계속해야 한다.

❖ 탐구

올바른 의심을 위해 탐구하라. 탐구는 적극적인 배움이다. 혼란이 심하면 심할수록 변화가 빠르면 빠를수록, 본질에서 생각할 필요가 있다. 변화 속 본질을 탐구할 필요가 있다. 그리고 점에서 선, 선에서 면, 면에서 입체로 탐구의 범위를 확대하여 문제의 답을 찾아야 한다.

고대 중국 교육에서 공자는 각 개인에 맞춰 가르침을 행하였다. 같은 질문에도 학생의 눈높이에 맞춰 다르게 대답했다. 고대 그리스도 마찬가지였다. 산파술이라는 소크라테스의 문답법도 이와 같다. 스스로 깨닫게 하고 자기비판을 유도하여 학생 자신이 본질을 찾게 이끌었다.

선가(禪家)의 휴정(休靜, 1520~1604) 대사가 『선가귀감(禪家龜鑑)』에서 말한 "근본 되는 참된 마음을 지키는 것이 제일가는 수도 정진 방법이다(守本眞心第一精進)."란 말도 결국 자기 자신, 무언가를 배우려는 대상에게 초점이 맞춰진다.

대부분의 답은 내 안에 내재해 있기 때문이다.

교육은 고대부터 각 개인에 맞춰 진행되었다. 산업혁명 이후 교육이 대중화되면서, 이전까지 교육 혜택을 받지 못한 중산층에게도 교육이 확대되었다. 그러나 일방적으로 주입되는 지식을 수용할 수 없는 학생은 도태될 수밖에 없었다.

나중에는 이러한 것을 보조하고 채우려, 사교육이 발생했다. 공교육에서 못하는 것을 사교육에서 보조해 주었다. 물론 우리나라의 사교육은 부족한 학생에게 보조역할을 하거나, 예체능 분야에서 시행하는 개인 레슨과 사뭇 다르다. 잘하는 아이를 더 잘하게 하는 사교육, 발묘조장(拔苗助長) 같은 선행학습을 위한 사교육, 남을 누르고 앞서기 위한 경쟁의 사교육이다. 여기에 더하여 공포 마케팅을 펼치며 산업화된 사교육은 모든 학생을 사교육 수혈이 필요한 환자로 만들었다.[*]

탐구해야 한다. 지금의 장을, 교육의 본질을, 미래의 장을, 그래서 교육이 나아갈 올바른 방향을 제시해야 미래가 밝다. 정치 논리나 경제 논리에 휩싸여 본질에 대한 탐구를 외면하면, 배는 산으로 가고, 머지않아 혹독한 대가를 지불하게 됨은 불 보듯 뻔하다.

일본과 독일, 과거사에 대한 태도에서 우리는 이 두 나라를 자주 비교했다. 독일이 유대인들에게 사과하고, 자신들의 지난 과오를 공개적으로 매번 사죄하는데, 일본은 왜 그렇지 못하는지. 맞다, 일본은 깔끔하지 못했다. 하

---

[*] 대한민국의 3대 공포 마케팅으로 회자되는 업종이 사교육, 보험, 의료란다. 부족하다, 모자란다, 큰일 난다는 공포를 조장하며 자신들의 이익을 극대화시킨다. 자본주의가 만든 효율성 제고는 극단으로 치달으며, 우리 모두를 자본의 가해자이자 동시에 피해자로 전락시켰다. 우리가 사는 장의 모습이다.

지만 장을 달리해 탐구해 보자.

일본에서 만들어진 식민지 침략의 합리화와 미화, 일본에 비해 상대적으로 착하게 인식된 독일에 대한 우리의 이미지 등, 어항 속 물고기가 어항 밖 세계를 인지하기 어려운 것처럼 인간은 그 장 속에 푹 빠져 살며 장 너머를 생각하지 못했다. 신이 아닌 인간으로서의 태생적 한계, 인정할 수밖에 없다.

이제 조금 더 탐구해 보자. 독일도 아프리카의 나미비아 학살이나 식민지 지배에 대한 사과는 깔끔하지 못했다. 이런 얘기를 한다고 일본의 어그러진 태도를 인정하는 것은 아니다. 장을 바꿔 이런저런 생각을 하면서, 이제 본질을 보자. 독일은 힘 있는 유대인들에게는 사과했고, 일본은 강한 미국에는 연신 굽실거린다.

이제 태산처럼 축적된 인류 역사의 기록을 보자, 그 속에서 무수한 경험을 분석하며 탐구해 보자. 결국 스스로 강해져야 한다. 여기에 토를 달 수 없다. 다만 그 강한 힘을 좋게 선하게 쓰길 희망할 뿐이다. 탐구 속에서 인류의 현실과 본질이 드러난다. 여기에 이상과 신념에 온갖 감정까지 더하여 갖다 붙이면 왜곡된다.

무수한 변화를 예측 불가능한 것으로 생각하기보다, 가능한 범위 내에서 탐구하여 준비한다면, 국가와 사회는 물론이고 개인에게도 해보다는 이로움이 많다. 인생 전반을 준비하고 계획하고 실천한다면, 하루하루의 삶을 의미 있고 가치 있게 보낼 것이다.

400여 년 전 유럽에서 과학이 등장했을 때, 과학은 기존의 믿음을 의심하고 탐구하며 그 답을 찾고자 했다. 처음보다 발전했지만, 과학은 여전히 절대 진리를 말하지 못한다. 지금의 정설도 장[패러다임]이 바뀌면 변할 가능성이 크다. 하지만 과학은 겸손하다. 무조건 옳다고 주장하지 않는다. 게다가 끊임없이 노력하며 탐구한다. 지금의 장에 가장 적합한 가설을 제시하고 이를 검증하느라 고군분투하고 있다. 그 속에서 그리고 이러한 축적 속에서 과학은 조금씩 앞으로 나아간다.

그러므로 무엇이든 의심하고, 증거가 있으면 수용하고, 다시 비판하는 탐구의 자세를 견지해야 한다. 탐구의 자세에서는 내가 수용한 것, 내가 옳다고 여긴 것에 대한 반증이 나오면 언제든 기존의 믿음을 다시 의심하여 재구성할 수 있는 용기가 필요하다. 이런 용기가 자칫 과거 회귀적인 모습으로 나타나지 않도록, 탐구하며 끝없는 상상을 펼칠 필요가 있겠다.

❖ 상상

사회나 정치의 변화를 한 지점에서 관찰하지 않고, 오랜 시간을 축적시켜 관찰할 때 패턴이 발견된다. 그래서 인물사, 왕조사, 학문변천사, 세계사, 인류사, 우주사 등에서 패턴을 찾고자 할 때 축적된 관찰이 필요하다.

데이비드 크리스천(David Christian, 1946~)의 '빅 히스토리(Big History)'적 접근은 변화를 거시적으로 생각한다는 측면에서 가치가 크다. 여기에 인류학적 관찰 같은 관점이 요구된다. 역사가 시간과 변화를 연구하는 학문이라면, 인류학은 공간과 변화를 연구하는 학문이기 때문이다.

『문화의 수수께끼』를 쓴 마빈 해리스(Marvin Harris, 1927~2001)는 원시적인 문화에서부터 현대문명에 이르기까지, 이해하기 힘든 인류의 생활양식의 근거와 의식의 흐름을 과학적 객관성, 특히 인류학적 상상력을 동원하여 이해하라고 요구했다. 그는 사회적 삶의 진실을 파악하려면 모든 신화와 전설, 신성화와 정신화 등의 가면을 쓴 문화의 여러 현상을 물질적인 요인, 즉 문화생태학적 측면에서부터 경제적 측면, 사회, 정치, 종교적 측면 등으로 상호

연관관계를 파악하는 통합적 고찰이 필요불가결하다고 강조했다.

　우리는 분석과 비판에 익숙하다. 이것이 지나치면 사람들을 방어적이고 수동적으로 만든다. 상상을 제어한다. 그래서 앞에서 거론한 시간을 축으로 비교하는 역사적 상상과 공간을 축으로 비교하는 인류학적 상상, 그리고 이것을 아우르는 비판적 상상이 필요하다. 지금의 장과 기존까지 덮고 있던 장을 벗어던질 수 있는 무언가를 끊임없이 상상해야 한다.

　이 책에서는 공감할 수 있는 안을 다양하게 제시해보았다. 물론 부족하다. 그런데도 명확한 지식이나 새로운 기술보다 학문적 가설과 문학적 상상에 기초하여 함께 생각하고 싶었다. 기존의 틀에 맞춘 정답에서 벗어나 좋은 답을 찾아가려는 노력, 변화 속에서 나 · 여기 · 지금의 좋은 답에 다가가려는 노력이 필요하다.

　상상은 창조의 원동력이자 인류 발전의 동인이다. 상상의 결과에 너무 많은 것을 요구하지 말자. 실제 생활하고 있는 행동 양식, 그 자체가 우리의 진실을 감추고 있을 수 있다. 과거 학술대회에서 이러한 이야기를 한 적이 있다.

　"물건 하나를 들고 나왔다. 지금까지 없던 발명품이다. 몽골군이 타던 말보다 빠르다. 게다가 많은 사람을 태울 수 있다. 물건을 실은 채 비바람도 막을 수 있는 신개념 이동수단이다. 말의 네 다리 대신 네 개의 고무 타이어, 고삐 대신 둥그런 핸들, 붉은 심장 대신 쇳덩어리 엔진이 장착된, 바로 자 · 동 · 차다. 말의 힘으로 움직이는 수레 '차'가 아니다. 스스로 움직이는 자동(自動) '차'다. 사람들은 일제히 환호성을 질렀다.

　그런데 누군가 가느다란 눈빛을 흘리더니, 손을 들어 질문을 했다. '아니, 그 발명품이 다니려면, 생각해 보세요! 길을 넓혀야 하고, 아스팔트라는 것으로 그 길을 모두 덮어야 하고, 연료 넣는 엄청난 건물도 곳곳에 세워줘야 하는데, 여보세요! 그게 말이나 됩니까? 말보다 불편하잖아요!' 생각해 보니 일리가 있었다. 모두 그의 말에 동의했고, 새로운 물건은 이내 폐기됐다."

지금, 여기, 우리는 자동차 대신 다른 어떤 상상을 무수히 부수거나 폐기처분하고 있다. 그것이 물건일 수도, 아이디어일 수도, 심지어 사람일 수도 있다. 안타깝다. 하지만 이게 현실이고 역사였다. 당연하다.

아쉬움이 남는다면, 개운치 못하다면, 문제는 어디에 있을까? 발명가에게? 비판한 사람에게? 자동차에? 혹은 당시 상황에? 혹은 과거를 결과론적으로 생각하는 습속을 가진 당신에게?……. 어쩌면 이것은 우리의 한계에 있다. 장 밖의 장을 생각하지 못하는 태생적 한계다.

세상은 '많은 나'에게, 익숙하고 길든 길을 전방위적으로 강요한다. 하지만 칼로 무 자르듯 재단되지 않는다. 도리어 칼로 물 베는 식이다. 우리는 칼로 무 자르는, 시(是)와 비(非)를 구분하는, 이것이냐 저것이냐를 선택하는, 있음 아니면 없음을 골라야 하는 것을 어릴 때부터 교육이라는 이름으로 세뇌(洗腦) 당했다.

기계처럼 공부한 것도 모자라, 대학에 와서까지 '닥치고 암기'하는 모습을 보면, 언제쯤 자기 자신을 중심에 둔 공부를 하게 될까? 언제쯤 목적과 기능에 희생당한 삶에서 벗어나 자유로울 수 있을까? 평균 수명 100세를 바라보는 시점에 이런 식으로 교육함이 올바를까? 앞서 공자의 변화 패턴에서나 다른 변화 속 패턴에서 본 것처럼, 평균 수명이 늘어난 지금, 우리의 꿈나무들에게 건전한 정신과 건강한 신체를 갖추며 준비할 수 있게 우리의 장이 과연 변할 수 있을까? 물음이 꼬리에 꼬리를 문다.

어항 속 물고기는 상상을 통해 어항 밖의 세계를 실현할 수 있다. 물고기 밥이 될 사자는 초원을 상상할 수 있고, 쥐에게 물어뜯길 상어는 푸른 바다를 상상할 수 있다.

"새는 알에서 나오기 위해 투쟁한다. 알은 새의 세계이다. 누구든지 태어나려고 하는 자는 하나의 세계를 파괴하지 않으면 안 된다." 『데미안』에 나오는 구절이다. 알 밖의 장은 경험하지 못했으니 알지 못한다. 지금의 장을 깨부수는 상상이 필요하다. 의심하고, 탐구하고 상상해야 한다.

상상은 망상이 아니다. 상상이 상상으로만 끝난다면 망상이겠지만, 의심과 탐구의 기초 위에 상상력을 활용하여 창의적 대안을 수립한다면, 상상은 현실이 된다. 사자가 초원으로 돌아가고, 상어가 바다를 헤엄치며, 새가 푸른 하늘을 맘껏 날아다니는, 그러할 때 초격차를 이루고, 선점 효과를 유지하며 선순환의 구조도 만들 수 있다.

물론 변화는 계속해서 일어날 것이다. 새로운 세계는 변화 속에 일어나고, 그 속에서 장의 전환도 일어난다. 그래서 우리는 변화 속에서 의심하고 탐구하고 상상해야 한다.

❖ 실천

도덕 교과서 같은 얘긴지 모르겠지만 지금까지의 소망은 실천으로 이어져야 한다. 실천은 성공이나 완성이 아니다. 완성과 성공으로 향하는 여정이고 과정이고 노력이고 몸짓이고 고뇌다. 개인도, 사회도, 국가도 마찬가지이다.

지금 우리는 합리적 의심, 과학적 분석, 객관적 평가 혹은 다른 다양한 방식을 동원하는 충분히 똑똑하고 현명한 방법을 알고 있다. 그런데 실천하지 못하고 있다. 이것은 고대 선인들이 말한 지행합일(知行合一)에 한참 못 미치는, 지와 행의 괴리다. 지행합일이 고상한 일에만 적용되는 것이 아니다. 사실 그런 고상한 일은 지와 행이 합일하지 않아도 존재 자체가 문제 되지 않는다.

　모든 것은 시작이 있으면 끝이 있다. 인류도 끝남이 있을 것이다. 그럼 어떻게 끝날까? 인류는 수만 년 정도라는 짧은 시간 속에 진화적으로 도약했다. 앞으로 수만 년이 지난다면, 그때 우리 후손은 지금의 인류를 어떻게 생각할까?

　여러 가지 상상할 수 있겠다. 다른 종의 형태로 계속 진화하며 존재할 수도 있겠고, 혹은 머지않은 미래에 우리가 범하는 환경파괴, 전쟁, 경쟁적으로 만드는 AI와 로봇, 아니면 외계 생명이나 다른 천체와의 충돌로 종말을 고할 수도 있겠다. 어쩌면 그 시간은 우리가 생각한 것보다 훨씬 빨리 올 수도 있다. 자연 앞에서 자연을 배우며 인류는 이 지구에 그리고 이 우주에 좀 더 겸손해질 필요가 있다.

　인류가 생존하려면 장의 전환을 위해 끊임없이 혁신해야 한다. 그리고 그 주기는 갈수록 짧아지고 있다. 이제 뻔한 것부터, 너무나 자명한 것부터, 실천해야 한다. 더 정확하게 알고 싶고, 더 정확하게 준비하고 싶다면, 의심하고 탐구하고 실천하라. 『대학』에 다음과 같은 말이 있다.

"널리 배우고 자세히 물으며 신중히 생각하고, 명확히 분별하며 돈독하게 수행한다. 배우지 않음이 있을지언정 배운다면 능해지지 않고는 그만두지 않는다. 묻지 않음이 있을지언정 묻는다면 알지 않고는 그만두지 않는다. 생각하지 않음이 있을지언정 생각하면 얻지 않고는 그만두지 않는다. 분별하지 않음이 있을지언정 분별하면 밝히지 않고는 그만두지 않는다. 행하지 않음이 있을지언정 행하면 돈독해지지 않고는 그만두지 않는다. 남이 한 번 해서 그것에 능하게 된다면 나는 그것을 백 번 하고, 남이 열 번 해서 그것에 능하게 된다면 나는 그것을 천 번 한다. 과연 이러한 도에 능하게 된다면 비록 어리석은 사람도 (언젠가는) 반드시 현명해질 것이며, 비록 유약한 사람이라도 (언젠가는) 반드시 강해질 것이다."[48]

옳은 말이다. 그런데 이미 알고 있고, 공감도 하지만 실천하지 못하고 있다. 의지와 노력의 부족이라는 비난도 많이 받았다. 그런 능력이 있음에도 실천하지 못한 경우라면, 비난을 받아도 된다. 하지만 그렇지 않다면, 생각을 달리해야 한다. 앞서 사람, 사회, 그리고 문화 속 사례를 통해 확인했다.

그런데도 실천되지 않는다면, 되물어야 한다. 의심을 품어야 한다. 그리고 확인해야 한다. 나와 여기와 지금을 파악해야 한다. 주체의 문제가 아닐 수 있다. 우리는 우리가 사는 세계가 전부인 양 착각하며 살기 때문이다.

"지금까지 여러분은 국가가 정해 놓은 틀로 공부하고 평가받고 구별되어 여기에 있게 되었는지 모른다. 그러면서 더 심각한 문제는 이러한 평가를 절대적인 잣대로 생각하고, 그것을 마치 나의 원래 모습인 양 착각하며 살아간다는 것이다."[49]

지금 우리를 둘러싼 많은 신화들, 광고들, 이들은 지금 우리를 유혹하는 매력적인 것이지만, 장을 확대하여 사유한다면 그것이 다가 아니다. 우리는 우리를 둘러싼 장에 꽉 막혀 있다. 스스로를 객관적으로 보고, 합리적으로 생각한다면, 우리를 둘러싼 장은 문제투성이다. 그 속에 '많은 나'는 중요한 것이 무엇인지, 본질이 무엇인지 망각하며 살아간다. 실천이 잘 되기 어렵다.

실천도 주체가 처한 장에 따라, 다른 실천이 나올 수밖에 없다. 원대한 꿈의 실천에 앞서, 자기 자신을 알고, 여기와 지금을 파악하는 작은 실천부터 시작하여, 조금씩 변하고 커가는 장에 맞춰 큰 실천을 이루어야 한다.

3. 실현 방식

❖ 끝없는 변화

세상에는 예측에 의해 벌어지는 일도 많지만, 새옹지마(塞翁之馬)처럼 예상치 못한 일도 적지 않다. 단정하기 곤란하다. 변방에 사는 늙은이의 말이란 새옹지마는 『회남자』 인간훈(人間訓)에 나온다. 이 책에는 "화와 복은 들어오는 문이 같고, 이로움과 해로움은 이웃한다(禍與福同門, 利與害爲鄰)."라는 말도 쓰여 있다. 『노자』 58장의 "화는 복이 기대는 바이고, 복은 화가 숨어 있는 바이다(禍兮福之所倚 福兮禍之所伏)."와 통한다. 딱 잘라서 화와 복을 구분하기 곤란하다. 변수가 많아 가치의 판단이 요동치기 때문이다.

스웨덴 남부에 자리 잡은 말뫼(Malmö)는 세계 조선 시장을 선도하는 곳이었지만, 시장의 변화로 몰락했다. 그러나 주체에도 장에도 변화는 계속 일어난다. 말뫼는 친환경 도시로 거듭나며, 해상풍력발전소, 녹색 산업 등에서 재도약했다. 끝나도 끝난 게 아니다.

말뫼에서 남쪽으로 내려오다 독일을 지나 서쪽으로 방향을 틀면 나타나는 곳, 그곳에는 인구 60만 명에 제주도보다 조금 더 큰 면적의 룩셈부르크(Luxembourg)가 있다. 19세기까지 농업에 의존하여 살던 가난한 소국이었다. 그러나 2020년 통계청 자료에 따르면 1인당 국내총생산 약 11만 6천 달러의 세계 최고 부국이 되었다. 농업이 아닌 금융경쟁력에 집중하여 세계의 금융허

브가 된 까닭이다. 장을 바꿔 변화를 유도했다. 그러나 역시 끝난 게 아니다.

이러한 예는 농사짓기에 불편한 카르스트 지형을 관광지로 바꿔 수익을 올린 석림 이족 사회에서도 이미 확인했다. 어떻게 보느냐에 따라 달라질 수 있다. 가치 평가는 변화와 장 속에 매우 가변적이다. 조선 최악의 유배지인 제주도가 파라다이스가 될지, 한강 섬을 이어 만든 잠실에 한국 최고층의 빌딩이 들어설지, 변화와 평가는 진행형이기에 본질에서 마음의 중심을 잡아야 한다.

특정 시점을 기준으로 변화를 보면, 그 시점이 어떤 상황이냐에 따라 평가는 달라질 수밖에 없다. 전체의 맥락에서 봐야 한다. 예를 들어 한국의 발전을 일제 강점기 직후 혹은 한국전쟁 이후와 곧잘 비교하여, 현대 한국의 눈부신 발전을 예찬하곤 한다. 과연 이게 올바른 판단 기준이 될까? 잘살던 집안이 기울어 갈 무렵(구한말), 강도가 들어와 집안이 풍비박산(風飛雹散) 나고 (일제 침략), 이어서 남과 북으로 갈라선 상태에서 형제끼리 싸우고 난 뒤의 시점에서 비교하면 과연 이것이 올바른 비교가 될까? 구한말의 혼란과 일제의 침략과 6·25전쟁까지 악재가 연거푸 터지면서, 최악의 나락에 위치한 시기, 더 이상 나쁠 수 없던 시기, 바로 반만년 역사상 최악의 시기였다. 이때를 비교하며 지금 우리가 잘 산다는 것은 우리를 너무 과소평가한 것이다.

펀드의 수익률도 마찬가지이다. 기간을 어떻게 잘라 보느냐에 따라 하늘과 땅만큼 차이가 난다. 펀드의 수익률은 계속 변한다. 이는 우리에게 변화를 어떻게 보느냐가 중요하다는 사실을 일러준다. 변화는 진행 중이다. 끝나도 끝난 게 아니다.

가만히 있으면 썩는다. 이것도 커다란 변화의 일부지만, 외적으로 강제적으로 변화를 강요당하기 전에 능동적으로 내적으로 본질을 생각하며 행하는 것이 좋겠다. 영원한 슬픔도 기쁨도 없다는 말에서 변하는 슬픔과 기쁨에 방점을 찍기보다, 변하지 않는 영원함에 방점을 찍는 것이 보다 본질에 가깝다.

기쁘고 슬프고, 아프고 행복한 모든 일이 다 지나감을 알기에, 변화에 감사해야 할 것이다. 비디오 아티스트 백남준(白南準, 1932~2006)은 "자연이 아름다운 것은 아름답게 변하기 때문이 아니라, 단지 변하기 때문"이라고 '실험실 TV 전시회의 후주곡'에서 말했다. 세상은 계속 변한다. 변화 속에 새로운 장에 직면하고, 새로운 장을 만들어간다. 그러므로 끝나도 끝난 게 아니니, 본질적인 것을 찾고, 그 본질적인 것에 기초하여 행동과 사고의 반경을 확장해야 한다.

❖ 본질에서

2020년 코로나 19가 창궐했을 때, 수두, 볼거리, 식중독, 안과 감염병 등이 현격하게 줄어들었다. 철저한 위생 습관과 거리두기 등의 효과다. 중세 유럽의 종식을 알린 르네상스도 흑사병이라는 끔찍한 공포가 하나의 동인으로 작용했다. 기실 세상의 많은 것은 음과 양이 섞여 있다. 그동안 언급한 『주역』과 『노자』를 비롯한 많은 고전의 가르침이다. 심지어 원불교 소태산[少太山, 박중빈(朴重彬), 1891~1943] 대종사도 "은혜는 해로움에서 나오고, 해로움은 은혜에서 나온다(恩生於害 害生於恩)."라고 하지 않았나.

결국 본질은 같다. 뉴턴은 우주에서의 법칙이나 지구에서의 법칙이 그리 다르지 않다고 주장했고, 다윈은 지구의 수많은 생명체와 인간이 별 차이 없음을 설명했다. 우주나 지구, 인간이나 다른 생명체, 본질에서 보면 별반 다르지 않다. 명동에서 올라가나, 장충동에서 올라가나, 용산에서 올라가나 남산 정상은 하나다. 각자 위치와 상황에 맞춰 올라가면 된다.

서울에서 부산까지 가는 방법은 다양하지만 내가 선택해서 가는 방법은 나의 방법으로 하나다. 각자의 형편과 상황, 즉 주체와 장의 상태에 맞춰, 가는 길과 방법을 택하면 된다. 람보르기니 타고 간다고 부러워할 필요 없다. 빨리 간다고 부러워할 필요도 없다. 그 안에서 어떤 일이 벌어질지 모른다. 형편에 맞게 상황에 맞게, 과정을 즐기며 자기 길을 가면 된다. 그러므로 변화 속에서 놓치지 말아야 할 것은 본질이다.

삶의 여정 속에서 주체를 바꾸거나 장을 바꾸거나, 혹은 둘 다 바꾸며 노력해도 결과가 좋지 않을 수 있다. 방향을 잃을 수도 있다. 이때 나침반처럼 방향을 잡아줄 것도 결국 본질에 있다.

가끔 수업시간에 학생들에게 하얀 종이를 꺼내 들고 그 위에 작은 점을 그린 뒤, 뭐가 보이냐고 묻는다. 학생들 대부분은 점이라고 답한다. 당연하다. 그런데 조금 더 생각해 본다면, 점보다 더 많은 부분을 차지하고, 점이 놓일 수 있는 자리를 만드는 하얀 종이가 보인다고 말하는 것이 먼저 아닐까?

우리는 오랫동안 교육 받아왔다. 특징적인 것, 특별한 것, 특이한 것을 골라야 하는 훈련을 어려서부터 받았다. 요즘 학생들은 과거보다 아는 것도 많고, 말도 잘한다. 비판도 잘한다. 그런데 마음, 즉 머리가 아닌 가슴으로 느끼는 것이나 공감은 상대적으로 약하다. 머리와 입으로만 비판한다. 자연스레 우리의 의식은 평범한 것, 기초가 되는 것, '본질'이라는 것을 눈여겨보지 않게 되었다. 내가 왜 학교에 다니는지, 내가 왜 공부를 하는지, 내가 왜 이 수업을 듣는지, 내가 왜 사는지……. 본질로 이어진 질문과 대답은 거세되었다. 생략되었다.

더더구나 변화무쌍한 현실의 삶에서는 본질에서 생각하는 것이 더 중요하다. 『한비자』 외저설좌상(外儲說左上)에 '영서연설(郢書燕說)'이란 말이 있다.

영(郢) 사람이 연(燕)의 재상에게 편지를 썼다. 도중에 날이 어두워지자 하인에게 "촛불을 올리라"라고 말했는데, 실수로 이 말을 편지에 써서 보내게 되었다. 편지를 받은 재상은 촛불을 올리라는 말을 어진 이를 등용하라는 뜻으로 받아들여, 이를 시행했고 국가는 발전했다. 한비자는 말했다. 잘 다스려졌지만, 편지의 본뜻은 아니며, 세상의 학자들 가운데 이와 비슷한 경우가 많다고.[50] 물론 그렇다. 그러나 잘못된 해석이어도 좋은 결과를 가져올 수 있었던 것은 그 해석과 실천이 근본에서 벗어나지 않았기 때문이다. 변화의 시대, 결과와 가치를 예측하기 쉽지 않지만, 본질에서 생각하고 실천하면 실수가 적을 수밖에 없다. 끝나도 끝난 게 아닌 격동의 변화 속에서 나와 당신을 이끌어줄 등대, 바로 본질에 있다.

❖ 주체의 전환

뇌 과학자 게랄트 휘터(Gerald Huther, 1951~)는 『존엄하게 산다는 것』에서 망아지는 태어나자마자 학습 없이 일어나는데, 이는 선천적으로 행동 패턴이 형성되어 있기에 가능하다고 말한다. 그러나 인간에게는 태어나기 전에 입력된 행동 패턴, 즉 미리 형성된 신경망이 없다고 지적한다. 그러므로 실패와 만남을 통해 스스로 만들어야 한다고 그는 주장한다. 인간이 맞닥뜨리게 되는 다양한 변화 속에 인간의 "뇌는 다양한 단일 행동과 반응을 조화롭게 조정하기 위해 상위의 패턴을 형성하고 자동화시키는 단순화 작업"을 한다고 했다.[51] 그런데 상위의 패턴을 형성하고 자동화시키기 위해서는 자신이 어떤 존재로 살아가고 싶은지 기준을 세워야 한다. 주체에 대한 파악과 주체의 정립이 요구된다. 이러한 기초 위에 다양한 변화를 단순화시킬 수 있고, 그러면서도 변하는 자신을 인정하며, 꾸준히 정진할 수 있다.

주체를 파악하고 장의 변화를 읽었다면, 주체의 시각을 바꿔보자. 주체의 시각을 바꾸면, 장의 변화를 기다리지 않아도 된다. 장은 그대로인데 주체가 바뀐 것이다. 자주 언급하는 예를 들어보겠다. 여름이 되면 장마가 지고, 장마로 우리는 꼭 물난리를 겪는다. 우리는 수천 년 동안 이것을 우리의 약점으로 생각했다. 그런데 문제점을 미리 제어하고 방지할 수 있다면, 그것을 축제로 즐길 수 있지 않을까? 많은 사람들이 이상하게 생각할지 모르지만, 사실 나는 중랑천이나 양재천에 물이 불 때면 고무보트라도 타고서 상류에서 한강까지 가보고 싶은 생각이 든다. 래프팅(Rafting)을 먼 곳에서 할 것이 아니라 장마철에 동네 개천에서 축제를 열어 즐긴다면, 물의 축제, 비의 축제를 연다면……. 장은 그대로인데 장에 대한 가치와 이용이 변했다. 장에 근거한 주체의 인식 전환이 필요하다. 매번 '소 잃고 외양간 고치는' 방식보다 얻을 게 많다.

『손자병법』 허실편(虛實篇)에는 "전쟁에 항상 된 세가 없고, 물에 항상 된 형태가 없다(兵無常勢 水無常形)."라면서 변하지 않는 것은 없으니 변화에 맞춰 처해야 한다고 강조한다. 그러면서 '주체'라고 말할 수 있는 자신의 능력과 의지 외에, '장'으로 볼 수 있는 땅과 적을 이용해 목적을 달성하는 것을 제시한다. "물은 땅으로 흐름을 통제하고, 군사는 적으로 승리를 통제한다(水因地而制流 兵因敵而制勝)." 그래서 "적에 따라 변하여 승리를 취하는 자를 신이라 한다(能因敵變化而取勝者 謂之神)."고 말한다.

주체를 바꿔 새로운 시각으로 접근하여 수용하고 창조하자. 찐빵도 우리가 원조는 아니다. 하지만 찐빵의 장점은 일반 빵과 달리 독특하다. 냉동보관이 용이하고, 언제든지 꺼내 찌면 방금 만든 것처럼 맛있다. 파리의 빵이 한국 곳곳에 퍼졌다면, 파리 에펠탑 앞에 '서울 찐빵' 가게를 개점할 수도 있겠다. 지금의 장에서 주체를 바꾸면 행할 것이 차고도 넘친다.

스스로가 장을 조작해 주체를 바꾸는 방법도 그리 어렵지 않게 생각할 수 있다. 우리 속담에 "밤 잔 원수 없고, 날 샌 은혜 없다."라는 말이 있다. 밤에 잠을 자거나 날을 새우고 나면, 좋거나 나빴던 감정이 사라진다는 말이다. 미루어 활용하면, 장의 변화를 이용한 주체의 변화와 대응을 생각할 수 있다.

실천 가능한 두 가지 방법은 시간을 기다리든지, 장소를 바꾸든지. 시간을 기다리는 것은 포기하지 않는 인내와 끝 모를 노력이 필요하고, 장소를 바꾸는 것은 새로운 환경으로의 도전과 적응이 필요하다. 성공을 기약할 수는 없지만, 지금의 장이 가진 한계를 극복할 방법 가운데 하나이다. 물론 장소를 바꾸지 않고 그 자리에서 바꾸고 개선하는 노력으로 새로운 장을 만들 수도 있다.

더 나아가 노신(魯迅, 周樹人, 1881~1936)이 말한 이래도 좋고, 저래도 좋은 '정신 승리법'의 아Q 정도는 아니어도 "인생은 폭풍이 지나가길 기다리는 것이 아니라 빗속에서 춤추는 것을 배우는 것이다."라는 밀란 쿤데라(Milan Kundera, 1929~)의 말처럼 그 자체를 적극적으로 수용하며, 즐길 수도 있다. 각자 장의 변화 속에 주체에 맞게 행동하고 대응해야 할 것이다.

❖ 장의 전환

각주구검(刻舟求劍), 물에 빠진 칼을 찾기 위한 표시를 엉뚱한 곳에 했다. 장의 변화를 파악해 표시해야 했다. 우습게 보이지만, 나도 당신도 이런 실수를 지금 범하고 있는지 모른다. 변화에 정조준을 해야 한다. 발전은 과거에 머무는 것이 아니라, 장의 변화에 맞춰 미리 개혁하는 과정에 일어난다. 때론 너무 앞서서 환영받지 못하는 일이 생기기도 하지만, 때가 되어 장이 변하면 그 진가를 인정받는다.

프랑스 파리의 에펠탑(Eiffel tower)이 처음 지어졌을 때 사람들은 비판을 넘어 비난으로 에펠탑의 탄생을 맞이했다. 알렉상드르 귀스타브 에펠(Alexandre Gustave Eiffel, 1832~1923)이 1889년 파리에서 열린 만국박람회를 기념하기 위해 만든 에펠탑, 계획을 알릴 때도, 설계도를 발표할 때도, 사람들은 거센 비판을 쏟아냈다. 고풍스러운 고딕 양식이 가득한 파리에 철탑 흉물은 어울리지 않는다고, 심지어 언론에서는 에펠탑이 쓰러질 가능성도 있다는 악의적인 기사를 거침없이 쏟아냈다. 에펠탑을 거부하는 장이 팽팽하게 형성되었다. 그 속에 과학적, 객관적, 합리적 사고는 소용이 없다. 감정을 앞세운 선동과 구호만이 난무하고, 사람들은 이에 취해 생각을 굳혔다. 확증 편향, 초점주의, 매너리즘, 경로 의존성 등 앞서 언급했던 무수한 닫힌 사고의 행태가 작동했다.

마침내 박람회가 개막되었다. 사람들의 관심은 철조 탑에 쏠렸다. 탑이 쓰러지는 일은 발생하지도 않았다. 사람들의 관심은 박람회가 끝나며 차츰 식어갔다. 이후 무선 송신 중계소의 역할을 하고, 1935년 최초의 텔레비전 실험 방송 안테나 역할도 하면서 에펠탑은 그 자리를 지켰다. 파리 사람들은 늘 함께하는 에펠탑에 사랑과 관심을 보였고, 에펠탑은 프랑스를 상징하는 대표적인 명소가 되었다. 주체는 그대로인데 장이 변해 대접이 달라졌다.

주체를 파악하고 장의 변화를 읽었다면, 장을 바꿔보자. 인간은 생각하는 동물이다. 지금 내가 서 있는 장을 분석하고, 목표를 정한 뒤, 나아가자. 장에 따라 세상이 어떻게 달라지는지 똑똑히 확인할 필요도 있다. 주체를 바꿀 수 없다면, 장을 바꾸자.

중국 정부가 희망했던 하나의 중국으로 합쳐지는 것이 건국 초기와 달리 소수민족 젊은이들에게 거부감 없이 확산된다면, 이유는 뭘까? 변화의 동인은 중국의 발전, 경제력과 경쟁력 상승 등으로 인한(소수민족으로 존재하는 것보다 하나의 중국에 합류하는 것이 낫다는) 생각의 변화에 있다. 그리고 도시화, 현대화, 교통과 통신의 발달, 과학기술의 발달, 정부의 교육 관리 등은 편벽한 지역에 살고 있던 소수민족의 젊은이들을 전통사회 밖으로 끌어냈다. 이러한 것들이 변화 동인이 되어 장의 변화를 이끌었다.

과거 강압적 정책에 반발했던 젊은이들 대신에, 달라진 중국의 국제적 위상에도 편승하면서 지금의 젊은이는 하나의 중국을 향하고 있다. 그들의 아메리칸 드림이 북경과 상해 혹은 대도시에서의 꿈으로 진행되고 있다. 장의 변화에 의해 주체인 소수민족 젊은이들의 생각이 변했다. 그리고 그들은 자신의 장을 그에 맞춰 바꾸고 있다. 이게 어디 거기만의 일이고, 이게 어디 오늘만의 일이겠는가.

현대의 고전이 되어버린 『총·균·쇠』의 주장을 그대로 다 수용할 수 없지만, 민족마다 국가마다 역사가 다르게 진행된 것이 생물학적 차이보다 환경적 차이의 영향이라는 저자의 관점에는 동의한다. 바로 장의 영향이다. 야스퍼스가 언급한 기원전 5세기 전후로 지성의 발현이 동서양을 막론하고 일어난 것도, 1968년 냉전 시대에 현대적 사회운동이 동시다발적으로 갈라졌던 양쪽 진영을 막론하여 일어난 것도 같은 맥락에서 생각할 수 있다.

비슷한 장에 비슷한 일이 생기는 것은 이미 오랜 경험 속에 확인됐다. 명확하지 못하기 때문에 받아들이지 못한다는 비난이나, 과학적으로 입증되지 않았다는 무시는 각주구검의 어리석음과 다를 바 없다. 합리론자의 주장을 거부하고 경험론자의 주장을 옹호하는 식으로 답답하게 생각하지 말자. 앞에서 말한 방법론처럼 이분법적 구도를 벗어던지고, 경험의 귀납적 계시를 연역적 방법에 적용하여 생각할 필요가 있다.

같은 장에서는 같은 일이 반복될 가능성이 높다. 여름에 음식을 밖에 놓으면 곰팡이가 생기는 이유는 곰팡이가 생길 만한 장이 조성됐기 때문이다. 곰팡이뿐만 아니다. 진시황이 죽고 난 뒤, 2세 황제와 환관 조고 등에 의해 천하가 어지럽던 시절, 민심의 동요와 농민반란이 일어났다. 같은 장에서 같은 일이 반복됨은 인간사에서 반복되어 발견된다. 동일 조건이 되면 일어날 일은 언젠가 일어난다.

　　장은 굳어진다. 그러나 굳어진 장도 변한다. 오르막이 있으면 내리막이 있고, 내리막이 있으면 오르막이 있다. 인생 고개 아흔아홉 고개, 굽이굽이 무수한 사연이 버라이어티하게 포진해 있다. 그렁그렁 고여 온 땀과 눈물이 금방이라도 툭 터져 나올 판이다. 영원할 수 없다. 약발이 다하면 또 다른 변화에, 장은 요동친다.

　　이제 우린 우리를 둘러싼 장에 대하여, 적극적으로 그리고 진지하게 고민하고 실천할 때를 맞이했다. 비로소 어항 속 물고기가 어항 밖 세상을 생각하고, 물에 빠진 사자가 물 밖으로 나올 자각을, 뭍으로 올라온 상어가 다시 물속으로 들어갈 궁리를 시작했다. 인류도 3차원과 4차원의 세상을 넘어, 초공간(Hyper Space)을 생각하기 시작했다. 이제 시작이지만, 이러한 변화는 우리를 또다시 새로운 장으로 이끌 것이다.

지금까지 우리는 '장'에 관심을 두지 못했다. 장과 짝을 이루는 '주체'에 초점을 맞췄다. 그러나 사람, 사회, 문화를 고찰하면서 많은 문제가 단순히 주체만이 아니라, 그 주체를 둘러싼 '장'에 의해서 '변함'을 확인할 수 있었다. 물론 지금도 여전하다.

나는 상대적 입장에서 바라보는 것에 익숙하다. 많은 것을 상대적으로 보며 탐구한다. 과거에 그랬다면 현재에는 그리고 미래에는, 저기에서 그랬다면 여기에서는 그리고 다른 어디에서는……. 이러한 연구는 비교를 요구하지만, 우열을 따지는 것이 목적이 아니다. 나름 모두가 가치 있고 의미 있다는 생각에, 이러한 관찰과 연구를 통해 각자의 '나 · 여기 · 지금'의 삶이 보다 행복하고 만족스러울 수 있기를 기대한다.

왜? 우리는 매우 잘나고 대단한 것 같지만, 이 책에서도 다룬 것처럼 우리는 제한된 시간에 살고, 주어진 장 너머를 생각하지 못하는 절대적 한계를 갖고 있기 때문이다. 이때 바로 "너 자신을 알라"라는 말이 소환된다. 바로 인간의 한계를 알고, 그 속에서 충실한 삶을 살라는 의미와 통한다.

돌이켜보면 짧은 시간 동안, 행복을 추구하는 방식과 내용도 장에 따라 변했다. 노무현 대통령 때는 웰빙(Well-Being), 이명박 대통령 때는 욜로(YOLO), 박근혜 대통령 때는 소확행(작지만 확실한 행복)이 외환위기, 금융위기 등으로 이어지는 장의 변화 속에 조금씩 다르게 나타났다. 주체와 장의 상관성 속에 모든 것이 변해간다.

다루었던 수많은 인물은 모두 대단했다. 인류사적으로 손에 꼽을 정도의 뛰어난 인물이다. 그러나 그들은 모두 죽었다. 여기 지금 없다. 여기 지금 있는 것은 나 자신이다. 그러므로 나 자신이 그들보다 더 값지고 소중하다. 그러기에 그들의 삶을 참고할지언정 내 삶의 가치를 그들과 비교하여 우열을 따지며, 자신을 폄하하거나 자학하고 싶지는 않다. 주어진 장 속에서, 혹은 내가 서 있는 장 속에서, 나와 여기와 지금에서, 저마다의 고유한 행복 그 그릇을 충만하게 채우면 된다.

생각해 보니, 사는 동안 장의 영향을 절감했던 적이 몇 번 있다. 그중의 하나, 유학 시절 한국이 IMF를 겪었을 때이다. 모든 게 3배로 뛰었다. 한 끼 식사가 하루 밥값이 되었고, 1년 학비가 3년 학비가 되었다. 잠시 귀국할 때, 지도교수님은 국가에 의해 한 개인의 삶이 어떻게 영향을 받는지 잘 관찰하고 오라고 하셨다. 지금 생각하니 그분도 문화대혁명이라는 장 속에서 혹독한 고초를 겪었다. 장에 의해 개인의 인권은 물론 생계와 생명까지 위협받았다.

여전히 지금, 여기에서도 엄청난 장의 변화가 우리를 바보처럼, 혹은 신처럼 착각하게 만들고 있다. 주식과 펀드 열기에 쏙 빠지게 했던 장, 부동산 가격폭등이 일어났던 장, 메르스나 코로나 19 같은 전염병이 삶을 마비시켰던 장……. 계속 일어날 것이고, 그 장 속에서 우리는 비슷한 패턴으로 행동할 것이다. 장은 또 변할 것이다. 그리고 그 변화 속에서 예상치 못한 인생지사 새옹지마의 묘미도 맛볼 것이다.

지금의 장은 물질과 자본이 절대적 위치를 차지하고 모든 것을 좌우한다. 그러나 이러한 기준에서 조금만 벗어나 보면, 감사하고 고마워할 일이 너무 많다. 개인적으로도 돌아보면 어려운 장 속에서 공부를 마치고, 가정을 꾸리며 아옹다옹 살고 있다는 것은 그 어떤 물질적 가치와도 맞바꿀 수 없이 소중하다. 잃어버린 것에 혹은 상대적 박탈감에 아까운 시간을 탄식하며 보내기보다, 내가 가진 것들을 소중하게 돌아보며 내게 주어진 시간을 알차게 사는 것이, 나 자신과 주어진 시간에 대한 예의다.

많은 인물을 공부하고, 역대 왕조를 탐구하며, 다양한 장르에서 펼쳐진 변화를 연구하는 과정 속에 깨달은 것이 있다. 바로 중요한 것은 결국 나 자신이고, 여기 이 자리고, 지금 이 순간이라는 것이다. 나와 여기와 지금에 맞게 주체적으로 수용하여 창조적으로 헤쳐 나갈 뿐이다.

장이 어떤 식으로 전개될지 구체적으로 알고 대처하기는 어렵다. 하나 어떠한 장이 펼쳐지든 나 주체는 그 속에서 감사와 행복과 희망을 보고, 이를 키운다면, 장도 나 주체에 의해 다르게 존재할 것으로 생각한다.

이러한 맥락에서 이 책은 중국의 사람과 사회와 문화를 소재로 삼았지만, 결국 나의 경험과 삶의 궤적 속 이야기를 토대로 한다. 삶의 변화 속에서, 나를 둘러싼 장 속의 이야기로 나와 동떨어져 있지 않다. 그러므로 나와 다른 장의 삶을 산 사람에겐 낯설거나 동의하기 힘든 얘기도 있을 수 있다. 나름, 학문을 통해 배운 보편성과 객관성을 담보하려고 노력했음에도……. 나의 한계를 인정하고 더 노력하겠다고 다짐한다.

지천명의 삶을 넘긴 나의 삶도 간단하거나 단순하지 않았다. 드라마틱한 삶 속에서 수많은 우여곡절의 흔적이 아롱져 맺혀있다. 이 책을 읽고 있는 당신께서 그런 것처럼, 아니면 앞으로 그럴 것처럼 말이다. 이러한 궤적은 나만의 것이 아니다. 나의 장을 이루는 가족, 친구, 동료 등의 도움과 영향이 실로 컸다. 이 자리를 통해 감사의 인사를 드린다. 나와 장을 중첩하여 살아서 고맙다고, 선한 영향을 주어서 감사하다고.

그 가운데는 나를 괴롭힌 사람, 힘들게 한 사람도 있다. 변화와 장에서 생각하면 당시는 힘들었지만 이를 통해 나는 다른 변화를 추구할 수 있었고, 스스로 일으키기 힘든 장의 변화도 시도할 수 있었다. 자력으로 일으키기 힘든 것을 끔찍한 힘듦에 쫓겨, 새로운 변화와 장을 만든 것도, 결국 그들 덕분이니 감사할 일이다. 물론 견뎌냈기 때문일 것이다.

지난 기간 많은 공부를 하였다. 그리고 그 속에서 인풋과 아웃풋, 변화와 패턴, 주체와 장을 통해 세상을 넓고 크게 볼 수 있었다. 각각의 것에 대해 반박의 소지가 있고 이에 대하여 설명을 상세하게 할 필요가 있다. 어떤 것은 일부러 생략하기도 했지만, 어떤 것은 설명할 준비가 갖춰지지 않았다. 물론 앞으로 단단하게 다지고, 이론을 더 성숙시키겠다.

탐구하고 연구해야 할 것들이 참 많다. 그래서 전진만 한다. 전진하다가 나중에 막히거나 여유가 생기면 그때 돌아와 다시 그 못다 한 연구와 설명에 대한 작업을 진행하겠다. 디테일한 것에 사로잡혀 큰 것을 놓치고 싶지 않다.

달을 가리키는 손가락이 아닌, 달을 보는 게 먼저였다.

세상의 변화는 기쁨이 있으면 슬픔이 있고, 차는 것이 있으면 기우는 것이 있다. 변한다. 성현의 말씀도 이에 기초한다. 모든 것은 변한다. 하지만 이말은 변하지 않는다. 세상의 이치가 그렇지 않은 것이 어디 있으랴? 일희일비에 휘둘리다 보면, 당랑거철(螳螂拒轍), 사마귀의 어리석음과 위태로움을 벗어나지 못한다.

이 책의 주제와 관련하여, 보다 확대된 논의와 근거를 마련하기 위해 새로운 연구 과제를 신청했을 때, 비판의 날 선 소리를 듣고 기분이 좋을 수 없었다. 상처 받아 한동안 씁쓸한 마음, 나아가 옆에서 놀자고 조르던 아이들과 교수임에도 불구하고 부족한 남편 교수를 위해 모든 일을 도맡아 하는 아내에게 미안했다.

나름 노력했는데, 나도 이러한 주제가 얼마나 무모한지 아는데, 하지만 공부를 하면 할수록 생겨나는 의문과 그 의문을 향한 내 연구의 호기심은 달려오는 수레바퀴를 막겠다고 호기롭게 서 있는 사마귀처럼 무모하고 무기력했다. 지력도 쇠했다. 눈도 침침하고 몸도 여기저기…… 장자 양생주(養生主)의 지적이 옳다. 인간의 삶은 유한하고, 지식은 무한하다. 유한한 것으로 무한한 것을 좇는 모습, 불안하고 안타깝기 짝이 없는 모습, 내 욕심이다.

책을 마무리하며 또 다른 논문을 준비하며, 마음이 어수선하다. 변화의 끝을 알고, 인간의 한계를 아는데 그리고 '회색 코뿔소'를 대비하며 살자고 주장하는데, 이를 내 삶에 적용해야 하는데, 기진맥진한 몸으로 연신 자판을 두드리고, 침침해지는 두 눈을 부릅뜨며 모니터를 보고 있는 거북목의 내 모습.

이미 실천궁행은 물 건너간 것 같다.

　다시 본질로 돌아가 묻는다. 왜 사는가? 왜 존재하는가? 어려서의 길고도 다양했던 종교 편력과 그 속에서 갈구한 구도의 길이 지금의 연구에 모여 이어지고 있다. 젊은 날의 독경(讀經)이나 좌선(坐禪)보다, 연구는 내게 현실적이고 '나'적이다. 그래서 집과 학교에 "고독 속에 보내지 않은 나날은 낭비였다."라고 써놓고 부족한 힘을 모으고 있다. 변화는 시간과 함께한다. 시간이 없이 변화가 있을 수 없다. 그래서 "다 지나간다."라고 말하지만, 모든 것엔 마침이 있기에 주어진 시간 안에서 부단히 정진하며 살려 한다.

　글을 쓰는 사람 누구나 그렇겠지만, 머릿속에, 종이 위에 무수히 많은 모래성을 쌓았다 허물기를 반복했다. 호르헤 루이스 보르헤스가 쓴 『픽션들』에 나오는 "방대한 양의 책을 쓴다는 것은 쓸데없이 힘만 낭비하는 정신 나간 짓이다. 단 몇 분에 걸쳐 말로 완벽하게 표현해 보일 수 있는 어떤 생각을 500여 페이지에 걸쳐 길게 늘어뜨리는 짓"이라는 말도 인정한다.

　반복하지만 어쩌면 이 책은 그 누구를 대상으로 하지 않는다. 나 자신을 위해, 내가 읽고 싶은 글을 쓰려 했던 과정 속 산물인지 모른다. 그러면서도 아직 완성이라고 종지부를 찍지 못한 진행형의 성질을 갖는다.

　4년여 전 연구 계획서를 준비하며 생각한 책의 목차를 준수해야 했다. 글을 쓰며 다소 효과적인 목차도 떠올랐지만 계획서의 약속도 약속이기에 따라야 했다. 물론 장점은 있고, 많다. 그리고 이를 극대화하기 위해 최선의 노력을 다했다. 물론 또 변할 것이다. 그 변한 생각과 아이디어를 기초로 발전한 글을 선보이겠다.

어쨌거나 이러한 장을 마련해준 한국연구재단에 정말 감사를 드린다. 재단의 지원을 통한 나 자신 스스로의 연구에 대한 긍정, 그리고 경제적 도움은 지치고 불안한 생각을 정리하여 하나의 창작물을 만드는 데 큰 힘이 되었다(글을 탈고하는 가운데 변화와 장의 연장선에 있는 '변화의 탐구, 장이론의 구축'이란 연구계획이 장기과제로 선정되었다는 소식을 전해 들었다. 중국 소수민족, 중국과 민족, 중국과 한국, 동양과 세계, 인류와 자연의 문제를 앞으로 10년 동안 집중해서 연구할 수 있게 되었다).

오히려 이 글을 통해, 넓은 세상을 좁게 만들었는지 모르겠다. 그러나 결과적으로 나나 독자에게 세상을 더 넓게 만들어 줄 것이라 믿는다. 다시 묻는다. 바보? 그대는 왜 사는가? 느리지만 느끼고, 공부하고, 생각한 것을 남기며, 다시 이를 넘으며 보다 나은 세상을 만드는 데 일조하기 위해서……. 변화를 즐긴다.

시작하며

1   김덕삼,『문화의 수용과 창조』, 북코리아, 2013, 166쪽.

Ⅰ. 변화와 장으로의 초대

1   許倬云 著,『中國文化的發展過程』, 中華書局, 2017, 94~97쪽.

2   에릭 브린욜프슨, 앤드루 맥아피 저, 이한음 역,『제2의 기계 시대(인간과 기계의 공생이 시작된다)』, 청림출판, 2014, 64~66쪽.

3   새뮤얼 아브스만 저, 이창희 역,『지식의 반감기』, 책 읽는 수요일, 2014, 113~156쪽.

4   『莊子』德充符: 自其異者視之 肝膽楚越也 自其同者視之 萬物皆一也.

5   야마모토 시치헤이(山本七平) 저, 박용민 역,『공기의 연구, 일본을 조종하는 보이지 않는 힘에 대하여』, 헤이북스, 2018.

6   『장자』추수 편(秋水篇) "井中不可以語於海者 拘於虛也. 夏蟲不可以語於氷者 篤於時也. 曲士不可以語於道 束於敎也."

7   莊周遊於雕陵之樊, 覩一異鵲自南方來者, 翼廣七尺, 目大運寸, 感周之顙而集於栗林. 莊周曰: "此何鳥哉, 翼殷不逝, 目大不覩?" 蹇裳躩步, 執彈而留之. 覩一蟬, 方得美蔭而忘其身., 螳蜋執翳而搏之, 見得而忘其形, 異鵲從而利之, 見利而忘其眞. 莊周怵然曰: "噫! 物固相累, 二類召也!" 捐彈而反走, 虞人逐而誶之.

8   말파스 저, 김지혜 역,『장소와 경험』, 에코리브르, 2014, 133쪽.

9   말파스 저, 김지혜 역,『장소와 경험』, 에코리브르, 2014, 133쪽.

10   김덕삼,「이푸 투안(Yi-Fu Tuan)과 제프 말파스(Jeff Malpas)의 '장소'에 관한 연구」,『인문과학연구』, 2020.

11   김덕삼,「장소화의 양상과 의미 탐구-신화 공간을 중심으로」,『로컬리티 인문학』, 2019.

12   『장자』제물론(齊物論) "昔者莊周夢爲胡蝶, 栩栩然胡蝶也, 自喩適志與. 不知周也. 俄然覺, 則蘧蘧然周也. 不知周之夢爲胡蝶, 胡蝶之夢爲周與. 周與胡蝶, 則必有分矣. 此之謂物化."

13   金德三,「相生與老子思想」,『中國道敎』73, 北京: 2003, 28~32쪽.

14   『장자』제물론(齊物論) "非彼無我, 非我無所取."

15   『장자』제물론(齊物論) "物無非彼, 物無非是. 自彼則不見, 自是則知之. 故曰彼出於是, 是亦因彼."

16 김덕삼, 「장(場)과 장(場)이론에 대한 『장자』에서의 분석과 확장」, 『중국학논총』, 2021.

17 쿠르트 레빈 저, 박재호 역, 『사회과학에서의 場理論』, 민음사, 1987.

18 박병기, 『場理論 레빈』, 교육과학사, 1998, 12쪽.

19 니클라스 루만 저, 이철 · 박여성 역, 『사회적 체계들』, 한길사, 2020, 22쪽.

20 토마스 쿤 저, 김명자 역, 『과학혁명의 구조』, 동아출판사, 1992.

21 김덕삼 · 이병헌 · 최원혁, 「한국에서 진행된 '문학을 기초로 한 예술'에서의 '변화'와 그 속에서의 '패턴'탐구」, 『인문과 예술』, 2019, 172쪽.

22 파트리스 보네위츠 저, 문경자 역, 『부르디외 사회학 입문』, 동문선, 2000, 70~73쪽.

23 탈콧 파슨스 저, 윤원근 역, 『현대사회들의 체계』, 새물결, 1999.

24 야마구치 마사오 저, 김무곤 역, 『문화와 양의성』, 마음산책, 2014, 242~243쪽.

25 로버트 쉴러 저, 박슬라 역, 『내러티브 경제학』, 일에이치코리아, 2021.

26 김덕삼, 「장(場)과 장(場)이론에 대한 『장자』에서의 분석과 확장」, 『중국학논총』, 2021, 51~75쪽.

27 김덕삼, 「『장자(莊子)』와 제프 말파스(Jeff Malpas)의 입장에서 본 '장소와 존재'」, 『동방문화와 사상』, 2020, 221~235쪽.

28 金德三, 「相生與老子思想」, 『中國道敎』 73, 2003, 28~32쪽.

29 에릭 홉스봄 외 저, 박지향 · 장문석 역, 『만들어진 전통』, 휴머니스트, 2013.

30 에릭 브린욜프슨, 앤드루 맥아피 저, 이한음 역, 『제2의 기계 시대 (인간과 기계의 공생이 시작된다)』, 청림출판, 2014, 55~56쪽.

31 데이비드 필링 저, 조진서 역, 이콘, 2019.

32 이러한 측면에서 요시카와 히로시 교수의 『인구가 줄어들면 경제가 망할까』(최용우 역, 세종서적, 2017)를 검토해 볼 필요가 있다.

33 陸九淵, 『陸九淵集』語錄 上, 中華書局, 1980년, 395쪽.

34 김덕삼 · 이경자, 「顔元의 비판정신과 인문학의 반성」, 『儒敎思想文化研究』 62집, 2015년, 146쪽.

35 마크 뷰캐넌 저, 김희봉 역, 『우발과 패턴』, 시공사, 2014, 20쪽. H.A.L. Fisher, quoted in Richard Evans, In Defence of History (Granta Books, 1997), 29~30쪽.

36 리처드 도킨스 저, 홍영남 · 이상임 번역, 『이기적 유전자』, 을유문화사, 2010.

37 "凡事豫則立, 不豫則廢. 言前定則不跆, 事前定則不困, 行前定則不疚, 道前定則不窮."

38 하타무라 요타로, 윤정원 역, 『나와 조직을 살리는 실패학의 법칙』, 늘녘미디어, 2008.

39 유현준, 『도시는 무엇으로 사는가』, 을유문화사, 2015, 39쪽.

40 에레즈 에이든, 장바티스트 미셸, 김재중 역, 『빅데이터 인문학: 진격의 서막』, 사계절, 2015, 200쪽.

41 승효상, 『보이지 않는 건축 움직이는 도시』, 돌베개, 2016, 122쪽.

42 한나 아렌트 저, 김선욱 역, 『예루살렘의 아이히만』, 한길사, 2020; 한나 아렌트 저, 제롬 콘 편집, 서유경 역, 『책임과 판단』, 필로소픽, 2019.

43 김덕삼,『문수창, 문화의 수용과 창조』, 북코리아, 2013, 151쪽.

44 이상은 다음의 글을 참고하였다. EBS 지식채널 제작팀,『지식e3』, 북하우스, 2008; 토머스 키다 저, 박윤정 역,『생각의 오류』, 열음사, 2007; 로렌 슬레이터 저, 조중열 역,『스키너의 심리상자 열기』, 에코의서재, 2018; 김덕삼,『문수창, 문화의 수용과 창조』, 북코리아, 2013, 151~152쪽.

45 김승섭,『아픔이 길이 되려면-정의로운 건강을 찾아 질병의 사회적 책임을 묻다』, 동아시아, 2017, 59~61쪽.

46 미치오 카쿠 저, 박병철 역,『초공간』, 김영사, 2019년, 10~12쪽.

47 레베카 코스타 저, 장세현 역,『지금, 경계선에서-오래된 믿음에 대한 낯선 통찰』, 쌤앤파커스, 2011, 145쪽.

II. 사람에서의 변화와 장

1 『史記』孔子世家: 弟子三千人, 身通六藝者七十二人.

2 君子有三戒 少之時, 血氣未定, 戒之在色. 及其壯也, 血氣方剛, 戒之在鬪. 及其老也, 血氣旣衰, 戒之在得.

3 하이케 팔러 저, 김서정 역,『100 인생 그림책』, 사계절, 2019.

4 『열녀전』: 鄒孟軻之母也. 號孟母. 其舍近墓. 孟子之少也, 嬉遊爲墓間之事, 踊躍築埋. 孟母曰 : "此非吾所以居處子也", 乃去舍市傍. 其嬉戲爲賈人衒賣之事. 孟母又曰: "此非吾所以居處子也." 復徙舍學宮之傍. 其嬉遊乃設俎豆揖讓進退. 孟母曰: "眞可以居吾子矣", 遂居之. 及孟子長, 學六藝, 卒成大儒之名. 君子謂: "孟母善以漸化."『詩』云 '彼姝者子, 何以予之?', 此之謂也."

5 畢城 저, 김덕삼ㆍ이경자 역,『중국의 전통가정교육』, 경인문화사, 2005, 3~5쪽.

6 새뮤얼 아브스만 저, 이창희 역,『지식의 반감기』, 책읽는수요일, 2014.

7 『사기』맹자순경열전(孟子荀卿列傳): 適梁, 梁惠王不果所言 , 則見以爲迂遠而闊於事情. 當是之時, 秦用商君, 富國彊兵; 楚、魏用吳起, 戰勝弱敵; 齊威王、宣王用孫子、田忌之徒, 而諸侯東面朝齊. 天下方務於合從連衡, 以攻伐爲賢, 而孟軻乃述唐、虞、三代之德, 是以所如者不合.

8 董洪利,『孟子研究』, 江蘇古籍出版社, 2000, 193~194쪽.

9 董洪利,『孟子研究』, 江蘇古籍出版社, 2000, 194~203쪽.

10 이반 일리치 저, 박홍규 역,『학교 없는 사회』, 생각의나무, 2009.

11 『史記』李斯列傳: 臣請諸有文學詩書百家語者, 蠲除去之, 令到滿三十日弗去, 黥爲城旦. 所不去者, 醫藥蔔筮種樹之書. 若有欲學者, 以吏爲師.

12 任時先 著, 車錫基 譯,『中國敎育思想史』, 敎學硏究史, 1989, 112쪽.

13 『孟子』萬章下: 諸侯惡其害己也, 而皆去其籍.

14 『史記』李斯列傳: 古者天下散亂, 莫能相一, 是以諸侯並作, 語皆道古以害今, 飾虛言以亂實. 人善其所私學, 以非上所建立. 今陛下並有天下, 辨黑白而定一尊, 而私學乃相與非法教之制, 聞令下, 即各以其私學議之, 入則心非, 出則巷議, 非主以為名, 異趣以為高, 率群下以造謗. 如此不禁, 則主勢降乎上, 黨與成乎下, 禁之便.

15 『史記』秦始皇本紀: 私學而相與非法教.

16 『漢書』古祖本紀: 殺人者死, 傷人及盜抵罪. 餘悉除去秦法.

17 니콜라스 카 저, 최지향 역, 『생각하지 않는 사람들』, 청림출판사, 2015.

18 김경호, 「秦 始皇帝의 死亡 및 秦의 滅亡과 관련한 또 다른 문헌 ―北京大學藏西漢竹書(參) 趙正書罷註考―」, 『中國古中世史研究』, 第46輯, 2017, 145~178쪽.

19 『史記』秦始皇本紀: 始皇為人, 天性剛戾自用, 起諸侯, 并天下, 意得欲從, 以為自古莫及己.

20 『史記』秦始皇本紀: 秦王懷貪鄙之心, 行自奮之智, 不信功臣, 不親士民, 廢王道, 立私權, 禁文書而酷刑法, 先詐力而後仁義, 以暴虐為天下始.

21 『史記』秦始皇本紀: 秦王為人, 蜂準, 長目, 摯鳥膺, 豺聲, 少恩而虎狼心, 居約易出人下, 得志亦輕食人. 我布衣, 然見我常身自下我. 誠使秦王得志於天下, 天下皆為虜矣. 不可與久游.

22 『史記』秦始皇本紀: 維二十八年, 皇帝作始. 端平法度, 萬物之紀. 以明人事, 合同父子. 聖智仁義, 顯白道理. ……朝夕不懈. 除疑定法, 咸知所辟. 方伯分職, 諸治經易.

23 뢰스하오 저, 이지은 역, 『진시황: 신화가 된 역사 그리고 진실』, 지식갤러리, 2015, 120쪽.

24 『史記』秦始皇本紀: 秦王從其計. 見尉繚亢禮. 衣服食飲與繚同.

25 『史記』秦始皇本紀: 我布衣 然見我常身自下我.

26 대표적인 것이 『사기』 권86 자객열전(刺客列傳)에 실린 형가(荊軻)의 이야기고, 이것은 장예모 감독에 의해 영화 '영웅(英雄)'으로 제작되었다.

27 『史記』秦始皇本紀: 秦王政立二十六年, 初幷天下為三十六郡, 號為始皇帝. 始皇帝伍十一年而崩, 子胡亥立, 是為二世皇帝. 三年, 諸侯並起叛秦, 趙高殺二世, 立子嬰. 子嬰立月餘, 諸侯誅之, 遂滅秦.

28 김경호, 「秦 始皇帝의 死亡 및 秦의 滅亡과 관련한 또 다른 문헌 ―北京大學藏西漢竹書(參) 趙正書罷註考―」, 『中國古中世史研究』, 第46輯, 2017, 173쪽.

29 뢰스하오 저, 이지은 역, 『진시황: 신화가 된 역사 그리고 진실』, 지식갤러리, 2015.

30 P. 바츨라빅크, J.H. 뷔크란드, R. 피쉬, 박인철 역, 『변화』, 동문선, 1995, 36쪽.

Ⅲ. 사회에서의 변화와 장

1 로버트 J 고든, 이경남 역, 『미국의 성장은 끝났는가』, 생각의 힘, 2017.

2 스티븐 컨 저, 박성관 역, 『시간과 공간의 문화사 1880~1918』, 휴머니스트, 2013, 520~521쪽.

3 김덕삼, 『문수창, 문화의 수용과 창조』, 북코리아, 2013, 231쪽.

4 『관자(管子)』 대광편(大匡篇): 三十里置遽委.

5 楊寬,『戰國史』, 上海人民出版社, 1998, 337쪽.

6 크리스 피어스 저, 황보종우 역,『전쟁으로 보는 중국사』, 수막새, 2005, 45쪽.

7 천쭈화이 저, 남희풍 · 박기병 역,『중국을 말한다』4, 신원문화사, 2008, 22쪽.

8 『한비자』 난세편(難勢篇): 夫良馬固車, 伍十里而一置, 使中手御之, 追速致遠, 可以及也, 而千里可日致也.

9 WolframAlpha 사이트에서 계산. http://www.wolframalpha.com/input. 2016.02.17.

10 박은경,「[베이징의 속살]고속철-빠르게 진화하는 '중국의 자부심'」,『주간경향』, 2016년 10월 4일, 1195호. http://weekly.khan.co.kr, 2016년 10월 9일 검색.

11 천쭈화이 저, 남희풍 · 박기병 역,『중국을 말한다』4, 신원문화사, 2008, 15쪽. 제나라 임치(臨淄)의 인구는 전국시대에 27만 명 정도라고 한다. 반면 21쪽에는 임치의 인구를 7만 명 정도로 보고 있다.

12 천쭈화이 저, 남희풍 · 박기병 역,『중국을 말한다』4, 신원문화사, 2008, 276~277쪽.

13 楊寬,『戰國史』, 上海人民出版社, 1998, 434~443쪽.

14 김덕삼,『문수창, 문화의 수용과 창조』, 북코리아, 2013, 139쪽.

15 콜린 엘러드 저, 문희경 역,『공간이 사람을 움직인다』, 더퀘스트, 2016, 69쪽.

16 하름 데 블레이 저, 유나영 역,『왜 지금 지리학인가』, 사회평론, 2015, 16쪽.

17 윌리엄 파워스 저, 임현경 역,『속도에서 깊이로』, 21세기북스, 2011.

18 대표적으로 권중달 교수의 글(『새로운 시각으로 본 중국사 중국분열』, 도서출판 삼화, 2014)이 있고, 이러한 면은 따로 연구되어 한국과의 관계에서 재고해 볼 필요가 있다.

19 량치차오 저, 최형욱 역,『음빙실문집』, 지식을만드는지식, 2015, 24쪽.

20 외르크 되링 · 트리스탄 틸만 저, 이기숙 역,『공간적 전회』, 심산, 2015, 476쪽.

21 物有本末, 事有終始, 知所先後, 則近道矣.

22 김덕삼,「彝族과 漢族의 文化接變 樣相 硏究-雲南省 彝族의 精神文化를 중심으로」,『비교문화연구』, 경희대학교 비교문화연구소, 제26집, 2012, 172쪽.

23 김덕삼,「중국 소수민족 사회의 변화에 대한 다층적 해석 - 雲南省 石林彝族을 중심으로」,『중국 지식 네트워크』4, 2014, 76쪽.

24 郝時遠, 王喜恩 主編,『中國民族區域自治發展報告』(2010), 社會科學文獻出版社, 2011.

25 김덕삼,「石林彝族自治縣의 變化 環境과 前望」,『한중사회과학연구』, 서울: 한중사회과학학회, 24호, 2012, 123~125쪽.

26 2021년 6월 4일 발표, 인민정부 홈페이지 공시 자료(http://www.kmsl.gov.cn/ 2021년 10월 15일 검색).

27 김덕삼,「石林彝族自治縣의 變化 環境과 前望」,『한중사회과학연구』, 서울: 한중사회과학학회, 24호, 2012, 132쪽.

28 김덕삼,「雲南省 彝族 自治縣의 比較分析을 통한 少數民族의 實態 硏究」,『中國學論叢』, 서울:

고려대학교 중국학연구소, 제36집, 2012.

29 巴莫阿依, 『彝人的信仰世界』, 廣西人民出版社, 2004, 124~126쪽.

30 金德三, 「彝族과 漢族의 文化接變 樣相 研究-雲南省 彝族의 精神文化를 중심으로」, 『비교문화연구』 26집, 경희대학교 비교문화연구소, 2012, 168~169쪽.

31 元江, 新平은 자료 공시가 되어있지 않다. 김덕삼, 「石林彝族自治縣의 變化 環境과 前望」, 『한중사회과학연구』, 한중사회과학학회, 24호, 2012, 133쪽.

32 김덕삼, 「石林 彝族 傳統 哲學의 變化 動因 考察」, 『中國學論叢』, 서울: 고려대학교 중국학연구소, 제40집, 2013.

33 야마구치 마사오 저, 김무곤 역, 『문화와 양의성』, 마음산책, 2014.

34 翁獨健 編, 『中國民族關係史研究』, 中國社會科學出版社, 1984, 118~120쪽. 물론, '민족융합' 이전에 단결과 접근을 강조하고 공동발전을 강조해 동질성을 확보할 것이다. 李維漢, 『統一戰線問題與民族問題』, 人民出版社, 1981, 554쪽. 김덕삼, 「彝族과 漢族의 文化接變 樣相 研究-雲南省 彝族의 精神文化를 중심으로」, 『비교문화연구』, 서울: 경희대학교 비교문화연구소, 제26집, 2012, 154쪽.

35 루스 베네딕트 저, 이종인 역, 『문화의 패턴』, 연암서가, 2008년, 54쪽.

36 에드워드 쉴즈, 김병서 · 신현순 역, 『전통, 변하는 것과 변하지 않는 것』, 민음사, 1992, 278쪽.

37 김덕삼, 「도시화와 중국 소수민족의 한화(漢化)」, 『인문과학연구』, 2018, 117쪽.

38 김덕삼, 「中國 少數民族 文化接變 樣相의 變化 : 回族과 彝族의 文化를 중심으로」, 『비교문화연구』, 경희대학교 비교문화연구소, 29집, 2012, 161쪽.

39 황병하, 「위그르족 · 회족 무슬림의 정체성과 문화접변 양상 연구」, 『한국중동학회논총』 제30-3호, 2010, 252쪽.

40 이유진, 『여섯 도읍지 이야기』, 메디치미디어, 2018, 515쪽.

41 김덕삼, 「中國 少數民族 文化接變 樣相의 變化 : 回族과 彝族의 文化를 중심으로」, 『비교문화연구』, 경희대학교 비교문화연구소, 29집, 2012, 158~159쪽.

42 제프 말파스 저, 김지혜 역, 『장소와 경험』, 에코리브로, 2014, 238쪽.

43 김덕삼, 「디아스포라와 북경에서의 경험」, 김성환 외 7인, 『장소철학 2』, 서광사, 2021.

44 야마구치 마사오 저, 김무곤 역, 『문화와 양의성』, 마음산책, 2014.

45 중앙일보, 2019. 01. 04. 20면, "유성운의 역사정치: 산업혁명 500년 전 영국보다 잘 살았던 송나라는 왜 망했나."

46 천광중 저, 박지민 역, 『풍경』, 현암사, 2007, 210쪽.

47 余華, 『活着』, 作家出版社, 2017; 위화 저, 백원담 역, 『인생』, 푸른숲, 2007.

48 김영수, 『난세에 답하다: 사마천의 인간 탐구』, 알마, 2008, 27쪽.

49 司馬遷 撰, 『史記』 第十冊, 中華書局, 1982, 3319.

50 후지타 가쓰히사 저, 주혜란 역, 『사마천의 여행 – 사기를 탄생시킨』, 이른아침, 2004.

51 司馬遷 撰, 『史記』第十冊, 中華書局, 1982, 3293쪽.

52 司馬遷 著, 瀧川資言 會注考證, 『史記會注考證』第十卷, 北岳文藝出版社, 1999, 5197쪽.

53 김영수, 『난세에 답하다: 사마천의 인간 탐구』, 알마, 2008, 29쪽.

54 천퉁성, 『역사의 혼 사마천』, 김은희 · 이주노 역, 이끌리오, 2002, 67쪽.

55 班固 撰 · 顔師古 注, 『漢書』卷六十二, 司馬遷傳第三十二, 中華書局, 1960, 2732쪽.

56 司馬遷 撰, 『史記』第八冊, 中華書局, 1982, 2451쪽, 「廉頗 · 藺相如列傳」에서 사마천의 평.

IV. 문화에서의 변화와 장

1 진정 저, 김효민 역, 『중국과거문화사』, 동아시아, 2003, 116쪽.

2 진정 저, 김효민 역, 『중국과거문화사』, 동아시아, 2003, 113~116쪽.

3 김덕삼, 「戰國時期 稷下學宮을 통해 본 韓國 大學改革의 과제」, 『중국연구』53권, 2012, 97~98쪽.

4 『사기』 공자세가(孔子世家): 弟子三千人, 身通六藝者七十二人.

5 江石滿, 『中國敎育』, 安徽敎育出版社, 2002, 14쪽.

6 이를 「근대 서양교육 전파가 중국 교육 패러다임 변화에 미친 영향」(김덕삼 · 이경자, 『인문과학연구논총』35권 4호, 2014)에서는 정치, 경제, 문화로 구분하여 알아보았다.

7 鄭觀應, 「西學」, 『盛世危言』(1894), 華夏出版社, 2002, 111~112쪽.

8 김덕삼, 「안원 교육 사상의 특징과 현대적 가치 탐구」, 『중국학논총』53권, 2016.

9 Tyack, David B., Cuban, Larry, 『Tinkering Toward Utopia: A Century of Public School Reform A Century of Public School Reform』, Harvard University Press, 1997.

10 앨프리드 화이트헤드 저, 오영환 역, 『과정과 실재-유기체적 세계관의 구상』, 민음사, 2019, 118쪽.

11 김덕삼 편저, 『도교의 기원』, 시간의 물레, 2006, 125쪽.

12 김덕삼, 『中國 道家史 序說 I 』, 경인문화사, 2004, 214; 黃老之術 …… 事實上是培植於齊 發育於齊 而昌盛於齊的; 郭末若, 『十批判書』, 東方出版社, 1996, 157쪽.

13 『魏源集 · 老子本義序』

14 김덕삼, 『中國 道家史 序說 I 』, 경인문화사, 2004, 15~20쪽.

15 熊鐵基, 『秦漢新道家』, 上海人民出版社, 2001, 7쪽.

16 김덕삼 편저, 『도교의 기원』, 시간의 물레, 126~127쪽.

17 김덕삼, 『中國 道家史 序說 I 』, 경인문화사, 2004, 221쪽.

18 王葆玹, 『老莊學新探』, 上海文化出版社, 2002, 9~17쪽.

19 王葆玹, 「"黃老易"和"莊老易"-道家經典的系統性及其流變」, 『道家文化硏究』, 第12輯, 1998, 31~51쪽.

20 王葆玹, 「南北道家貴陰貴陽說之歧異」, 『道家文化硏究』, 第15輯, 1999, 56~63쪽.

21 丁原明, 『黃老學論綱』, 山東大學出版社, 1997, 73~74쪽.

22 김덕삼 · 이경자, 「진시황의 삶을 통해 본 교육적 의미」, 『中國學論叢』, 2019, 285~308쪽.

23 『사기』 육가열전(陸賈列傳): 陸生時時前說稱詩書 高帝罵之曰 廼公居馬上而得之 安事詩書 陸生曰 居馬上得之 寧可以馬上治之乎.

24 『新語』 無爲: 道莫大於無爲.

25 熊鐵基, 『秦漢新道家』, 上海人民出版社, 2001, 75쪽.

26 熊鐵基, 『秦漢新道家』, 上海人民出版社, 2001, 77쪽.

27 王葆玹, 『老莊學新探』, 上海文化出版社, 2002, 271~276쪽.

28 湯德用 等 主編, 『中國考試辭典』, 黃山書社, 1998, 348쪽.

29 張運華, 『先秦兩漢道家思想硏究』, 吉林敎育出版社, 1998, 194~196; 陳黃忠 · 梁宗華, 『道家與中國哲學-漢代卷-』, 人民出版社, 2004, 12~29쪽.

V. 변화와 장이론의 여지

1 김준오, 『문학사와 장르』, 문학과 지성사, 2000, 164쪽.

2 성기열 저, 『한국 민담의 세계』, 인하대학교 출판부, 1982, 149~150쪽.

3 이언 스튜어드 저, 김동광 역, 『자연의 패턴』, 사이언스북스, 2014, 17~18쪽.

4 S. Zizek, Living in the End times, Verso, 2010. 이 설명도식은 본래 스위스 태생의 심리학자 Elisabeth Kuebler-Ross의 '슬픔의 5단계' 도식을 차용해 온 것이다. 그는 암환자의 사례를 들어 심리변화의 단계를 설명한다.

5 찰스 P. 킨들버거 저, 주경철 역, 『경제 강대국 흥망사 1500~1990』, 까치, 2005.

6 대런 애쓰모글루 외 저, 최완규 역, 『국가는 왜 실패하는가?』, 시공사, 2012.

7 레빈, 쿠르트(Lewin, Kurt) 저, 박재호 역, 『사회과학에서의 場理論(Field theory in social science)』, 민음사, 1987.

8 미치오 카쿠 저, 박병철 역, 『초공간』, 김영사, 2019년, 56~57쪽.

9 마크 뷰캐넌 저, 김희봉 역, 『사회적 원자』, 사이언스북스, 2014, 25쪽.

10 마크 뷰캐넌 저, 김희봉 역, 『사회적 원자』, 사이언스북스, 2014, 29쪽.

11 知彼知己 百戰不殆 不知彼而知己 一勝一負 不知彼不知己 每戰必殆.

12 앙리 베르그송 저, 이광래 역, 『사유와 운동』, 문예출판사, 1993, 9쪽.

13 에레즈 에이든, 장바디스트 미셸 저, 김재중 역, 『빅 데이터 인문학』, 사계절, 2015, 200쪽.

14 피터 브래넌 저, 김미선 역, 『대멸종 연대기』, 흐름출판사, 2019.

15 『지구를 위한다는 착각』(마이클 셸런버거 저, 노정태 역, 부키, 2021)이나 『불편한 사실』(그레고리 라이트스톤 저, 박석순 역, 어문학사, 2021) 등이 그렇다.

16 네이트 실버 저, 이경식 역, 『신호와 소음』, 더퀘스트, 2014.

17 함인선,『정의와 비용 그리고 도시와 건축』, 마티, 2014, 19~23쪽.

18 김덕삼,「우연과 성공의 관계 탐구」,『가설과 상상』 제5집, 2016, 3~22쪽.

19 신 줌페이 저, 이수경 역,『우리는 어떻게 지구에서 살게 되었을까: 인류가 탄생하게 된 12가지 우연』, 비룡소, 2012.

20 Simonton, 1999, 9쪽. 강이철,「우연적 발견 능력(Serendipity)의 신장을 위한 교수-학습 방안」,『교육공학연구』 22권 제3호, 2006, 104쪽. 앞의 자료를 근거로 내용을 수정하면서, 한글로 번역하였다.

21 김덕삼 · 최원혁,「한류의 우연성에 대한 연구」, 명지대학교『인문과학연구논총』, 2015.11.

22 김덕삼 · 최원혁,「제주도 문화의 분석, 확대, 창조에 대한 다각적 고찰」,『인문연구』 71호, 영남대학교 인문과학연구소, 2014. 08; 김덕삼 · 최원혁,『'제주발전연구원발전총서9' 세렌디피티로서의 제주문화』, 2014.08.

23 김덕삼,「거대 부산 전략 시론」, 부산광역시 시사편찬위원회,『항도부산』, 2016. 05.

24 君子之行 靜以修身 儉以養德 非澹泊無以明志 非寧靜無以致遠. 夫學須靜也 才須學也. 非學無以廣才 非靜無以成學. 慆慢則不能研精 險躁則不能理性. 年與時馳 志與歲去 遂成枯落. 悲嘆窮廬 將復何及也.

25 마이클 패러데이 저, 박택규 역,『양초 한 자루에 담긴 화학 이야기』, 서해문집, 1998.

26 김호동 저,『아틀라스 중앙 유라시아사』, 사계절, 2017, 114쪽.

27 디 브라운 저, 최준석 역,『나를 운디드니에 묻어주오』, 나무심는사람, 2002.

28 세오 다쓰히코 저, 최재영 역,『장안은 어떻게 세계의 수도가 되었나』, 황금가지, 2006, 22쪽.

29 김덕삼,「중국의 경제 성장과 교육의 변화」,『교육사상연구』 27권 3호, 2013.

30 장웨이웨이 저, 성균중국연구소 역,『중국은 문명형 국가다』, 지식공작소, 2018, 157쪽.

31 김덕삼 · 이경자,「'변화'와 '장(場)'을 통한 중국 근대교육의 분석과 가치」,『인문과 예술』, 2021, 218~219쪽.

32 린상리 저, 성균중국연구소 역,『현대 중국 정치』, 사회평론아카데미, 2020.

33 김덕삼,「도시화와 중국 소수민족의 한화(漢化)」,『인문과학연구』, 2018, 104~105쪽.

34 劉先照 · 韋世明,『民族文史論集』, 民族出版社, 1985, 22쪽.

35 孫進已,「我國歷史上民族關係的几个問題」, 翁獨建 編『中國民族關係史研究』, 中國社會科學出版社, 1984, 108쪽.

36 송재윤,『슬픈 중국: 인민민주독재 1948-1964』, 까치, 2020, 289쪽.

37 주용식,「중국의 국가 대전략 '하나의 중국': 대한족주의(大漢族主義)와 지역 패권주의」,『新亞細亞』, 신아시아연구소, 21권 4호, 2014, 59~65쪽.

38 마페졸리 저, 박정호 · 신지은 역,『부족의 시대』, 문학동네, 2018, 238쪽, 275쪽.

39 西田幾多郎,『西田幾多郎全集』 新版(第3卷), 岩波書店, 2003.

40 김덕삼 · 최원혁 · 이경자,「근현대 패러다임의 전환과 내재성에 대한 고찰: 전통과 근대에 대

한 한국적 再考를 중심으로」,『인문과학연구』제23집, 2014.

41   김덕삼,『문수창, 문화의 수용과 창조』, 북코리아, 2013, 27쪽.

42   우석균 엮음,『오르비스 테르티우스 (라틴아메리카 석학에게 듣는다)』, 그린비, 2021.

43   김덕삼,「장소화의 양상과 의미 탐구-신화 공간을 중심으로」,『로컬리티 인문학』, 2019, 49~81쪽.

44   나오미 오레스케스 · 에릭 M. 콘웨이 저, 홍한별 · 강양구 역,『다가올 역사, 서양 문명의 몰락』, 갈라파고스, 2015, 19~20쪽.

45   황태연,『감정과 공감의 해석학』1, 청계, 2015; 김덕삼 · 최원혁 · 이경자,「동서양 문명 교류에서 본 '공감'」,『中國과 中國學』, 2017; 김덕삼,「공감과 치유로서의 서울」,『인문과 예술』, 2017; 김덕삼,「공감과 공유로서의 도시 북경(北京)-천(天)에서 인(人), 이상(理想)에서 현실(現實)로의 전환」,『도시인문학연구』, 2015; 김덕삼 · 최원혁,「선진유가에 나타난 공감으로서의 나 여기 지금」,『유교사상문화연구』, 2013.

46   김덕삼,『문수창, 문화의 수용과 창조』, 북코리아, 2013, 71쪽.

47   리디아 강 · 네이트 페더슨 저, 부희령 역,『돌팔이 의학의 역사』, 더봄, 2020.

48   博學之, 審問之, 愼思之, 明辨之, 篤行之. 有弗學, 學之弗能弗措也; 有弗問, 問之弗知弗措也; 有弗思, 思之弗得弗措也; 有弗辨, 辨之弗明弗措也; 有弗行, 行之弗篤弗措也; 人一能之己百之, 人十能之己千之. 果能此道矣, 雖愚必明, 雖柔必強.

49   김덕삼,『문수창, 문화의 수용과 창조』, 북코리아, 2013, 165~166쪽.

50   "鄧人有遺燕相國書者, 夜書, 火不明, 因謂持燭者曰: '擧燭'而誤書擧燭. 擧燭, 非書意也. 燕相國受書而說之, 曰: '擧燭者, 尚明也; 尚明也者, 擧賢而任之.' 燕相白王, 王大悅, 國以治. 治則治矣, 非書意也. 今世學者 多似此類."

51   게랄트 휘터 저, 박여명 역,『존엄하게 산다는 것』, 인플루엔셜, 2019, 121~125쪽.

부족한 지식은 아래의 자료에 힘입은 바 크다. 처음에는 교양서적에 맞춰 각주를 대부분 없앴다가, 다시 살려 각주와 미주로 돌렸다. 아무리 교양서라고 해도 궁금한 것이나 더 알고 싶은 것이 있다고 생각했기 때문이다. 그런데도 자료를 일일이 소개 못한 경우가 있다. 아래의 문헌을 참고하기 바란다. 본 과제를 종료하고, 연구재단으로부터 최종 출판 승인이 난 뒤, 출판사에서 출판하기까지 시간의 공백이 있었다. 그사이에 몇 편의 관련 논문을 발표하고(김덕삼, 「장(場)과 장(場)이론에 대한 『장자』에서의 분석과 확장」, 『중국학 논총』, 2021, 김덕삼 · 이경자, 「장(場) 개념의 사용과 확장 탐구」, 『동방문화와 사상』, 12, 2022), 이를 본서에 부분적으로 반영하였다.

본문에서 타인의 글을 인용한 경우 출처를 모두 밝혔지만, 나의 글에 대해서는 중요도에 따라 일부는 출처를 밝혔고, 일부는 생략했다. 본문의 Ⅱ장부터 Ⅳ장까지는 과거에 발표한 논문을 대폭 수정하고 간추려 글 속에 녹였다. 참고한 대표 연구를 아래 정리하여 밝힌다.

Ⅱ. 사람에서의 변화와 장

1. 공자의 삶과 사상에서: 김덕삼, 「중국의 발전과 공자의 위상 변화」, 『유교사상문화연구』, 2015.
2. 맹자의 고사와 평가에서: 김덕삼, 「맹자의 교육 경험과 이론을 토대로 한 '장'과 '주체'의 교육적 가치」, 『인문과학연구』, 2019.
3. 진시황의 통일과 업적에서: 김덕삼 · 이경자, 「진시황의 삶을 통해 본 교육적 의미」, 『中國學論叢』 제63집, 2019.

Ⅲ. 사회에서의 변화와 장

1. 고대와 현대 사회에서: 김덕삼, 「時間과 空間의 境界를 넘어서 思考하기 -戰國七雄과 G7을 중심으로-」, 『동아시아고대학』, 2017.
2. 소수민족 사회에서: 김덕삼, 「場의 변화를 통한 중국 少數民族의 自願的 변화 고찰」, 『中國研究』, 2013.
3. 사회의 관계와 영향에서: 김덕삼, 「중국 소수민족 문화접변 양상의 변화: 회족과 이족의 문화를 중심으로」, 『비교문화연구』, 2012; 김덕삼 · 이경자, 「사마천의 삶과 교육 연구」, 『人文學研究』, 2018.

Ⅳ. 문화에서의 변화와 장

1. 문학예술에서: 김덕삼 · 이병헌 · 최원혁, 「한국에서 진행된 '문학을 기초로 한 예술'에서의 '변화'와 그 속에서의 '패턴'탐구」, 『인문과 예술』, 2019.
2. 교육문화에서: 김덕삼, 「중국 교육 패러다임의 변화와 특징」, 『중국학논총』, 2018.
3. 정신문화에서: 김덕삼, 「'변화'와 '장'을 통한 한대 도가 사상의 고찰: 황로학을 중심으로」, 『중국지식네트워크』, 2019.

(1) 원전

『論語』, 『孟子』, 『大學』, 『中庸』, 『老子』, 『莊子』, 『荀子』, 『韓非子』, 『管子』, 『商君書』, 『黃帝內徑』, 『呂氏春秋』, 『淮南子』, 『新語』, 『列女傳』, 『史記』, 『漢書』, 『後漢書』, 『朱子語類』, 『隨書』, 『說文解字』, 『玉篇』

(2) 국내 저서

강진아, 『문명제국에서 국민국가로』, 창비, 2015.

공상철, 『중국을 만든 책들 : 16가지 텍스트로 읽는 중국 문명과 역사 이야기』, 돌베개, 2014.

교육철학회, 『변화하는 교육 패러다임 : 교육철학적 분석과 비판』, 교육철학회, 1999.

권중달, 『새로운 시각으로 본 중국사 중국분열』, 삼화, 2014.

김경수, 『출토문헌을 통해서 본 중국 고대 사상』, 심산출판사, 2008.

김광억 · 양일모, 『중국 문명의 다원성과 보편성』, 아카넷, 2014.

김덕삼, 『문화의 수용과 창조』, 북코리아, 2013.

김덕삼 편저, 『도교의 기원』, 시간의 물레, 2006.

김덕삼, 『中國道家史序說Ⅰ』, 景仁文化史, 2004.

김덕삼 · 최원혁, 『'제주발전연구원발전총서9' 세렌디피티로서의 제주문화』, 나여기지금, 2014.

김덕삼, 「디아스포라와 나쁜 장소-북경에서의 경험」, 김성환 외 7인, 『장소철학 2』, 서광사, 2021.

김민주, 『하인리히 법칙』, 미래의 창, 2008.

김승섭, 『아픔이 길이 되려면』, 동아시아, 2017.

김영수, 『난세에 답하다: 사마천의 인간 탐구』, 알마, 2008.

김영식, 『동아시아 과학의 차이』, 사이언스북스, 2013.

김용학, 『사회구조와 행위』, 나남, 2003.

김일철, 『사회구조와 사회행위론』, 전예원, 1986.

김준오, 『문학사와 장르』, 문학과 지성사, 2000.

김철운, 『공자와 유가』, 서광사, 2005.

김충열, 『노장철학강의』, 예문서원, 1997.

김택민, 『중국 역사의 어두운 그림자』, 신서원, 2005.

김형효, 『구조주의 사유체계와 사상』, 인간사랑, 2014.

김호동 저, 『아틀라스 중앙유라시아사』, 사계절, 2017.

김흥식 엮음, 『원문으로 보는 친일과 명문장 67선』, 2020.

박병기, 『場理論 레빈』, 교육과학사, 1998.

박영규 외 10인 저, 『사회과학 명저 재발견2』, 서울대학교출판문화원, 2018.

박정호 · 양운덕 · 이봉재 · 조광제 엮음, 『현대 철학의 흐름』, 동녘, 1997.

박한제 · 감형종 · 김병준 · 이근명 · 이준갑 저, 『아틀라스 중국사』, 사계절, 2016.

서경호, 『아편전쟁』, 일조각, 2020.

서울대학교 중국연구소, 『개혁 중국: 변화와 지속』, 한울아카데미, 2019.

송재윤, 『슬픈 중국: 인민민주독재 1948-1964』, 까치, 2020.

승효상, 『보이지 않는 건축 움직이는 도시』, 돌베개, 2016.

신승하, 『중국현대사』, 대명출판사, 1993.

연세대 국학총서, 『서구문화의 수용과 근대 개혁』, 2004.

유근배 외 8인 저, 『사회과학 명저 재발견1』, 서울대학교출판문화원, 2013.

윤영관 외 6인 저, 『사회과학 명저 재발견4』, 서울대학교출판문화원, 2018.

이경자, 『중국 고등교육사』, 한국학술정보, 2008.

이근세, 『효율성』, 은행나무, 2019.

이병진, 『교육리더십 : 새로운 교육의 패러다임』, 학지사, 2003.

이승환, 『유가사상의 사회철학적 재조명』, 고려대학교출판부, 1998.

이유진, 『여섯 도읍지 이야기』, 메디치미디어, 2018,

李春植, 『中國史序說』, 敎保文庫, 1991.

이훈, 『만주족 이야기-만주의 눈으로 청 제국사를 새로 읽다』, 너머북스, 2018.

전인갑, 『현대중국의 제국몽 帝國夢-중화의 재보편화 100년의 실험』, 학고방, 2016.

전재성 외 9인 저, 『사회과학 명저 재발견3』, 서울대학교출판문화원, 2018.

전형준, 『동아시아적 시각으로 보는 중국문학』, 서울대학교출판부, 2004.

정재서 · 전수용 · 송기정, 『신화적 상상력과 문화』, 이화여자대학교출판부, 2010.

조동일, 『동아시아 문명론』, 지식산업사, 2010.

최인철, 『프레임』, 21세기북스, 2007.

何柄棣,『中國科學制度의 社會史的 研究』, 東國大學校出版部, 1988.

함인선,『정의와 비용 그리고 도시와 건축』, 마티, 2014.

홍석표,『중국 근대학문의 형성과 학술문화담론』, 북코리아, 2012.

황태연,『감정과 공감의 해석학』 1, 청계, 2015.

황태연,『공자와 세계』, 1~5권, 청계, 2011.

(3) 역서

갈조광 저, 김효민 외 3인 역,『전통시기 중국의 안과 밖 : '중국'과 '주변' 개념의 재인식』, 소명출판사, 2019.

게랄트 휘터 저, 박여명 역,『존엄하게 산다는 것』, 인플루엔셜, 2019.

게르트 기거랜처 저, 안의정 역,『생각이 직관에 묻다』, 추수밭, 2008.

나오미 오레스케스 · 에릭 M. 콘웨이 저, 홍한별 · 강양구 역,『다가올 역사, 서양 문명의 몰락』, 갈라파고스, 2015.

나카무라 유지로 저, 박철은 역,『토포스: 장소의 철학』, 그린비, 2021.

네이트 실버 저, 이경식 역,『신호와 소음』, 더퀘스트, 2014.

니담 저, 이석회 외 2인 역,『중국의 과학과 문명 2』, 을유문화사, 1986.

니클라스 루만 저, 박여성 역,『사회체계이론 1, 2』, 한길사, 2010.

도린 매시 저, 박경환 · 이영민 · 이용균 역,『공간을 위하여』, 심산, 2016.

데이비드 필링 저, 조진서 역, 이콘, 2019.

디 브라운 저, 최준석 역,『나를 운디드니에 묻어주오』, 나무심는사람, 2002.

량치차오 저, 최형욱 역,『음빙실문집』, 지식을만드는지식, 2015.

레베카 코스타 저, 장세현 역,『지금, 경계선에서』, 쌤앤파커스, 2011.

레이몽 부동 저, 민문홍 역,『사회변동과 사회학』, 한길사, 2011.

로렌 슬레이터 저, 조중열 역,『스키너의 심리상자 열기』, 에코의서재, 2018.

로버트 벨라 저, 박영신 역,『사회변동의 상징구조』, 삼영사, 1981.

로버트 쉴러 저, 박슬라 역,『내러티브 경제학』, 일에이치코리아, 2021.

루스 베네딕트 저, 이종인 역,『문화의 패턴』, 연암서가, 2008.

루크 도멜 저, 노승영 역,『만물의 공식』, 반니, 2014.

뤼스하오 저, 이지은 역,『진시황: 신화가 된 역사 그리고 진실』, 지식갤러리, 2015.

리디아 강 · 네이트 페더슨 저, 부희령 역,『돌팔이 의학의 역사』, 더봄, 2020.

리처드 니스벳 저, 최인철 역,『생각의 지도』, 김영사, 2004.

리처드 도킨스 저, 홍영남 · 이상임 역,『이기적 유전자』, 을유문화사, 2010.

르네 지라르 저, 김진식 역,『문화의 기원』, 기파랑, 2006.

마가렛 미드 저, 조혜정 역,『세 부족사회에서의 성과 기질』, 이화여자대학교출판부, 1996.

마르셀 그라네 저, 유병태 역,『중국사유』, 한길사, 2015.

마르쿠스 슈뢰르 저, 배정희 · 정인모 역,『공간, 장소, 경계』, 에코리브르, 2010.

마빈 해리스 저, 박종렬 역,『문화의 수수께끼』, 한길사, 2006.

마크 뷰캐넌 저, 김희봉 역,『우발과 패턴』, 시공사, 2014.

마틴 반 크레벨드 저, 김하현 역,『예측의 역사』, 현암사, 2021.

모리스 메를로 퐁티 저, 류의근 역,『지각의 현상학』, 문학과지성사, 2002.

모리스 메를로 퐁티 저, 김웅권 역,『행동의 구조』, 동문선, 2008.

미야나가 히로시 저, 김정환 역,『세렌디피티의 법칙』, 북북서, 2007.

미셸 마페졸리 저, 박정호 · 신지은 역,『부족의 시대』, 문학동네, 2018.

바츨리빅크 저, 박인철 역,『변화』, 동문선, 1995.

미치오 카쿠 저, 박병철 역,『초공간』, 김영사, 2019년.

사카모토 히로코 저, 양일모 · 조경란 역,『중국 민족주의의 신화』, 지식의 풍경, 2006.

새뮤얼 아브스만 저, 이창희 역,『지식의 반감기』, 책읽는 수요일, 2014.

세오 다쓰히코 저, 최재영 역,『장안은 어떻게 세계의 수도가 되었나』, 황금가지, 2006.

스티브 컨 저, 박성관 역,『시간과 공간의 문화사 1880~1918』, 휴머니스트, 2013.

신 줌페이 저, 이수경 역,『우리는 어떻게 지구에서 살게 되었을까? – 인류가 탄생하게 된 12가지 우
연』, 비룡소, 2013.

C.P.피쯔제랄드, 이병희 역,『중국의 세계관』, 민족문화사, 1986.

안드레 군더 프랑크,『리오리엔트』, 이희재 역, 이산, 2003.

안베 유키오 저, 홍채훈 역,『일본경제 30년사』, 에이지21, 2020.

알랭바디우 저, 박영기 역,『변화의 주체』, 2015.

알렉산더 우드 사이드 저, 민병희 역,『잃어버린 근대성들』, 너머북스, 2012.

앙리 베르그송, 이광래 역,『사유와 운동』, 문예출판사, 1993.

앤서니 기든스 · 필립 서튼 저, 김용학 외 역,『현대사회학』, 을유문화사, 2018.

앨버트 허시먼 저, 강명구 역,『떠날 것인가, 남을 것인가』, 나남출판, 2005.

앨프리드 화이트헤드 저, 오영환 역,『과정과 실재-유기체적 세계관의 구상』, 민음사, 2019.

야마구치 마사오 저, 김무곤 역,『문화와 양의성』, 마음산책, 2014.

야마모토 시치헤이 저, 박용민 역,『공기의 연구, 일본을 조종하는 보이지 않는 힘에 대하여』, 헤이
북스, 2018.

에드워드 쉴즈, 김병서 · 신현순 역, 『전통, 변하는 것과 변하지 않는 것』, 민음사, 1992.

에드워드 렐프 저, 김덕현 · 김현주 · 심승희 역, 『장소와 장소상실』, 논형, 2017.

에드워드 S. 케이시 저, 박성관 역, 『장소의 운명: 철학의 역사』, 에코리브르, 2016.

에른스트 마이어 저, 임지원 역, 『진화란 무엇인가』, 사이언스북스, 2011.

에릭 브린욜프슨, 앤드루 맥아피 저, 이한음 역, 『제2의 기계시대』, 청림, 2014.

에릭 홉스봄 외 저, 박지향 · 장문석 역, 『만들어진 전통』, 휴머니스트, 2013.

엘리 프레이저 저, 이정태 외 역, 『생각조종자들』, 알키, 2011.

엥겔스 저, 황태호 역, 『자연의 변증법』, 전진출판사, 1989.

올리비에 돌퓌스 저, 최혜란 역, 『세계화』, 한울, 1998.

외르크 되링 · 트리스탄 틸만 저 · 이기숙 역, 『공간적 전회』, 서울, 심산, 2015.

우민웅 저, 권호 · 김덕삼 역, 『도교문화개설』, 불이문화, 2003.

우치다 타츠루 저, 이경덕 역, 『푸코, 바르트, 레비스트로스, 라캉 쉽게 읽기』, 갈라파고스, 2020.

우석균 엮음, 『오르비스 테르티우스 (라틴아메리카 석학에게 듣는다)』, 그린비, 2021.

유소감 저, 김용섭 역, 『노자철학-노자의 연대고증과 텍스트분석』, 청계, 2000.

율라 비스 저, 김명남 역, 『면역에 관하여』, 열린책들, 2016.

이반 일리치 저, 박홍규 역, 『학교 없는 사회』, 생각의나무, 2009.

EBS 지식채널 제작팀, 『지식e3』, 북하우스, 2008.

이언 모리스, 최파일 역, 『왜 서양이 지배하는가』, 글항아리, 2013.

이언 스튜어트 저, 김동광 역, 『자연의 패턴』, 사이언스북스, 2014.

이푸 투안 저, 이옥진 역, 『토포필리아 환경 지각, 태도, 가치의 연구』, 에코리브르, 2011.

이푸 투안 저, 구동회 · 심승희 역, 『공간과 장소』, 도서출판 대윤, 2011.

林尙立 저, 성균중국연구소 역, 『현대중국정치』, 사회평론아카데미, 2020.

任時先 저, 車錫基 역, 『中國敎育思想史』, 敎學硏究史, 1989.

자크 모노 저, 조현수 역, 『우연과 필연』, 궁리, 2010.

장 보드리야르 저, 이상률 역, 『소비의 사회, 그 신화와 구조』, 문예출판사, 2002.

장 보드리야르 저, 하태환 역, 『시뮬라시옹』, 민음사, 2015.

張維爲, 성균 중국연구소 역, 『중국은 문명형 국가다』, 지식공작소, 2018.

齊藤正二 저, 송정부 역, 『사회구조이론』, 홍익제, 1986.

제레미 리프킨, 『공감의 시대』, 민음사, 2010

제프 말파스 저, 김지혜 역, 『장소와 경험』, 에코리브로, 2014.

J.H. 터너 저, 김진균 외 역, 『사회학 이론의 구조』, 한길사, 1998.

조너선 밸컴 저, 양병찬 역, 『물고기는 알고 있다』, 에이도스, 2017.

조지프 캠벨 저, 이윤기 역,『천의 얼굴을 가진 영웅』, 민음사, 2018.

朱伯崑 저, 전명용 역,『중국고대윤리학』, 이론과 실천, 1990.

진정 저, 김효민 역,『중국과거문화사』, 동아시아, 2003.

찰스 길리스피 저, 이필렬 역,『객관성의 칼날』, 새물결, 2019.

천광중 저, 박지민 역,『풍경』, 현암사, 2007.

천구이디 · 우춘타오 저, 박영철 역,『중국 농민 르포』, 길, 2014.

천쭈화이 저, 남희풍 · 박기병 역,『중국을 말한다』 4, 신원문화사, 2008.

천통성 저, 김은희 · 이주노 역,『역사의 혼 사마천』, 이끌리오, 2002.

鄒振環 저, 한지은 역,『지리학의 창으로 보는 중국의 근대』, 푸른역사, 2013.

카를로 로벨리 저, 이중원 역,『시간은 흐르지 않는다』, 샘엔파커스, 2019.

칼 라크루와, 데이빗 매리어트 저, 김승완 · 황미영 역,『왜 중국은 세계의 패권을 쥘 수 없는가: 중
    국 낙관론을 정면으로 반박하는 31가지 근거』, 평사리, 2011.

콜린 엘러드 저, 문희경 역,『공간이 사람을 움직인다』, 더퀘스트, 2016.

쿠르트 레빈 저, 박재호 역,『사회과학에서의 場理論』, 민음사, 1987.

클리퍼드 기어츠 저, 문옥표 역,『문화의 해석』, 까치, 2020.

탈콧트 파슨스 저, 윤원근 역,『현대사회들의 체계』, 새물결, 1999.

토마스 메쯔거,『곤경의 탈피』, 민음사, 2014.

토마스 쿤 저, 김명자 역,『과학혁명의 구조』, 동아출판사, 1992.

토머스 키다, 박윤정 역,『생각의 오류』, 열음사, 2007.

파트리스 보네위츠 저, 문경자 역,『부르디외 사회학 입문』, 동문선, 2000.

프랑수아 줄리앙 저, 이근세 역,『탈합치』, 교유서가, 2021.

프랜시스 후쿠야마 저, 이상훈 역,『역사의 종말』, 한마음사, 2003.

P. 바츨라빅크, J.H. 뷔크란드, R. 피쉬 저, 박인철 역,『변화』, 동문선, 1995.

피에르 부르디외 · 로익 바캉, 이상길 역,『성찰적 사회학으로의 초대 (부르디외 사유의 지평)』, 그
    린비, 2015.

피터 브래넌 저, 김미선 역,『대멸종연대기』, 흐름출판, 2019.

畢城 이경자 · 김덕삼 역,『중국의 전통가정교육』, 경인문화사, 2005.

필립 리처드슨 저, 강진아 · 구범진 역,『쟁점으로 읽는 중국 근대 경제사 1800~1950』, 푸른역사,
    2007.

하름 데 블레이 저, 유나영 역,『왜 지금 지리학인가』, 사회평론, 2015.

하이데거 저, 이기상 역,『마르틴 하이데거, 존재와 시간』, 까치, 2007.

하이젠베르크 저, 김용준 역,『부분과 전체』, 지식산업사, 2014.

하이케 팔러 저, 김서정 역, 『100 인생 그림책』, 사계절, 2019.

한나 아렌트 저, 김선욱 역, 『예루살렘의 아이히만』, 한길사, 2020.

한나 아렌트 저, 제롬 콘 편집, 서유경 역, 『책임과 판단』, 필로소픽, 2019.

한스 로슬링 외, 이창신 역, 『팩트풀니스』, 김영사, 2020.

헥터 맥도널드 저, 이지연 역, 『만들어진 진실』, 흐름출판사, 2018.

후지타 가쓰히사 저, 주혜란 역, 『사마천의 여행 – 사기를 탄생시킨』, 이른아침, 2004.

(4) 국내외 논문

강이철, 「우연적 발견 능력(Serendipity)의 신장을 위한 교수-학습 방안」, 『교육공학연구』 22권 제3호, 2006년.

김경호, 「秦 始皇帝의 死亡 및 秦의 滅亡과 관련한 또 다른 문헌 ―北京大學藏西漢竹書(參) 趙正書 譯註考―」, 『中國古中世史硏究』 第46輯, 2017.

김덕삼, 「『장자(莊子)』와 제프 말파스(Jeff Malpas)의 입장에서 본 '장소와 존재'」, 『동방문화와 사상』, 2020.

김덕삼, 「중국 도가(道家)에서의 장(場) 이론의 확장과 적용」, 『중국지식네트워크』, 2020.

김덕삼, 「이푸 투안(Yi-Fu Tuan)과 제프 말파스(Jeff Malpas)의 '장소'에 관한 연구」, 『인문과학연구』, 2020.

김덕삼, 「장소화의 양상과 의미 탐구-신화 공간을 중심으로」, 『로컬리티 인문학』, 2019.

김덕삼, 「한국에서 도가 문화의 수용과 창조」, 『한국학연구』 68집, 2019.

김덕삼, 「도시화와 중국 소수민족의 한화(漢化)」, 『인문과학연구』, 2018.

김덕삼, 「공감과 치유로서의 서울」, 『인문과 예술』, 2017.

김덕삼, 「≪莊子≫에 나타난 '變'의 사용과 가치」, 『中國學論叢』, 2016.

김덕삼, 「거대 부산 전략 시론」, 『항도부산』 32집, 2016.

김덕삼, 「우연과 성공의 관계 탐구」, 『가설과 상상』 제5집, 2016.

김덕삼, 「공감과 공유로서의 도시 북경(北京) – 천(天)에서 인(人), 이상(理想)에서 현실(現實)로의 전환」, 『도시인문학연구』, 2015.

김덕삼, 「石林 彝族 傳統 哲學의 變化 動因 考察」, 『中國學論叢』 제40집, 2013.

김덕삼, 「중국의 경제 성장과 교육의 변화」, 『교육사상연구』 제27권 제3호, 2013.

김덕삼, 「場의 변화에 따른 孝의 역할 고찰」, 『儒敎思想文化硏究』 52집, 2013.

김덕삼, 「雲南省 彝族 自治縣의 比較分析을 통한 少數民族의 實態 硏究」, 『中國學論叢』, 2012.

김덕삼, 「戰國時期 稷下學宮을 통해 본 韓國 大學改革의 과제」, 『중국연구』 53권, 2012.

김덕삼, 「彝族과 漢族의 文化接變 樣相 硏究-雲南省 彝族의 精神文化를 중심으로」, 『비교문화연구』, 2012.

김덕삼, 「문화접변으로 바라본 소수민족 교육-중국 운남성 금평현을 중심으로」, 『교육문제연구』, 2005.

김덕삼 · 이경자, 「'변화'와 '장(場)'을 통한 중국 근대교육의 분석과 가치」, 『인문과 예술』, 2021.

김덕삼 · 이경자, 「장소와 경험의 상관성 탐구: 중국 북경 소수민족 공동체를 중심으로」, 『인문과 예술』, 2020.

김덕삼 · 이경자, 「顏元의 비판정신과 인문학의 반성」, 『儒敎思想文化硏究』 62집, 2015.

김덕삼 · 이경자, 「고대 중국 교육 패러다임의 전환 - 공자의 교육사상을 중심으로 - 」, 『인문과학』, 2015.

김덕삼 · 이경자, 「근대 서양 교육 전파가 중국 교육 패러다임 변화에 미친 영향」, 『인문과학연구논총』 35권 4호, 2014.

김덕삼 · 최원혁, 「한류의 우연성에 대한 연구」, 『인문과학연구논총』, 2015.

김덕삼 · 최원혁, 「선진유가에 나타난 공감으로서의 나 여기 지금」, 『유교사상문화연구』, 2013.

김덕삼 · 최원혁, 「先天易學에 나타난 공감으로서의 나 여기 지금」, 『유교사상문화연구』, 2014.

김덕삼 · 최원혁, 「제주도 문화의 분석, 확대, 창조에 대한 다각적 고찰」, 『인문연구』 71호, 2014.

김덕삼 · 최원혁 · 이경자, 「동서양 문명 교류에서 본 '공감'」, 『中國과 中國學』, 2017.

김덕삼 · 최원혁 · 이경자, 「근현대 패러다임의 전환과 내재성에 대한 고찰: 전통과 근대에 대한 한국적 再考를 중심으로」, 『인문과학연구』 제23집, 2014.

김동오, 「中國 古代 職官制度의 구조와 그 변화」, 서울대학교 박사학위논문, 2019.

김백균, 「흥, 그 우연성과 진전성에 대한 고찰」, 『철학탐구』 제21집, 2007.

김철수, 「消費者行動 관점에서 본 「場理論」」, 『한국사회과학연구』, 1985.

박병기, 「장이론의 발전과정 및 내용이 교육학에 던지는 도전적 과제들」, 『교육원리연구』, 2003.

박선영, 「신장에서 중국으로」, 『동북아역사논총』, 2019.

박은경, 「[베이징의 속살]고속철-빠르게 진화하는 '중국의 자부심'」, 『주간경향』 1195호, 2016.

백영서, 「중국의 '동북공정'과 한국인의 중국인식의 변화」, 『중국근현대사연구』, 2013.

신주식 · 최용호, 「중국경제성장이 중국 소수민족의 민족주의에 미치는 영향」, 『經商論集』, 2003.

양건신, 「중국 변강지역 사회 · 문화의 역사적 고찰」, 『중국연구』, 1995 봄.

왕정청 · 남기범, 「중국 석림현의 관광지화와 이족 지역사회의 부적응」, 『문화콘텐츠연구』, 2020.

원용준, 「『주역』에서의 '중(中)'의 원의와 그 변화에 대한 재고찰」, 『한국철학논집』, 2016.

윤종석, 「베이징은 어떤 시민을 원하는가?-외래인구 사회관리와 2017년 '저단인구'퇴거 사건」, 『사회와 역사』, 2017.

이경자, 「서양교육 수용에 따른 중국 교육의 변화연구」, 『중국지식네트워크』, 2018.

이명수, 「중국문화에 있어 시간, 공간 그리고 로컬리티의 문제」, 『동양철학연구』 55권, 2008.

이성규, 「중화사상과 민족주의」, 『철학』 제37집, 1992년.

이창언, 「한국사회 구조변동과 사회운동의 내적 구성 변화」, 『기억과 전망』 29권, 2013.

이호영 외, 「네트워크 효과의 사회문화적 함의: 온라인에서의 문화적 장의 구조 변동 연구」, 『연구
　　　보고』 07권17호, 정보통신정책연구원, 2007.

전가림, 「중국의 소프트파워 발전 전략과 그 영향력: 공자학원과 방송 미디어매체를 중심으로」,
　　　『중국연구』 50권, 2010.

정민우, 「지식 장의 구조변동과 대학원생의 계보학, 1980~2012」, 『문학과 사회』 15권, 2013.

주용식, 「중국의 국가대전략 '하나의 중국': 대한족주의(大漢族主義)와 지역패권주의」, 『新亞細亞』,
　　　신아시아연구소, 21권 4호, 2014.

차태근, 「문명의 기준과 근대 중국 인권담론」, 『중국현대문학』, 2017.

차태근, 「학술장을 통해서 본 근대 정전」, 『중국어문연구』, 2014.

최성욱, 「교육학 패러다임의 전환: 기능주의에서 내재주의로」, 『교육원리연구』, Vol.10 No.2, 2005.

최재천, 「연구와 교육의 패러다임 전환-범학문적 접근」, 『한국통합교육과정연구』, 2010.

허명철, 「디아스포라의 정체성과 조선족 공동체의 역사 귀속」, 『공존의 인간학』, 2020.

황수영, 「베르그손과 근대물리학: 비판과 영향」, 『哲學硏究』, 2020.

황병하, 「위그르족 · 회족 무슬림의 정체성과 문화접변 양상 연구」, 『한국중동학회논총』 30-3호, 2010.

金德三, 「相生與老子思想」, 『中國道教』 73, 2003.

Paul F. Cressey, 雷震 譯, 「科擧制度在中國文化發展上之影響」, 『師大史學月刊』 1卷 1期, 1931.

蘇克明 · 劉俊哲, 「試論彝族先民的天人觀」, 『西南民族學院學報』, 西南民族學院, 1994年.

孫進己, 「我國歷史上民族關係的几个問題」, 翁獨建 編, 『中國民族關係史硏究』, 中國社會科學出版社,
　　　1984.

王路平, 傅賣中, 「試論古代彝族宇宙論的産生和形成」, 『雲南社會科學』, 雲南社會科學, 第5期, 1991.

王葆玹, 「南北道家貴陰貴陽說之歧異」, 『道家文化硏究』 第15輯, 1999.

王葆玹, 「"黃老易"和"莊老易"-道家經典的系統性及其流變」, 『道家文化硏究』 第12輯, 1998.

李先國 · 正一定, 「試論中國的敎會大學的辦學經驗及其啓示」, 『湖南第一師範學報』, 湖南第一師範,
　　　2002年 第4期.

田正平, 「敎會大學與中國現代高等敎育」, 『高等敎育硏究』, 2004年 第3期.

洪拓夷, 「淸末敎會大學對我國高等敎育的積極影響」, 『湖州師範學院學報』, 2006年 第4期.

(5) 국외서 및 기타 자료

姜國鈞,『中國敎育周期論』, 北京大學出版社, 2005.

江石滿,『中國敎育』, 安徽敎育出版社, 2002.

葛劍雄,『統一與分裂-中國歷史的啓示』, 中華書局, 1998.

高奇,『中國高等敎育思想史』, 人民敎育出版社, 2002.

高時良,『中國敎會學校史』, 湖南敎育出版社, 1994.

顧玉軍,『明淸時期回族敎育思想硏究』, 민족출판사, 2016.

龔學增 外,『當代中國民族宗敎問題』, 中共中央黨校出版社, 2010.

起國慶,『彛族畢摩文化』, 四川文藝出版社, 2007.

金德三 外,『現代中國敎育史論』, 人民敎育版社, 2004.

金以林,『近代中國大學硏究』, 中央文獻出版社, 2000.

能明安 主編,『中國近現代敎育改革史』, 重慶出版社, 1999.

董洪利,『孟子硏究』, 江蘇古籍出版社, 2000.

龍正淸,『彛族歷史文化硏究文集』, 貴州民族出版社, 2006.

毛怡紅 · 宋繼杰 · 羅嘉昌 主編,『場與有』, 中國社會科學出版社, 1996.

馬廷中,『民國時期雲南民族敎育史硏究』, 民族出版社, 2007.

孟祥才,『中國政治制度通史』, 人民出版社, 1991.

方曉東 · 李玉非 · 畢誠 · 宋薦戈 · 王洪元,『中華人民共和國敎育史綱』, 海南出版社, 2002.

司馬遷 著, 泷川資言 會注考證,『史記會注考證』第十卷, 北岳文藝出版社, 1999.

楊寬,『戰國史』, 上海人民出版社, 1998.

楊榮國,『反動階級的聖人-孔子』, 人民出版社, 1973.

楊知勇,『家族主義 中國文化』, 雲南大學出版社, 2000.

楊天石,『中西哲學與文化』, 警官敎育出版社, 1993.

楊學政,『雲南宗敎史』, 雲南人民出版社, 1999.

嚴中平 等 編,『中國近代經齊史統計資料選輯』, 科學出版社, 1955.

呂思勉,『中國民族史』, 東方出版社, 1996.

翁獨健 編,『中國民族關係史硏究』, 中國社會科學出版社, 1984.

王繼超 外,『彛族傳統信仰文獻硏究』, 貴州民族出版社, 2010.

王冀生,『大學理念在中國』, 高等敎育出版社, 2007.

王炳照 · 徐勇 主編,『中國科擧制度硏究』, 河北人民出版社, 2002.

王葆玹,『老莊學新探』, 上海文化出版社, 2002.

熊鐵基,『秦漢新道家』, 上海人民出版社, 2001.

余華,『活着』, 作家出版社, 2017.

劉先照 · 韋世明,『民族文史論集』, 民族出版社, 1985.

劉笑敢,『老子 – 年代新考與思想新詮』, 東大圖書公司, 1997.

劉小萌,『滿族從部落到國家的發展』, 中國社會科學出版社, 2007.

劉夢溪,『中國文化的張力』, 中信出版集團, 2019.

柳海峰,『中國科學文化』, 遼寧教育出版社, 2010.

易謀遠,『彝族史要』, 社會科學文獻出版社, 2007.

李維漢,『統一戰線問題與民族問題』, 人民出版社, 1981.

李春霞,『電視與彝民生活』, 四川大學出版社, 2007.

Éloi Laurent 著, 王晶 · 蔡德 譯,『經齊神話學』, 華東師範大學出版社, 2019.

張岱年,『中國古典哲學概念範疇要論』, 中國社會科學出版社, 2000.

張詩亞,『祭壇與講壇, 西南民族宗教比較研究』, 雲南教育出版社, 2001.

張運華,『先秦兩漢道家思想研究』, 吉林教育出版社, 1998.

丁原明,『黃老學論綱』, 山東大學出版社, 1997.

周有光,『現代文化的 衝擊波』, 三聯書店, 2000.

陳鼓應 註譯,『黃帝四經今註今譯』, 臺灣商務印書館, 1995.

陳黃忠 · 梁宗華,『道家與中國哲學–漢代卷–』, 人民出版社, 2004.

陳學恂 主編,『中國教育史研究1~4』, 華東師範出版社, 2009.

何建明,『道家思想的歷史轉折』, 華中師大出版社, 1997.

郝時遠, 王喜恩 主編,『中國民族區域自治發展報告(2010)』, 社會科學文獻出版社, 2011.

許倬雲,『中國文化的發展過程』, 中華書局, 2017.

Benjamin I. Schwartz, The World of Thought in the Ancient China, Harvard University Press, 1985.

Colin Mackerras, China's Ethnic Minorities and Globalisation, RoutledgeCurzon, 2003.

De Rivera, J., Field theory as human science: Contributions of Lewin's Berlin group. New York, NY: Halsted Press, 1976.

Deutsch, M., Field theory in social psychology. In G. Lindzey & E. Aronson (eds.), Handbook of social psychology, Cambridge, MA: Addison–Wesley, 1968.

Donald J. Munro, The Concept of Man in Early China, California: Stanford University Press, 1996.

Eric Jay Dolin, When America First Met China, Liveright, 2013.

Jeff Malpas, Place and Experience, Cambridge university press, 1999.

Jeff Malpas, Heidegger and the Thinking of Place: Explorations in the Topology of Being, The MIT Press, 2017.

J.R. Hicks, The Social Framework-An Introduction to Economics, Oxford University Press, 4Rev Ed edition 1971.

Kleiner, R. J., & Okeke, B. I., Advances in field theory: New approaches and methods in cross-cultural research. Journal of Cross-Cultural Psychology, 1991.

Lewin, K., Field theory in social science, New York, NY: Harper & Row, 1951.

Linda Trinkaus Zagzebski, Virtues of the Mind: An Inquiry into the Nature of Virtue and the Ethical Foundations of Knowledge, Cambridge University Press, 1996.

Tyack, David B., Cuban, Larry, Tinkering Toward Utopia: A Century of Public School Reform A Century of Public School Reform, Harvard University Press, 1997.

Wundt, W., An Introduction to Psychology, trans. R. Printer. Armo, 1973.

연합뉴스, 21.02.08

온라인 자료[Online]. Available:

http://www.jingdong.ccoo.cn, http://www.shilin.gov.cn, http://www.seac.gov.cn, http://www.yxes. gov.cn, http://www.jcw.gov.cn, http://cx.xxgk.yn.gov.cn, http://www.dalidaily.com, http:// www.xd.gov.cn, http://www.luquan.gov.cn, http://www.ynf.gov.cn, http://www.docin. com, https://books.google.com/ngrams

김덕삼(金德三)

1968년 서울생. 중국 사회과학원에서 『장자』외ㆍ잡편 연구로 박사학위를 받았다. 현재 대진대학교 창의미래인재대학 교수로 재직 중이며, 중국의 Tao Xingzhi International Research Center를 비롯하여 국내외 대학 연구소와 등재학술지 발간 학회에서 학술 및 편집위원을 맡고 있다. 주요 관심 분야는 사상, 문화, 교육, 미래다.

그동안 '중국 소수민족 문화', '도가 문화의 현대적 적용', '중국 고등교육 연구', '중국 교육 패러다임의 변화와 사회 변화 간의 상관성 연구', '변화와 장의 탐구' 등의 주제로 한국연구재단, 한국학중앙연구원, 지자체 등의 지원을 받아 연구를 수행했다. 현재 '변화의 탐구, 장(場)이론의 구축-중국 소수민족을 토대로'라는 주제로 10년 장기과제를 수행하고 있다.

논문으로는「文化接變으로 바라본 少數民族 교육」,「『장자』의 현대 교육적 해석」,「'변화'와 '장(場)'을 통한 중국 근대교육의 분석과 가치」,「한국에서 진행된 '문학을 기초로 한 예술'에서의 '변화'와 그 속에서의 '패턴'탐구」,「중국 교육 패러다임의 변화와 특징」등 국내외에서 130여 편을 발표했다. 저서와 역서로는 『中國 道家史 序說 I』,『教育國際化進程的視野與探索』,『養生, 現代的解釋與在韓國適用』,『도교의 기원: 道ㆍ道家ㆍ道敎』 등 20여 권을 한국, 중국, 대만 등지에서 발간했다. 그 가운데 공동으로 출간한 『전환기의 중국 대학: 대학과 국가』,『전환기의 중국 대학: 대학과 사회』가 대한민국학술원의 우수학술도서로 2013년에 선정되었고, 단독으로 저술한 『문수창: 문화의 수용과 창조』가 2014년에 한국연구재단 우수저서 사후지원사업에 선정되었다.

변화와 장의 탐구

중국의 사람 · 사회 · 문화를 중심으로

초판인쇄 2022년 10월 21일
초판발행 2022년 10월 21일

지은이 김덕삼
펴낸이 채종준
펴낸곳 한국학술정보(주)
주 소 경기도 파주시 회동길 230(문발동)
전 화 031-908-3181(대표)
팩 스 031-908-3189
홈페이지 http://ebook.kstudy.com
E-mail 출판사업부 publish@kstudy.com
등 록 제일산-115호(2000. 6. 19)

ISBN 979-11-6801-773-3 93300